Dr. med. Walter van Laack

Wer stirbt, ist nicht tot!

Autor

Prof. Dr. med. Walter van Laack
Facharzt für Orthopädie, Spezielle Orthopädische Chirurgie,
Physikalische Therapie, Sportmedizin, Chirotherapie, Chin. Akupunktur

Umschlagseite

Sie wurde von meinem Sohn Martin gestaltet

Abbildungen

Sie stammen alle von meinen beiden Söhnen Alexander und Martin

Allen meinen Lieben gewidmet

2. Auflage Festeinband
Erscheinungstermin: Weihnachten 2004

Gedruckt auf chlorfrei gebleichtem Papier

Herstellung:
BoD GmbH, Gutenbergring 53, 22484 Norderstedt
Printed in Germany

Festeinband:
ISBN 3 – 936624 – 06 - 2

Inhaltsverzeichnis

Teil 1:

Querschnitte von Wissen, Glauben und Erkenntnis

"Ich bin von Dir gegangen,
nur für einen Augenblick und gar nicht weit.
Wenn Du dahin kommst, wo ich hingegangen bin,
wirst Du Dich fragen, warum Du geweint hast."
Unbekannter Autor

"Der Tod ist ein Horizont,
und ein Horizont ist die Grenze unseres Sehens.
Wenn wir um jemanden trauern,
freuen sich andere jenseits dieses Horizonts darüber,
ihn wieder zu sehen."
Unbekannter Autor

Niemand kennt den Tod. Es weiß auch keiner,
ob er nicht das größte Geschenk für den Menschen ist.
Dennoch wird er gefürchtet als wäre es gewiss,
dass er das schlimmste aller Übel ist.
Sokrates (469-399 v.Chr.)

1. Zwischen Hoffen und Bangen

Zwei zentrale Ereignisse zeichnen jedes menschliche Leben ganz besonders aus: seine Geburt und seinen Tod.

Während sich die Geburt natürlich der bewussten Wahrnehmung entzieht, beeinflusst das Wissen um den eigenen Tod einen jeden Menschen sein ganzes Leben lang. Krankheit und Tod seiner Lieben erinnern früher oder später jeden an das auch für ihn irgendwann unvermeidliche Ende seines momentanen irdischen Daseins.

Damit umzugehen, bewältigen wir alle auf sehr unterschiedliche Art und Weise.

Viele leiden bewusst oder zumindest unterbewusst sehr unter der Vorstellung, irgendwann sterben zu müssen. Manch einer verfällt, je älter er wird, sogar in panische Ängste und fühlt sich schon bei den kleinsten Anzeichen selbst harmloser Erkrankungen vom scheinbar bevorstehenden Tod bedroht. Sterben und Tod sind für die meisten von uns Tabus und werden folglich am besten verdrängt.

Angehörige, die dem nahenden Tod ins Auge schauen, werden gerade heutzutage nur allzu oft mit ihrem Sterben allein gelassen.

Wieder andere flüchten sich zu guten und schlechten Propheten, die den vermissten Halt mit einer Vielzahl sehr unterschiedlicher Vorstellungen von einem "Danach" versprechen. Sämtliche Religionen und religiöse Sekten sowie wohl auch alle esoterischen und okkulten Gruppen gründen besonders hierauf ihren Zustrom.

Ob ein Prophet nun gut oder schlecht ist, scheint mir dabei weniger eine Frage der Inhalte seiner ohnehin kaum auch nur annähernd authentischen Vorstellungen oder Versprechen zum Thema "Tod" zu sein; denn kein Mensch kann wirklich wissen, was nach dem Tod passiert: Ob es überhaupt, und wenn ja in welcher Form, ein "Danach", ein "Überleben" des eigenen Todes gibt, entzieht sich vollständig unserer Kenntnis und bleibt dem Glauben sowie unserer Intuition vorbehalten.

Nein, ich glaube, gute Propheten unterscheiden sich von den schlechten vor allem dadurch, dass sie nicht in einen dogmatischen Fundamentalismus verfallen, für die vielen Andersgläubigen nicht nur Schimpf und Schande übrig haben und sie auch nicht zu späteren Höllenqualen verdammt sehen. Vielmehr treten sie jedem anders denkenden Mitmenschen mit dem zwar legitimen Wunsch nach Vermittlung und auch kritischer Diskussion ihrer eigenen Vorstellungen und Lehren, aber stets ohne strengen missionarischen Eifer und immer mit großer Toleranz, gegenüber. Legt man diese Forderungen zugrunde, haben die meisten Lehren, und gerade auch die der großen Religionen der Weltgeschichte, im Laufe ihrer Existenz offenbar immer wieder leider versagt. Dennoch ist es tröstlich, festzustellen, dass sich manche inzwischen überwiegend zu mehr Toleranz gewandelt und sich somit fortentwickelt haben.

Einigen anderen steht die Zeit solch dringend notwendigen Reifens dagegen wohl erst noch bevor.

Für viele Kritiker, insbesondere dem eingefleischten modernen Naturwissenschaftler, scheint jede Vorstellung von einem "Danach", vielleicht sogar noch die von einem "persönlichen Überleben" des eigenen, somit nur körperlichen Todes, nur die Ausgeburt der verständlichen menschlichen Hoffnung zu sein, nicht einfach sang-und-klanglos vergehen zu wollen – also schlichtes Wunschdenken. So wie der Mensch schon vor seiner Geburt nicht existierte und von ihm nicht die geringste Idee oder gar Spur die Welt zu bereichern schien, so müsste auch sein Tod nur konsequenterweise sein unwiderrufliches Ende darstellen.

Bestenfalls mag jemand noch in den Gedanken seiner Angehörigen und Freunde weiterleben – solange zumindest, bis auch sie schließlich einmal den unvermeidlichen Weg alles Irdischen gehen werden. Solcherlei vermeintlichen Trost findet man bei uns derzeit vielfach in Traueranzeigen. Diese Ansicht entspricht also dem heutigen Zeitgeist und ist, so meine schon in früheren Büchern geäußerte These, zugleich eines der Grundübel unserer Gesellschaft. Für mich ist sie mitschuldig an der heute geradezu überwältigenden Dominanz egoistischer Lebenseinstellungen, an einer wachsenden Ellbogenmentalität, an lieblosen Entfremdungen zwischen vielen Menschen, und nicht zuletzt auch an einer wachsenden Zahl krimineller Auswüchse.

Selbst wenn Hoffnung und Wunschdenken eine zentrale Rolle dabei spielen sollten, dass praktisch alle Mythen dieser Welt und alle religiösen Überlieferungen seit Menschengedenken ein "Danach" – zumeist in Form eines persönlichen Überlebens des Todes – nahelegen, so bedeutet das ja keineswegs, dass es dieses "Danach" nicht wirklich auch gibt.

Zweifellos nehmen die Naturwissenschaften in unserer heutigen Zeit mittlerweile eine Schlüsselrolle ein, wenn es darum geht, die Welt, die Materie, das Leben und damit auch den Menschen und seinen Geist, zu beschreiben. Diesen Stellenwert besitzen sie zweifelsohne zu Recht. Noch vor Jahrhunderten waren es die Religionen, und in unserem westlichen Kulturkreis vor allem die christlichen Religionen, die genau diese Rolle innehatten. Und so wie damals ihre ganz anderen Lehren scheinbar unantastbare Dogmen darstellten, so sind es heute die naturwissenschaftlichen.

Immer wieder waren Philosophen dazu da, als Korrektiv die vielen religiösen Anschauungen zu relativieren. Die Philosophie war es auch, die vor Jahrhunderten den Naturwissenschaften den Weg ebnete, den sie damals benötigte, um ihren Siegeszug über lange zementierte, aber nichtsdestotrotz unhaltbare religiöse Dogmen anzutreten.

Heutzutage, so glaube ich, fehlt dieses Korrektiv der Philosophie wieder, wenn es darum geht, moderne naturwissenschaftliche Dogmen zu relativieren; denn viele ihrer Dogmen scheinen mir in unserer Zeit die Menschheit ein weiteres Mal in allerlei Sackgassen zu führen.

Das Pendel der Erkenntnis schlägt heute in die andere, die rein materielle Richtung. Doch sie scheint mir genauso falsch zu sein wie die religiös fundamentalistische. Beide haben leider viele tragische Konsequenzen für den Menschen. Tagtäglich erleben wir das infolge des Missbrauchs von Technik und Biologie, genauso wie durch politisch-ideologisch oder religiös motivierten Terrorismus.

Schon meine letzten Bücher – "Plädoyer für ein Leben nach dem Tod und eine etwas andere Sicht der Welt", "Der Schlüssel zur Ewigkeit" sowie das dreibändige Werk "Eine bessere Geschichte unserer Welt" – sind ein Versuch, das Pendel zwischen den Polen sozusagen in seiner Mitte zu fassen und dort zu halten. Alle meine Beiträge haben zum Ziel, eine über die Grenzen einzelner Fach- und

Wissensgebiete hinausgehende, alles verbindende und ganzheitliche Sichtweise aufzubauen.

Besonders mit meiner letzten dreiteiligen Buchreihe versuchte ich, diese alternative Perspektive unserer Welt in sich logisch und in breiter Übereinstimmung mit den tatsächlichen Erkenntnissen unserer Zeit übersichtlich und verständlich darzustellen.

Dabei mache ich jederzeit unmissverständlich deutlich, dass eine die Wissenschaften vereinigende Theorie nur dann Sinn haben kann, wenn sie die vielen spirituellen Erfahrungen unzähliger Menschen jeder Epoche und überall auf dieser Erde nicht einfach ignoriert.

Ich selbst habe das Glück gehabt, im Laufe meines bisherigen Lebens eine Vielzahl solcher Erfahrungen machen zu dürfen, auch wenn die Umstände, die dazu führten, selten schön oder angenehm waren. Das alles sagt mir, dass es Geist genauso geben muss wie Materie. Geist ist aber nicht einfach ein Produkt von Materie - vielmehr wird diese vom Geist als Mittel zum Zweck benötigt.

Genauso können Leben und Tod in ihrer ganzen Bedeutung nur dann wirklich erfasst werden, wenn man das Geistige nicht einfach "wegmaterialisiert".

Über den Tod und ein "Danach" zu sprechen macht daher nur dann Sinn, wenn man sich zuvor über das Geistige in unserer Welt und den Geist in jedem Leben dieser Welt Gedanken gemacht hat.

Dabei dürfen gesicherte Erkenntnisse der Naturwissenschaften natürlich nicht angetastet werden. Andererseits muss durchaus eine ganze Menge reiner Interpretationen kritisch hinterfragt werden.

Meine Bücher betrachte ich selbst als das bislang gewünschte, aber fehlende, philosophische Korrektiv der heute alles in unserer Welt dominierenden Naturwissenschaften. Ebenso sollen sie als ein nach wie vor erforderliches Korrektiv religiöser Lehren und vor allem der wachsenden Zahl pseudoreligiöser sowie zweifelhafter esoterischer oder okkulter Strömungen dienen.

Im Ergebnis wird der Tod endgültig als das unwiderrufliche Ende eines jeden von uns entzaubert! Jedem Leser möchte ich die sehr sorgfältig begründete Hoffnung vermitteln, dass er seinen eigenen Tod überleben wird – und zwar im Vollbesitz seiner individuellen Persönlichkeit!

Zum Schluss ein paar Bemerkungen zu meinem Buchstil:

In Anlehnung an die von mir in den Jahren 2000 bis 2002 veröffentlichte dreiteilige Buchreihe handele ich zunächst im ersten Teil des Buches die mir wichtigsten Themenbereiche exemplarisch ab. Im zweiten Teil diskutiere ich in einem fiktiven Gespräch das Thema "Tod" mit meinen beiden Söhnen *Alexander* und *Martin*. Im Wesentlichen werden hier die einzelnen Elemente von Nah-Todeserfahrungen (NDEs) einer kritischen Prüfung, besonders auch im Hinblick auf eine vielleicht doch mögliche Beweiskraft für das Überleben unseres körperlichen Todes unterzogen. Der dritte Teil schließt das Buch mit einem Nachwort zunächst wieder ab. Da Sie wiederholt Verweise auf meine letzten Bücher finden werden, und zwar vor allem bezüglich der naturwissenschaftlichen und logischen Modellvorstellungen, habe ich die wichtigsten Grundlagen aus diesen Büchern für Sie anschließend noch einmal kurz und bündig in einem separaten *Anhang* aufgeführt. Dem Anhang folgen zum Schluss wieder ein ausführliches *Glossar* und *Literaturverzeichnis*.
Darin finden Sie u.a. alle wichtigen Personen, Beiträge und Begriffe wieder, auf die ich im Buch Bezug genommen habe, insbesondere dann, wenn sie im Text *kursiv* gedruckt sind.
Dieses Buch entspricht im Kern dem dritten Band meiner letzten dreiteiligen Buchreihe, der den Untertitel "Der Tod" trägt und im Mai 2002 in erster Auflage erschien. Jedoch habe ich es nicht nur um zwei Kapitel erweitert, sondern auch an sehr vielen Stellen um neue Beispiele und ggf. neuere wissenschaftliche Beobachtungen ergänzt. Andere, nicht ganz glücklich oder eindeutig formulierte Stellen habe ich, hoffentlich komplett, ausgebessert. So hoffe ich, das sehr komplexe und alternative Weltbild diesmal noch leichter und klarer formuliert und verständlich gemacht zu haben.
Schon vor Herausgabe des dritten Bandes meiner früheren Trilogie hatte ich mich entschlossen gehabt, es später einmal in erweiterter Form zusätzlich als ein in sich abgeschlossenes und eigenständiges Werk unter meinem mehrjährigen Vortragstitel zu veröffentlichen.

1. Aufl., Aachen, 5. Februar 2003,
in Gedenken an den Geburtstag meines verstorbenen Vaters,

2. Aufl., Aachen, 16.11.2004,   Prof. Dr. med. Walter van Laack

2. Das Jenseits in Religionen und Mythen

Seit Menschengedenken scheint uns alle der Tod am stärksten zu berühren, zu faszinieren und natürlich zu ängstigen. Der Mensch ist das einzige Wesen auf der Erde, das sicher weiß, dass er selbst einmal sterben muss. Das Bewusstsein des eigenen Todes geht dabei zweifellos weit über die rein instinktive Faszination und Aversion der uns Menschen nächsten tierischen Verwandten, der Menschenaffen, hinaus.

Somit ist die Geschichte der Menschheit als einzige irgendeines anderen irdischen Lebewesens zugleich auch eine Geschichte der Einstellung zum eigenen Tod. Dabei stellte sich interessanterweise wohl schon immer die Frage nach der Endgültigkeit dieses Endes, und es dürfte genauso sicher sein, dass diese Endgültigkeit seit jeher angezweifelt, bzw. verneint wurde. Der Tod nimmt neben der Frage nach der Schöpfung von Universum und Leben *die* zentrale Stellung in allen Religionen und Mythen ein. Dem lateinischen Wortlaut nach sind Religionen etwas *rücksichtsvoll und gewissenhaft Beachtendes* sowie auf das *Eigentliche, den Kern zurückführendes*.

Ihr Sinn und ihre Existenzberechtigung beruhen vor allem auf ihrem Bemühen um des Menschen "Seelenheil". Genau diese Idee, die Vorstellung von einer immateriellen natürlichen Basis, einer Seele, beinhaltet und erfordert etwas *Transzendentes*, das es besonders zu achten, gewissenhaft zu bewahren und immer hoch zu halten gilt.

Zwar sind die Zeugnisse des Glaubens unserer artgenössischen Vorfahren und der nächsten menschlichen Verwandten (z.B. Neandertaler) an irgendeine Form nachtodlicher (postmortaler) Existenz durch liebevolle Bestattungsriten oder sogar künstlerisch anspruchsvolle Höhlenmalereien erst wenige zehntausend Jahre alt.

Von noch früheren Generationen fehlen uns einfach entsprechend eindeutige und gut erhaltene Funde. Wir dürfen daraus aber nicht vorschnell schließen, der Mensch habe davor solche und ähnliche Vorstellungen nicht gehabt. So lebte vor etwa einer halben Million Jahren der sogenannte Pekingmensch. Aus den spärlichen Funden seiner Existenz wissen wir zum Beispiel, dass er die Köpfe seiner verstorbenen Mitmenschen auf sehr systematische Weise abgelöst hatte. Warum das so war, weiß man heute nicht genau. Jedoch kann man zumindest vorsichtig schließen, dass man sich schon damals seiner Toten sehr sorgfältig entledigen wollte, zumal man inzwischen weiß, dass in späteren Kulturen die abgetrennten Schädel anschließend separat und aufwändig beerdigt wurden. Das separate Bestatten der Köpfe, wie auch das früher häufig bei Verstorbenen durchgeführten Fenstern der Schädelknochen, deuten auf den Glauben an eine immaterielle Seele hin, der man so den Austritt aus dem Kopf erleichtern wollte.

In der etwa 60.000 Jahre alten *Shanidar-Höhle* im heutigen *Irak* fand man klare Hinweise darauf, dass die Toten dort sehr liebevoll auf blühenden Kräutern zur letzten Ruhe gebettet wurden.

Die amerikanische Religionswissenschaftlerin *Carol Zaleski*[1] spricht in diesem Zusammenhang von einer schon vor vielen tausend Jahren verbreiteten, regelrechten "Bestattungsindustrie".

In einem früheren Buch habe ich bereits die These aufgestellt, dass die Menschwerdung ein primär geistiger Akt ist, der erst sekundär zu typisch menschlichen Körperattributen, wie z.B. dem aufrechten Gang, führt. Bereits jedes Leben an sich ist etwas Geistiges, das immer dann funktioniert, wenn organische Strukturen hinreichender Komplexität aufgebaut sind. Dies liegt daran, dass, wie ich in mehrfach plausibel hergeleitet habe, Geist und Materie zwei zueinander symmetrische und zugleich polare, also gegensätzliche Seiten ein und derselben Medaille "Welt" sind. Dabei bedingen sie sich gegenseitig, wenn sie dafür, jeweils auf ihrer Seite, die nötigen Voraussetzungen Stück für Stück geschaffen haben. Genau wie das *Leben* ist auch der *Geist* anfangs zunächst ziemlich unentwickelt, undifferenziert und unspezifisch. Lebende Materie entwickelt ein konsequent zu immer höherer Ordnung strebendes und streng hierarchisch strukturiertes Zentralnervensystem. Dieses wird nach meinem Dafürhalten zur zentralen Konstante der Evolution.

Mit ihm kommt es nach und nach zu einer immer größeren geistigen Vervollkommnung. Dies bedeutet eine immer feinere und stärkere Differenzierung des real existierenden (Welt-)Geistes, sozusagen ein

[1] Carol Zaleski, "Nah-Todeserlebnisse und Jenseitsvisionen", s. Literaturverzeichnis

immaterielles weltumspannendes Informationsfeld. Durch ständige Interaktion entstehen wieder als Antwort immer komplexere und perfektere Körper und Körperorgane. Am vorläufigen Ende dieser Entwicklung auf der Erde steht der Mensch (anthropisches Prinzip). Das Werkzeug der menschlichen Hand oder sein aufrechter Gang sind demnach charakteristische *Folgen* der Menschwerdung und nicht ihre eigentlichen Ursachen. Eine zentrale Begleiterscheinung des dem Menschen innewohnenden und bereits fortgeschritten entwickelten, geistigen Hintergrundes ist schließlich seine "intuitive Überzeugung", dass dieses "Geistige" seinen körperlichen Tod überleben wird. Solche urmenschliche Intuition kann letztlich auch an einer Fortexistenz des Geistigen, der sie ja selbst entspringt, keinerlei Zweifel lassen. Erst viel später führte das selbständige, bewusste und gesteuerte Denken langsam zur Infragestellung dieser frühen intuitiven Einsicht, da man sich im Laufe der Zeit immer stärker nur noch auf das rein sinnlich Erfahrbare als scheinbare Grundlage allen Seins verlassen wollte.

Der aus Prinzip ungläubige und jedes intuitive Wissen verleugnende Mensch ist nach meiner Auffassung somit eher jemand, der aufgrund einer falsch verstandenen "Emanzipation" seines Denkens auf der Leiter seiner geistigen Evolution heruntertapst und nicht umgekehrt weiter herauf.

Prähistorische Schamanen haben sich schon vor vielen tausenden von Jahren in Trance auf Reisen begeben und dabei andere, geistige oder traumartige Welten aufgesucht. Durch ihre Fähigkeit zur Ekstase seien sie, so die Überlieferungen, fähig gewesen, allein durch ihren Willen ihre Körper zu verlassen und mystische Reisen durch den Kosmos zu unternehmen. Der Schamane soll in der Lage sein, die Seelen Verstorbener zu begleiten oder zu besuchen und Verbindungen zwischen Himmel und Erde herzustellen, auch um so dem irdisch verkörperten Menschen zum Beispiel bei Krankheiten zu helfen. Das Potential der Erfahrungen solcher Traum- und Jenseitsreisen dürfte durch deren Weitergabe von Generation zu Generation zu einer ungeheuer vielfältigen Mischung, ja einem regelrechten Sammelsurium aus Fakten und Erzählungen, Legenden und Märchen geführt haben. Zusammen mit mancherlei aus Gründen der Machtausübung gezielt gesteuerten Vorstellungen ganzer Völkern und einzelner Mächtiger entwickelten sich im Laufe gigantischer Zeiträume kulturelle Anschauungen, Mythen und auch Religionen. Sämtliche Religionen besaßen aber schon zu allen Zeiten drei zentrale Dreh- und Angelpunkte, um die sich letztlich alles bewegte und aufbaute:

Immer ging es *erstens* um die Frage einer schöpferischen Kraft, einer schöpferischen Dimension, um einen Schöpfergott oder mehrere, hierarchisch oder familiär gegliederte Götter und Gottheiten.

Daneben findet sich *zweitens* in allen Religionen stets eine geistige Dimension, die von der sinnlich wahrnehmbaren materiellen Ebene streng zu unterscheiden ist. Als Mensch ist man selbstverständlich Teil dieses geistigen Bereichs.

Und schließlich besaß man *drittens* immer eine konkrete Vorstellung von irgendeiner Form der Fortexistenz nach dem eigenen Tod.

Auch wenn es in den verschiedenen Kulturen große Unterschiede gibt, was diese Vorstellungen von einer solchen nachtodlichen Existenz betrifft, das Prinzip des Überlebens des eigenen Todes ist ihnen allen gleich. Wie folgt fasst dies der Professor für Vor- und Frühgeschichte, *Jakob Ozols*, zusammen: *"Nach dem Tode trennt sich die Seelengestalt von dem Körper und führt ihr eigenes, weitgehend vom Körper gesondertes Leben weiter .... Sie [die Seele] kann mühelos große Entfernungen überwinden ... Sie ist auch nicht mehr an eine bestimmte Zeit gebunden und sie kann wie das Vergangene so auch das Zukünftige erleben."*

Nicht nur die Seele eines Toten, auch die eines Lebenden kann das nach übereinstimmender Ansicht früher Kulturen prinzipiell bereits in ähnlicher Weise. Hierzu wieder *Jakob Ozols*: *"Bei Lebenden verlässt sie den Kopf nur nachts oder in außerordentlichen Situationen, wie plötzlichem Erschrecken, schwerer Krankheit oder bei besonderen Zuständen wie in der Trance und Ekstase. Die Seelengestalt darf aber nicht lange ausbleiben. Wenn sie nicht bald zurückkehrt, wird der Mensch krank, er ist vielen Gefahren ausgesetzt, und bei längerer Abwesenheit der Seelengestalt muß er sogar sterben ... Sie kann ferner die Seelengestalten längst verstorbener Menschen treffen, Geistern begegnen und ungewöhnliche Abenteuer bestehen."*

Im antiken Orient führten die Toten eine Art stummes Schattenleben. Im alten Testament klagt *Hiob* darüber, dass es ihm in seinem kurzen Leben nicht besser gehe, da er doch bald wieder ins Land der Finsternis und des Dunkels eingehen müsse.[2]

Ähnlich dachten auch die alten Griechen. Nach *Homer* scheidet sich nach dem Tod die *Psyche* vom *Körper* ab. Doch für ihn entspricht die Psyche nicht der heutigen Vorstellung von einer *Seele*: In ihr sieht er nur eine Art *Hauch*, ein quasi bedeutungsloses Erinnerungsbild oder einen Schatten, der rastlos in der Unterwelt, dem *Hades*, umherzieht, sich aber durchaus noch den Lebenden zeigen kann.

Somit sind auch die Toten, denen *Odysseus* auf seiner Fahrt begegnet, außerordentlich trostlose Gestalten, und der Schatten *Achills* klagt, dass sogar ein Dasein als Sklave auf Erden der Herrschaft über das ganze Totenreich vorzuziehen sei. Allerdings könnten die toten Seelen durch das Trinken von Opferblut ihr Bewusstsein zeitweilig wiedererlangen. Dieses Bild ändert sich jedoch im fünften Jahrhundert vor Christus, vermutlich unter dem Einfluss eines ganz anderen Jenseitsbildes der alten Ägypter. Ein klassisches Indiz dafür sind die luxuriösen Grabkammern in den riesigen Pyramiden. Sie symbolisierten die kosmische Hierarchie und den Aufstieg in andere Dimensionen. In ihre Grabkammern legte man den verstorbenen Pharaonen alles, was man in einem jenseitigen Leben gebrauchen können sollte. Mit Hilfe noch von allerlei Beschwörungsformeln und Gebeten, die man in großer Vielzahl in die Wände eingraviert hatte, wurde es so dem Verstorbenen erleichtert, in die Gesellschaft der Gottheit(en) aufzusteigen und schließlich mit *Osiris*, dem Totengott, zu verschmelzen. Im Jenseits kam es zum Gericht über das eigene Leben: Der Verstorbene wurde nach der Sittlichkeit seiner Handlungen und auch nach der Ernsthaftigkeit seiner rituellen Todesvorbereitungen beurteilt. Dem Gericht folgten dann Belohnung oder Strafe. Das jenseitige Leben unterschied sich für die als gut befundenen grundsätzlich kaum von ihrem diesseitigen. Im Gegenteil, im Totenreich erlangte der Verstorbene Zugang zu allen erdenklichen Vergnügungen und allem Schönen, aber auch zu dem

---

[2] Die Bibel, Altes Testament, Hiob 10.20-22: "Sind nicht wenig meiner Tage, und aufhörend? So steh' ab von mir, dass ich mich ein wenig erheitere, bevor ich gehe, um nicht wieder zu kommen, in ein Land der Finsternis und des Todesschattens, ein Land, verschleiert wie das Dunkel; Todesschatten sonder Ordnung, wo es wie das Dunkel leuchtet."

Wissen der ganzen Welt und zum Geheimnis der Zeit! Diese Vorstellung wurde zur Grundlage für den späteren christlichen Glauben an die Existenz eines *Himmels*.

Daneben gab es aber auch ein Schreckensreich des Todes, in das die Schlechten kamen und natürlich mit allen Mitteln versuchten, wieder zu entkommen. Wenn ihnen das nicht gelang, so starben sie später noch einen zweiten, dann endgültigen Tod. Diese altägyptische Vorstellung prägte viel später den christlichen Glauben an die Existenz einer *Hölle*. Sie beeinflusste auch nachhaltig das griechische Bild von Tod und Jenseits. Die ehemals schattenhaft bedeutungslose Psyche wird nun aufgewertet: Sie wird zu einem unabhängigen Träger der persönlichen menschlichen Identität. In dieser Zeit tritt wohl auch erstmals der Glaube an die (fleischliche) *Reinkarnation*, die Seelenwanderung oder *fleischliche* Wiedergeburt, auf.

Das Leben im Jenseits war nun auch für die Griechen maßgeblich bestimmt durch das diesseitige Handeln. Man unterschied den Geist, der sich nach dem Tod mit dem kollektiven Weltgeist verband, von der individuellen Seele. Sie gelangte nach dem Tod in das trostlose Schattenreich der Unterwelt, den *Hades*. Erst in der spätgriechischen Antike unterschied man zwischen dem Abstieg der Seelen der Verstorbenen in den Hades einerseits und ihren Aufstieg in höhere geistige Dimensionen andererseits. Und so kam es, dass für die spätantiken griechischen *Gnostiker* bereits die leibliche Geburt als Abstieg in die Unterwelt gedeutet wurde, von der aus es bei adäquat gutem Verhalten nur noch die Möglichkeit des Aufstiegs gab.

Die Römer hatten keine spezifisch eigenen Jenseitsvorstellungen. Sie orientierten sich mehr an den Sichtweisen ihrer Nachbarn, besonders denen von Griechen und Etruskern. Man ehrte aber die Verstorbenen, weil man es für möglich hielt, dass sie irgendwie auch nach dem Tod mit ihren Nachkommen in Verbindung blieben.

Besonders in intellektuellen Kreisen spielten Jenseitsvorstellungen kaum eine Rolle und man glaubte gemeinhin auch nicht daran, für seine Handlungen nach dem eigenen Tod mal belohnt oder bestraft werden zu können. Allerdings hielt man solcherlei Überlegungen für sehr willkommene Mittel in der Politik, andere nach eigenem Belieben zu beeinflussen.

Auch die Wurzel von Christentum und Islam, das Judentum, wartete zunächst nicht mir eigenen detaillierten Jenseitsvorstellungen auf.

Wohl gab es das *Scheol*, ein Schattenreich der Toten, das sich vom irdischen Leben diametral unterschied. Erst viel später gewann die Lehre von einer "Auferstehung des Leibes" immer mehr an Bedeutung. Sie wurde in ein "messianisches Zeitalter" gelegt und die Zeit im Grab wurde zu einer Art "Wartephase" darauf. Auch eine Seele kommt später ins Gespräch. Sie durfte, wenn sie im Leben gut war, bis zur "endgültigen Entscheidung" im himmlischen Paradies auf ihre spätere Auferstehung warten.

Eine böse Seele musste dagegen in die Hölle *(Deschehenna)*. Diese Wendung im Judentum kam wohl vor allem durch den Einfluss jüdischer Mystiker zustande, z.B. den Vertretern der *Makkaba-Mystik*, einer esoterischen Bewegung, die sich in Palästina und Babylon innerhalb des rabbinischen Judentums entwickelte.[3]

Offenbar, so schreibt *Carol Zaleski*, fand man an dieser rabbinischen Literaturgattung großen Gefallen, was dann auch zu einer Ausschmückung von Legenden der biblischen Propheten und Herrscher führte. So wurde beispielsweise Moses' Vision des Gelobten Landes in den sog. *Midrasch-Texten* des Mittelalters zu einer kompletten Reise durch Himmel und Hölle.

Immer waren "Jenseitsreisen" der eigentliche Ausgangspunkt der detaillierteren Jenseitsvorstellungen. Von einigen Auserwählten wurden sie bei zumeist völliger Gesundheit erlebt, also ohne dass sie dafür gleich in Todesnähe geraten mussten. Daher wäre der Begriff "Bewusstseinsreisen" vielleicht zutreffender.

Ihre Inhalte ähneln in vielerlei Hinsicht jedoch den "echten" Nah-Todeserfahrungen, die von sehr zahlreichen Menschen in Todes-nähe berichtet werden und die ich in diesem Buch noch ausführlich erörtern werde. Deshalb belasse ich es an dieser Stelle bei dem durchaus zweideutig zu verstehenden Begriff der "Jenseitsreisen".

Durch das Weitererzählen über viele Generationen wurden sie selbst zu Legenden und im Laufe der Zeit mit anderen Legenden sogar zu komplexen religiösen Lehren verwoben.

---

[3] Scholem, G.G., "Die jüdische Mystik in ihren Hauptströmungen", vgl. Literaturverz.

Solcherlei findet sich in allen Kulturen. Keltische Legenden über Reisen in Länder "unterhalb der Wellen" oder "oberhalb des Nebels" zeugen davon genauso wie zum Beispiel germanische Sagen über *Hel* und *Walhall*[4]. Eine irisch-keltische Geschichte erzählt von der Seele eines Verstorbenen, die vor ihrem Aufbruch in "die andere Welt" noch einmal auf ihren leblosen früheren Körper blickt und ihn ein letztes Mal mit den Worten küsst: "Hab Dank, dass du mich beherbergt hast und so lange so gut zu mir warst."

Und in einem Buch aus der persisch-zarathustrischen Welt erzählt *Arda Viraz* von einem Priester, der freiwillig ein Narkotikum einnimmt, um sich auf eine Reise in die andere Welt zu begeben[5].

Dass man aus dem alten Testament der Bibel kaum etwas über Jenseitsreisen erfährt, bedeutet deshalb nicht, dass es sie im Judentum nicht gegeben hat. Sie finden sich nur nicht in den "legitimierten", sog. kanonischen Schriften, dafür aber nicht minder zahlreich in den verborgenen Überlieferungen, den sog. *Apokryphen*. So wurde vor allem die ausführliche Beschreibung der Jenseitsreise eines Nachfahren *Adams*, die des *Henoch*, berühmt.

Das (apokryphe) äthiopische Buch Henoch schildert dessen Jenseitsreise: *"...Sie nahmen mich fort und versetzten mich an einen Ort, wo die dort befindlichen Dinge wie flammendes Feuer sind, und wenn sie wollen, erscheinen sie wie Menschen... Ich sah die Örter der Lichter, die Vorratskammern der Blitze und des Donners und in der äußersten Tiefe einen feurigen Bogen ... Sie versetzten mich an die lebendigen Wasser und an das Feuer des Westens, das die jedes Mal untergehende Sonne empfängt. Ich kam bis zu einem Feuerstrome, dessen Feuer wie Wasser fließt und der sich in ein großes Meer im Westen ergießt. (...) ... drei Räume sind gemacht, um die Geister der Toten zu trennen; und so ist eine besondere Abteilung gemacht für die Geister der Gerechten da, wo eine helle Wasserquelle ist...."*

Zu den nichtkanonischen Schriften wird auch die Erzählung von der "Himmelfahrt des Jesaja" gerechnet, wo es, wie Stefan Högl schreibt, am Ende heißt: *"Und der Engel, der mich führte, fühlte, was ich dachte, und sprach: Wenn du dich schon über dieses Licht freust, wie vielmehr, wenn im siebentem Himmel du das Licht sehen wirst, wo Gott und sein*

---

[4] H.R. Patch, "The Other World", vgl. Literaturverzeichnis.
[5] Martin Haug et al., The book of Arda Viraf", vgl. Literaturverzeichnis.

Geliebter ist, woher ich gesandt worden bin, der in der Welt Sohn genannt werden soll. (...) Denn das Licht daselbst ist groß und wunderbar."

Einige Religionen sind vermutlich überhaupt erst durch die innere "geistige Wandlung" ihrer einzelnen Stifter entstanden, die, nach den Überlieferungen, wohl typische Merkmale von Jenseitsreisen erlebt zu haben scheinen. Beispielhaft hierfür können wohl auch der Islam und der Buddhismus angeführt werden.

Der *Islam* geht auf den Propheten *Mohammed* zurück, ein in Mekka geborener arabischer Kaufmann, der um 610 n.Chr. vermutlich mit Hilfe von Jenseits-, bzw. Bewusstseinsreisen direkt von Gott *(Allah)* Botschaften empfangen haben will und daraus zunächst in Medina seine Lehre entwickelte. Nach *moslemischer* Auffassung sind die ihm zuteil gewordenen Offenbarungen der endgültige und absolute Ausdruck des göttlichen Willens. Die islamische Lehre ist im Koran niedergeschrieben und soll unter allen Menschen verbreitet werden. Von dieser missionarischen Vorstellung leitet sich auch der Begriff vom "heiligen Krieg" ab, dem *"Jihat"*, der in seinem Ursprung aber keineswegs kriegerisch gedacht war.

Auch die islamischen Jenseitsvorstellungen ähneln denen des Christentums: Der Tod ist nicht mehr das wirkliche Lebensende, sondern nur eine Zeit des Übergangs von einem vergänglichen irdischen Leben in ein dauerhaftes ewiges Leben. Der Verstorbene wird schon bald nach seinem Tod durch die Engel *Mungkar* und *Nakir* verhört, wobei er seinen Glauben an Allah beweisen muss. Deshalb wird der Moslem traditionell ohne Sarg und nur in einem Leichtuch verhüllt beerdigt; denn sonst wäre es den Engeln nicht möglich, ihn zum Verhör zu wecken.

Nach dem Verhör – und damit kommt das jüdisch-christliche Element zur Geltung – darf er ruhen bis zum "Jüngsten Tag".

An diesem wird auch im Islam zwischen Guten und Bösen getrennt: Die Guten landen im Paradies, die Schlechten in der Hölle ewiger Verdammnis. Im Unterschied zum Nicht-Mohammedaner, dem Ungläubigen, wird sich Allah dem gläubigen Mohammedaner jedoch irgendwann erbarmen und ihn doch noch aus den Höllenqualen befreien.

20

Siddharta Gautama, genannt *Buddha* oder "der Erleuchtete", war ursprünglich ein reicher Prinz im heutigen Nepal. Durch ein Schlüsselerlebnis mehr als 500 Jahre v.Chr., bei dem er als junger Erwachsener mit Armut, Krankheit und Tod – für ihn zu diesem Zeitpunkt völlig unbekannte Zustände – konfrontiert wurde, nahm er den Status eines *hinduistischen* Bettelmönchs an. Mit Hilfe ausgedehnter Meditationen, die auch ihn zu einer Reihe von Jenseitsreisen verholfen haben sollen, wandelte sich sein Innerstes ganz fundamental. Er begründete mit seinen Vorstellungen eine neue, aus dem Hinduismus hervorgehende Religionslehre, den Buddhismus. Sowohl in den hinduistischen Traditionen Indiens und des Fernen Ostens wie auch im Buddhismus lässt sich eine beeindruckende Anzahl von Jenseitsreisen nachzeichnen.[6] In seiner berühmten Feuerpredigt vergleicht Buddha das Leben mit einer Flamme, die immer weiter brennt, da sie durch die drei Fehler, "Begierde", "Hass" und "Verblendung", stets wieder neu angefacht wird. Der Mensch müsse sich daher hiervon abwenden, um ins *Nirwana* zu gelangen und damit dem sich ständig wiederholenden Kreislauf von Geburt, Tod und Wiedergeburt zu entfliehen.

Für Buddha ist dieser Kreislauf die logische Folge aus der Beobachtung, dass alles Sichtbare des Universums kommt und vergeht, um dann in anderer Form wieder neu aufzutreten. Damit baut er auf den damals schon bekannten, spät-hinduistischen Vorstellungen auf. Doch im Gegensatz zu einer landläufigen westlichen Auffassung ist das Nirwana keineswegs nur ein "Nichts", sondern vielmehr der Zustand seliger Erlösung oder ewiger und unveränderlicher *Seelenruhe*, auch Zustand einer dauerhaften, ruhigen und zugleich glücklichen Stille des (selbst-)bewussten Gemüts. Buddha selbst weist im *Suttapitaka* den Gedanken strikt zurück, im Nirwana sei das Ende des Seins erreicht.

Auch im Buddhismus wimmelt es nur so von Himmelsparadiesen: Beispielhaft hierfür sei das "Reine Land von Amitabha" genannt, das voll ist von mit kostbaren Edelsteinen geschmückten Bäumen und lieblich duftenden Flüssen. In ihm gibt es aber auch feurige

---

[6] z.B. Edward Conze, "Buddhist Scriptures", vgl. Literaturverzeichnis.

Höllen, wo Sünder an Ambosse gekettet und von breit grinsenden Teufeln geröstet werden.[7]

In den *Upanischaden*, heiligen Texten der hinduistischen Tradition Indiens, finden sich ebenfalls viele Geschichten über den Abstieg ins Totenreich. Solche Wanderungen helfen auch bei der Läuterung der Lebenden, um so ihren Kreislauf der ständigen Wiederkehr beenden zu können.[8]

Eine einzigartige und zugleich sehr detaillierte Jenseitsversion liefert das *Bardo Thodöl* oder *Bar do thos grol*, besser bekannt als das *Tibetanische Totenbuch* des tibetischen Buddhismus, dem *Lamaismus*.

Zwar ist es nur eins von vielen Zeugnissen für eine nachtodliche Existenz – ich schätze aber, es ist das bekannteste. Dabei ist es dem altägyptischen Totenbuch recht ähnlich und beschreibt sehr genau den Weg des Bewusstseins vom Sterben, über verschiedene Phasen des eigentlichen Totseins in einer Art "Zwischenreich", bis hin zur nachfolgenden Reinkarnation, also der fleischlichen Wiedergeburt in einem neuen irdischen Leben.

Wie in fast allen anderen Mythen und Religionen auch wird der Verstorbene, nachdem ihm langsam sein körperlicher Tod bewusst geworden ist, mit den Taten und Untaten seines zurück liegenden Lebens konfrontiert. Zu den wesentlichen Prinzipien dieser Sphäre, dem "Bardo des Erlebens der Wirklichkeit", gehört auch die Erkenntnis, dass das Denken in der Lage ist, Wirklichkeit und Erfahrung zu schaffen. Jeder Gedanke wird zu einer vollständigen und totalen Erfahrung. Aus dieser Sicht werden Himmel und Hölle zu nachtodlichen Zustandsbildern seiner selbst. Nach dem Motto, "Gleiches mit Gleichem gesellt sich gern", erleben verwandte Seelen diesen Zustand gemeinsam.

Eine weit verbreitete Kernthese des christlichen Glaubens ist auch heute noch die von den Kirchen wörtlich genommene, sinnlich erfahrbare, fleischliche Auferstehung des Menschen am "Jüngsten Tag", dem Tag des großen Gerichtes durch Gott. Dafür gibt es sicher mehrere Ursachen. Zum einen gründet sie auf denselben

---

[7] Edward Conze, "Buddhist Scriptures", vgl. Literaturverzeichnis.
[8] z.B. Radhakrishnan, "The Principal Upanishads", vgl. Literaturverzeichnis.

Vorstellungen der schon auf den persischen Propheten *Zarathustra* zurückgehenden Religion des *Zoroastrismus*, ungefähr 600 v.Chr. Ihre heilige Schrift, das Avesta, spricht bereits von einer Auferstehung der Seele wie auch der des Leibes. Später wird die Weltvollendung als Zeitpunkt benannt: *"Der Ruhmesglanz ist es, der dem Weisen Herren eigen ist, damit der Weise Herr die Geschöpfe erschaffe, die vielen und schönen, die vielen und vortrefflichen, die vielen und wundervollen, die vielen und strahlenden; damit sie das Leben wundervoll machen, nicht alternd, nicht sterbend, nicht verwesend, nicht faulend, ewig lebend, ewig gedeihend, so dass freies Belieben herrscht. Wenn die Toten wieder auferstehen werden, für die Lebenden Vernichtungslosigkeit kommen wird, dann wird er die Existenz nach seinem Willen erneuern."* Der Religionswissenschaftler *Hans-Joachim Klimkeit* fasst die Endphase der Auferweckung wie folgt zusammen: *"...schließlich die freudige gegenseitige Begrüßung aller guten Menschenseelen, die sich jetzt auch wieder mit ihrem Leib vereinigen können. Sie gehen ins Lichtreich des Weisen Herren zu einem unsterblichen und ewigen Leben ein."*

Daneben basiert der Glaube an eine fleischliche Auferstehung vermutlich auf zeitgenössische jüdische Vorstellungen. Er wird dann quasi rückwirkend bewiesen durch die Erzählung von der Auferstehung Jesu Christi am dritten Tag nach seiner Kreuzigung.

Hierdurch gibt es in der katholischen Dogmatik das Problem des "leeren Grabes" Jesu, das ja durch mehrere Zeugen belegt sein soll.

Der Würzburger Theologieprofessor *Otmar Meuffels* wies jedoch auf einer Vortragsveranstaltung der Domakademie Würzburg[9] im Oktober 2001 darauf hin, dass die biblische Geschichte "vom leeren Grab Jesu" in den ältesten Auferstehungszeugnissen[10] gar nicht erwähnt wird. Vielmehr sei sie wohl eine *"gemeinsynoptische Ostererzählung, die die Auferstehungsbotschaft voraussetzt und ihren zentralen Inhalt veranschaulichen soll...* [11] *Die Geschichten vom leeren Grab dienen als sekundäre Versinnbildlichung der Verkündigung der dem Glauben evidenten Erfahrung des lebendigen Gottes. Sie sind Zeugnisse dafür, wie der Glaube seine Heils-/Auferstehungserfahrung sinnhaft deutet, und keine historisch beweisbaren Tatsachenberichte".*

---

[9] Auch mir war es vergönnt, anlässlich dieser Tagung vom 03.10.2001 einen Vortrag mit dem Titel, "Wer stirbt ist nicht tot", halten zu dürfen.
[10] Die Bibel, 1. Korintherbrief 15.03-05
[11] Die Bibel, Markusevangelium 16.06

Ohnehin ist in der populären, sozusagen der *veranschaulichten* Lehre des Christentums eine Dreiteilung jenseitiger Ebenen schon immer präsent: Es gibt Himmel, Hölle und Fegefeuer, in dem die Seelen offenbar die Zeit bis zum Jüngsten Tag, dem des hohen Gerichtes, je nach Lebenseinstellung verbringen durften, bzw. mussten. Und längst ist der Himmel bis dahin ein Ort der Engel und Heiligen und ebenso natürlich von Gott selbst.

Ein auch nach meiner Auffassung typisches Beispiel für den Erwerb nachtodlicher Glaubensperspektiven mit Hilfe von Bewusstseins- oder Jenseitsreisen stellt wohl der Apostel *Paulus* dar. Zunächst verfolgte er, der *Saulus*, die Christen[12]. Später aber wurde er ein glühender Verehrer Jesu Christi und der christlichen Lehre[13]. Es gibt eine Reihe von Hinweisen darauf, dass Paulus selbst ein Nah-Todeserlebnis hatte, das Anlass einer "Jenseitsreise" war, wodurch er zu einer neuen Sichtweise der Dinge fand.

Im zweiten Brief an die Korinther berichtet er offenbar von seinem eigenen Jenseitserlebnis. Er war wohl gehalten, sich nicht zu sehr damit zu rühmen, weshalb er in dritter Person spricht (12.01-04):

"... *Ich kenne einen Menschen in Christus, der vor vierzehn Jahren – ob im Leibe, das weiß ich nicht, oder außer dem Leibe, das weiß ich nicht, Gott weiß es – bis zum dritten Himmel entrückt wurde. Und ich weiß, dass der betreffende Mensch – ob im Leibe, das weiß ich nicht, oder außer dem Leibe, das weiß ich nicht, Gott weiß es – ins Paradies entrückt wurde und unsagbare Worte vernahm, die einem Menschen auszusprechen versagt sind.*"

Interessant ist hier besonders die zweifache Wiederholung des Einschubs "*ob im Leibe, das weiß ich nicht, oder außer dem Leibe, das weiß ich nicht, Gott weiß es*". Nach meiner Auffassung dürfte dies auf eine verständliche Unsicherheit aller Jenseitsreisenden zurückzuführen sein: Ausnahmslos empfinden sie sich auch weiterhin als "körperlich intakt". Zugleich aber scheinen sie doch zu merken, dass sie es im herkömmlichen, d.h. im bekannten irdisch fleischlichen Sinne, gar nicht mehr sind!

---

[12] z.B. in der Bibel, 1. Brief des Paulus an die Korinther, 15.09: "Bin ich doch der geringste unter den Aposteln, der ich unfähig bin, Apostel zu heißen, weil ich die Kirche Gottes verfolgte."
[13] Die Bibel, 1. Korintherbrief 15.10: "Aber durch Gottes Gnade bin ich, was ich bin, und seine mir geschenkte Gnade ist nicht unwirksam geblieben..."

Nach früher urchristlicher Auffassung scheint das Leben also keineswegs mit dem Tod zu enden und auch nicht nur zunächst, d.h. bis zu einem "Jüngsten Tag, zu "pausieren". Dies belegt sogar Jesus Christus selbst, als er nach seiner Kreuzigung auf Golgatha einem seiner beiden Leidensgenossen zurief[14]: *"Wahrlich, ich sage dir: Heute (noch) wirst du mit mir im Paradiese sein."*

Was seine Auferstehung betrifft, kann uns der Apostel Paulus jetzt einmal mehr entscheidend weiterhelfen. Damit fügt sich auch die christliche Auffassung ganz harmonisch in eine anscheinend *weltweit identische, urmenschliche* Sichtweise ein. Dem *körperlichen* Tod des Menschen folgt danach *unmittelbar* eine Daseinsform des eigentlich wahren, und zwar *geistigen* Lebens: Auf die Frage nach dem "*Wie*" der Auferstehung[15] antwortet Paulus im ersten Brief an die Korinther u.a. (15.42-47):

"... So verhält es sich auch mit der Auferstehung der Toten. Gesät wird in Verweslichkeit, auferweckt in Unverweslichkeit. ... Gesät wird ein sinnenhafter Leib, auferweckt ein geistiger Leib. So gut es einen sinnenhaften Leib gibt, gibt es auch einen geistigen... Aber nicht das Geistige kommt zuerst, sondern das Sinnenhafte, dann das Geistige. Der erste Mensch ist aus Erde, ist Staub; der zweite Mensch stammt aus dem Himmel."

Dies scheint mir eines von vielen Zeugnissen, das zeigt, dass der frühe christliche Glauben unter der "Auferstehung der Toten" tatsächlich wohl eher eine Art "Wandlung" verstand – und zwar die Wandlung von einer materiellen Identität in eine geistige, die ihm jedoch zuvor auch schon anhaftete, weil sie ihm von Gott als seine (eigentliche) "Gestalt" gegeben ist.

Diese Interpretation ergibt sich, wie ich glaube, ebenso sehr schön aufgrund der folgenden Passage, die wieder aus dem ersten Korintherbrief des Apostels Paulus stammt (15.35-37):

"... Mit was für einem Leibe kommen sie? (Anm. von mir: Die Toten) *Du Tor! Was du säest wird nicht lebendig, wenn es nicht stirbt. Und was du säst hat noch nicht die Gestalt, die entstehen wird; es ist nur ein nacktes Samenkorn... Gott gibt ihm die Gestalt, die er vorgesehen hat, jedem Samen eine andere."*

---

[14] Die Bibel, Lukasevangelium 23.43
[15] Die Bibel, 1. Korintherbrief 15.35: "Aber, wird einer sagen, wie werden denn die Toten erweckt?"

Der irdische Körper wird, so Paulus, zum Zeitpunkt des Todes von einem himmlischen Körper, dem geistigen Leib, abgelöst.

Zudem findet sich in diesem Abschnitt ein Zeugnis für das Geistige jeden Lebens. Materie *lebt* nicht aus sich selbst heraus.

Der Tod wird also auch in der christlichen Tradition zur Scheide zwischen zwei unmittelbar angrenzenden und ineinander übergehenden Dimensionen des Lebens, der vor- und der nachtodlichen. Erneut ist es Paulus, der, diesmal in seinem Brief an die Philipper, davon ziemlich eindeutig Zeugnis ablegt (01.21-24):

"Denn für mich ist das Leben Christus und das Sterben Gewinn. Gilt es aber, weiterzuleben im Fleische, so bedeutet mir das ein fruchtreiches Schaffen, und so weiß ich nicht, was ich vorziehen soll. Es zieht mich nach beiden Seiten hin. Ich habe das Verlangen, aufzubrechen und mit Christus zu sein; denn das wäre weitaus das Bessere; das Verweilen im Fleisch aber ist notwendiger um euretwillen."

In praktisch allen Mythen und Religionen gehört das Überleben des eigenen Todes zur zentralen Erkenntnis. Der Tod ist stets nur das Ende der irdischen Körperlichkeit. In allen Vorstellungen und zu allen Zeiten gibt es nach dem Tod eine zumindest frühe Phase rein geistiger Existenz, die von den Betroffenen dennoch kaum minder körperlich vernommen wird. Je mehr man versucht, Einsicht in die ferneren nachtodlichen Entwicklungen zu gewinnen, desto größer werden die überlieferten Unterschiede.

Durch sehr verschiedene Beweggründe wurden diese an und für sich grundsätzlichen Erfahrungen mit manch üppigem Beiwerk ausgestattet und schließlich ganze Lehrgebäude entworfen. Hierzu zählen sicher auch Beobachtungen der Natur mit ihren vielen periodischen Abläufen, das Philosophieren über ethisch-moralische Dinge, wie z.B. Gerechtigkeit, und, damit verbunden, manche Versuche, so unterschiedliche Lebensverläufe zu erklären oder zu deuten. Ebenso spielten sicher recht oft auch manch niedere Beweggründe, wie Menschen und ganze Staaten durch einige recht opportunistische Interpretationen zu manipulieren, eine Rolle.

Vieles davon ist nun mal mit den naturwissenschaftlichen Erkenntnissen unserer Zeit nicht mehr in Einklang zu bringen.

Dies ist gewiss auch ein wichtiger Grund für den zunehmenden Vertrauensschwund, den religiöse Überlieferungen heute bei vielen Menschen hervorrufen. Andere dagegen versteifen sich leider in einem manchmal geradezu exotisch anmutenden und oft tragisch ausufernden Fundamentalismus, der durch nichts haltbar und besonders aufgrund seiner Auswirkungen auf dann betroffene Mitmenschen durch nichts entschuldbar ist.

Beide extremen Entwicklungen sind nach meiner Auffassung schlichtweg falsch. Außerdem werden sie dem eigentlichen Kern sämtlicher Religionen nicht einmal gerecht.

Die ungemein zahlreichen Zeugnisse in den Religionen und Mythen von einem Überleben des eigenen körperlichen Todes sind schon deshalb ernst zu nehmen, weil sie sich in identischen Grundsätzen in allen Kulturen wiederfinden – und das, obwohl diese geographisch und zeitlich oft weit auseinander lagen und eine Vermischung kaum stattgefunden haben konnte.

Schließlich lassen sie sich seit Anbeginn der Menschheit in erstaunlicher Regelmäßigkeit und Konstanz nachweisen, bzw. zumindest begründetermaßen vermuten.

Man sollte das daher zum Anlass nehmen, sie nicht einfach zu ignorieren oder zu verdrängen. Vielmehr sollte man sie in alle Deutungen und Interpretationen als seriöse und ehrbare Modelle mit einbeziehen und diskutieren. Mehr noch: Vorstellungen, die das vernachlässigen oder sogar bewusst ausklammern, können nach meiner Auffassung keinen Anspruch genießen, der Wahrheit ein entscheidendes Stück näher zu kommen.

Und genau das halte ich für ein gegenwärtig zentrales Problem der modernen Naturwissenschaften. Erklärtermaßen bemühen sie sich oft, jedwede immateriell geistige Seite dieser Welt regelrecht wegzuforschen. Bislang ist es ihnen nirgendwo so recht gelungen, und natürlich *kann* es ihnen auch nicht gelingen. Doch leider hindert sie das nicht daran, wenn nötig sogar manch eines ihrer Erklärungsmodelle derart zu "flexibilisieren", dass hier und da schon mal Naturgesetze und andere Gesetzmäßigkeiten entgegen aller bisherigen Erfahrung "aufgeweicht" werden, nur um den geforderten, rein materialistischen Gedanken nicht zu verlassen.

Die Grundüberzeugungen alter Mythen und sämtlicher Religionen beruhen letztlich auf intuitiven Erfahrungen. Lange galten sie völlig selbstverständlich als eine mögliche Quelle zur Erkenntnis. Erst Philosophen wie *Immanuel Kant* haben mit dem trotz aller Kritik zu Recht einsetzenden Siegeszug der Naturwissenschaften, und damit auch der wachsenden Bedeutung sinnlicher Erfahrung, begonnen, den Wert intuitiver Erkenntnissuche immer geringer zu schätzen.

Eine wie auch immer geartete Form von Leben nach dem Tod ist letztendlich eine intuitive Grundüberzeugung der Menschheit und, wie schon gesagt, wahrscheinlich seit Anbeginn ihrer Existenz.

Soziologie und Psychologie erklären diese heute gerne mit der nackten menschlichen Angst vor seinem Tod als unausweichliches und absolutes Ende seiner selbst. Ein Leben nach dem Tod wird damit auf eine schlichte Illusion reduziert, reinem Wunschdenken infolge der permanenten menschlichen Sehnsucht danach.

Vordergründig ist so ein Gedanke nicht von der Hand zu weisen. Fairerweise muss man dann jedoch auch die Frage zulassen, ob ein Leben nach dem Tod schon allein deshalb Illusion bleiben muss, weil es gute Gründe dafür gibt, dass es so sein könnte?

Ich glaube nicht!

So vielschichtig die Inhalte bedeutender Mythen und Religionen auch sein mögen und so unmöglich es manch einem anmutet, ihnen in der heutigen Zeit zu folgen, sie alle haben letztlich den gleichen dreiteiligen Kern in unterschiedlicher Ausschmückung:

1) Schöpfer – Schöpfung – Überlegene, "göttliche" Dimension – Gott – Götter – "Allmächtige Liebe" – "Sinn", etc..
2) Geistige Dimension – Geistebene – "Land der Seelen", etc.
3) Überleben des körperlichen Todes.

Dieser Kern scheint eine Art "kollektives inneres Wissen" des sich als lebendes Wesen selbst erkennenden Menschen zu sein.

Es ist die Synopse unserer intuitiven Erkenntnis. Auch wenn sie sich aus Anlass von Bewusstseins- oder Jenseitsreisen, von Wachträumen oder sonstigen Visionen in einem oft kaum überschaubaren, bunten Allerlei an Bildern präsentiert – das alles ist nicht entscheidend.

Je nach Zeit, Kultur, Erziehung, Fortschritt und Stand der Menschheitsentwicklung *müssen* alle diese Bilder, die nicht einmal in ferner Zukunft, geschweige denn heute oder gar früher die für uns

Menschen wohl immer unfassbare Wahrheit widerspiegeln, objektiv unbeschreiblich und damit zutiefst subjektiv gefärbt sein. Sie alle können daher nur symbolischen Charakter besitzen. Und genau das ist das eigentlich Entscheidende; denn es macht den Wert dieser Mythen und Religionen als wichtigste Kulturschätze der Menschheitsgeschichte noch viel größer. Schließlich haben sie im Grunde genommen alle Recht!

Und daraus ergibt sich zugleich, dass jeder Fundamentalismus, jeder religiöse Fanatismus und jede einseitig dogmatische Missionierung äußerst frevelhaft ist. "Jedem Tierchen sein Pläsierchen", ist eine wohl wahrhaft weise Antwort, die genau die nötige Toleranz offenbart, die wir Menschen endlich auch für andere religiöse Weltanschauungen an den Tag legen müssen. Wir können es in der Gewissheit, dass der allseits gleiche Kern intuitiver Erkenntnis ein am Ende großartiger ist. Egal an was wer im Einzelnen für sich glaubt: Jeder Glaube kann grundsätzlich dazu beitragen, zumindest für einen selbst eine wichtige Orientierung in dieser Welt zu bieten, durch die der Mensch sonst ziemlich führungslos wandeln würde. Er selbst kann sich diese Führung allein nicht geben, wie das politisch-ideologische Chaos dieser Welt im letzten Jahrhundert nur allzu deutlich überall und ausnahmslos gezeigt hat.

Den Mythen und Religionen liegt letztlich vor allem die intuitive Erfahrung zugrunde. Wie früher schon zum Beispiel *Platon*, halte auch ich es für richtig, intuitives Erfahren ebenfalls als eine von mehreren Möglichkeiten zu betrachten, zu höherer Erkenntnis zu gelangen; denn die Kernthesen und Grundüberzeugungen sämtlicher Mythen und Religionen in allen uns bekannten Kulturen und ihren Überlieferungen sind ziemlich identisch. Ich sehe in ihnen sogar ein ganz entscheidendes Merkmal der Menschwerdung. Dann aber gehört auch das Überleben des eigenen Todes zu einer intuitiv erkannten Realität.

Im nächsten Kapitel sollen nun die philosophischen Beiträge zum Tod und den Vorstellungen eines "Danach" intensiver beleuchtet werden.

3. Eine Reise durch Philosophie und Poesie

Der sehr weise und berühmte griechische Gelehrte *Platon* sagte einmal vor fast zweieinhalbtausend Jahren, die Philosophie sei die Vorbereitung auf den Tod. Kein anderer, so glaube ich, hat sich in solch direkter und prägnanter Weise zu einem der Hauptanliegen philosophischer Betrachtungen geäußert. Lassen Sie mich diese Auffassung Platons aufgreifen und erweitern: Die Philosophie ist der Weg des einzelnen Denkers zu den wichtigsten Fragen seiner Existenz. Die Religion ist dagegen der Weg des breiten Volkes.

Und die wichtigsten Fragen sind, auch wenn viele sie gerade in unserer Zeit gerne verdrängen, die nach Schöpfung, Schöpfer, Geist und einem Überleben des eigenen körperlichen Todes.

Oder wieder anders formuliert: Wer und was bin ich, woher komme ich und wohin gehe ich? Religionen und Mythen bieten uns ein Sammelsurium von vor allem intuitiv, d.h. nicht durch streng sinnliches Erfahren gewonnener Erkenntnisse. Dagegen ist sinnliche Erfahrung die Quelle der Naturwissenschaften.

Philosophie bedeutet nun das Optimieren von Erkenntnis durch das eigene Denken, das sich im logischen Abwägen aller Indizien zeigt. Dabei sollten intuitive Erfahrungen aber nicht als minderwertig diskreditiert werden. Der weise chinesische Philosoph *Laotse* schrieb dazu schon im 7. Jhd. vor Christus sehr treffend: *"Ohne aus der Tür zu gehen, kennt man die Welt – Ohne aus dem Fenster zu schauen, sieht man den SINN des Himmels – Je weiter einer hinausgeht – desto geringer wird sein Wissen!"* Nach meinem Verständnis sollte die Philosophie also eine Art Mittler zwischen völlig verschiedenen Quellen sein und zwar gerade dann, wenn sie sich, wie sooft und gern, unversöhnlich gegenüber zu stehen scheinen.

Aus meiner Sicht sollte sie darüber hinaus auch ein Korrektiv für beide Seiten sein, für Religionen und Mythen genauso wie für heute leider oft chaotisch überschießende Wissenschaftsdogmen.

Lange Zeit hatte die Philosophie ihre liebe Not, sich der religiösen Dogmen zu erwehren. Besonders das Christentum, bzw. dessen Institution "Kirche", hat über lange Zeit naturwissenschaftliche

Entwicklungen be- und verhindert. Allein die Tatsache, dass unsere Erde eine Kugel ist und auch nicht Mittelpunkt in einem geozentrischen Weltbild, wurde, obwohl bereits erwiesen, über eineinhalbtausend Jahre schlichtweg unterdrückt: Schon der Grieche *Aristarchos von Samos* hatte ungefähr 250 Jahre vor Christus erkannt, dass sich die Erde um die Sonne dreht und nicht der Mittelpunkt der Welt sein konnte. Zwischen dem 17. und 19. Jahrhundert traten die Naturwissenschaften zu einem vehementen Siegeszug an – ja sie überrollten förmlich das die Welt dominierende christliche Weltbild und führten zu einer neuen, nun materialistischen Sichtweise aller Dinge. Man könnte fast meinen, die Naturwissenschaften wollten (und wollen auch heute noch) alle Fundamente der Religionen regelrecht wegforschen. Schöpfung und Schöpfer schienen mehr und mehr ausgedient zu haben. Leben, Geist, Seele, Bewusstsein und persönliche Identität wurden zu sog. *Epiphänomenen* und bloßen Produkten sich über unermessliche Zeiten selbstorganisierender komplexer Materie.

Und wie steht's mit dem Glauben an ein Leben nach dem Tod? - Bloß noch schiere Illusion von Hoffnung und Wunschdenken getrübter Menschen. Nicht nur, dass man mit solcherlei Vorstellungen schon seit langem keinen Blumentopf mehr gewinnen konnte und kann, man lief und läuft zudem Gefahr, sich ein für allemal jeglicher wissenschaftlicher Ernsthaftigkeit zu entsagen.

Wie fragil diese "aufgeklärt materialistische Welt" aber selbst im zeitgenössischen emotionalen Grundgefüge der Menschheit tatsächlich ist, zeigt der phantastische Erfolg weniger Bücher, die seit den siebziger Jahren des letzten Jahrhunderts mitten in eine Welt platzten, die nun endgültig metaphysischen Vorstellungen ade gesagt zu haben schienen: Vorreiter war wohl das Werk der schweizamerikanischen Ärztin *Elisabeth Kübler-Ross* mit *"On Death and Dying"*[16] *(1969)*, gefolgt von *Raymuond Moody's, "Life after Death"*[17] *(1975)*, von dem schon kurz nach Erscheinen mehrere Millionen Exemplare verkauft worden waren. In ihnen legten

---

[16] übersetzt: "Über den Tod und das Sterben". Deutsche Ausgabe: "Interviews mit Sterbenden" (1971)

[17] gleichnamige deutsche Ausgabe "Leben nach dem Tod" (1977)

Menschen, die zumeist dem Tod durch Unfälle oder Krankheiten sehr nahe waren, Zeugnisse von ungewöhnlichen, körperentrückten Erlebnissen ab, die sie zum Beispiel während einer kurzen Phase des Herzstillstandes hatten. Sie werden später noch Gegenstand meiner weiteren Ausführungen sein und insbesondere auch in der Diskussion im zweiten Teil des Buches, ausführlich erörtert werden.

Natürlich waren die Inhalte der Bücher keineswegs neu; Geschichten dieser Art gibt es ja, wie ich schon im letzten Kapitel mit Hilfe des Begriffs der "Jenseitsreise" umschrieb, zuhauf und vermutlich seit Urzeiten. Wahrscheinlich gehören sie doch zu den ganz entscheidenden Grundlagen aller Mythen und Religionen. Nun aber waren sie auf eine neue, eine besonders seriöse, weil offenbar "quasi-natur-wissenschaftliche Ebene" gestellt worden.

Und genau das katapultierte für lange Zeit Bücher dieses Genres in viele Bestsellerlisten der ganzen Welt.

Trotz aller Verwissenschaftlichung scheint der Mensch also nach wie vor besonders empfänglich für das Metaphysische. Die Ratio, mit einer scheinbar vernünftigen Abkehr von jeder Metaphysik und gleichzeitiger Zuwendung zum allein sinnlich Erfahrenen der Naturwissenschaften – so wie sie spätestens mit *Immanuel Kant* vehement gefordert wurde – scheint in dieser Form nicht beständig.

Leider fehlt seit ungefähr zweihundert Jahren, in denen der Materialismus seine Vorherrschaft erlangt und sehr konsequent ausgebaut hat, ein wirksames philosophisches Korrektiv, das die neuen naturwissenschaftlichen Sichtweisen genauso kritisch beäugt wie früher einmal die alten religiösen. Denn auch die neuen Dogmen scheinen mir, viel häufiger als man annehmen sollte, auf sehr wackeligen Fundamenten zu stehen.

In allen meinen Büchern habe ich mich jedoch stets darum bemüht, keineswegs nur die überwiegend materialistischen Interpretationen gegenwärtiger naturwissenschaftlicher Ergebnisse zu kritisieren. Vielmehr versuche ich mit einer vielleicht besseren Perspektive zu antworten. Zugleich will und werde ich aber auch jedem religiösen Fundamentalismus immer wieder eine klare Abfuhr erteilen – egal aus welcher Richtung er kommt, was für politische Ideologien "von rechts und links" selbstverständlich in gleicher Weise gilt: Ihnen kann ich genausowenig abgewinnen!

Das bislang älteste bekannte, überlieferte *literarische* Werk wurde vor über dreieinhalbtausend Jahren in Keilschrift auf Tontafeln verewigt. Es stammt von einer der ersten, uns zurzeit bekannten Hochkulturen der Menschheit, den *Sumerern*, die im Zweistromland von Euphrat und Tigris, also in Vorderasien, herrschten. Ein sehr mächtiger König, Herrscher über die damals bedeutsame Stadt Uruk, war *Gilgamesch*. In dieser Zeit und um König Gilgamesch entstand eine Reihe von Heldensagen. Erst viel später, vermutlich im 12. Jhd. v.Chr., wurden sie von dem uns namentlich bekannten Dichter *Sin-leqe-unnini* zum berühmten *Gilgamesch-Epos* zusammengetragen. Darin geht es um die Erkenntnis der Unausweichlichkeit des menschlichen Todes. Gilgamesch macht diese schmerzliche Erfahrung am Beispiel seines von den Göttern aus Rache getöteten Freundes Enkidu. Trauernd geht er auf eine ziemlich abenteuerliche Suche nach seinem Freund und erkundet zudem Möglichkeiten, durch Magie Unsterblichkeit zu erlangen. Schließlich findet er Enkidu "lebend" in einem ziemlich tristen Totenreich, das wohl Vorbild für den griechischen Hades ist.

Die Jenseitsfahrt zum Hades beschreibt der berühmte Dichter *Homer* in verschiedenen Werken, wovon besonders das elfte Buch der "Odyssee" hervorzuheben ist. Auch hier finden sich trostlose Gestalten, denen der Held Odysseus im "Reich der griechischen Toten" begegnet (vgl. Kapitel 2). Von Homer stammt die Vorstellung, die Seele sei eine Art "materieller Hauch", so wie Luft. Erst viel später avancierte sie zur "Psyche" und erhielt so einen persönlichen "Anstrich". Der großartige griechische Philosoph und Mathematiker *Pythagoras* übernahm etwa 500 Jahre vor Christus die *inzwischen* im Hinduismus entwickelte und über Kaufleute sich auch nach Westen hin ausbreitende Idee von der Seelenwanderung oder *Reinkarnation*. Danach reinkarniert jede einzelne, noch recht abstrakte Seele je nach ihrem *Karma*, d.h. der im Laufe des Lebens aufgeladenen Schuld, in einem neuen tierischen oder menschlichen Körper. Nur am Rande sei an dieser Stelle darauf hingewiesen, dass es Pythagoras war, der vermutlich als erster "Zahlen" eine reale Existenz zusprach und einen inneren Zusammenhang zwischen

Zahlen und Kosmos annahm. Sein berühmter mathematischer Satz[18] wird seither in allen Schulen dieser Welt gelehrt. Dass dieser nach meinem Dafürhalten sehr wahrscheinlich sogar eine fundamentale Bedeutung für das Verständnis der gesamten kosmischen Existenz hat, habe ich bereits in meinem Buch "Der Schlüssel zur Ewigkeit" erläutert. Aus seiner Zeit ist auch eine Reihe von "Jenseitsreisen" lebender Personen überliefert.

Ein Zeitgenosse von Pythagoras war *Heraklit*. Einige seiner Ansichten finde ich persönlich immer noch sehr zeitgemäß:

Heraklit glaubt an eine Weltseele und vergleicht sie mit dem Feuer. Einzelne Seelen Verstorbener sind darin die Flammen. Er schafft so eine Verbindung zwischen dem Ganzen und dem Einzelnen als untrennbarer Teil des Ganzen. Dies findet sich gerade auch in späteren Religionen und philosophischen Vorstellungen immer wieder. In früheren Büchern habe ich bereits mein Modell eines allem in dieser Welt zugrundeliegenden geistigen Feldes ausführlich erläutert. Als eine Art "kosmisches Internet" ist es etwas Kontinuierliches, so wie es auch das Feuer rein bildlich gesehen ist. Am Anfang aller Dinge ist es noch ziemlich undifferenziert. Vergleichbar mit einem fast brach liegenden Feld geistiger Möglichkeiten, wird es im Laufe der gigantischen kosmischen Gesamtentwicklung laufend weiter differenziert und somit konsequent fortentwickelt.

Auch dem heute bekannten Internet können ohne Unterlass und theoretisch unbegrenzt neue Inhalte hinzugefügt werden, womit es immer weiter differenziert und strukturiert wird. Unter solchen Strukturen verstehe ich z.B. selbstständige Intranets. Ein Pendant dazu ist etwa der menschliche Geist. Irgendwann kommt in der Evolution allen Lebens der Moment, wo ein mittlerweile ausreichend differenzierter Geist beginnt, sich selbst zu erkennen. Erstmals beim Menschen treten auf dieser Erde Selbstbewusstsein und Selbsterkenntnis entscheidend zutage.

Damit nun erhält jeder Einzelne die Chance, sein eigenes geistiges Intranet, d.h. seinen persönlichen Bereich in einer real existierenden

---

[18] $a^2 + b^2 = c^2$ (Die Summe der Kathetenquadrate eines rechtwinkligen Dreiecks ist gleich dem Quadrat über der Hypotenuse) ist der *"Satz des Pythagoras"*.

geistigen Dimensionalität konsequent zu entwickeln und sich darin als eigene Persönlichkeit mit allen Attributen seiner selbst wieder zu erkennen. Jeder einzelne Geist, jedes persönliche Intranet, ist auf diese Weise vergleichbar mit den vielen Flammen des Weltfeuers im Verständnis *Heraklits*. Die einzelnen Flammen jedes Menschen aber sind, da sie durch ihr Bewusstsein einen nun entscheidend höheren Entwicklungsstand erklommen haben, auf einmal in der Lage, sich selbst als solche zu erkennen und diesen Faden der Selbsterkenntnis nie mehr zu verlieren.

Die Flammen eines Feuers sind auch nichts Statisches. Vielmehr zeugen sie von einem Werdegang, einem dynamischen Prozess. Weil sich die Flammen aber immer im Feuer zu verlieren scheinen und dann aus diesem aufs Neue heraustreten, kann ein solcher Vergleich vielleicht auch als ein Hinweis auf die ewige Wiederkehr der Seelen im Rahmen der Reinkarnation verstanden werden. Hier allerdings unterscheidet sich Heraklit von meinen Vorstellungen, da ich den Glauben an die fleischliche Wiedergeburt nicht teile. Dies werde ich in Kapitel 13 noch eingehend begründen.

Der Auffassung Heraklits, der ganze Kosmos, das Leben und alles Sein entsprächen einem ewigen Werden, stimme ich dagegen zu.

Von Heraklit stammt übrigens der berühmte Ausspruch *"Panta Rhei" (alles fließt)*. Und hinter allem Werden steht für ihn die große "Weltvernunft" *(logos)*. Damit ist die Brücke gebaut zu einem (geistigen) Urheber, einer Schöpferdimension, einem "Gott".

Eine weitere interessante Auffassung vertrat der berühmte griechische Arzt *Hippokrates* ungefähr 450 Jahre vor Christus:

Das Gehirn sieht er als einen Boten zum Bewusstsein *(synesis)*, bzw. als Interpret *(hermeneus)* bewusster Gedanken und Wünsche.

Hier erkennt man die Vorstellung eines *Dualismus* zwischen einem immateriellen Geist und einem materiellen Gehirn, der sich durch die ganze Geschichte der Philosophie zieht. Solcherlei wird jedoch heute von der Mehrheit der Neurophysiologen und Hirnforscher abgestritten und der Geist wieder nur als ein bloßes Produkt des materiellen Gehirns aufgefasst *(Monismus)*. Dem Dualismus wird die Existenz abgesprochen, weil sich nach gängiger physikalischer Auffassung keine Kommunikationsform erklären ließe.

Wie ich im meinem Buch *"Das Leben"* und auch schon früher zu zeigen versucht habe, halte ich diese Auffassung für falsch und gesellschaftspolitisch schließlich für ausgesprochen fatal.

Das grundlegende Problem liegt bei den Naturwissenschaften in der Nichtakzeptanz einer geistigen Dimension, die eben nicht materiell ist, allerdings einige Schnittstellen zu dieser materiellen Welt besitzt, die letztlich ja auch aus ihr hervorgegangen ist.

Eine wichtige Rolle scheinen mir dabei Zahlen zu spielen, wie die Folge der Ordnungszahlen – so wie es schon Pythagoras für so bedeutsam hielt: Wenn es gelänge – und ich hoffe, ich selbst habe einige gute Argumente dafür – die *reale Existenz* einer rein geistigen Welt "extrem nahe zu legen", dann muss auch die Kommunikation zwischen den beiden Welten, der geistigen und der materiellen, ganz neu definiert werden. Es kann sich dabei nicht mehr nur um eine rein physikalische Kommunikation handeln, so wie sie zwischen zwei materiellen Dingen ausschließlich stattfindet. Es kann aber auch sein, dass nur die Physik etwas weiter gefasst werden muss und ein bislang als nur virtuell angenommener, überaus komplexer Datenfluss einen realen Charakter zugeschrieben bekommt Damit erhielte auch der scheinbar implausible Dualismus zwischen Geist und Gehirn eine völlig neue Qualität. Und ein das Gehirn als hervorragend entwickeltes Arbeitsgerät nutzender Geist wäre auch ohne dieses Instrument leicht denkbar. Die Brücke zu einer individuellen geistigen Fortexistenz nach dem körperlichen Tod (Gehirntod) wäre für alle (ja auch) geistigen Wesen geschlagen, die sich dieser geistigen Individualität bewusst sind. Genau das ist meine Absicht in meinen Büchern. Auf einige dieser Bindeglieder werde ich im Rahmen dieses Buches in speziellen Kapiteln noch einmal ausführlicher eingehen. Hier sehe ich sehr viele Verbindungen zu den weisen alten griechischen Meistern, wie z.B. zu *Heraklit*, *Pythagoras* oder *Hippokrates*, zu *Sokrates* und natürlich zu *Platon*, sowie mit gewissen Einschränkungen zu *Aristoteles*.

Auch Sokrates und sein Schüler Platon sehen in Geist, bzw. Seele, und Körper zwei qualitativ ganz verschiedene Dinge. Für Sokrates ist die Seele Zeit eines menschlichen Lebens die Gefangene des Körpers und wird erst mit dem Tod von *"den Ketten des Körpers"* befreit. Besonders interessant ist seine Beweisführung, was das

Überleben des Todes angeht: Unter anderem verweist er schlicht und einfach darauf, dass schließlich alles in der Welt aus seinem Gegenteil (dem Polaren!) entstünde: Größeres aus Kleinerem und umgekehrt, Stärkeres aus Schwächerem und umgekehrt, Schnelleres aus Langsamerem und umgekehrt und so weiter, immer und überall. Und das Leben sei dem Tod genauso entgegengesetzt wie das Wachsein dem Schlaf. So wie es zwischen zwei entgegengesetzten Zuständen stets Übergänge gäbe, z.B. die Phasen des Einschlafens und des Aufwachens, so muss es auch zwischen Leben und Tod die Übergänge des Sterbens und Wiederauflebens geben. Gäbe es nämlich nur das Einschlafen und nicht das Erwachen, so würde am Ende alles schlafen. Gäbe es nach dem Sterben nicht das Wiederaufleben, so wäre am Ende alles tot. Sokrates folgert, dass die Seelen der Verstorbenen tatsächlich existieren. Sie *sind!*

In seines Schülers *Platons* Werk von der Seelenlehre, dem *Phaidon*, finden sich die Ideen Sokrates', der selbst nichts niedergeschrieben hatte, wieder.

Dieses Kapitel habe ich mit dem Satz Platons begonnen, *"Die Philosophie sei die Vorbereitung auf den Tod"*. Platon begründet dies damit, dass *"... das Streben nach Weisheit die Loslösung vom Körper verlangt und die Schulung des Geistes"*.[19] Er übernimmt damit den, wie er meint, zuvor erstmals von Pythagoras in der griechischen Philosophie vertretenen Gedanken, *"die Seele erblicke im Angesicht des Todes eine Gabelung des Weges"*, die entweder zur Glückseligkeit oder zu einer beschwerlichen und wieder quälenden Wiedergeburt führe.

Im Gegensatz zu den vorgenannten Denkern waren *Leukipp von Milet* und sein Schüler *Demokrit*[20] frühe Materialisten. Sie meinten, die ganze Welt bestünde aus einer Substanz, von der es eine kleinste unteilbare Einheit gäbe: Demokrit nannte sie das *Atom*. Doch diese kleinsten Teilchen hätten, so Demokrit, zwei Seiten, eine rein materielle und eine nicht stoffliche, die Seite des Denkens *(logicos)*.

Demokrit ist somit zwar kein lupenreiner Materialist, dennoch geht für ihn mit dem Ende der stofflichen Lebensform, also dem Tod, natürlich auch die Gesamtheit des an diesen Stoff gebundenen

---

[19] aus Platons *Phaidon*.
[20] beide auch im 6., bzw. 5. Jhd. v.Chr. lebend, siehe Glossar.

Denkens, und damit auch eine persönliche menschliche Seele, zugrunde.

Erlauben Sie mir an dieser Stelle einen kurzen Schwenk nach Ostasien, genauer ins chinesische Reich zu *Laotse*. Während über detaillierte Jenseitsvorstellungen chinesischer Weisen relativ wenig bekannt zu sein scheint, finden sich dafür einige klare Äußerungen zu ihrer philosophischen Grundhaltung. Diese ist offenbar von der Unsterblichkeit der sich selbst erkennenden immateriellen Seele stark überzeugt. Die folgenden Ausschnitte aus zwei Gedichten von Laotse mögen das veranschaulichen: *"...Ich habe wohl gehört, wer gut <u>das Leben</u> zu führen weiß, – der wandert über Land – und trifft nicht Nashorn noch Tiger. – Er schreitet durch ein Heer – und meidet nicht Panzer und Waffen. – Das Nashorn findet nichts, worein es sein Horn bohren kann. – Der Tiger findet nichts, darein es seine Krallen schlagen kann. – Die Waffe findet nichts, das ihre Schärfe aufnehmen kann. – Warum das? – Weil es keine sterbliche Stelle hat."* Und dazu ein anderes Beispiel: *"... Das Kleinste sehen heißt klar sein – Die Weisheit wahren heißt stark sein. – Wenn man sein Licht benützt, – um zu dieser Klarheit zurückzukehren, so bringt man seine Person nicht in Gefahr. – Das heißt die Hülle der Ewigkeit."*[21]

Doch wieder zurück ins Morgen- und Abendland:

Aristoteles, Schüler von Platon und Erzieher *Alexanders des Großen*, glaubt die Existenz einer sich selbst bewussten menschlichen Seele beweisen zu können: *"Wenn ein Mensch nicht merkt, dass ein Finger unter sein Auge gedrückt wird, wird nicht nur ein Ding als zwei Dinge erscheinen, sondern er wird vielleicht denken, dass es zwei sind; aber wenn er es weiß* (Anm.: dass also ein Finger unter sein Auge gedrückt wird)*, wird es ihm zwar noch scheinen, dass es zwei Dinge sind, aber er wird nicht* (mehr) *denken, dass es zwei sind"*.

Später jedoch verwirft er den Glauben an die Unsterblichkeit der menschlichen Seele und meint, nur die Seele Gottes sei unsterblich. Dies kritisieren vieler seiner Zeitgenossen. Sie halten ihm vor, dass die menschliche Seele unsterblich sein müsse, wenn es zwischen ihrem Schöpfergott und dem Menschen als seine Schöpfung eine Verbindung gibt. Daraufhin führt Aristoteles einen Unterschied zwischen der menschlichen Seele und seinem Geist ein. Während

---

[21] Übers. von Eugen Wilhelm (1910), s. Diederichs, E., "Laotse – Tao te king" (1976)

die Seele sterblich bliebe, sei der Geist, der dem Menschen die Fähigkeit des Denkens und Erkennens verleiht, unsterblich. Jedoch sei dieser Geist nichts Konkretes und individuell Eigenständiges, sondern vielmehr nur ein sich nicht selbstbewusster Bestandteil einer Art Weltgeist oder göttlicher Information. Folglich entwirft er auch keine näheren Vorstellungen für eine Fortexistenz nach dem eigenen Tod.

Platon hatte noch von einer Weggabelung gesprochen, an der die menschliche Seele nach dem körperlichen Tod stehen wird und aufgrund ihres Lebenswandels Aufstieg oder Fall vor sich hat.

Nachfolgende Schulen der *Platoniker*, *Stoiker* und *Neupythagoräer* stürzten sich allein auf den Aufstieg in höhere Welten. Der im ersten Jahrhundert vor Christus lebende und ein Jahr nach *Cäsar* vom römischen Kaiser *Mark Anton* ermordete römische Konsul und begnadete Redner *Cicero* beendet seine Schrift "Über den Staat" *(De re publica)* mit einer Hommage an Platon, in der er dessen philosophisches Leben als astrale Reise beschreibt.

Der griechische Philosoph *Plotin(os)*, im 3. Jhd. n.Chr. Gründer der neuplatonischen Philosophenschule in Rom, betrachtet alles Körperliche als Schatten des wirklich Einen, nämlich Gott, von dem alles entstammt *(Lehre von den Emanationen)*. Neben selbst aus heutiger Sicht durchaus konkurrenzfähigen Ansichten zur Natur des Universums, vom Anfang und Ende der Welt sowie dem Wesen der Zeit *(Zeit sei "relativ")*, endet auch für Plotin und die Neuplatoniker das menschliche Leben natürlich nicht mit dem Tod. Interessant ist die Tatsache, dass Plotin darauf verweist, seine Vorstellungen durch Meditationen (außersinnlich) zu erfahren, und er beschreibt dazu auch ganz spezielle Techniken.

Für den frühmittelalterlichen lateinischen Kirchenvater und Lehrer *Augustinus* ist des Menschen immaterielle Seele durch drei Dinge gekennzeichnet: seinen Verstand, seinen Willen und sein Gedächtnis. Des Menschen Seele ist ein unmittelbares Abbild des dreieinigen Gottes und überlebt den körperlichen Tod.

Papst *Gregor der Große*, ein Bewunderer von Augustinus, befasste sich sehr mit spirituellen Schriften, womit er offensichtlich die mittelalterliche Diskussion über Wunder und Visionen nachhaltig beeinflusste. Im vierten und letzten Buch seiner Dialoge gab er an,

anhand von Visionen Sterbender, Jenseitsreisen und Geister-
erscheinungen *Beweise* für die Unsterblichkeit der Seele liefern zu
können. Wichtige und immer wiederkehrende Bestandteile seiner
Jenseitsvorstellungen sind die Hölle, blühende Wiesen im Paradies,
weiß gekleidete himmlische Heerscharen und das "Richten" der
eigenen Taten. Wichtig ist dabei, festzuhalten, dass der Christ zur
damaligen Zeit selbstverständlich an das *unmittelbare* Überleben des
Todes mit Hilfe seiner unvergänglichen Seele glaubte. Aufgrund der
bekannten biblischen Vorstellung eines apokalyptischen Weltendes
am Ende aller Tage, dem "Jüngsten Tag", machte man daraus
allerdings eine "Zwischenphase": Sie beginnt mit dem Tod und
endet am "Jüngsten Tag". An diesem sollten dann auch noch die
Leiber der von Gott Erretteten wiederentstehen, während die
Verdammten endgültig und auf ewig der Hölle zugeführt werden.
Das spätmittelalterliche 13. Jahrhundert nach Christus wird das
"Jahrhundert des Abendlandes" genannt, weil man jetzt versucht,
die Antipoden Religion und Weltlichkeit sowie Antike und
Mittelalter miteinander zu verbinden. Der einzige Gelehrte, der den
Beinamen "Der Große" erhielt, ist der in Bayern geborene und
später in meiner Heimatstadt Köln wirkende Naturforscher,
Theologe und Philosoph *Albertus Magnus*. Er, der eigentlich Graf
Albrecht von Bollstädt hieß, sah die ganze Welt als etwas von Gott
Erfülltes an. Er glaubte fest an die Unsterblichkeit jeder einzelnen
Seele und bekämpfte heftig die Ansicht der Araber, dass die
Menschheit nur eine Art Gesamtseele habe, die von den einzelnen
Menschen lediglich Zeit ihres körperlichen Lebens individualisiert
werde. Jede Seele, so Albertus Magnus, sei unmittelbar von Gott
erschaffen und nehme, da sie sich ja wesentlich vom Körper
unterscheide, auch nicht am Tod des Körpers teil. Die Seele habe
die (äußere) Form des Körpers und ihr inneres Prinzip sei
"Bewegung".
Sein bedeutendster Schüler war *Thomas von Aquin*. Er begleitete
Albertus Magnus nach Köln und half beim Aufbau der Kölner
Universität. Für Thomas besitzt jeder Mensch einen Körper *und* eine
körperlose Seele. Sie stehen in Wechselwirkung miteinander, die
natürlich nicht-mechanischer Natur sein muss. Die Seele verleiht
dem Körper das Leben und damit die Fähigkeit zum Wirken.

Während der menschliche Körper die höchste hierarchische Stufe allen Lebens auf der Erde erreicht hat, steht seine Seele auf der niedrigsten Stufe der "absoluten Formen", d.h. des Göttlichen.

Das ewige Leben ist das endliche Ziel eines jeden Menschen. Seine Glückseligkeit besteht in der Erkenntnis Gottes. Sie wird allein aus der Hierarchie des Seins notwendig und muss somit als bewiesen gelten. Der dritte der "Kölner im "erkenntnistheoretischen Bunde", die ich nicht nur aus Heimatverbundenheit erwähne, sondern weil sie dazu ganz Entscheidendes beigetragen haben, ist der Dominikaner *Meister Eckhart*. Ausgerechnet in Köln wurde ihm, der ja vielerorts in Deutschland lehrte, ein Prozess in Glaubensangelegenheiten gemacht, da die Kirche einen Teil seiner Thesen verurteilte. Im Gegensatz zu Thomas von Aquin und Albertus Magnus, dessen philosophischer Enkel er praktisch war, wurde sein Denken weniger von Logik und Systematik beherrscht, sondern, wie *Ernst Sandvoss* schreibt, von religiöser Erfahrung, Ekstase, Gotterleben und von Visionen. Für ihn geht die Seele nach dem Tod an keinen Ort. "Wohin könnte die Seele gehen?", fragt er. "Wo sollte sie denn hin, wo sonst gäbe es eine Ewigkeit? Die Seele bleibt hier."

Fast 200 Jahre nach der visionären und in Jenseitsreisen offenbar erfahrenen[22] Benediktiner-Äbtissin *Hildegard von Bingen* ist *Meister Eckhart* ein weiterer bedeutsamer deutscher Mystiker. Gott braucht uns wie wir ihn, und die einzige Tugend ist dreigeteilt in Liebe, Schönheit und Harmonie.

Die mittelalterlichen Jenseitsvorstellungen sind auch von einer Reihe literarischer Visionsdokumente geprägt. Dazu gehören zum Beispiel die Erzählungen des frommen englischen Familienvaters *Drythelm*, der nach schwerer Krankheit bei Anbruch der Nacht verstarb und im Morgengrauen des nächsten Tages wieder zum Leben erwachte. Als er sich dann von der Totenbahre erhob, wurden die inzwischen versammelten Trauernden in Schrecken versetzt.

Auch bei Drythelm spielt, wie immer zu jener Zeit, eine mehr oder weniger lange Fahrt durch die Hölle eine große Rolle, bevor die wandernde Seele vor ihrer Rückkehr in den Körper einen Blick in

---

[22] berühmt sind ihre Visionen des "lebendigen Lichts"

die himmlischen Paradieswelten nehmen kann. Dabei wird sie von jenseitigen Wesen geführt.

Nach dem Vorbild der *"Äneis"*, des im ersten Jahrhundert vor Christus lebenden römischen Schriftstellers *Vergil*, schrieb der italienische Dichter *Alighieri Dante* Anfang des 14. Jahrhunderts das größte christliche Weltgedicht *"La Divina Commedia"* (*"Die Göttliche Komödie"*). Bei diesem Epos handelt es sich um eine Darstellung der Jenseitsreise des Dichters in 100 Gesängen mit mehr als 14.000 Versen. Doch dürfte es sich hierbei wohl weniger um die tatsächliche Einzelvision Dantes als vielmehr um eine Niederschrift des damals allgemein verbreiteten Jenseitsglaubens handeln. Somit führt auch Dantes Weg zunächst durch die Hölle, bevor er über das Fegefeuer ins Paradies gelangt und schließlich Gott schaut.

Zu allen Zeiten schon führen solche Jenseitsreisen zu einer dauerhaften *inneren Wandlung* eines jeden Reisenden. Diese äußerst bemerkenswerte Tatsache unterscheidet frühere "Jenseitsreisen" genauso wie "moderne" Nah-Todeserlebnisse von praktisch allen "unechten", z.B. medikamentös oder sonstwie im Experiment provozierten, teilweise ähnlichen Phänomenen. Darauf werde ich zu einem späteren Zeitpunkt natürlich noch ausführlich eingehen.

Die Neuzeit ist gekennzeichnet durch den rasanten Aufstieg der Naturwissenschaften. Die sinnliche Wahrnehmung rückt nun also mehr und mehr in den Vordergrund. Zugleich führt dies zu einer Abkehr von manchen religiösen Glaubensvorstellungen. Lange Zeit wird das im Abendland von der herrschenden christlichen Kirche völlig unchristlich bekämpft. Zwar wird der allmähliche Siegeszug naturwissenschaftlicher Denkmodelle dadurch zunächst noch stark behindert, letztlich aber nicht verhindert. Die wichtigste Zeit für den geistigen Wandel lag sicher im 17. und 18. Jahrhundert. Hier lebten und wirkten nach meiner Auffassung die meisten großen Meister der jüngeren Naturphilosophie, die sich mit existenztheoretischen Belangen befassten. Besonders hervorheben möchte ich Größen wie *Descartes*, *Pascal*, *Leibniz*, *de Spinoza*, *Newton*, *Locke*, *Hume*, *Berkeley*, *Laplace* und *Kant*.

42

Mit den drei Worten *"Cogito, ergo sum"* *(Ich denke, also bin ich)* leitet *René Descartes* die Neuzeit ein. Alles kann und sollte Zweifeln unterliegen, nicht aber, dass man selbst *ist*, weil man *denkt*.

So ungefähr lässt sich dieser Ausspruch auf einen kurzen Nenner bringen. Der Philosoph Descartes hält die ganze Welt für eine riesige kosmische Maschine, ein gigantisches Uhrwerk, in dem allerdings allein der Mensch einen immateriellen Geist besitzt, der auf den Körper einwirkt *(Dualismus)*. Der Naturwissenschaftler Descartes entdeckte die Stossgesetze, so dass er auch das Denken als Folge kleinster Stossvorgänge betrachtet. Genau darauf basieren heutige Verständnisprobleme: Für dualistische Wechselwirkungen quasi mechanischer Art zwischen einem Geist und dem Gehirn fehlen heute brauchbare Hinweise. Für die Annahme einer zu allem Materiellen qualitativ polaren Daseinsform fehlt vielen leider die Phantasie, aber auch die Einsicht für ihre logische Notwendigkeit. Lieber ignoriert und verdrängt man folglich viele Phänomene, die, würde man sie anerkennen, nur so erklärt werden könnten.

Den nur dem Menschen innewohnenden immateriellen Geist lokalisiert Descartes in der Zirbeldrüse des Gehirns, und er bezeichnet ihn als unzerstörbar. Beim Tod trennt sich der menschliche Geist von seinem Körper und existiert ohne das Gehirn weiter. Als also auch körperunabhängig lebensfähiger Geist kann er durch das Materielle in der Welt nicht erklärt werden.

Ein typisches Beispiel für eine Jenseitsreise im Rahmen eines Nah-Todeserlebnisses dürfte wohl der französische Philosoph und Mathematiker *Blaise Pascal* am 23. November 1646 gehabt haben.

An diesem genau überlieferten Tag hatte er eine "göttliche Vision" in Verbindung mit einem außerkörperlichen Erlebnis, einer sogenannten OBE[23]. Auch für Pascal ist dieses Ereignis eine Zäsur in seinem Leben. Zuvor war er ein umtriebiger Lebemann und genialer Wissenschaftler, der viele äußerst wichtige Entdeckungen und Beschreibungen in Mathematik und Physik gemacht hatte. Nach diesem Tag zieht er sich in ein Kloster zurück und betreibt bis zu seinem leider frühen Tod im Jahre 1662 nur noch religiöse und

---

[23]gebräuchlicher Terminus für außerkörperliche Erfahrungen. Er stammt aus dem Englischen und bedeutet **O**ut of **B**ody **E**xperience.

philosophische Studien. Pascal weist jetzt darauf hin, dass es eine erhabenere, immaterielle kosmische Ordnung gäbe, deren höchste Qualität die Liebe sei. Für ihn erhält die Intuition, umschrieben mit *"innerem Fühlen und Erfühlen"* einen neuen und wichtigen, bis dahin nicht anerkannten Stellenwert. Die letzten Fragen dieser Welt entzögen sich jeder vernunftmäßigen, rationalen Antwort. Allein die gläubige Gotteserfahrung könne diese Fragen *subjektiv* befriedigend lösen. *Pascal* spricht von einer immateriellen unsterblichen Seele, die jeden einzelnen Menschen auszeichnet. Sein Geist sei ein Teil dieser Seele, aber nicht der Wichtigste. Ihr eigentlicher Kern seien Emotionalität und vor allem seine Liebe. Ich selbst kann mich dieser Vorstellung ohne Abstriche nur anschließen.

Der Engländer *Isaac Newton* war gewiss einer der größten Naturwissenschaftler aller Zeiten. Neben vielem anderen gab er Erklärungen für Raum, Zeit und Gravitation und stellte die Bewegungsgesetze auf. Er erkannte, dass Licht aus kleinsten "Teilchen" besteht und entwickelte als genialer Mathematiker unabhängig von dem Deutschen Naturforscher *Gottfried Wilhelm Leibniz* die Infinitesimalrechnung. Kaum einer weiß jedoch, dass er auch die Bibel mindestens so fleißig studierte wie den Kosmos.

Nach seinem Tod hinterließ er theologische Manuskripte, die an Umfang alle seine wissenschaftlichen Werke übertreffen. Und der englische Philosoph *John Locke* sagte von Newtons Bibelkenntnissen, dass er *"nur wenige kannte, die ihm darin gleichkamen"*. Newton war, so ist überliefert, ziemlich streng bibelgläubig. Einer der größten Naturwissenschaftler war zugleich also ein Mystiker.

Seine Vorstellungen vom Jenseits dürften damit wohl weitgehend den zeitgenössischen christlichen Bildern entsprochen haben.

Zu den größten Naturforschern der damaligen Zeit gehörten natürlich auch *Gottfried Wilhelm Leibniz* und der Niederländer *Baruch de Spinoza.*

Leibniz, der Engländer *George Berkeley,* und *Baruch de Spinoza* dachten im Sinne des *Panpsychismus,* wonach grundsätzlich allem Materiellen eine Art Bewusstsein zu Eigen ist. Leibniz entwickelte die Theorie der *Monaden,* sozusagen kleinsten, unteilbaren und in sich geschlossenen Kraftpunkten, die Teil jeder Form von Materie sind. Mehr noch, Materie im eigentlichen substantiellen Sinne gibt es für ihn nicht. Alles Materielle ist letztlich nur eine Täuschung, eine Erscheinungsform der rein geistigen Monaden infolge der ihnen innewohnenden *"wirksamen Kraft"*.

Alle Monaden haben Seele im Sinne von Empfindungs- und Reaktionsfähigkeit; aber nicht jede Seele ist im Besitz von Bewusstsein. Der Mensch ist eine Kolonie von Monaden, geregelt von einer durchgehenden Ordnung, die auch seine Seele ausmacht. *"Erhebt sich diese Seele auf die Stufe der Vernunft, dann wird sie ... sich als Geist erkennen"*. Erkennt sie die ewige Ordnung und die Weltseele, dann wird sie zum Spiegel Gottes. Gott ist als Urmonade reiner und voll bewusster Geist, vom Körper und von Mechanismen gänzlich losgelöst. Zwischen Geist und Körper besteht keine Wechselwirkung im mechanischen Sinne!

Vielmehr gibt es eine Gleichzeitigkeit körperlicher und geistiger Vorgänge aufgrund einer von Gott im Voraus hergestellten, *"(prästabilisierten) Harmonie"*, so *"wie zwei so genau gleich gearbeitete, aufgezogene und gerichtete Uhren, dass sie vollkommen gleichzeitig die Sekunden ticken und die Stunden schlagen, ohne dass jedoch eine Wechselwirkung oder eine gegenseitige Beeinflussung stattfindet."*

Im Prinzip spricht sich Leibniz dafür aus, Materie und Geist als zwei Seiten ein und derselben "urgeistigen" Medaille anzusehen. Die scheinbar getrennten gleichzeitigen Vorgänge der Mechanik und des Lebens, der Bewegung und des Denkens, sind ein- und dasselbe: Alles hängt bloß davon ab, wie man es betrachtet – ob von außen, dann ist es Materie oder von innen, dann ist es Geist. Ich glaube, *Leibniz* hat hier grundsätzlich Recht, und ich bin *nicht* der Ansicht, dass Leibniz tatsächlich damit gemeint hat, alles sei "zwingend von Gott vorherbestimmt"; denn ein Gleichklang *(Harmonie)* von Materie und Geist ergibt sich allein dadurch zwangsläufig, wenn man sie als die schon erwähnten zwei Seiten derselben Medaille betrachtet - sie müssen gleichlaufend sein, ohne sich im mechanistischen Sinne wechselseitig zu beeinflussen. Weder Qualität, noch Quantität, noch Komplexität solch "gleichklingender Dinge" sind deshalb aber notwendigerweise (vor-)bestimmt. Dies wäre nur dann der Fall, wenn es sich bei allem Geistigen dieser Welt um eine Ausdehnung des Geistes Gottes handeln würde – nicht aber, wenn der Geist zunächst ein Samen Gottes ist und erst noch reifen muss. Dann ist jegliche *Emergenz*, also eine freie Entfaltung, denkbar und nur ein bestimmter Rahmen vorgegeben.

De Spinoza geht dagegen einen Schritt weiter. Für ihn ist Gott die "einzige und absolute Substanz", von der alles andere ausgeht. Alles in dieser Welt ist folglich eine *"Entfaltungsform Gottes"* (Pantheismus). Damit muss auch alles Wirken der von Gott entfalteten Dinge letztlich göttliches Wirken, und alle seine "lebenden Entfaltungen" müssen göttliche Wesen sein. Dann aber ist tatsächlich alles grundsätzlich gottgewollt, vorbestimmt und unbeeinflussbar.

Dies nennt man radikalen Determinismus. Der Mensch hat keinerlei Wahlfreiheit mehr. Er muss versuchen, alles Geschehen in der Welt aus der Notwendigkeit Gottes zu erkennen, anzuerkennen und bedingungslos anzunehmen. Dem hat sich mit Recht *Pierre-Simon de Laplace* entgegengestellt. Würde jemand, so Laplace, sämtliche Bedingungen und Wirkmechanismen zu irgendeinem beliebigen Zeitpunkt von einem bestimmten Weltzustand kennen, so könnte er alle zukünftigen Zustände voraussagen. Damit gäbe es nur einen einzigen, durchweg vorbestimmten Weg für das Ganze und selbst Gott hätte letztlich keinen freien Willen.

Für Leibniz ist die menschliche Seele unsterblich und, außer bei Gott, immer an einen Körper gebunden. Dem kann ich allerdings *nicht* zustimmen. Leibniz bricht an dieser Stelle sogar seine eigene Logik, wohl aus Angst vor Verfolgung durch die Inquisition. Weiter meint er, offensichtlich konzessionsbereit: Die Unsterblichkeit der Seele komme in der Auferstehung der Toten am "Jüngsten Tag" zur Geltung. Folglich müssen auch die Leiber auferstehen, so dass die Kirche mit ihrer Lehre Recht habe. De Spinoza dagegen unterstellte die Seele den Gesetzen des (materiellen) Universums, womit sie unpersönlich und sterblich war. In gleicher Weise dachten auch der Engländer *John Locke* und der Schotte *David Hume*. Als Vertreter des *Empirismus* meinten sie, es sei nur eine Frage der Zeit bis die Naturwissenschaft es schließlich schaffen werde, allmählich alles Metaphysische aus der christlichen Religion, wie z.B. Gott und die Schöpfung, zu verbannen. Wirkliche Erkenntnis könne seiner Ansicht nach nur mit Hilfe sinnlicher Erfahrung gewonnen werden, nicht aber durch die reine Vernunft und schon gar nicht durch die intuitive Basis der Religionen.

Dagegen wendet sich im 18. Jhd. *Immanuel Kant* und glaubt zunächst sogar daran, man könne ausschließlich durch *Vernunft (Rationalismus)* zur Erkenntnis gelangen. Von seinem Zeitgenossen *David Hume* beeinflusst, ändert er später allerdings diese Ansicht und spricht von einem Irrtum. Genausowenig allerdings gibt er *Hume* Recht, alles sei sinnlich erfahrbar. Kant sucht die Mitte und kommt schließlich zu der Einsicht, dass beide, sinnliche Erfahrung und Vernunft, zusammenwirken müssen. Eine Erkenntnisfindung durch Intuition lehnt er dagegen ab, anstatt, wie es in der mittelalterlich-jüdischen Philosophie der Arzt, Theologe und Philosoph *Moses Maimonides* im 12. Jahrhundert für sinnvoll erachtete, die religiösen Schriften bei Widersprüchen zwischen Religion und Wissenschaften allegorisch, d.h. sinnbildlich oder symbolisch, auszulegen. Gerade das halte ich jedoch für sehr vernünftig. Maimonides war durch seine Versuche, religiöse Schriften rational auszulegen, damals bei Juden, Christen und Arabern gleichermaßen hoch angesehen. Darin sollte nach meinem Dafürhalten ein durchaus auch heute gangbarer Weg liegen, diese leider nur allzu oft in völlig unsinniger und überflüssiger Zwietracht liegenden Religionen anzunähern.

Zwischen *Rationalismus* (Vernunft) und *empiristischem Skeptizismus* (sinnliche Erfahrung) sucht Kant also nach einem dritten Weg und findet ihn, indem er beides zu zwei Seiten derselben Medaille macht. Für etwas Drittes, die Religionen und somit die intuitive Wahrnehmung, ist, wie ich bereits sagte, folglich kein Platz mehr.

Für Kant sind Gott und Unsterblichkeit leider bloße Spekulation: sie ließen sich weder sinnlich erfahren, noch durch Vernunft bewerten und einordnen. Ein metaphysischer Gottesbeweis läge außerhalb jeder sinnlichen Wahrnehmung und wäre nur dem reinen rationalen Denken unterworfen. Das aber könne nicht ausreichen, um zu wirklicher Erkenntnis zu gelangen. Gott und die Unsterblichkeit haben für ihn im Rahmen seiner *"Kritik der praktischen Vernunft"* dennoch einen Sinn, weil man daran allein aus *"Gründen der Sittlichkeit"* glauben müsse. Ob es sie tatsächlich gibt, sei demnach sogar unerheblich.

Man erkennt inzwischen sehr deutlich, wie sich die Anschauungen in der Philosophie zu Gott, Geist, Seele oder ein Überleben des Todes im Laufe der Neuzeit dramatisch gewandelt haben. Dies geht natürlich in erster Linie auf das Konto des wachsenden Einflusses der Naturwissenschaften – aber sicher muss man darin auch eine echte Reaktion auf eine über lange Zeit unbarmherzige und uneinsichtig indoktrinierende christliche Kirche sehen.

An allen religiösen Lehren wird in den folgenden Jahrhunderten immer stärker herumgemäkelt. Religion erniedrigt als *"Opium für das Volk"* ist ein plakativer wie wohl falscher Aufhänger von *Karl Marx* für viele dramatische gesellschaftspolitische Umorientierungen vor allem des 20. Jahrhunderts. Paten hierfür standen in erster Linie die Deutschen *Ludwig Feuerbach*, *Karl Marx* und *Friedrich Engels*.

Diese neuen Ordnungen, die ja jetzt von jedem Glauben an Gott oder etwas Metaphysischen losgelöst sind und mit denen sich der Mensch geradezu wie ein pubertierender Jüngling haltlos auf eigene (geistige) Beine stellen will, unterscheiden sich in ihren späteren realen Auswirkungen wohl kaum von den Unterjochungen der sich lange Zeit auf religiöse Dogmen berufenden Kirchen. Im Gegenteil, ihre Folgen sind für die betroffenen Menschen, ja für ganze Völker, auch aufgrund der zur gleichen Zeit gewaltig fortschreitenden technischen Errungenschaften am Ende noch katastrophaler.

Eine allmähliche geistige Wende stellt sich erst wieder in dem leider oft so traurigen und geschundenen letzten Jahrhundert ein: Hierfür ist neben anderen sicher auch der österreichische Philosoph und Psychologe *Karl Popper* mitverantwortlich. Er billigt auf Erfahrung beruhenden, d.h. den *empirisch*[24] belegbaren Phänomenen, prinzipiell genauso ein Recht auf Wahrheit zu. Nur Fehler können eine These widerlegen, Hinweise auf ihre Richtigkeit aber niemals ein Beweis für sie sein; denn bis ans Ende aller Tage müsse man immer noch damit rechnen, dass es vielleicht doch mal einen Widerspruch geben könne. Allerdings dürfe der Umstand, sich niemals der Wahrheit wirklich gewiss sein zu können, nicht zu Beliebigkeit führen. Die Suche nach Wahrheit müsse auf der Vielfalt der Thesen, Diskussion und Abwägung der Argumente sowie auf der sorgfältigen Prüfung auf ihre Schlüssigkeit beruhen. Frei nach dem Evolutionsforscher *Charles Darwin* könne sich nur so ein "gesunder Wettstreit" der

---

[24]nicht zu verwechseln mit "empiristisch", d.h. auf sinnlicher Wahrnehmung beruhend, was praktisch gleichbedeutend ist mit "naturwissenschaftlich".

Denkmodelle entwickeln, der zu höherer Erkenntnis führe. *Popper*, der noch als junger Mann faszinierter Marxist war, sich dann aber schnell von dieser Lehre bitterlich enttäuscht zeigte, erkennt, dass der menschliche Geist offensichtlich eine ganz neue Qualität besitzt, die längst weit über die Entsprechungen zur materiellen Welt hinausgewachsen ist. Das menschliche Denken habe sich verselbständigt und eine *eigene Welt* geschaffen. Es gibt, so Popper, psychische Zustände, die sich von den physischen qualitativ völlig unterscheiden und die miteinander in Wechselwirkung stehen. Popper entwickelt daraus die Idee einer *emergenten*, d.h. sich selbst schaffenden Welt, in der Neues entsteht, ohne dass es prädestiniert, also vorherbestimmt ist *(Indeterminismus)*. Des Menschen Gedanken hätten einen eigenen Realitätsstatus. Sie *sind!*

Popper sieht darin eine Chance, das Problem zu lösen, *warum* die Menschen mit ihren zeitlich sehr beschränkten Leben an zeitlosen Ideen teilhaben: alles sei von irgendwelchen Menschen irgendwann einmal gedacht worden. Damit würde alles Gedachte nun real existent und bekäme eine eigene Dynamik. Es könne jetzt von jedem anderen individuellen Geist beliebig abgerufen werden.

Popper stellt also nun die These eines weltumspannenden geistigen, d.h. immateriellen Netzes von Ideen, Gedanken und Vorstellungen auf, weil sich ihm diese Perspektive aufgrund von Erfahrungen und Vernunft regelrecht aufdrängt. Popper erzwingt damit die Abkehr von einer rein materialistischen Weltsicht.

Nach meiner Überzeugung, so wie ich sie auch in meinen bisherigen Büchern vertreten und erläutert habe, gibt es beides: Die von Popper behauptete Emergenz genauso wie eine Reihe präexistenter Rahmenbedingungen, innerhalb derer diese Emergenz nur möglich ist und wirken kann, darf, soll und muss. Dieser Rahmen ist nach meiner Auffassung rein geistiger Natur. Er beinhaltet eine Art geistigen Bauplan ebenso wie einen alles Materielle ordnenden mathematischen, d.h. vor allem, geometrischen Plan.

Trotz dieser aus der Sicht ihrer Zeit geradezu revolutionären Vorstellungen schafft es Popper allerdings noch nicht, über seinen eigenen Schatten zu springen und auch eine über den Tod reichende Beständigkeit der individuellen geistigen Persönlichkeit eines jeden Menschen anzunehmen.

Genau diesen Schritt vollzieht aber der berühmte australische Hirnforscher und Nobelpreisträger *John Eccles*, der erst 1997 im hohen Alter von 94 Jahren verstarb. Seine vehement auch gegen viel Kritik aus den eigenen Reihen vorgetragene und, wie ich finde, recht plausible und schlüssige *"dualistisch interaktive Hypothese"* spricht von einem Wechselspiel zwischen einem außerhalb des Gehirns existierenden und agierenden, körperunabhängigen Geist sowie *seinem* Gehirn als ein materielles Instrument zur Kommunikation in dieser Welt. Während *Popper* aufgrund seiner eingeschränkten Sicht noch nicht an ein Überleben des Todes glaubt, ist *Eccles* davon zutiefst überzeugt.

In einer als Buchbeitrag veröffentlichten Unterhaltung mit Karl Popper vom 29.04.1974 äußert sich John Eccles dazu wie folgt: *"Ich glaube, dass du, Karl, von all' den sehr unbeholfenen Versuchen, das Leben nach dem Tod zu 'beschreiben', abgestoßen bist. Ich bin ebenfalls von ihnen abgestoßen. Doch ich glaube, dass ein unglaubliches Mysterium darin liegt. Was bedeutet dieses Leben? Erst beginnen zu sein, dann schließlich aufhören zu sein? Wir finden uns hier in dieser wunderbaren, reichen und lebendigen, bewussten Erfahrung und sie geht das ganze Leben hindurch weiter, doch ist das das Ende? Dieser unser selbstbewusster Geist besitzt diese mysteriöse Beziehung zu dem Gehirn und gewinnt in der Folge davon Erfahrungen von menschlicher Liebe und Freundschaft, von den wundervollen Schönheiten der Natur und von der intellektuellen Erregung und Freude, die uns durch den Genuss und das Verständnis unseres kulturellen Erbes geschenkt wird. Soll dieses gegenwärtige Leben ganz im Tode enden oder können wir Hoffnung haben, daß ein weiterer Sinn entdeckt werden wird? (...) Ich glaube, es besteht völlige Unkenntnis der Zukunft, doch wir kamen aus dem Unbekannten. Ist es so, daß dieses unser Leben einfach eine Episode von Bewusstsein zwischen zwei Bewusstlosigkeiten darstellt oder gibt es eine 'transzendente Erfahrung', von der wir nichts 'wissen'? (...) Unser Beginnen zu sein ist ebenso mysteriös wie unser Aufhören zu sein im Tode* (Hervorhebungen durch '...' von mir).

Zum Schluss dieses Kapitels möchte ich noch einige Aspekte des gewiss großen Philosophen und Anthropologen *Pierre Teilhard de Chardin* erwähnen: In seinem Buch *"Der Mensch im Kosmos"*[25] tritt er,

---

[25] Erstmals erschienen unter dem Titel "Le Phénomène humain" (1948)

streng logisch argumentierend, für eine nicht-materielle und alles im Universum klar ordnende "Ganzheitskraft" ein. Im Laufe der kosmischen Entwicklung habe es immer wieder Phänomene gegeben, die zwar zunächst den Charakter von Sonderfällen hatten, sich später aber als etwas Universelles herausgestellt haben.

Dies gelte nach Ansicht *Teilhard de Chardins* auch für den Geist und das menschliche Bewusstsein. Auch Geist und Bewusstsein müssten, genau wie alles Materielle, ihren kleinsten Ursprung in weitester Vergangenheit haben. Weiter spricht er von einer immateriellen Energie der Dinge, deren Ausdruck das Leben ist, und die im fortgeschrittenen Prozess zur Individualisierung und schließlich auch zum persönlichen Bewusstsein führt. Nur die Liebe sei in der Lage, diese aufstrebende Vereinigung von allem in diesem Universum zu starten und als zugleich unermüdlicher Motor in Gang zu halten. Die Liebe ist ein universelles Prinzip, doch widersetzt sich ihr der Mensch heftig. Zwar stellt der Mensch die gegenwärtig höchste Entwicklungsstufe, keineswegs aber wohl den Endpunkt einer zwangsläufig weiter fortschreitenden konvergenten Entwicklung dieses Universums dar.

Ein zentrales Problem des Menschen auf dem Weg zur Erkenntnis und zu sich selbst ist sein alles *"lähmender Anti – Personalisations – Komplex"*: Der Mensch missachtet sozusagen grob fahrlässig den besonderen Stellenwert seiner Individualität und damit auch seine immense persönliche Verantwortung! Für mich ist das ein Ergebnis der zuvor von mir zuvor schon wiederholt kritisierten, schweren gesellschaftlichen Verwerfungen, für die ich u.a. auch die verbreitete Aversion gegen alles Metaphysische in den letzten zweihundert Jahre verantwortlich mache. Solange das Kollektiv die einzelne Person absorbiert oder zu absorbieren scheint, töte es, wie Teilhard wohl zu Recht meint, die Liebe vor ihrer Geburt. So beschaffen sei das Kollektiv "wesentlich unliebenswert". Die Individualisierung sei also eine geradezu notwendige Grundvoraussetzung für ein "Sich-Entwickeln" zu mehr Gemeinsamkeit, aufgrund der bindenden Liebe zu den Nächsten in der Gemeinschaft. Diese Entwicklung mache einen wachsenden *Geist (Noogenese)* erforderlich.

Die Entstehung eines individuellen Geistes und sein stetiges Wachstum seien daher ein allgemeingültiges, also universelles

Prinzip, mit einer (ziel-) gerichteten Entwicklung hin zu Gott, der Konvergenz *"aller bewussten Zentren der Welt"*, die dann *"eins mit Gott"* werden, aber nicht durch *"Identifizierung (indem Gott zu allem wird), sondern durch die differenzierende und einigende Wirkung der 'Liebe' (Gott ganz in allen)*.

Die Entwicklungsgeschichte ist längst nicht zu Ende, *wir alle*, so sagt Teilhard de Chardin, sind sozusagen *Gott --- Gott im Werden*. Und hier möchte ich ihm uneingeschränkt zustimmen.

Es versteht sich von selbst, dass die Erkenntnis von der Existenz eines individuellen Geistes als grundsätzlich körperunabhängig bestehendes Entwicklungsprinzip das Überleben des körperlichen Todes zwangsläufig beinhaltet.

Mehr noch – der körperliche Tod spielt aus dieser Sicht in der Betrachtung des Werdegangs jeder eigentlichen menschlichen Persönlichkeit überhaupt keine Rolle mehr. Der Tod kann dann reduziert werden auf eine aus vielerlei Gründen noch notwendige Zäsur auf dem für uns heute gänzlich unbeschreiblichen Weg einer praktisch erst am Anfang stehenden, noch vor uns liegenden Entwicklung eines jeden Einzelnen von uns.

Der tschechische Dichter *Rainer Maria Rilke* sagte hierzu einmal sehr treffend: *"Aus dem Ewigen ist kein Ausweg"*.

4. Zweifel am kosmischen Weltbild

Die modernen Naturwissenschaften bieten uns derzeit ein recht kompliziertes Weltbild, das anscheinend kaum richtig allgemein verstanden wird. Dennoch wird es fast überall kritiklos anerkannt. Bestimmt haben auch manche dafür nur ein Achselzucken übrig; denn kaum jemand fühlt sich heute noch in der Lage, gegen diese scheinbare wissenschaftliche Übermacht "anzustinken".

Kompliziert scheint einfach alles: Das gilt für die Entstehung des Kosmos genauso wie z.B. für die Evolution allen Lebens auf unserer Erde. Der sicher bemerkenswerteste, ja wichtigste Aspekt sämtlicher moderner Vorstellungen ist, dass sie rein materialistischer Natur sind. Für so etwas wie einen Geist, eine Seele, für Gott, einen Schöpfer, für eine immaterielle Realität u.s.w., ist aus Sicht der Naturwissenschaften heute ernsthaft kein Platz mehr.

Dies muss man tatsächlich so krass und eindeutig formulieren; denn wenn überhaupt, so bleibt für alle noch denkbaren nicht-materiellen Dinge allenfalls bloß dort eine Lücke, wo sie die Wissenschaften noch nicht "wegerklärt" haben. Und diese Lücke sollte nach den Vorstellungen der meisten Wissenschaftler mit der Zeit immer kleiner werden und möglichst schnell ganz verschwinden.

Im Rahmen der sog. Quantenphysik beschäftigt man sich mit den kleinsten materiellen Bausteinen dieser Welt, eben den kleinsten Teilchen oder Quanten. Zwar verblüffen Quantenphänomene den modernen Physiker ganz gewaltig, so dass man mittlerweile einige Grenzen der Erkenntnisfähigkeit freimütig einräumen musste. Diese "unerklärlichen Unschärfen" sollten jedoch nicht darüber hinweg täuschen, dass auch sie für etwas immateriell Geistiges keinen wirklichen Platz mehr lassen.

Was die Thematik meines Buches unmittelbar betrifft, will ich das Problem deshalb konkretisieren und ohne Umschweife wie folgt auf den Punkt bringen: Nach unserer heutigen, allgemein anerkannten naturwissenschaftlichen Weltsicht ist jede noch so vage Idee von einem Überleben unseres körperlichen Todes, insbesondere natürlich sogar von einem Überleben der integren menschlichen Persönlichkeit, schlichtweg Unsinn.

Bestenfalls wird so etwas als ein verständliches Relikt frommen Wunschdenkens und als Folge bewusster und unbewusster Ängste vor dem eigenen endgültigen Ende (ab-)qualifiziert. Diese heute in "seriösen" Wissenschaftskreisen kaum strittige Sicht des Todes als unwiderruflich endgültiges Ende eines jeden von uns, halte ich, genauso knapp formuliert, für völlig falsch und obendrein noch, aus gesellschaftspolitischen Überlegungen heraus, für kontraproduktiv, ja sogar für gefährlich.

Folglich können Abhandlungen zum Thema Tod und sein mögliches, vielleicht sogar persönliches Überleben, für mich nur dann überhaupt Sinn machen, wenn man zugleich begründete Zweifel am derzeitigen Weltbild der modernen Naturwissenschaften offenbaren und möglichst dazu noch ein plausibleres alternatives Denkmodell für unsere Welt anbieten kann. Genau diesem Versuch habe ich mich bereits in allen meinen letzten Büchern ausführlich gewidmet. In diesem und den nächsten Kapiteln möchte ich noch einmal eine kurze und vergleichende Zusammenfassung dessen vorlegen. Damit will ich vor allem auch dem Leser, der bislang meine letzten Bücher nicht lesen konnte, einen leicht verständlichen Einstieg ermöglichen.

Nach dem derzeit gängigen kosmischen Weltbild entstand unser Universum vor ungefähr 15 Milliarden Jahren durch einen Urknall aus einem ungeheuer winzigen Punkt von unvorstellbar hoher Dichte. In extrem kurzer Zeit entwickelte sich ein Feuerball von zugleich unglaublich großer Hitze. Durch Abkühlung entstand schon recht bald so etwas wie eine dicke Suppe aus kleinsten Materiebausteinen und elektromagnetischer Strahlung (z.B. Licht). Ständige Kollisionen von Strahlenteilchen und ihr gegenseitiger Beschuss erschufen im Laufe riesiger Zeiträume Materieklumpen und viel später gigantische Materiehaufen. Aus ihnen formten sich schließlich alle Himmelskörper und Galaxien, darunter auch unser Sonnensystem.
Explosionsbedingt fliegen alle Galaxien seither auseinander. Unser Universum expandiert – und das immer schneller. Darauf meint man vor allem durch eine ganz bestimmte Beobachtung schließen zu dürfen: die sog. Rotverschiebung des Lichtes. Nach dem österreichischen Physiker *Christian Doppler* wurde im 19. Jahrhundert folgendes physikalische Phänomen "Doppler-Effekt" benannt: Ein zum Beispiel an Ihnen als Beobachter mit lautem Martinshorn vorbeifahrender Krankenwagen erzeugt einen helleren Ton (höhere Frequenz) während er sich Ihnen noch nähert und einen tieferen Ton (niedrigere Frequenz), wenn er sich von Ihnen wieder entfernt. Entsprechend nimmt man an, dass die beobachtete Verschiebung der von fernen Galaxien empfangenen Lichtfarbe ins Rötliche, was

einer niedrigeren Frequenz entspricht, auf eine Expansion dieser Galaxien schließen lassen muss.

Außerdem kann man eine äußerst gleichmäßig verteilte, sehr kleine Mikrowellen-Wärmestrahlung nachweisen. Sie erfüllt den ganzen Himmel und soll wenige hunderttausend Jahre nach dem Urknall als Folge einer kontinuierlichen Abkühlung entstanden sein. Sie gäbe demnach früheste Kunde aus dem Universum. Ihre Temperatur liegt mit genau 2,73 Grad Kelvin[26] nur wenig über dem sog. "absoluten Nullpunkt" (= 0 Grad Kelvin oder minus 273 Grad Celsius).

Die derzeit gängige Urknalltheorie klingt zwar aufgrund dieser Beobachtungen durchaus plausibel, führt aber dennoch zu einer ganzen Reihe Erklärungsnöten:

Zunächst muss man sich zwangsläufig fragen, was *vor* dem Urknall war, bzw. woraus es zu diesem Urknall kam. Der Wissenschaftler lässt den ersten Teil der Frage gemeinhin gar nicht erst zu; denn auch die Zeit, wie wir sie kennen, sei erst durch den Urknall selbst entstanden. Zuvor gab es folglich keine Zeit, was die Frage danach nicht mehr erlaubt. Den zweiten Teil beantwortet man damit, dass eigentlich der Urknall quasi aus dem "Nichts" auftrat; denn aus "Etwas" kann es nicht gewesen sein: Ansonsten nämlich müsste man schließlich wieder unweigerlich nach der Qualität und der Herkunft dieses "Etwas" fragen dürfen. Einige Quantenphysiker unserer Zeit glauben allerdings, dass auch im "Nichts der Quantenwelt", d.h. auf der Ebene unvorstellbar kleiner Teilchen, plötzlich virtuelle Partikel auftauchen könnten. Bei dem zufälligen Zusammenkommen wieder unvorstellbar vieler solcher sogenannter Quantenfluktuationen hätte es womöglich zum Urknall kommen können. Das so entstehende Universum müsste dann allerdings zwangsläufig endlich sein und demnach irgendwann auch einmal wieder vergehen; denn keine dieser Quantenfluktuationen könnte unendlich viel Energie bereithalten, wie sie im Falle eines unendlich ewigen Kosmos erforderlich wäre. ,

---

[26] ± weitere Ziffern ab der dritten Stelle hinter dem Komma

Vielleicht sei das Nichts aber auch eine echte "*Singularität*", was ungefähr soviel wie eine "klitzekleine" Unendlichkeit bedeutet[27].

In diesem Fall müsste man aber kritisch anmerken, dass sich nun selbst die bodenständig "seriöse" Physik im sonst allgemein abgelehnten "Metaphysischen" bewegt; denn Unendlichkeiten gibt es für "reale", also für materielle Dinge, genausowenig wie deren unendliche Mengen – auch dann nicht, wenn es sich um Galaxien handelt. Alles Teilbare, und das ist nun mal jede Form von Materie, ist letztlich endlich.

Der zurzeit bekannteste Kosmologe, der durch eine fürchterliche Krankheit leider an der Rollstuhl gefesselte englische Physiker *Stephen Hawking*, meint deshalb auch: "*im Übergang vom Nichts zum Sein verberge sich der Schlüssel zum 'Plan Gottes'.*"[28]

Hawkings Worte zeugen wohl eher schon von beißendem Spott:

Mir jedenfalls scheint das Dargebotene im Gesamten ziemlich wenig Platz für das "Göttliche" zu bieten, wovor wir uns eigentlich alle (und ich versuche mir dies täglich zu vergegenwärtigen) in großer Demut verneigen sollten; denn dieser Hauch von Nichts, diese Singularität, muss ja bereits sämtliche Informationen beinhalten, die jemals in diesem Kosmos für schlichtweg alles, also bis hin zum Leben schlechthin und dem Geist von uns Menschen und noch unermesslich weit darüber hinaus, benötigt werden.

Allein schon weil alles in dieser so hochkomplex strukturierten Welt seine Existenz nur der strengsten Befolgung äußerst eng gefasster kosmischer Gesetze (Naturgesetze) und Konstanten verdankt, scheint die populäre Urknallhypothese mehr als fraglich. Man giert unter Kosmologen auch schon regelrecht nach Auswahlprinzipien, die diese enorme Unwahrscheinlichkeit der zufälligen Existenz aller tatsächlich jedoch vorhandenen Naturgesetze effektiv einengen könnte. Dass jeder Weltbürger seit Beginn der Menschheit an jedem Tag seines Lebens in einem mal theoretisch angenommen "Welt-Lotto-Spiel" eine Millionen Euro gewonnen hätte, wäre wohl, um einen plakativen Vergleich zu wagen, sehr viel wahrscheinlicher, als dass wir auf die bisher angenommene Weise wirklich entstanden

---

[27]Physikalisch ist eine Singularität ein unendlicher Punkt an dem die Gesetze der Physik nicht mehr gelten.

[28] Gespräch des deutschen Magazins "Der Focus" mit Stephen Hawking, 36 (2001)

sein könnten. Der Forschungsleiter am München-Garchinger Max-Planck-Institut für Astrophysik, Gerhard Börger, sagt selbst in diesem Zusammenhang, dass "die uralten Fragen: Woher kommen wir? und: Wohin gehen wir? heute aktueller sind als je zuvor." /[29]
Neben anderen noch ungeklärten oder zumindest nicht eindeutig geklärten Fragen, wie z.B. die von der Asymmetrie von Materie und Antimaterie[30] u.v.m., scheinen mir auch die "Kernbeweise" für den Urknall ziemlich wankend: Insbesondere ist festzuhalten, dass die bereits erwähnte Hintergrundtemperatur von **2,73...** Grad Kelvin zwar Schwankungen unterliegt, diese aber im ganzen Universum geradezu unglaublich gering sind.[31] Dabei ist allein die Zahlenfolge **2-7-3** von großem Interesse, worauf ich noch einmal mehr zu sprechen komme.
Was nun die Rotverschiebung angeht, mit der Licht von sehr weit entfernten Galaxien bei uns eintrifft, so muss man heute, wo man mittlerweile schon in der Lage ist, ungeheuer tief ins Weltall zu schauen, feststellen, dass die vermeintliche Fluchtgeschwindigkeit bald Lichtgeschwindigkeit oder gar mehr annehmen müsste.
Das aber kann nicht sein; denn Materie müsste, wenn sie so schnell würde, unendlich träge und damit schwer werden.[32]
Schon wieder hätten wir es mit Unendlichkeiten zu tun, die es für endliche Körper gar nicht geben kann. Die Kosmologen halfen sich, indem sie einfach nur die Berechnungsgrundlagen für wachsende Expansionsgeschwindigkeiten änderten.[33] Ich übertreibe sicher nicht mit meiner Ansicht, dass es sich hierbei um eine besondere Manipulation handelt, um das bestehende Weltmodell nicht zu gefährden. Nur dieses scheint ihnen hinreichend plausibel, was aus einer einseitig materialistischen Sichtweise heraus auch so sein mag.

---

[29] Prof. Dr. Gerhard Börger im Gespräch mit Thomas Bührke. In: Spektrum der Wissenschaft – Spezial: Forschung im 21. Jahrhundert, s. Literaturverzeichnis.
[30] auch wenn es inzwischen hierfür ansatzweise neue Erklärungsmodelle gibt, so ist das Problem nach wie vor nicht geklärt und durch Beobachtungen abgesichert.
[31] Bereits das COBE-Weltraumteleskop hatte nur solche von etwa einem Dreißigmillionstel Grad gemessen. Die neuesten Versuche mit Messballons (Boomerang und Maxima) ergaben noch deutlich geringere Schwankungsbreiten. Die Hintergrundtemperatur ist vollkommen isotrop, d.h. in allen Richtungen des ganzen Kosmos absolut gleich!
[32] Nach Albert Einstein und Hendrik Lorentz, s. Glossar und frühere Bücher.
[33] durch Veränderung der Hubble-Konstante bei zunehmender Entfernung.

Schließlich wissen wir, dass die Verteilung der kosmischen Materie in Galaxien keineswegs gleichmäßig so in allen Richtungen verläuft, wie man es im Falle eines Urknalls fordern müsste. Schon im Jahre 1954 entdeckte die Astronomin *Vera Rubin*, dass dem nicht so ist. Doch der Urknall war "in" – und Rubins Entdeckungen wurden folglich ebensowenig akzeptiert. Im Jahre 1986 konnte jedoch die amerikanische Astronomin *Margaret Geller* beweisen, dass unser Universum ziemlich einem gigantischen Schwamm ähnelt: Dabei werden unterschiedlich große, fast völlig leere kosmische Blasen von Galaxien umrahmt. Sie bilden sozusagen das Schwammgewebe. Aus der Ferne betrachtet ist alles fantastisch homogen, nur eben nicht typisch Urknall-*like*!

Der geniale und natürlich zu Recht sehr berühmte deutsche Physiker *Albert Einstein* ist mit den *Relativitätstheorien* auf eine Vierdimensionalität gestoßen. Er interpretierte sie schließlich als eine vierdimensionale Raumzeit.

Darin stecken die uns allen bekannten drei Dimensionen für den Raum sowie noch eine eindimensionale, gerichtete Zeit. Die Zeit wiederum ist relativ, d.h. abhängig von der Geschwindigkeit des Objektes, auf der sie erfahren wird – Gleiches gilt auch für Objekte, die durch Gravitationskräfte angezogen werden. Natürlich ist es richtig, dass wir alle die Zeit als eindimensional gerichtet *empfinden*: So können wir Vergangenes nicht mehr neu erleben. Es stellt sich nur die Frage, ob diese Eindimensionalität der Zeit objektiv nicht genauso relativ ist, wie es die Zeit selbst als objektive Größe auch ist. Wenn dem so wäre, dann müsste es auch Zustände geben, in der die Zeit mehrdimensional ist.

In früheren Büchern habe ich gezeigt und werde darauf später noch einmal kurz zurückkommen, dass wohl genau dies zutrifft – ja noch viel mehr, nämlich dass Zeit und Raum symmetrisch und polar zueinander stehen. Sie sind also genauso Gegensätze, wie jede Zahl und ihr eigener Kehrwert – oder wie Waagerechte und Senkrechte. Aus einer solchen Perspektive wäre nun auch die Zeit dreidimensional, dafür aber erschiene der Raum jetzt nur noch eindimensional.

Mit Hilfe dieser Überlegung ergäbe sich die Möglichkeit, dass die Einstein'sche Vierdimensionalität tatsächlich eine echte räumliche ist! Der Raum unseres Universums ist dann also nicht, wie derzeit angenommen, drei-, sondern in Wirklichkeit (echt) vierdimensional. Den Gedanken eines 4-D-Raums hat, soweit ich weiß, als erster *Peter Plichta* aus einer allerdings ganz anderen Argumentationskette heraus formuliert und erklärt. Ich habe ihn dankbar aufgegriffen und selbst später erstmals zeigen können[34], dass sich diese räumliche Struktur sogar zwangsläufig allein nach den Gesetzen elementarer Logik ergeben muss – so wie viele andere Rahmenbedingungen auch, die man in unserer Welt überall findet. Dies setzt allerdings voraus, dass man für die Entstehung unseres Universums ein *völlig neues Modell* zugrunde legt, das natürlich an keiner echten Erkenntnis vorbeigeht. Einsteins Annahme einer vierdimensionalen Raumzeit führte nun auch dazu, die Krümmung des kosmischen Raums vorherzusagen.

Dazu muss man verstehen, dass nach der bisherigen Vorstellung, und weil ja nichts schneller sein kann als Licht, die Raumgrenzen durch die Expansion des Lichtes bestimmt werden. Anders gesagt: Geht man von einem Urknall vor etwa 15 Milliarden Jahren aus, dann kann unser Kosmos heute nicht größer als ein "dreidimensionaler Ballon" mit 15 Milliarden *Lichtjahren* Radius sein.

Durch Anziehungskräfte, so meinte Einstein zu Recht, müsste auch Licht auf seiner Bahn gekrümmt werden. Dies entspräche dann *zugleich* einer Krümmung des Raums selbst.

Nun schauen wir, wie schon gesagt, mittlerweile ziemlich weit ins Weltall hinaus. Tatsächlich jedoch haben die Kosmologen bis heute nicht die geringste Krümmung des Raums feststellen können.

Das Weltall ist offensichtlich absolut flach oder *eben* (euklidisch). Vor einigen Jahrzehnten hatte man aber schon beobachten können, dass ein Lichtstrahl, der an einer großen Masse, wie z.B. der Sonne, vorbeizog, nunmehr einer gekrümmten Bahn folgte.

Demnach geht man heutzutage davon aus, dass es eben zumindest *lokale* Raumkrümmungen geben müsse. Wäre es nun aber so, dass Licht und Raum nicht mehr unbedingt miteinander deckungsgleich sind, dann müsste die zweifellos nachgewiesene Umlenkung des Lichtes nicht zwangsläufig auch gleichzeitig eine Krümmung des Raums bedeuten. Nach gängiger Auffassung ist dieser Gedanke

---

[34] Mein Buch "Das Universum", Monolog, Kapitel 5, "Auf den Punkt gebracht".

reine Spielerei; denn was sollte sonst die Raumgrenzen markieren? Und was sonst sollte die Natur des Raums selbst sein, wenn nicht ein "Lichtkegel", entstanden in einem unvorstellbaren Urknall?

Ein, wie wir erst seit letztem Jahr wissen, absolut flacher Raum widerspricht auch allen Gesetzen der Schwerkraft, sofern diese, wie Einstein postulierte, tatsächlich den Raum krümmen würde.

Nur macht sie das ja nach meiner Auffassung gar nicht. Die Kosmologen sind aber schon wieder fleißig dabei, neue Erklärungen zu suchen, ohne vielleicht auch mal ihr Ausgangsmodell in Frage zu stellen. Schon "erfindet" man Antischwerkräfte oder ungeheure Mengen von sogenannter Dunkelmaterie. Gefunden hat man bisher natürlich nichts dergleichen – und zwar, wie ich behaupte, weil es auch nichts dergleichen gibt.

Die Schwerkraft (Gravitation) ist ebenfalls so etwas "Mystisches": Seit Newton weiß man, *wie* sie wirkt: Von ihm stammt das sog. "reziproke Abstandsquadratgesetz", wonach die Schwerkraft mit dem Abstand von einer Masse quadratisch abnimmt. Dabei handelt es sich um ein reines Zahlengesetz. Und Zahlengesetze findet man in dieser Welt offenbar zuhauf. Dass gerade *sie* vielleicht selbst etwas Reales sind und vielleicht sogar der entscheidende Grund für viele Beobachtungen und Eigenschaften unserer Welt sein könnten, halten heutige Forschergenerationen leider für ziemlich obskur. Vor über zweitausend Jahren war das mal ganz anders, wie man z.B. bei *Pythagoras* oder *Platon* sehen kann.

Lange Zeit war man seit damals der Annahme, das Universum sei mit einer Art Äther gefüllt. Die amerikanischen Forscher *Edward Morley* und *Albert Michelson* konnten dies jedoch schon vor über hundert Jahren ausschließen. Das Universum ist, trotz riesiger Himmelskörper mit ihren gigantischen Massen, bis auf ganz wenige weit weg voneinander entfernt herumfliegende Atome[35] absolut leer, also fast ein echtes Vakuum –. Genau diese Erkenntnis führte dann auch zur heutigen Vorstellung von Licht:

Schon *Isaac Newton* war der Ansicht, Licht müsse aus kleinsten Teilchen bestehen, und *Albert Einstein* sowie *Max Planck* und viele andere bestätigten diese Sichtweise. Längst experimentieren und

---

[35] Man geht heute von etwa nur 1 Atom pro Kubikmeter Weltall aus.

arbeiten wir zum Beispiel in der Kommunikationselektronik mit den Teilchen des Lichts, den *Photonen*. Jede Strahlung besteht also zweifellos aus Teilchen oder ganz allgemein aus *Quanten*.

Genauso ist es aber auch richtig, dass sich in einem Vakuum wie dem Kosmos Licht als reine Abfolge solcher Teilchen nicht großartig fortbewegen könnte. Folglich muss jedes Licht, wenn schon kein (materielles) Medium im All vorhanden ist, mehr sein als nur Teilchen: So kam man zu der heute gültigen Annahme eines Welle-Teilchen-Dualismus des Lichts. Licht, bzw. jede beliebige elektromagnetische Strahlung, soll danach zugleich aus einzelnen Teilchen und *eigenständigen* Wellen bestehen.

Sämtliche Beobachtungen und unser aller Alltag lassen darauf schließen, dass diese Vorstellung, sowenig sie auch selbst manche Physiker wirklich begreifen mögen, dennoch richtig sein muss. Und fast schon mag ich mich schämen einzugestehen, dass *ich* sie dennoch für falsch halte. Ein anschaulicher Vergleich mag meine Zweifel zunächst etwas begründen:

Wirft man einen Stein ins Wasser, so entstehen zwar Wellen, aber es sind nicht die des Steins, sondern die des Wassers. Schreit man in den Raum, so entstehen zweifellos Wellen, aber es sind nicht die eines durch Stimmbandschwingungen hervorgerufenen Tons selbst, sondern die der umgebenden Luft. In beiden Fällen werden Wellen in einem Umgebungs-Medium erzeugt. Ein solches gibt es aber im All so nicht. Dies bereitete natürlich einigen Generationen von Wissenschaftlern Kopfzerbrechen und von daher stammt ja auch die heute gültige Theorie, Licht sei Welle und Teilchen zugleich.

Schwierigkeiten gibt es ebenso, was das zukünftige kosmische Ende betrifft: Die jüngsten Forschungsergebnisse der Kosmologen[36] führen mittlerweile wieder zu der über sehr lange Zeit kaum vorstellbaren Annahme, das All sei flach und dehne sich unendlich aus. Schließlich werde es sich in nicht fassbar ferner Zeit immer weiter ausdünnen und sich damit irgendwann praktisch in ein trostloses Nichts auflösen.

Quantenfluktuationen als eine Modellvorstellung, die zum Urknall hätte führen sollen, wären damit jedoch eigentlich ad acta gelegt, da

---

[36] diese Vorstellungen stammen aus dem Jahr 2001.

es am Anfang aller Dinge nicht unendlich viel Energie gegeben haben kann. Dies aber wäre selbst dann noch notwendig, wenn sich das Universum in Ewigkeit unendlich ausdünnen würde. Natürlich scheint man trotz dieser neuen-alten Idee noch lange nicht in der Lage zu sein, sich eine Unendlichkeit plausibel vorzustellen; weil der Raum nach den gängigen Vorstellungen nach wie vor an seinen Grenzen durch etwas Materielles, nämlich Licht, markiert sein müsse. Zudem deutet ein "flaches Universum" nun zwar schon auf Flächen hin, Lichtgrenzen jedoch bedeuteten "Rahmen", und solche widersprächen jeder unendlichen Ausdehnung.

Tatsächlich, so scheint es mir, stecken die Kosmologen in einem kaum überwindbaren Dilemma sich selbstgestrickter Widersprüche aufgrund eigener, unglaublich phantasievoller Hypothesen.

Dennoch besitzen einige von ihnen, darunter auch der nach Ansicht vieler so geniale *Stephen Hawking* [37], die "Chuzpe" zu glauben, damit "endlich" unmittelbar vor der Beschreibung eines alles erklärenden Weltmodells zu stehen.

Schon in früheren Büchern habe ich die seit jeher immer schon von namhaften Wissenschaftlern vertretene These verteidigt, dass nur das Einfache auch das Wahre sein kann: Simplex sigillum veri est.[38] Und wieder behaupte ich, auch das Weltall dürfte bei aller Komplexität einen genial einfachen, eben göttlichen Plan haben.

Dazu habe ich ein einfaches Gedankenexperiment entwickelt (u.a. vgl. Anhang)[39]: Man beginne mit einem noch so klein denkbaren, endlichen Punkt. Da er endlich sein soll, ist er immer ein noch so kleiner Kreis.[40] Als nächstes setze ich nur zwei wichtige Rahmenbedingungen voraus: 1) Strikte Orientierung an der "biblischen Bedingung": "wachset und mehret euch" – und 2) Beachtung der überall in der Welt zu beobachtenden rein logischen Gesetze von

---

[37] Ich betrachte es allerdings nicht als Überheblichkeit oder gar Arroganz, ihn in einem Leserbrief an das deutsche Magazin FOCUS (38, 2001) als größten Märchenerzähler seit den Gebrüdern Grimm bezeichnet zu haben.

[38] lat.: Einfach ist das Siegel des Wahren.

[39] vgl. vor allem auch die ausführlichere Darstellung in dem ersten Band, "Das Universum", meiner dreiteiligen Buchreihe, "Eine bessere Geschichte unserer Welt", Monolog, Kapitel 8: "Auf den Punkt gebracht".

[40] in jedem "rationalen" Kreis steckt die "irrationale" Zahl π versteckt, eine der bemerkenswerten Bausteine der Welt.

Symmetrie und Polarität. Durch Spiegeln und Vergrößern unter Berücksichtigung dieser klaren Vorgaben und vorhandener Bezugspunkte erhält man schon nach wenigen Schritten aus dem Ausgangskreis eine Fläche von vier zu einem Quadrat angeordneten Einheitskreisen. In dieser ersten Ausdehnung eines endlichen Punktes in die Fläche (zwei Dimensionen, mathematisch: *xy-Ebene*) ergeben sich ganz automatisch eine Reihe von geradezu idealen geometrischen Grundmustern sowie ganz bestimmte Zahlenkonstellationen. So finden wir neben dem Kreis (Beginn: kleinster endlicher Punkt) und dem Quadrat (aus vier endlichen Punkten, d.h. Kreisen) durch die Verbindung von Kreismittelpunkten sowohl das rechtwinklige Dreieck als auch das gleichseitige Dreieck.

Jongliert man ein wenig mit Zahlen, so startet man mit der "1" für den Kreis und kommt über die Zahlen "2" und "3" schnell zur "4" für das Quadrat aus vier Einheitskreisen.

Addiert man die Zahlen 1, 2, 3 und 4, über die sich das Quadrat aus einem Kreis "erspiegeln" lässt, miteinander, so erhält man 10.

Miteinander multipliziert kommt man auf die Zahl 24.

Und durch eine sinnvolle Kombination (u.a. vgl. Anhang) der ersten vier Ordnungszahlen mittels Multiplikation und Potenzierung kommt man auf die Zahl 81. [41]

Außerdem ergeben sich genauso automatisch die Zahlenfolgen 618 als Maß des "Goldenen Schnitts", in unserer Welt wohl Ausdruck für Schönheit und Optimalität, sowie die 273 als das von mir postulierte Maß maximal angestrebter Ausdehnung und materieller Manifestation (vgl. Anhang und meine früheren Bücher).

Will man sich aus der Fläche in den Raum erheben, so muss man, wenn man in der strengen Logik dieser kontinuierlichen und stets kontrollierten Entwicklung bleiben möchte, die Fläche selbst ebenfalls spiegeln. Dadurch erhält man zwei senkrecht zueinander stehende Flächen, deren jeweilige Geometrien ("xy") folglich multipliziert werden müssen. Das ergibt eine x^2y^2-Geometrie zweier sich senkrecht zueinander durchdringender Flächen oder Ebenen.

Jetzt fehlt nur noch ein kleiner Schritt: Mein ganzes Gedankenexperiment basiert zunächst allein auf den ersten vier Ordnungs-

---

[41] vgl. auch mein Buch "Das Universum", Monolog, Kapitel 5, "Drei Musketiere".

zahlen. Stellen Sie sich nun jedoch vor, es gibt Zahlen so real wie es Sie und mich gibt. Zahlen existieren also wirklich als Information wie Daten im "Äther". Nun nehmen wir an, real existente Zahlen stehen am Anfang als Information hinter der Entwicklung meiner endlichen Punkte, den kleinsten Kreisen. Dann könnte man sich leicht vorstellen, diese Zahlen laufen, wenn sie praktisch einmal "losgetreten" sind, selbständig immer weiter. Zahlen aber lassen sich, im Gegensatz zu den uns geläufigen endlichen, d.h. materiellen Dingen, durchaus unendlich "denken". Wenn der endliche Kreis die kleinste (materielle) Ausdehnung ist, dann sollte man folglich auch eine kreisförmige Ausdehnung der (geistigen oder informativen) Zahlen, quasi um ihn herum, vermuten müssen. Sie würde somit über zwei Flächen ins Unendliche verlaufen. Da sich diese zwei Flächen nun senkrecht (symmetrisch und polar) zueinander befinden und gegenseitig durchdringen, erhält man somit einen "echt vierdimensionalen", unendlichen reinen Zahlenraum!

Mit dieser Vorstellung ließen sich alle kosmischen Probleme aufs Einfachste lösen: Das Universum, als reiner Zahlenraum gedacht, wäre unendlich, was der jüngsten Annahme der Kosmologen entgegenkommt. Auch wäre der Raum mit der Ausdehnung des Lichts nicht mehr deckungsgleich. Eine beobachtbare Umlenkung des Lichts infolge seiner schwerkraftbedingten Anziehung bedeutet daher nicht mehr zugleich auch eine Raumkrümmung.

Der Raum wäre genau so, wie es alle neuesten Beobachtungen zur Verblüffung der Kosmologen zu bestätigen scheinen, absolut flach, *eben*, d.h. euklidisch. Man bräuchte keine Antischwerkraft mehr und nicht weiter nach dunkler Materie zu suchen.

Unser Raum hätte außerdem (endlich) ein "Medium", nämlich das der ihn strukturierenden real existierenden Zahlen. Und die Wellen des Lichts wären keine "echten" Lichtwellen mehr, sondern entsprächen jetzt dem Transport der Licht*teilchen* (Photonen) über die kreisförmig angeordneten, konzentrischen Zahlenschalen hinaus ins Unendliche. Die Wellenlänge einer sog. Lichtkurve eines Photons ergäbe sich folglich aus dem Abstand der Zahlenschalen, die für den Lichttransport verantwortlich zeichnen. Auf diesen Umstand komme ich noch einmal zurück, wenn es um die Frage

64

geht, ob die Rotverschiebung des Lichts als Beweis für die Expansion des Universums angesehen werden kann oder nicht.

Sie sehen, alle bekannten physikalischen Ergebnisse blieben bei diesem Modell völlig unangetastet; denn das Wellenmuster bliebe auch erhalten: Nur handelt es sich dabei nicht um mehr die Welle des Lichts selbst. Lediglich die Interpretation des Musters und seine Herleitung haben sich also geändert.

Auch die Gravitation wäre damit selbstverständlich eine Kraft mit endlicher Geschwindigkeit, so wie es Einstein im Gegensatz zu Newton vorausgesagt hatte. Die Geschwindigkeiten von Licht und Schwerkraft wären naturgemäß identisch und allein durch die "geistige", d.h. zahlengesteuerte Raumausdehnung vorgegeben.

Da die Zahl "4" für das Unendliche steht und wir endliche Körper ja auch als "3-dimensional" bezeichnen, läge es sicher nahe, die endlichen Geschwindigkeiten von Licht und Gravitation mit der Zahl 3 verknüpft zu sehen. Diese Idee darf natürlich nur als Hinweis und nicht als wissenschaftlicher Beweis verstanden werden. Tatsächlich wissen wir auch seit langem, dass die gemessene Lichtgeschwindigkeit praktisch $3 \cdot 10^n$ beträgt. [42]

Und wirklich: Erst vor kurzem haben amerikanische Astronomen am deutschen Radioteleskop Effelsberg in der nahen Eifel die Geschwindigkeit der Gravitation in ebendieser Höhe gemessen.

Sicher, alles das klingt zunächst verrückt – ich weiß – aber lassen wir es doch einfach einmal weiter "spinnen": Der Raum unseres Weltalls wäre, da nun in Wirklichkeit allein aus real existierenden Zahlen bestehend, wie schon erwähnt etwas rein Geistiges. Unser Kosmos wäre, anders gesagt, ein unglaublich gigantisches Informationsfeld.

Der Geist als Ausdruck für geordnete immaterielle Information wäre auf einmal zurück in unserer Welt – endlich, wie ich meine.

Zu allem Überfluss, und zum Leidwesen aller Anhänger des Materialismus, würde ihm jetzt sogar wieder eine besonders entscheidende Rolle zugewiesen!

An dieser Stelle angelangt, ist es nur noch ein ganz kleiner Schritt zu der Annahme, real existierende Zahlen seien nicht alles, nicht der ganze Geist, sondern vielmehr nur (kleiner) ein Teil des ganzen real

---

[42] Der genaue Messwert der Lichtgeschwindigkeit im Vakuum beträgt $2{,}9979 \cdot 10^8$ m/s

existierenden, geistigen Informationsfeldes. Genau dasselbe gilt natürlich auch für bestimmte geometrische Grundformen; denn sie wiederum sind das Ausgangsmaterial jeder Zahlenentwicklung: Schließlich liefern sie der Welt mit Hilfe idealer Grundmuster das Zahlenmaterial, und zwar völlig unabhängig vom Rechensystem!

Mit Fug und Recht könnten wir jetzt behaupten, einen Plan – einen absolut "göttlichen Plan" – aus einer "Fülle von Geist" in unserer Welt (wieder-) entdeckt zu haben.

Schließlich noch ein weiterer kleiner Gedankenschritt:

Mein kleinster Punkt war ja als ein endlicher Punkt, d.h. als Kreis, gedacht. Als solcher ist er der kleinste und *ideale* Vertreter des Materiellen. Jeder beliebige Kreis lässt sich mit Hilfe von genau **drei** Informationsangaben seiner Kreisbahn exakt bestimmen.

Diese Informationen sind natürlich etwas rein Immaterielles. Daraus ergibt sich logischerweise die Folgerung, dass etwas Geistiges das Materielle unmittelbar erschafft – oder, mehr religiös formuliert, schöpft.

Die ersten Worte der Bibel lauten*: "Am Anfang war das Wort – und das Wort stand bei Gott"*. Das Wort ist, wie ich meine, ein schönes Symbol für eine immaterielle Information.

Der Schöpfungsgedanke in der Bibel bekommt damit einen ganz neuen Gehalt und Wert, vorausgesetzt man ist bereit, ihn, wie andere biblische Lehren und die anderer Religionen auch, nicht wörtlich, sondern vielmehr symbolisch zu betrachten.

Informationen sind der Stoff des Geistes, so wie die Atome der Stoff der Materie sind. Mit der Hilfe von Informationen, also aus Geist, entsteht etwas Materielles – in meinem Beispiel bildlich dargestellt durch einen noch so klein denkbaren, aber eben immer endlichen Punkt, den (Einheits-)Kreis. Und solche Informationen sind auch Bestandteil jedes neuen Kreises. Alles in dieser Welt wird somit zu Medaillen mit immer zwei symmetrischen und zugleich polaren Seiten: einer materiellen Seite endlicher Ausdehnung und endlicher Existenz sowie einer immateriellen geistigen Seite von unendlicher Ausdehnung und ewiger Existenz.

Wenn es so ist, dass Zahlen als Teil dieses real existierenden Geistes selbst real existieren, dann bilden sie um jede beliebige Form materieller Existenz in unserer Welt herum so eine Art ewiges geistiges oder "informatives Klettergerüst". An diesem rankt sich die Information des "SEINs" eines jeden noch so kleinen "materiellen Etwas" für alle Zeiten in die unendlichen Weiten dieser mehr und mehr auch materiellen Welt.

Anders formuliert, wird zunächst um jeden endlichen, also materiellen Punkt herum eine unendliche Folge real existierender ganzer Zahlen "losgetreten". Genau genommen bilden sich sogar zwei Zahlenfolgen um jede endliche Existenz herum, nämlich je eine über jede der beiden senkrecht zueinander stehenden und sich gegenseitig durchdringenden Kreisflächen *(x^2y^2-Geometrie)*.

Folglich müssen wir die Ausdehnung der Zahlen *quadratisch* sehen – oder anders gesagt: Es entsteht ein quadratischer Zahlenraum. Dieser ist in seiner Ausdehnung unendlich und ewig.

Er bildet das "geistige Korsett" jedes beliebigen materiellen Punktes in unserem Universum.

Die Idee eines solchen Zahlenraums hat meines Wissens erstmals *Plichta* gehabt. Sie hatte mich intuitiv in den Bann gezogen.

Allerdings ergibt sich nach meinem Dafürhalten für dieses Modell erst durch mein recht einfaches Gedankenexperiment, das vom Wachstum und der Vermehrung eines kleinsten endlichen Punktes unter Beachtung von Symmetrie und Polarität ausgeht, auch eine zwingende Logik. Leider hatte *Plichta* alle früheren Verbindungen zu mir schon Anfang Januar 2000 abbrechen lassen, da er, so scheint es mir, meine eigenen Vorstellungen und meine daraus resultierende schriftstellerische Tätigkeit wohl als recht unliebsame Konkurrenz empfand. Leider konnte er infolgedessen meinen, wie ich glaube, plausiblen Gedankengang nicht mehr aus erster Hand kennen lernen und mit mir diskutieren.

Die Entwicklung aller Ordnungszahlen um jeden endlichen Punkt herum, d.h. um jeden materiellen Baustein, erfolgt also in Kreisen.

Schon ein uraltes indianisches Sprichwort besagt: *"Alles kommt in Kreisen"*. Jeder Zahlenraum besteht demnach aus unendlich vielen, zwiebelschalenartig angeordneten, konzentrischen Kreisen.

Mein Gedankenexperiment legt auch plausibel nahe, dass jede dieser Schalen genau **24** (= 1·2·3·4) Zahlen aufweist. Dies deckt sich mit den Überlegungen *Plichtas*, der dies aus seinem früheren und anderen Denkansatz heraus genauso für sinnvoll hält.

Das Licht[43] besteht aus kleinen Teilchen, den Photonen. Diese besitzen selbst keine Masse. Aus dieser Perspektive ist Licht folglich auch nichts richtig Materielles. Dennoch gehört es zweifellos in unsere materielle Welt: Es ist eine Wirkung in unserer materiellen Welt. Licht besitzt nach meiner Auffassung eine ganz andere Form von Dualismus als derzeit in der Physik behauptet:

Man kann Licht jetzt nämlich auch als eine Art *Schnittstelle* zwischen dem materiellen, d.h. echt korpuskulären Teil des Universums, sowie seinem geistigen Ur- und ewigen Hintergrund denken: Denn ohne eigene Masse und Ausdehnung ist jedes Photon tatsächlich erst einmal ein reiner *Information*spunkt (geistige, informative Wirkung), der leuchtet (materielle Wirkung).

Als *Schnittstelle* zwischen Geist und Materie unterliegt Licht einerseits den bekannten physikalischen Naturgesetzen des Kosmos wie dem der Raumausdehnung. Gleiches gilt auch für die Schwerkraft. Beide beeinflussen sich dabei gegenseitig.

Wie bereits angedeutet, ist Licht als eine von mehreren Wirkungen *im* Raum (und nicht Produzent *des* Raums!) vor allem durch die maximale Ausdehnung des (geistigen) Zahlenraums limitiert.

Durch dessen vermutlichen 24er-Zahlenrhythmus legt er eine Ausdehnungsgeschwindigkeit von $3 \cdot 10^n$ nahe.[44] Damit ergibt sich eine weitere, mehr wissenschaftliche Herleitung für Gravitations- und Lichtgeschwindigkeit. Tatsächlich rechnen wir üblicherweise mit einer Lichtgeschwindigkeit von 300.000 km/s, d.h. $3 \cdot 10^8$ m/s. Der dieser Größe bisher am nächsten kommende, aktuelle Messwert beträgt 299.792,458 km/s.

Die Intensität oder Helligkeit der masselosen Licht*teilchen*, die sich in den unendlichen Raum ausdehnen, nimmt quadratisch ab: Das Licht wird schwächer. Durch die Schwerkraft massereicher Objekte wird es ebenso wieder quadratisch verstärkt[45]: Es wird also wieder heller. Genau dies kann man aus großer Entfernung als Lichtkrümmung erkennen. Da Licht- und Raumgrenzen aber nicht

---

[43] Licht steht hier natürlich stellvertretend für alle elektromagnetischen Strahlen.

[44] Dazu näheres in "Das Universum" oder in meinen Büchern "Plädoyer für ein Leben nach dem Tod und eine etwas andere Sicht der Welt", bzw. in "Der Schlüssel zur Ewigkeit". Die Berechnung der Raumausdehnung geht auf *Plichta* zurück.

[45] In Umkehrung des Newtonschen "reziproken Abstandsquadratsgesetzes".

mehr deckungsgleich sind, entspricht dieser Verstärkung des Lichts (=Anziehung der Lichtteilchen) keine Krümmung des Raums. Geht man wie auch ich von einem immateriell geistigen Zahlenraum aus, so kann es einfach keine Raumkrümmung mehr geben.

Im Zuge dieses Modells lässt sich die Schwerkraft auf einmal ebenfalls ganz einfach erklären: Sie ist eine dem Licht entgegengesetzte *Wirkung* der Massen und zwischen ihnen im Raum mit gleichen Eigenschaften. Dies ergibt sich schon aus den ewigen Gesetzen von Symmetrie und Polarität:

Licht muss man nach meinen Vorstellungen als eine primär "geistige Information" auffassen, mit einem materiellen Anteil:

Damit meine ich dessen Quantelung, also seine (diskontinuierlichen oder unterbrochenen) Stückelung in masselose kleinste Teilchen.

Demgemäß muss es dazu natürlich ein symmetrisches, zugleich auch polares, jetzt aber "materielles" Wirkungspendant geben: also eine Wirkung, die von der Masse ausgeht und einen informativen (geistigen) und so kontinuierlichen Anteil besitzt. Die Gravitation oder Schwerkraft erfüllt diese Forderung: Sie geht von jeder Masse aus. Und Newtons Entdeckung, dass die Schwerkraft nach einem einfachen mathematischen Grundprinzip zu wirken scheint, dem "reziproken Abstandsquadratgesetz", lässt sich jetzt allein schon aus dem quadratischen Aufbau des ja aus zwei Flächen gebildeten und von den Ordnungszahlen bestimmten Zahlenraums plausibel herleiten. Folglich wird damit die Suche nach allerlei Teilchen, die z.B. Schwerkraft ausüben oder vermitteln sollen (sog. Gravitonen), urplötzlich völlig überflüssig: Sie gibt es nämlich gar nicht. Und auch die neueste Idee, die Schwerkraft sei in Wirklichkeit Folge des Druckes von kleinsten unsichtbaren Teilchen, die regellos durch All schwirren, ist wohl schlichtweg Science-Fiction. Der scheinbare Zug sei tatsächlich also ein Druck. Was hier so neu verkauft wird, geht allerdings auf die Schweizer Physiker und Mathematiker *Nicolas Fatio de Duillier* sowie *Georges Louis Le Sage* (Anfang bis Mitte des 18. Jhd.) zurück.

Wie aber steht es nun um den Urknall am Anfang unseres Universums? Die Hintergrundstrahlung von **2,73** Grad Kelvin über dem absoluten Nullpunkt von **-273°C** ist, Sie erinnern sich, für die Forscher ein wichtiges Indiz für ihn, da man sie bisher als eine Art

Nachhall seiner Abkühlung betrachtet. Dass sie so ungemein homogen in alle Richtungen des Alls verteilt ist *(isotrop)* und nur äußerst geringe Schwankungen aufweist, lässt heute leider immer noch keinen Wissenschaftler ernsthaft an diesem Indiz zweifeln. Im Gegenteil, man sieht sich meist sogar in seinem konventionellen Weltbild eher bestätigt.

Vielleicht fällt Ihnen etwas auf? Die Zahlenfolge **273** ist eines der frühen Resultate meines Gedankenexperiments vom Wachstum und der Vermehrung eines kleinsten endlichen Punktes gewesen.

Und tatsächlich – wohin wir auch in dieser Welt blicken – an entscheidenden Schlüsselpositionen finden wir genau diesen Wert häufig wieder. Daran ändert sich grundsätzlich nichts, wenn weitere Stellen hinter dem Komma variieren und diese Zahl nicht immer punktgenau auftritt. Genausowenig, wie z.B. die Kreiszahl π zahlenmäßig exakt darstellbar, aber geometrisch dennoch vollständig und perfekt in jedem Kreis enthalten ist, so gilt dies auch für alle anderen arithmetischen Zählmaße: Sie entsprechen letztlich nur der "materiellen Umsetzung" einer hinter allem stehenden geistigen Welt mit geometrisch perfekten Mustern. Und genauso werden wir überall dort, wo wir etwas Optimales vermuten dürfen, die Zahlenfolge **618** des "Goldenen Schnitts" wiederfinden.

In meinen früheren Büchern habe ich das bereits ausführlich erörtert und mit vielen Beispielen belegt (vgl. auch Anhang).

Aus meinem oft zitierten, kleinen Gedankenexperiment, das mit der kleinsten Einheit, einem Kreis, begann und dann zur nächsthöheren Einheit in der Vielheit[46], dem mit Hilfe von vier Kreisen gebildeten Quadrat, überging, ergaben sich weitere wichtige Folgerungen: So können wir annehmen, dass das Rechnen im Dezimalsystem, also auf dem Boden der Zahl **10**, zwar eine sinnvolle Entdeckung von uns Menschen, nicht aber eine neue Erfindung ist **(1+2+3+4 = 10)**.

Aus demselben Grund dürfte auch die Einteilung des Tages in **24** Stunden **(1 · 2 · 3 · 4 = 24)** – schon vor Jahrtausenden und in verschiedenen Kulturen ersonnen – sinnvoll gewesen ist, weshalb sie wohl auch bis heute unbestritten Bestand hat. Schließlich noch

---

[46] Die kleinste Einheit, der Kreis, geht nach wenigen Schritten über in die Vielheit, bestehend aus vier Kreisen mit der nächsthöheren Einheit, dem Quadrat.

ein paar Bemerkungen zur Zahl **81**, die aus den ersten vier Ordnungszahlen durch "sinnvoll kombiniertes Rechnen" gewonnen werden kann:[47] Einerseits entspricht sie exakt der Anzahl sämtlicher im ganzen Kosmos natürlich vorkommender und zugleich stabiler chemischer Elemente[48]. Andererseits gibt es im genetischen Code des Erbguts, und zwar dem aller bereits bekannten, und vermutlich auch dem aller möglichen Lebewesen im ganzen Universum, genau **81** exakte *Positionsangaben* für die sogenannten Nukleotide, welche Aminosäuren tragen.[49] Sie erinnern sich: Aminosäuren sind die Bausteine für Proteine, den Eiweißen. Und alle Lebewesen sind aus dem Baumaterial "Proteine" gebaut. Allein mit Hilfe von exakt 81 Positionsangaben können in der Natur – wohl vor allem zur Kompensation häufiger Kopierfehler – auch genaue und eindeutige Angaben zu den jeweiligen nachbarschaftlichen Beziehungen gemacht werden: Ein falscher Buchstabe im Code des Erbguts (durch Mutation) macht auf diese Weise nicht den Rest des ganzen Textes unlesbar (vgl. Anhang).

Schließlich habe ich als Erster vermutet und belegen können, dass sich alle besonders wichtigen Naturkonstanten allein schon mit Hilfe der hier einmal mehr besonders herausgestellten, wenigen, aber entscheidenden Zahlen einfach und sinnvoll herleiten lassen können (vgl. Anhang).[50]

Als zweiten, sehr entscheidenden Beleg für die Urknallhypothese betrachten die Kosmologen die Rotverschiebung des Lichtes.

Bereits in früheren Büchern habe ich dazu zwei Gegenargumente ausführlich erläutert, die alternative Erklärungen ermöglichen:

Zum einen führt allein schon das Alter der Himmelkörper zur Rotverschiebung. Einen anderen Grund sehe ich in den besonderen Bedingungen des realen Zahlenraums gegeben, wodurch ja, wie bereits erläutert, sowohl die Lichtgeschwindigkeit, als auch die Intensität des Lichts bestimmt werden. Folglich ist es natürlich nahe liegend anzunehmen, dann die Rotverschiebung, die einer Abnahme

---

[47] Es gilt: $1^2 \cdot 3^4 = 81$, vgl. auch Anhang.
[48] erstmals von Peter Plichta entdeckt und so beschrieben.
[49] erstmals von mir im Jahre 1999 entdeckt und beschrieben, vgl. Anhang.
[50] vgl. auch mein Buch "Das Leben", Monolog, Kapitel 3

der diversen Lichtfrequenzen entspricht, ebenfalls den besonderen Raumbedingungen dieses alternative Weltmodells zuzuschreiben.

Dafür habe ich früher schon den von *Plichta* als Taktgeber des Zahlenraums bezeichneten Primstrahl vorgeschlagen. Er enthält nur echte Primzahlen und Primzahlquadrate. Je größer die Zahlen werden und je mehr Zahlenschalen sich in die Unendlichkeit ausdehnen, desto seltener lassen sich auf dem Primstrahl noch Primzahlquadrate finden. Stellt man sich vor, die Lichtfrequenz sei nun primzahlcodiert, dann könnte die Abnahme der Häufigkeit von Primzahlquadraten in unserem quadratischen Zahlenraum doch auch die Ursache für die Abnahme der Lichtfrequenz sein. Daraus könnte man praktisch folgern, Licht selbst würde "altern". Richtig bedeutsam wird das aber erst bei sehr großen Entfernungen.

Außerdem gilt doch folgendes: Wenn die Primzahlquadrate mit der Entfernung, also bei wachsendem Abstand des Zahlenraums von seinem Ursprung, z.B. von einer Lichtquelle, seltener werden, dann wird damit natürlich auch die ständige Expansion des Raumes schlichtweg nachgeahmt; denn die Abstände zwischen den einzelnen Primzahlquadraten nehmen ja zu. Im Ergebnis ist das dann genauso vergleichbar mit dem berühmten Luftballon, auf dem man eine Strecke eingezeichnet hat und den man nun aufbläst: Die Abstände der Streckenpunkte vergrößern sich. Auf diese Weise lässt sich eine Dehnung der sogenannten Lichtkurven, die den tatsächlichen Beobachtungen entspricht, ebenfalls erklären. Nur ihre Ursache ist jetzt eine andere: Bewirkt wird sie durch einen real existenten quadratischen Zahlencode, der die wahre Raumstruktur ausmacht.

Dementsprechend könnte man die Rotverschiebung des Lichts nun wieder allein auf die riesigen Entfernungen der Objekte zurückführen, was jetzt auch sehr paradoxe Erscheinungen am Himmel ziemlich einfach erklären würde.

So gibt es zum Beispiel bestimmte *Quasare*, die selbst vermutlich verendete Galaxien sind, und die offensichtlich ziemlich nah beieinander liegen, ja gar verbunden scheinen.

72

Das von ihnen empfangene Licht ist aber sehr stark unterschiedlich rotverschoben.[51] Nach allen herkömmlichen Vorstellungen müssten sie deshalb nicht nur so unglaublich schnell sein, dass dies bereits den physikalischen Grundgesetzen zutiefst widerspricht, sie müssten zudem auch trotz ihrer offensichtlichen Verbindung untereinander eigentlich verschieden schnell entfliehen. Und dies scheint doch mehr als fraglich und ist nach wie vor sehr rätselhaft.

Wenn sich aber die Rotverschiebung anders als bisher über den *Doppler-Effekt* und die Dehnung der Lichtkurven als Folge einer Raumexpansion erklären ließe, dann entfiele natürlich das wichtigste Argument für diese ständige Expansion. Damit wäre dem Urknall jeder Boden entzogen.

Dabei bezweifle ich überhaupt nicht, dass sich, genau wie fast überall in der Welt, auch im Kosmos die Gestirne mit hohen Geschwindigkeiten bewegen – aber sie müssen nun nicht mehr alle und mit zudem noch unaufhörlich wachsenden Geschwindigkeiten voneinander wegfliegen.

Unter dieser Prämisse bräuchte man also den Urknall nicht mehr, und ich glaube, dies wäre eine weitaus bessere Ausgangsposition, unser Universum zu erklären und Widersprüche zu vermeiden. So hat man vor kurzem in nur 36.000 Lichtjahren einen Stern entdeckt, der nach Angaben der Forscher quasi als Frühgeburt vor etwa 15 Milliarden Jahren, also schon sehr bald nach dem vermeintlichen Urknall, entstanden sein muss.[52] Allerdings hat das ganze einen Schönheitsfehler: Dieser Stern ist wegen seines offenbar äußerst geringen Eisenvorkommens so massearm, dass er so früh gar nicht hätte entstehen können...

Ohne Urknallhypothese hätten wir es fortan nicht mehr mit einem einzigen Anfang zu tun, der alles jemals später Existente schon zu Anfang beinhalten müsste Vielmehr gäbe es vielleicht viele kleine Anfänge, die immer wieder "neuen Raum im Raum" schaffen und vielerorts auftreten.

Man könnte sich so eine womöglich eher kontinuierliche Schöpfung vorstellen, die auch jetzt längst noch nicht zu Ende sein muss.

---

[51] z.B. die Galaxie NGC4319, die über ein helles Lichtband mit dem Quasar Markarian 205 verbunden ist.
[52] Er trägt die Bezeichnung HE0107-5240.

Materie entsteht offensichtlich auch heute noch, verdichtet sich zu Sternen und Galaxien, bewegt sich ruhelos durchs All und geht irgendwann einmal wieder zugrunde. Sicher kennen sie alle die, wie ich finde, ungemein eindrucksvollen Bilder von den gigantischen Sternenfabriken, die wir erstmals vor wenigen Jahren von dem *COBE-Weltraumteleskop* übermittelt bekamen.

Doch woraus entsteht die Materie in diesen Brutstätten?

Aus Strahlung, oder vereinfacht, aus Licht. Der wahre Ursprung des Lichtes ist nun aber Geist; denn Licht hat zwei Seiten und ist wie Geist reine Information.

Somit ist Licht die Schnittstelle zwischen Geist und Materie.

Später, im Laufe des Entstehens und der Entwicklung von Leben, werden bestimmte Informationen zu komplizierten, komplexen und zusammenhängenden Informationsgebilden zusammen gepasst.

Ein zunächst weitgehend undifferenzierter Geist wird so mit Hilfe seiner Manifestation in komplexen materiellen Strukturen allmählich immer stärker differenziert. Dazu mehr im nächsten Kapitel.

Wichtig am Ende dieses Kapitels sind die Erkenntnis und die tiefe Überzeugung, dass sich ein ausgewogenes und unsere Welt wirklich erklärendes Bild wohl nur durch eine völlig neue Sicht des Universums erzielen lässt. Ein solches Modell für unseren ganzen Kosmos schließt nicht nur Geistiges ein, vielmehr baut es sogar auf Geistigem auf.

Der Geist liefert dabei zunächst den entscheidenden Rahmen und zugleich den Hintergrund für die ewige kosmische Existenz.

Abgesehen davon scheint mir dieser "Urgeist" am Anfang aller Dinge selbst auch ziemlich "geistlos" gewesen zu sein: Das heißt, man muss sich ihn mehr mechanistisch denken, so wie z.B. auch die Gene, die Aufbau und Funktionen eines Lebewesens prägen.

Mit dieser Vorstellung bleiben Schöpfung und Schöpfer nicht nur möglich, sondern sie werden wieder benötigt.

Sie sind wieder unerlässlicher Teil unserer unendlichen und ewigen Welt und transzendieren sie gleichermaßen. Wenn es aber eine auch den universellen Geist transzendierende Schöpfung und ein Schöpferwesen gibt, dann kann die Welt nur verstanden werden als Aufbruch des Geistes über sein Universum zu sich selbst.

Der anfangs einmal undifferenzierte Geist sucht nicht nur seine Manifestation in und mit dieser Welt, nein, er braucht sie, um sich abseits dieser materiellen Umgebung in und mit dieser Welt zu verwirklichen, zu wachsen und zu gedeihen. Mittelbar schafft er sich letztlich alle Dinge und macht sie sich zunutze, um in seiner Welt den Geist weiter zu reichen und in größtmöglicher Vielfalt weiter zu entwickeln: Er schafft das Leben. Leben ist die rein geistige Qualität, die einen komplexen Materiehaufen, den wir vielleicht einen tierischen oder menschlichen Körper nennen, von z.B. einem Fels unterscheidet.

Keine Zahlenfolge, keine Information, kein Geist und kein Leben, die rein geistige Qualitäten sind, können in diesem unendlichen und ewigen Kosmos jemals enden. Für sie alle gibt es keinen Tod.

5. Evolution im neuen Gewand:
Über Körper und Leben, Gehirn und Geist

Im letzten Kapitel habe ich diskutiert, dass unsere gegenwärtigen Vorstellungen von der Entstehung des Universums sowie von seiner Entwicklung und Struktur doch sehr viele Widersprüche aufweisen und außerdem eine Fülle von Fragen nicht beantworten können.

Ich hielt es daher für erforderlich, nach einem plausibleren und möglichst natürlich auch umfassenderen, alternativen Weltmodell Ausschau zu halten, um diesem Dilemma zu entkommen. Schon in meinen letzten Büchern habe ich andere, eigene Gedanken hierzu vorgestellt.

Zu den Themen, die ganz augenscheinlich ebenfalls mehr Fragen offen lassen als zu beantworten scheinen, gehören die Entstehung und Entwicklung des Lebens sowie alles, was sich mit unserem "Geist" beschäftigt. Darauf hatte ich mich deshalb ganz besonders intensiv im zweiten Teil meiner letzten dreiteiligen Buchreihe konzentriert.

Die Wissenschaft betrachtet "Leben" als eine rein biochemische Systemeigenschaft organischer Komplexe. Leben tritt folglich, so nimmt man an, plötzlich und automatisch auf, wenn nur eine bestimmte Organisationsebene erreicht wird. Dies scheint mir im Grunde durchaus richtig zu sein, nur unterscheidet sich der Biologe von mir gemeinhin dadurch, dass er der Meinung ist, Geist sei dann eine Art zwangsläufiges *Produkt* dieser komplexen Materie. Ich aber sehe in der komplexen Materie nur das jetzt geeignete "Gerät", Geist "empfangen" zu können.

Die Vorstellung von sich plötzlich ändernden Systemeigenschaften geht vor allem zurück auf die Theorie der *"dissipativen Strukturen"* des belgischen Biochemikers *Ilya Prigogine*, der dafür 1977 den Chemienobelpreis erhielt. Er stellte fest, dass sich organische Bausteine bei ständiger Energiezufuhr aus einem zuvor ungeordneten in einen höheren, geordneten Zustand umformieren können. Nach Unterbrechung der Energiezufuhr kam es allerdings wieder zu einem Rückfall in das alte Muster.

Schon Anfang der 50er Jahre des letzten Jahrhunderts hatte der Amerikaner *Stanley Miller* für Aufsehen gesorgt, als er nach ungefähr einer Woche mit einem Gebräu aus Wasser, Sauerstoff, Methan und Ammoniak, sowie mit Hilfe von ausreichend großer Hitze und vielen elektrischen Blitzen, mit denen er das Gemisch traktierte, einige chemische Grundbausteine allen Lebens hergestellt hatte. So wie in den Kinofilmen von der Erschaffung Frankensteins, fand Miller Kohlenmonoxyd und –dioxyd sowie, neben weiteren organischen Verbindungen, auch die für den Aufbau des Lebens so wichtigen Aminosäuren. Millers Versuche ließen sich später erfolgreich wiederholen. Aber nicht nur das – bei anderen Experimenten gewann man so auch noch die Bausteine des Erbguts, die Nukleinsäuren.

Gegenwärtig arbeitet eine Reihe von Forscherteams, z.B. in der Schweiz und in Amerika, an der Herstellung von Membranen, den Hüllen sämtlicher Zellen. Die Idee ist nach wie vor folgende: Man konstruiere alle erforderlichen Bestandteile einer Zelle, füge sie zusammen und erschaffe so neues Leben.

Leben künstlich herzustellen ist, wie Sie alle wissen, längst keine Utopie mehr. Denken Sie nur an das Klonschaf "Dolly" und seine mittlerweile vielen "Brüder und Schwestern im Reagenzglas", so ist diese mittlerweile heftig umstrittene Wirklichkeit geworden. Auch die unter weltweitem Medienecho soeben verkündeten Geburten vermeintlich geklonter menschlicher Babys – eine nach meiner Auffassung perverse Aktion einer wohl unglaublich obskuren Sekte in den USA – möchte ich in diesem Zusammenhang erwähnen.

Doch in ausnahmslos jedem Fall handelt es sich hierbei bloß um die Erschaffung von Leben aus bereits vorher schon existierendem Leben – niemals aber aus toter, wenn auch organischer Materie. Genau das aber meint man nun bald überwinden zu können.

Mir scheint, dies wird ein Wunschtraum bleiben.

Und ich sage ausdrücklich: Gott-sei-Dank; denn Leben ist wohl ungleich mehr als bloß die Summe seiner einzelnen Komponenten.

Mit der kontinuierlichen Entwicklung des Lebens und aller Lebewesen auf unserer Erde – von seinen organischen Vorstufen bis hin zum Menschen – befassen sich die Evolutionstheorien, und die ganze Entwicklung selbst heißt dann "Evolution". Ein zentraler Aspekt sämtlicher Evolutionstheorien ist der Zufall. Durch ihn allein kommt es danach zu Veränderungen im Erbgut, den sog. *Mutationen*. Der Zufall wird auch dafür verantwortlich gemacht, dass Leben überhaupt entstand. Und genauso soll er es sein, der stets für den *richtigen* Zündfunken gesorgt hat, damit die so unglaubliche Artenvielfalt in der Erdgeschichte entstand.

Die riesigen Zeiträume vom Beginn des Lebens bis heute seien für dieses Szenario Beleg genug, ist die heute gängige Ansicht.

Nur weil wir Menschen uns keine rechte Vorstellung von solch unermesslichen Zeiträumen machen können, seien wir wohl nicht in der Lage, diesem Argument zu folgen.

Jedes Lebewesen besteht aus unzähligen einzelnen Zellen, die miteinander verbunden sind. Natürlich gibt es auch Einzeller als selbstständige Lebensform, wozu beispielsweise Bakterien gehören. Eine Reihe von Gründen scheint jedoch dafür zu sprechen, dass Einzeller zumindest nicht ausschließlich auch den Anfang allen komplexen Lebens markierten. Vielmehr dürfte es schon sehr früh genauso gut Vielzeller gegeben haben. Vermutlich sind sehr viele

Einzeller erst danach aus ihnen durch Regression, d.h. durch Rückschritt, entstanden.

Ganz egal wie es letztendlich tatsächlich war, schon jeder Einzeller ist, wie einige Forscher zu Recht und kritisch gegenüber den gängigen Vorstellungen bemerken, ein auf mikrobiologischer Ebene vollständiges System von "irreduzibler Komplexität".[53]

Das heißt, so der Mikrobiologe *Michael Behe*, dass bereits in einem solchen System wie dem des Einzellers jeder Bestandteil innerhalb einer festen Ordnung zusammenarbeiten muss und kein einziger davon entfernt werden darf. Ansonsten käme es unweigerlich und immer zu einem Kollaps des gesamten Systems.

Außerhalb ihres "irreduzibel komplexen Systems" machen die einzelnen Komponenten für sich dagegen keinerlei Sinn.

Dass die einzelnen Bausteine des Lebens überhaupt entstanden sind, ist trotz mancher Rechenakrobatik zur Verbesserung von Wahrscheinlichkeiten so unwahrscheinlich, dass man hier mit Fug und Recht von einem Wunder sprechen darf. Im Prinzip müssten allein schon ehrliche Wahrscheinlichkeitsberechnungen, und seien sie noch so wohlwollend angesetzt, eigentlich jeden Materialisten, der an den gängigen Theorien festhalten will, endgültig frustrieren.

Doch nicht allein die richtige Bemessung und korrekt passende Zusammensetzung aller nötigen Einzelkomponenten ist letztlich entscheidend, um zu Leben zu führen, vielmehr müssen sie alle noch einträchtig dem Takt ein und desselben Taktstocks folgen und nach einer uns bislang unbekannten inneren Ordnung äußerst harmonisch zusammenwirken. Nur, was ist der Taktstock und wer ist der Dirigent?

Sollten Sie, verehrter Leser, gläubiger Angehöriger einer religiösen Gemeinschaft sein und vielleicht beseelt von einem *unmittelbaren* Schöpfungsglauben, so freuen Sie sich jetzt bitte nicht zu früh:

Alles Leben, und da stehe ich vollkommen im Einklang mit den gängigen Evolutionstheorien, entwickelt(e) sich ohne *unmittelbare* Schöpfung aus seinen organischen Vorstufen. Dies geschieht zweifellos *auch mit Hilfe* der seit über hundert Jahren bekannten

---

[53]z.B. Carlos Bustamente, Jed Macosko und Michael Behe, Mikrobiologen an der kalifornischen Berkeley University San Francisco (SF weekly, 2001)

Mechanismen "Zufall", d.h. Mutation, "Auswahl", d.h. Selektion, sowie gemäß neuerer Vorstellungen, mittels "Kooperation".

Aber, und da sprenge ich die gegenwärtigen Modelle, so sicher wie diese Mechanismen eine wichtige Rolle bei der Evolution spielen – so sicher dürften *sie allein wohl genausowenig* dafür ausreichen.

Vielleicht ist es so wie mit den bei jung und alt so beliebten Selbstfahrerautos auf Kirmessen und Jahrmärkten: Solange das Drahtnetz unterm Dach des Kirmesstandes keinen Strom führt, fahren auch die Autos nicht. Zum Leben fehlt jeder noch so komplexen organischen Materie der "Strom" oder der richtige Zündfunke. Ihr fehlt der Geist!

Leben ist, wie ich in "Das Leben" eingehend erläutert habe, wohl ein geistiges Prinzip. Erst durch die Fähigkeit geeigneter biochemischer Verbindungen, Informationen aus ihrer "geistigen Außenwelt" aufzunehmen, bilden sich allmählich die erforderliche Ordnung und Komplexität, die zu Leben führen.

Wie bereits erläutert, scheinen Zahlen ein real existierender Teil dieses Geistes oder, wenn Ihnen das besser gefällt, der alles umfassenden und durchdringenden Informationswelt zu sein.

Sie bilden einen Rahmen, sozusagen das Gesetzeswerk. Sie wirken dezent im Hintergrund und sorgen für die unserem Universum überall innewohnende, so erstaunlich genaue Ordnung.

Bereits geringe Abweichungen von dieser Ordnung machen die Existenz unseres Universums unmöglich. Dies ist völlig unstrittig und erfüllt heute sogar den materialistischsten Kosmologen mit Ehrfurcht. Dasselbe gilt aber auch für jedes Leben. Zahlen scheinen hier eine ebenso große Rolle zu spielen, wenn man nur bereit ist, danach Ausschau zu halten:

So sorgt etwa der "Goldene Schnitt" für die Anordnung und Ausrichtung von Blättern und Tannennadeln genauso, wie er das Maß aller Dinge bei den Proportionen sämtlicher Tiere und jedes Menschen ist: Zum Beispiel entspricht das Verhältnis des Abstandes von der menschlichen Fußsohle zum Nabel sowie dem vom Nabel bis zum Scheitel normalerweise dem goldenen Schnitt. Genauso verhalten sich die Längen menschlicher Oberarmknochen zu denen der Unterarme, und dasselbe gilt für die Beinknochen oder die Längenverhältnisse der Finger- oder Zehenglieder zueinander.

Oder etwas anderes: Psychologische Tests, die immer wieder nach den Kriterien suchen, wann ein Gesicht oder ein ganzer Körper gemeinhin als "schön" bezeichnet werden, lassen klar und eindeutig erkennen, dass Proportionen immer dann als schön gelten, wenn sie dem Goldenen Schnitt entsprechen. So stehen beispielsweise bei einem "schönen" Frauengesicht Mundbreite und Nasenbreite zueinander im Verhältnis des Goldenen Schnitts, und dasselbe gilt für eine ganze Reihe weiterer Gesichtsproportionen. Auch ein dem goldenen Schnitt angenähertes Taillen-Beckenverhältnis gilt als Maß für einen schönen Frauenkörper.

Und wieder etwas ganz anderes: Benachbarte Spiralen eines Schneckenhauses besitzen die gleichen Abstände wie die Arme der Galaxien: Und natürlich entspricht das Verhältnis der Abstände dem Goldenen Schnitt. Es gibt unzählige solcher Beispiele; mehr würden jedoch den Rahmen dieses Buches sprengen.

Das von den Entwicklungsbiologen zurzeit am besten erforschte Lebewesen ist ein kleiner Wurm, der *C. elegans*. Eine interessante, aber wohl kaum beachtete Tatsache ist seine Zellzahl. So besitzen weibliche Würmer genau 1031 Zellen, männliche dagegen 959.

In beiden Fällen handelt es sich um Primzahlen, die eine Art Leitfunktion im Universum zu haben scheinen. Die Differenz beider Zahlen beträgt 72 oder 3 · 24 Zellen.

Genau diese Zahlen scheinen, wie mein noch im letzten Kapitel zitiertes Gedankenexperiment vom Wachstum und der Vermehrung eines kleinsten endlichen Punktes zeigt, für die Entwicklung und den Aufbau unserer materiellen Welt eine große Bedeutung zu haben.[54]

Inzwischen wissen wir mit großer Sicherheit, dass einige Tiere und Pflanzen sogar zählen können. Selbst Insekten, wie bestimmte Zikaden (Zirpen) *zählen* zum Beispiel die Vegetationszyklen und orientieren sich dabei an Primzahlen, um Fortpflanzung zu betreiben ohne ihre Arten zu vermischen.[55]

Übrigens scheinen auch Kleinkinder schon zählen zu können, bevor sie erst viel später rechnen lernen! So benutzen sie von Anfang an

---

[54] vgl. mein Buch "Das Universum", Monolog, Kapitel 8 und hier, letztes Kapitel
[55] vgl. mein Buch "Das Leben", Monolog, Kapitel 10.

ihre Finger, um Dinge zu zählen. Der Ansicht ist auch der renommierte Mathematiker und Neuroforscher *Stanislaus Dehaene*[56]. Ohne jedoch hier auf die verschiedenen, hierzu gängigen und meist materialistischen Deutungsversuche eingehen zu wollen: Zunächst ist dies eine erstaunliche Tatsache, die zum Nachdenken anregen sollte.

Etwas anderes: Renommierte Entwicklungsbiologen sprechen von Positionsinformationen, die entscheidend für die Ausbildung einzelner Körperabschnitte in der richtigen Reihenfolge und Anordnung sein sollen. Anhand von Küchenschaben konnte der britische Biologe *Lewis Wolpert* sogar zeigen, dass Positionsangaben wie die Ziffern einer Uhr mit 2 mal 12 (=24) Stellen um eine Extremität angeordnet sein müssen – wieder dieselben wenigen Zahlen, die wir offenbar ständig und überall in unserer Welt entdecken können.[57] Solche Positionsinformationen finden wir mittlerweile zuhauf. Der Jenaer Professor für Evolutionsbiologie, *Olaf Breidbach*, veränderte solche Positionen bei Mehlkäfern, indem er die relevanten Gewebebereiche zueinander verdrehte und dann die entsprechend umgelagerten Zellen in der neuen Position anwachsen ließ. Damit erzielte er verblüffende Ergebnisse, die, wie ich meine, auf eine Fortsetzung des Wachstums entlang von Ordnungszahlen hinweisen. Er selbst sagt dazu in einem Interview mit dem deutschen Magazin "Geo" (01/2003): *"Die Prozesse, die zu einem derartigen Resultat führen, sind wesentlich mehr als der Reflex der Gensequenzen der einzelnen Zellen.... Was auch immer im Genom vorgegeben sein mag, wird also vom Organismus in stets neuer Weise gelesen. Gerade dieser Prozess ist ein bislang unverstandenes Phänomen, das völlig neue Beschreibungsverfahren erfordert."*

Betrachtet man die zahlenmäßige Verteilung der Knochen von Arm und Bein eines beliebigen Tieres und beim Menschen, so müssen einem auch hier die ersten fünf Ordnungszahlen geradezu ins Auge springen: Der Arm jedes Menschen besteht aus **1** Oberarmknochen, gefolgt von **2** Knochen am Unterarm, dann **3** Knochen in der ersten

---

[56] aus: Deutsches Wirtschaftsmagazin 1 (2002)
[57] vgl. mein Buch "Das Leben", Monolog, Kapitel 7.

Handwurzelreihe[58], schließlich **4** Knochen in der zweiten Handwurzelreihe und **5** Knochen ab der Reihe der Mittelhandknochen. Dasselbe finden wir natürlich auch an jedem Fuß. Das scheint universell gültig zu sein und findet sich bei jedem Tier mit Ausnahme z.B. von Spinnentieren und Insekten, die eine grundsätzlich andere Lebensform darstellen und daher wieder anderen Zahlengesetzen folgen.[59] Bei anderen Tieren ist es allein durch Rückschritt (Regression) oder Spezialisierung zum Verlust einzelner der dennoch genetisch und teilweise noch stummelig angelegten Glieder gekommen (z.B. bei Huftieren).

Bemerkenswert ist auch, dass sich zwar nach der Mittelhand- oder Mittelfußknochenreihe die Reihe der Glieder weiter fortsetzt, ihre Anzahl dabei aber nicht mehr anwächst. In Anbetracht der Tatsache, dass die Extremitäten und ihre Teile immer paarig angelegt sind, ergibt sich mit 2 · 5 einmal mehr der Wert **10**, d.h. die Summe der ersten vier Ordnungszahlen.

Zahlen steuern auch Leistungen unseres Zentralnervensystems (ZNS): Zum Beispiel unterliegt die Verarbeitung von Tönen unterschiedlicher Frequenzen in Ohr und Hirn einem ständigen Wechsel zwischen links und rechts, dem Hemisphärenwechsel. Dieser tritt immer bei einem exakten Vielfachen von 40 und 60Hz - Tönen auf, also bei $1\cdot40$Hz, $2\cdot40$Hz, $3\cdot40$Hz, bzw. $1\cdot60$Hz, $2\cdot60$Hz, $3\cdot60$Hz. u.s.w.! Einmal mehr führen Ordnungszahlen.

Ganz neu sind Erkenntnisse von Hirnforschern über die Arbeitsweise des menschlichen Gedächtnisses. Wissenschaftler an der *Bonner Klinik für Epileptologie* haben festgestellt, dass die Informationen, die auf das Gehirn einströmen, durch Strukturen des sog. *limbischen Systems* im Gehirn nach wichtig und unwichtig sortiert werden. Unwichtiges wird sofort wieder vergessen, d.h. es wird gar nicht erst in übergeordnete Hirnzentren durchgelassen. Wichtige Informationen werden dann durchgelassen, wenn der "Türsteher", das limbische System, sowie das zuständige höhere Verarbeitungs-

---

[58]Kahnbein, Mondbein und Dreiecksbein. Nicht dazu zählt das Erbsenbein, da es sich hierbei um ein sog. Sesambein handelt, das einem Muskel als Rolle dient.
[59]Für sie gelten die Zahlenregeln des geschlossenen Raums, entsprechend 2^n, da sie nach außen begrenzt sind. Vgl. "Plädoyer für ein Leben nach dem Tod und eine etwas andere Sicht der Welt"

zentrum im Großhirn miteinander im Gleichklang einer Frequenz von wieder exakt je (4·10 Hz) = 40Hz (und womöglich einem Vielfachen davon?) schwingen.

Dasselbe Muster "phasensynchronisierter" 40Hz – Schwingungen kennt man schon länger von der Verarbeitung oder genauer, vom Durchlass visueller Reize ins Großhirn. Ich schätze, dass man in Zukunft noch eine Reihe von Steuerungsfunktionen entdecken wird, die über die ersten vier Ordnungszahlen codiert sind.

Genauso bin ich davon überzeugt, dass, egal wo wir irgendwann einmal im Universum Leben finden werden (und bin ich mir sicher, dass Leben im All ungeheuer verbreitet ist!), diese Wesen den gleichen Grundprinzipien gehorchen wie irdisches Leben.

Ich glaube, dass hier und überall universelle Zahlengesetze gelten. Sie bestimmen eben auch unser aller Leben und seinen Aufbau ganz wesentlich mit.

Noch ein Aspekt, den man in diesem Zusammenhang aufgreifen sollte: die Spezialisierung der Arten. Praktisch immer geht sie mit größtmöglicher Perfektionierung in Form, Aussehen, Funktion, Sozialisation und Verhalten einher.

In meinem Buch "Das Leben" habe ich das Beispiel der perfekten Ausprägung eines Fischimitats bei einer Tiefseemuschel erwähnt, obwohl durchaus auch ein einfaches *Mimikry* ausgereicht hätte, um damit andere Fische zu irritieren und so bei der Fortpflanzung der Muschel behilflich zu sein. Eine perfekte Mimikry leistet sich z.B. auch der sog. Phantomtintenfisch: In kürzester Zeit ahmt er eine Seeschlange genauso nach wie einen Feuerfisch. Beides sind hochgiftige Tiere. Durch deren erstklassige Nachahmung kann sich der Oktopus zuverlässig vor Angreifern schützen.

Viele Fischarten üben sich in der Nachahmung: Die bekannten Fetzenfische können beispielsweise wie ein abgerissenes Stück Blasentang aussehen. Perfekt tarnen sie sich vor jedem Hintergrund, da sie in der Lage sind, jedes belebte und unbelebte Objekt genau nachzuahmen.

Für Mimikry oder etwas allgemeiner, Spezialisierung mit höchster Perfektion, gibt es wirklich unzählige Beispiele. Schauen Sie sich nur mal den Rüssel eines Elefanten an. Er ist nicht nur Atmungsorgan, sondern auch das bestausgestatte Riechorgan aller Landsäugetiere.

Darüber hinaus aber ist er ein äußerst sensibles Tastorgan und steht als fein abstufbares Greiforgan in dieser Hinsicht der menschlichen Hand kaum nach. Der Elefantenrüssel ist also ein enorm spezialisiertes Multifunktionsgerät. Das offensichtliche Streben nach höchster Perfektion übersteigt gewiss gewaltig den evolutionären Zwang, Vorteile zu entwickeln, die einer Spezies bloß langfristig ihr Überleben sichern. In Mexiko forscht man z.B. an speziellen Fleischfliegen, die zielstrebig auf das Zentrum von Spinnennetzen zufliegen. Offensichtlich scheinen sie zu "wissen", dass es dort nicht klebrig ist. Durch die Vibrationen ihres Netzes angeregt, nähert sich bald die Spinne dem vermeintlichen Opfer. Das aber entfernt sich daraufhin flugs wieder und steuert nun gezielt die dadurch unbewachten Spinneneier an. Dort legt die Fliege ein paar Larven ab, die sich sofort in die Larven hineinbohren und sie fressen. Hier findet also ein munterer Tausch zwischen Räuber und Beute statt. Dabei ist diese Form von Parasitismus für die Fliege nicht einmal überlebenswichtig, da sie sich normalerweise von Aas ernährt. Dennoch hat sich dieses überaus komplexe und absolut perfekte Rollenverhalten ausgebildet. Bisher anerkannte Evolutionsfaktoren können so etwas nach meiner Auffassung nicht erklären.

Lassen Sie mich noch ein anderes Beispiel erwähnen, und zwar das unserer Hauskatze: Wie Sie wissen, besitzen alle Katzen eine enorm hohe Sehkraft, die infolge einer optimalen Ausnutzung von Restlicht zustande kommt, indem es nämlich auf die Netzhaut reflektiert wird. Außerdem besitzen sie Schnurrhaare, die extrem empfindlich selbst auf kleinste Luftwirbel sogar von stehenden Objekten reagieren. Damit können sie sich auch im Dunkeln sicher fortbewegen. Doch wofür das alles?

Schließlich verbringen Katzen (und nicht nur unsere angepasste Hauskatze) 2/3 ihres Lebens nur mit Schlafen und das restliche Drittel überwiegend mit Körperpflege. Welchen Grund gibt es für solche Perfektion? Genau wie bei den zuvor schon erwähnten Beispielen gibt es eigentlich keinen zwingenden Grund dafür. Gerne wird in solchen Fällen dann angeführt, das alles hätte, wenn nicht jetzt, zumindest irgendwann zuvor einmal einen besonderen Überlebensvorteil bedeutet. Doch dies kann nicht immer zutreffen.

So gibt es eine Menge Tiefseefische, die von ungeheurer Schönheit sind, doch keiner kann sie sehen. Sie müssen diese Schönheit aus einem "inneren Antrieb heraus" entwickelt haben, aber sicher nicht um dadurch irgendeinen Überlebensvorteil zu erzielen. Der Berliner Historiker *Leopold von Ranke*, im 19. Jahrhundert Berater von Kaisern und Königen, sagte einmal: *"Alles Leben trägt sein Ideal in sich"*. Ich finde das sehr treffend: Für jede Spezies scheint es so ein Ideal und eine Art Ziel zu geben, auf das es regelrecht hinzueifern scheint; denn vieles von dem, das z.B. sein Aussehen, seine Funktion oder sein Verhalten auszeichnet, scheint für das Überleben der Art gar nicht notwendig zu sein. Manchmal sogar sind bestimmte Merkmale nicht einmal sinnvoll, wie wieder viele Beispiele von *Konvergenz* in der Tierwelt eindrucksvoll belegen können. Ich komme gleich darauf zurück. Dem Phänomen der Konvergenz hatte ich in meinem Buch "Das Leben" ein eigenes Kapitel gewidmet. Darunter versteht man das Auftreten identischer oder sehr ähnlicher Merkmale bei miteinander nicht verwandten Pflanzen und Tieren, die weder geographischen noch zeitlichen Kontakt hatten, ja oft viele Millionen von Jahren voneinander getrennt die Erde bewohnten. Offenbar gibt es ganz bestimmte Muster, und sie kommen, angepasst an veränderte Bedingungen, immer wieder. Schauen Sie sich mal das Känguru an: Es ist ein australisches Beuteltier. Nirgendwo sonst gibt es diese Art. Vergleichen Sie mal sein Aussehen mit dem typischer Vertreter aus der Saurierzeit, z.B. dem Tyrannosaurus: Beide laufen aufrecht, haben stummelige Vorderbeine (Arme), große Hinterläufe und einen wuchtigen Schwanz der das Gleichgewicht kontrolliert. Beiden scheint ein gleiches Grundmuster zugrunde zu liegen. Unter den Sauriern gab es den Gallimimus. Er hatte, wie man inzwischen weiß, das gleiche Futtersieb, wie es heute Enten besitzen. Beide Spezies sind nicht miteinander verwandt. Die gängige Erklärung heute ist die, dass die Evolution ein solches Futtersieb eben zweimal erfunden haben müsse. Bei der gigantischen Unwahrscheinlichkeit, die hinter der Möglichkeit steckt, zweimal unabhängig voneinander dieselben Anlagen per Zufall zu "erfinden" und auch noch allein durch Selektion im Laufe der Zeit zu dermaßen gleich komplexen

Attributen zu entwickeln, ist so eine Antwort, wie ich meine, schon ziemlich beschämend.

Ein wieder konvergentes Verhalten zeigen nur wenige Millimeter große Kaulquappen einer bestimmten Froschspezies[60]: Mit Hilfe einer gleichwie raffinierten und recht komplizierten Maulöffnung erzeugen sie, wie amerikanische Biologen herausgefunden haben, einen kräftigen Sog und verschlingen damit kleinste Beutetiere in nur wenigen Millisekunden – einem Bruchteil der Zeit für den menschlichen Lidschlag. Das Entscheidende ist, dass diese Form der Nahrungsaufnahme unter Fröschen absolut einzigartig ist und sonst nur noch bei Knochenfischen vorkommt, die mit ihnen aber ebenso nicht verwandt sind.

Ein anderes Beispiel: Bisher glaubte man, so etwas Kompliziertes wie z.B. das Auge könne auch nur einmal erfunden worden sein. Jeder Evolutionsbiologe müsste dies auch fordern; denn um es zweimal durch Zufall (Mutation) und Auswahl (Selektion) zu entwickeln, wären einmal mehr die riesigen Zeiträume bis zu seinem Auftreten kaum ausreichend gewesen. Kürzlich noch glaubte man die herkömmliche Auffassung von einem gemeinsamen Ursprung bestätigt sehen zu können: Man hatte ein Pax-6 genanntes Gen gefunden, das an oberster hierarchischer Stelle mehrere hundert Gene dirigiert, die an der Entwicklung des Auges beteiligt sind. Dieses Gen scheint bei allen Tieren nahezu gleich zu sein. Pflanzt man nun das Pax-6-Gen einer Maus einer Fliege ein, so bildet sie trotzdem ein ganz normales Komplexauge.

Jüngste Forschungsergebnisse zeigen jedoch etwas ganz anderes: Die Wissenschaftler *Todd Oakley* und *Clifford Cunningham* an der amerikanischen *Duke University* in *North Carolina* haben mit Hilfe von Genanalysen festgestellt, dass selbst in so eng abgegrenzten Verwandtschaftsbereichen wie bei den Krebsen die Augen mehrfach und unabhängig voneinander entwickelt worden zu sein scheinen. Für andere Lebewesen, insbesondere auch zwischen verschiedenen Arten, scheint genau das Gleiche zu gelten.[61] Beide Ergebnisse

---

[60] Hymenochirus boettgeri, vgl. "Nature", Bd. 420
[61] Proc. Nat. Acad. Sci. 99 (2001)

scheinen sich also zu widersprechen. Ich aber schätze, dass der erste wieder einmal Blick trügt und sehe das anders.

Im Gegenteil, ich glaube, dass auch hier die Ergebnisse zusammen gerade meine These von den ständig wiederkehrenden (geistigen, immateriellen Informations-) Mustern stützen – wenn man nicht immer nur den Zufall als Auslöser jeder evolutionären Entwicklung strapazieren würde: Projiziert man mein Modell auf dieses Beispiel, dann ist doch folgendes denkbar: Es gibt ein Informationsmuster "Zwei Augen". Sein biochemisches Korrelat ist das allen Wesen gemeinsame "Leit-Gen" Pax-6. Zum besseren Vergleich stellen Sie sich normale Karteikarten vor, wie auch ich sie in unserer ärztlichen Praxis trotz Computer immer noch verwende. Jede für sich ist ein Sammelordner und von außen nur mit dem Namen des jeweiligen Patienten beschriftet. In ihr werden für all jene Befunde abgeheftet, die sich im Laufe der Zeit für den Patienten anhäufen.

Das Gen Pax-6 ist nur der unspezifische Sammelordner für "Zwei Augen". Damit weiß man aber noch nichts über seinen genauen Inhalt; das heißt, Pax-6 gibt keine nähere Auskunft über eine ganz bestimmte Version und Ausstattung der "zwei Augen" – so wenig, wie es auch der Patientenordner macht. Beide, Karteiordner und Pax-6-Gen, geben aber einen bestimmten Rahmen vor. Und so, wie das einmal gewählte Karteikartsystem für alle Patienten benutzt wird, so gilt das Gen als Sammler von Informationen für alle Augen. Der "Ordner Pax-6" *bindet* also alle Informationen an sich, die sich zur Ausbildung von Augen eignen und somit in eine biochemische Sprache, d.h. zu Genen, umgesetzt werden können. Folglich wird kein Auge per Zufall mehrfach neu erfunden, aber es ist auch nicht das Ergebnis einer einzigen Gen-Bank, die mal zufällig entstand und durch weitere Zufälle an neue Gegebenheiten angepasst wurde.

Für das wiederholte Auftreten gleichartiger Muster scheint es oft keinen eindeutigen Grund zu geben, und manchmal scheinen sie sogar widersinnig zu sein.

Warum zum Beispiel haben unter den Säugern nur Elefanten und Affen sowie der Mensch zwei Brüste, um ihre Nachkommen zu säugen? Irgendwo existiert dieses Muster in der "Mottenkiste" der Evolution und wird aus Gründen, die uns wohl überwiegend verschlossen sind, "bei Bedarf" herausgekramt. Ein weiteres Beispiel hierfür liefert uns das australische Schnabeltier: Einerseits legt es legt Eier, auf der anderen Seite aber säugt es seine Nachkommen.

Warum, so habe ich schon früher gefragt, bilden die miteinander nicht verwandten Moschusochsen der Arktis und die mehr zwischen Schafen und Ziegen anzusiedelnden Takins im Himalaja beide dieselbe Körper-Burg zur Abwehr von Feinden? Die Takins leben in dichter Vegetation. Für sie ist diese Form von Abwehr Unsinn: Im Fall einer Gefahr sollten sie viel besser fliehen.

Offensichtlich gibt es also präexistente Muster. Zusammen mit veränderten Umweltbedingungen formen sie jedes Wesen im Laufe der Zeit und in einträchtiger Kreativität zu am Ende perfekten Wesen. Dabei reifen auch schon mal Anlagen zu einer Perfektion aus, die das eigentlich Notwendige stark überschreiten oder für den speziellen Umstand sogar unpassend sind.

Besondere Überlebensvorteile bieten sie jedenfalls nicht immer, was damit den Argumenten von Evolutionsbiologen widerspricht.

Bis hin zum Menschen bleibt es jedoch immer bei einer Form rein körperlicher Perfektionierung: Sei es, dass Flügel entstehen, lange Schnäbel, lange Hälse oder ein phantastischer Seh- oder Tastsinn. Der australische Wüstenteufel hat z.B. seine Außenhaut zu einem ganz sensiblen Schwamm perfektioniert, worüber er selbst feinste Wassertropfen aufsaugt, um einer Austrocknung zu entgehen.

Auch ein großes Gehirn ist zunächst ein potentieller körperlicher Vorteil – ein Zeichen dafür, dass jedes Gehirn natürlich *auch* ein Computer ist und größere Hirne zumindest *potentiell* eine größere Kapazität bedeuten können. Aber die Größe allein ist später nicht mehr entscheidend. Alle Menschen haben seit mindesten 500.000 Jahren ein großes Gehirn. Oder denken Sie an Elefanten, die im Vergleich zum Menschen sogar ein viel größeres Hirn haben. Dennoch liegen zwischen den geistigen Fähigkeiten von Elefanten und Menschen Welten. Damit schmälere ich ganz sicher nicht die erstaunlichen geistigen Fähigkeiten, über die auch Elefanten verfügen. Ja, selbst die uns Homo sapiens sehr nahen menschlichen Verwandten, die Neandertaler, hatten ein größeres Gehirn als wir. Und obwohl, wie neueste Untersuchungen in den USA andeuten, der heutige Mensch sich vor ca. 40.000 Jahren vielleicht doch mit den Neandertalern ganz gut vermischt zu haben scheint, hat sich deren größeres Gehirn offenbar nicht durchgesetzt.

Im Gegenteil, das durchschnittliche Hirnvolumen der Europäer hat seit der Jungsteinzeit um gut 10% abgenommen. Dennoch hat der heutige Mensch, der von der Spätzeit der Neandertaler nur etwa 1.600 Generationen entfernt ist, eine wohl ungleich höhere *geistige* Vielfalt aufzubieten. Der bekannte Archäologe *Richard Klein* von der kalifornischen Stanford University weist auf einen womöglich sogar abrupten *kulturellen* Sprung des Menschen vor ungefähr 50.000 Jahren hin, der anatomisch nicht erklärt werden kann. Klein sucht die Ursache hierfür allerdings wie in unserer Zeit üblich in einer genetischen Mutation, was ich dagegen kaum für wirklich plausibel nachvollziehbar halte.[62]

Die Hypothese jedenfalls, komplexeres Verhalten mache ein relativ größeres Gehirn erforderlich, ist schlichtweg falsch.

Die Evolution zeigt, dass neben den stets wiederkehrenden typischen Grundmustern für immer wieder ähnliche Wesen auf neuem Niveau noch etwas ganz Besonderes gilt: Nicht nur die Quantität, sondern besonders auch die Qualität neu erworbener Systemeigenschaften nimmt in immer kürzerer Zeit von Stufe zu Stufe kräftig zu. Bis zum Beispiel an den Stängeln von Grünpflanzen, die vor ungefähr 400 Millionen Jahren auftraten, auch Blätter wuchsen, dauerte es allein 40 Millionen Jahre.

Oder ein anderes Beispiel: Pferde ließen sich für brauchbare Hufe ca. 60 Millionen Jahre Zeit. Dagegen benötigte die Entwicklung des im Vergleich zu den Blättern oder Hufen wohl um ein Vielfaches kompliziertere menschlichen Großhirns nur einen sehr geringen Bruchteil dieser Zeit. Und das, obwohl es bereits rein anatomisch aufgrund seiner komplexen Verschaltungen gegenüber dem Gehirn aller Primaten und erst recht natürlich im Vergleich zu dem aller anderen Säuger einen riesigen Quantensprung darstellt.

Seither aber verharrt das Gehirn praktisch in diesem einmal erreichten Entwicklungsstand, bzw. nimmt erstaunlicherweise sogar wieder etwas an Größe ab. Doch was schließlich *mit Hilfe* dieses kaum noch veränderten menschlichen Gehirns in nur wenigen

---

[62] Interview mit Richard Klein in "Der Spiegel", 5/2003

Tausend Jahren an *geistigem* Fortschritt vor sich ging, muss eigentlich völlig unbegreiflich anmuten. Die tatsächliche Evolution zeichnet sich anscheinend dadurch aus, dass sie in immer kürzeren Zeitabschnitten ständig Neues und obendrein noch qualitativ immer Höherwertiges schafft.

Unser gesunder Menschenverstand sollte eigentlich unverzüglich innehalten und sich nun fragen, ob dies alles mit den bis dahin bekannten Mechanismen der Evolution, also mit "Mutation", "Selektion" und "Kooperation" überhaupt möglich sein kann?

Besonders aktuell ist die Frage auch deshalb, weil tatsächlich nur die Mutation, die ja das Auftreten von etwas Neuem per Zufall bewirkt, ein Akt ist, der unmittelbaren Einfluss auf unser aller biochemisches Erbgut haben und damit Veränderungen bewirken kann, die an Nachkommen weitergegeben werden. Fordert man so wie ich noch andere, zusätzliche Einflussmöglichkeiten, dann muss man in einem Atemzug auch über andere als die derzeit bekannten Vererbungs-mechanismen nachdenken. Die Evolution des Lebens allein mit Hilfe des Zufalls zu beschreiben, ist wohl vergleichbar mit der Konstruktion von Jumbo-Jets und Ozeanriesen mit Hilfe eines Tornados, der im Affenzahn über ein paar Schrottplätze wirbelt.

Eine Reihe von Argumenten überzeugt mich daher seit langem davon, dass die Evolutionsgeschichte in gleichem Atemzug auch eine Evolution ihrer eigenen Evolutionsmechanismen ist und sein muss. Ich nehme an, dass je weiter die Entwicklung des Lebens fortschreitet, desto häufiger und konsequenter neue und anspruchs-vollere Einflussgrößen auf- und in Aktion treten, um den einmaligen Vorgang der "Evolution" immer besser kontrollieren und überdies noch kräftig beschleunigen zu können. So stehen am Anfang dieses gigantischen Ablaufs tatsächlich nur die Mutation als Auslöser für alles Neue, und die Selektion zur Entscheidung zwischen nützlich oder nicht zur Verfügung. Natürlich begleiten sie beide den ganzen Evolutionsprozess auch weiterhin – bis heute. Doch nach und nach kommen andere Mechanismen ergänzend hinzu und lassen vor allem die Mutation als den entscheidenden Zündfunken damit ganz allmählich in den Hintergrund treten.

Zu einer weiteren wichtigen Einflussgröße entwickelt sich die Kommunikation, sowohl zwischen den Individuen ein- und derselben Art, als auch zwischen verschiedenen Spezies.
Das gehört heute zum Standardwissen, da sie für eine fruchtbare Kooperation vorausgesetzt werden muss. Doch Kommunikation ist, zumindest in ihrer fortgeschrittenen Form, etwas Geistiges.
Bald treten Instinkte auf, die ein Lebewesen zu ganz bestimmtem Handeln anhalten und Verhaltensweisen stützen, die ein Überleben sichern helfen. Wie und wieso sie wirklich zustande kommen, ist nach wie vor ein Geheimnis. Aus meiner Sicht sind auch Instinkte eindeutig neue, geistige Evolutionsfaktoren. Sie entstanden aus bis dahin gemachten Erfahrungen des jeweiligen Artenkollektivs und entspringen somit einer Art kollektivem Artgedächtnis. Zwar mögen "Kopien" davon und unzählige automatisierte Reaktionsmuster *in* den Gehirnen der Organismen gespeichert sein – doch glaube ich, dass ihr Ursprung das Ergebnis einer bei Tieren unpersönlichen, artspezifischen Einflussnahme von "außen" ist. Hierfür gibt es durchaus anatomische Hinweise, wie der berühmte Hirnforscher und Nobelpreisträger *John Eccles* noch kurz vor seinem Tod vor wenigen Jahren in seinen Büchern erläutert hat: So erlaubt uns die Mikroanatomie der gefurchten grauen Oberfläche des Säugerhirns, und vor allem natürlich die des menschlichen Gehirns, anzunehmen, dass es keineswegs *nur* eine Art Supercomputer ist – während diese Funktion allerdings bei den meisten Tieren wohl im Vordergrund stehen dürfte.
Vielmehr scheint darüber hinaus gerade unser menschliches Gehirn mindestens noch ein ganz hervorragendes, multifunktionelles Sende- und Empfangsgerät zu sein, über das es in ständigem interaktivem Kontakt zu seiner geistigen Umwelt stehen könnte und nach meiner Auffassung wohl auch ohne Unterlass steht.
Dieses ständige "Online-sein" zwischen der "materiellen Hardware" und dem "geistigen Internet" dürfte entscheidend für etwas sein, das viel später ganz allmählich in der Evolutionsgeschichte auftritt, bei uns Menschen schließlich aber zu einem "Entwicklungstorpedo" wird und uns wie kein Tier auszeichnet: das Bewusstsein.
Hierzu muss das Gehirn allerdings erst einen ausreichend hohen Entwicklungsstand erreicht haben. Ich möchte es vielleicht mal mit

dem Selbstbau eines Radios vergleichen: Erst dann, wenn sämtliche erforderlichen Passteile vorhanden und zusammengesetzt sind, kann ein Radio Sendungen empfangen. Eine Schraube zu früh und es funktioniert eben noch nicht. Bewusstsein ist, wie schon angedeutet, beileibe keine rein menschliche Eigenschaft. Zumindest bei den meisten Säugern dürfte es in generell sehr unterschiedlichem und wesentlich geringerem Ausmaß anzutreffen sein. Je höher das Gehirn eines jeden Organismus entwickelt ist, desto stärker wird seine interaktive Einbindung in das weltumspannende und alles durchdringende geistige Feld zur eigentlichen Grundlage seiner Existenz.

Sein Bewusstsein veranlasst das Wesen, nun ganz gezielt und kontrolliert Dinge, die es selbst im Laufe seines Lebens z.B. durch Lernen, wie durch "Versuch und Irrtum", als hilfreich *erkannt* hat, eventuell immer wieder zu tun. Erstmals der Mensch kann sich dieser Tatsache und überhaupt seines Bewusstseins wirklich bewusst werden: Wir sprechen von unserem Selbstbewusstsein, das ganz rudimentär wohl auch bereits bei einigen Säugern und − gereifter − bei einigen Primaten wie vor allem Schimpansen vorhanden ist. Aus meiner Sicht ist Bewusstsein etwas rein Geistiges und besitzt *primär* keine entsprechenden Korrelate *im* Gehirn. Natürlich schließt das nicht aus, dass durch ständiges Lernen und Wiederholen bewusster Handlungen dann *sekundär* auch Spuren *im* Gehirn hinterlegt werden, ähnlich wie beim Aufruf von Internetseiten sogenannte "*cookies*" auf Ihrer Computerfestplatte gespeichert werden, womit dieselbe Seite später schneller wieder aufgerufen werden kann.

Weil Säuglinge noch kein Bewusstsein zeigen, Hirnforscher aber heute vielfach glauben, Bewusstsein befände sich vor allem *im* Stirnhirn, dem sogenannten präfrontalen Cortex, ging man bislang davon aus, dass diese Region im Kleinstkindalter noch inaktiv vor sich hin schlummert. Mittlerweile aber haben dort französische Neurowissenschaftler auch bei Babys erhebliche Aktivitätsmuster festgestellt. Dafür gibt es keine plausible materialistische Erklärung.

Der Kern alles Geistigen ist sein immaterieller und nicht zwingend an irgendeine Materie gebundener Informationsgehalt.

Ich glaube, dass ständig Informationen durch Interaktion zwischen einem lebenden Organismus und seiner geistigen Welt ausgetauscht werden. Beide Seiten profitieren davon und treiben so gemeinsam ihre Entwicklung vorwärts. Ganz besonders aber profitiert davon zunächst das neuronale System: Dieses Kommunikationssystem zeichnet sich die ganze Evolutionsgeschichte hindurch dadurch aus, dass es konsequent und kontinuierlich nach Höherem strebt. Das Leben selbst hat, was das sonstige Körperliche angeht, dagegen immer wieder Umwege und auch Einbahnstraßen zu verzeichnen gehabt.

Hier liegt wohl das eigentliche Geheimnis der Evolution allen Lebens in dieser Welt. Materiell betrachtet ist zwar jedes Lebewesen für sich genommen völlig eigenständig und von seinem Nächsten getrennt. Dennoch fehlt ausnahmslos allen Tieren das persönlich Biographische. Sie alle sind fest in ihr Artenkollektiv eingebaut. Erst der Mensch übersteigt das Kollektiv durch eine ihm eigene (und nicht ihm zugeteilte oder angedachte), einzigartige Individualität. Von geistiger Seite aus betrachtet, bleibt auch bei ihm alles Geistige nur Teil eines einheitlichen und homogenen Ganzen. Oberflächlich besehen, scheint es nicht voneinander abgrenzbar. Tatsächlich aber weist dieses geistige Ganze der Gattung Mensch gleichzeitig die vielfältigste Individualität auf, die überhaupt denkbar ist.

Instinkte und Bewusstsein sind nach meiner Auffassung neue, rein geistige Faktoren, die selbst auch ganz entscheidend zur Evolution beitragen. Sie sind das Ergebnis ständiger Interaktionen zwischen dem wachsenden (materiellen) Nervensystem und einem sich als Konsequenz des interaktiven geistigen Austauschs immer weiter differenzierenden, weltumspannenden geistigen Feldes. Zu solcher Interaktion ist jede neue Generation von Tieren derselben Art in wachsendem Ausmaß fähig. Jedes neue tierische Individuum lernt dadurch automatisch die für ihn bestimmten, kollektiven Lehren. Über das Nervensystem ermöglichen sie dann entsprechende peripher-körperliche Reaktionen. Beim Menschen bilden sich so sekundär unsere perfekte menschliche Hand und die Fähigkeit zum Spracherwerb aus. Auch hier glaubten bisher Generationen von Wissenschaftlern, die Sprachverarbeitung sei etwas Erworbenes. Wenn Babys ihren Eltern zuhören, werden aber, wie französische Hirnforscher kürzlich feststellen konnten, bereits lange bevor sie sprechen lernen dieselben linksseitigen Hirnregionen aktiviert wie später beim erwachsenen Menschen. Sprachverarbeitung ist also angeboren. Eine neue neuronale Struktur bildet sich und wird genutzt. Das dadurch nach außen sichtbare Phänomen, hier: die Sprache, ist ein sekundärer Ausdruck dieses Neuerwerbs.

Jedoch ist es an der Zeit, die Frage zu erörtern, wie allein durch Informationsübertragung womöglich sogar Veränderungen am biochemischen Erbgut denkbar sein könnten? Wenn also immaterielle Informationen zu neuen und qualitativ höheren Mechanismen der Evolution führen, die nicht nur bestimmte Verhaltensweisen steuern, sondern vielleicht sogar vererbungsfähige körperliche Anpassungen bewirken sollen, dann muss natürlich auch die Frage der Vererbung geklärt werden. Wie also soll man sich das Einwirken immaterieller Informationen z.B. auf Gene vorstellen?

Brandneue Forschungsergebnisse könnten im wahrsten Sinne "Licht" in dieses Dunkel bringen. In meinen früheren Büchern habe ich bereits verschiedentlich erläutert, dass eine Reihe von Forschern, wie z.B. als erster der Russe *Alexander Gurwitsch* und in jüngerer Zeit der deutsche Physiker *Fritz Albert Popp*, nachweisen konnten, dass lebende Gewebe strahlen. Sie emittieren wohl vor allem schwaches Laserlicht, das sich besonders gut zum gezielten und strukturierten Transport digital codierter Informationen eignet.

Wissenschaftler am amerikanischen *Massachusetts Institute of Technology (M.I.T.)* in *Cambridge* haben vor nicht langer Zeit entdeckt, dass sich Biomoleküle von Radiowellen – ganz allgemein also von "Strahlung" – ansprechen und beeinflussen lassen. Man will diese neue Erkenntnis nun technisch nutzen, um auf diese Weise vielleicht zukünftig biologisches Material in elektronische Bauteile zu integrieren. Darüber, dass in womöglich gleicher Weise die Natur seit ewigen Zeiten biologisches Material manipuliert oder gar miteinander zusammenbringt – eine Vorstellung, die problemlos auch das Entstehen lebender Zellen erklären könnte – hat sich meines Wissens noch kein Biologe Gedanken gemacht.

Amerikanische Chemiker vom *Oak Ridge National Laboratory* des amerikanischen Energieministeriums in *Tennessee (USA)* haben darüber hinaus erst vor kurzem festgestellt, dass bestimmte Kunststoffe beim Trocknen Ketten und Netze aus winzigen Perlen bilden. Solche Mikroperlen sind Resonanzkörper, die Licht speichern. Ganz besonders wirksam sind sie dann, wenn in ihren Hohlräumen magnetische Partikel eingeschlossen werden.

Diese ebenso brandneuen Forschungsergebnisse bestätigen damit sehr eindrucksvoll die Theorie, dass Zellen, aber auch bestimmte organische Großmoleküle, wie z.B. der rote Blutfarbstoff, das Hämoglobin, das Chlorophyll in den Pflanzen oder die dreidimensional strukturierte *DNS* unseres Erbguts, ebenfalls geeignete Resonanzkörper sind, um Informationen wie Licht zu speichern. Und was zeichnet die soeben erwähnten Substanzen Chlorophyll und Hämoglobin aus? Beide Moleküle besitzen ein in ihrem Innern eingeschlossenes magnetisches Metall, nämlich Magnesium, bzw. Eisen. Nehmen Pflanzen also aus ihrer Umwelt Informationen auf, und transportiert Blut vielleicht immaterielle Informationen durch den Körper? Es wäre denkbar. Und auch das Erbgut allen Lebens scheint ein idealer Hohlraum zur Speicherung von Informationen zu sein, die mit Hilfe von schwachem, besonders *kohärentem Laserlicht* aufgenommen werden könnten.

Damit bekäme unser Erbgut neben seiner schon lange bekannten Rolle, für die Vererbung von Merkmalen auf biochemischem Wege verantwortlich zu sein, noch eine weitere, gänzlich neue Rolle im Vererbungsprozess zugewiesen: Aufgrund ihrer dreidimensionalen Makromolekülstruktur könnte die DNS auch auf physikalischem Wege vor allem Charaktermerkmale, Instinkte, Verhaltensweisen, etc. vererben.

Ich finde es sehr verblüffend, dass der Mensch nur etwa 30-40 Tausend Gene besitzt, die seine gesamte Mannigfaltigkeit bewirken sollen. Auch wenn man unterstellt, dass es vielleicht doch noch mehr sind, da man womöglich beim Zählen Fehler gemacht haben könnte, oder dass die durch Gene codierten Eiweiße noch als vererbungsrelevant hinzugezählt werden müssten – selbst das alles zusammen bliebe letztlich nur ein weiterer Tropfen auf den heißen Stein mit Blick auf unsere enorme Vielfalt. Demgegenüber ließe sie sich in quantitativer und qualitativer Hinsicht ins schier Unendliche ausweiten, wenn nicht nur endliche Mengen biochemischer, d.h. materieller Gene, sondern obendrein unendlich viele immaterielle, vielleicht digitale Informationen einer Art Weltgeist – oder moderner: eines weltumspannenden geistigen *Internets* – zusätzlich mit im Spiel wären.

Dass die Anzahl der Gene und damit ihr biochemischer Einfluss ohnehin sekundär sein muss, liegt auf der Hand: Kennen wir doch beispielsweise Pflanzenarten – wie z.B. auch einfacher Reis – die wesentlich mehr Gene besitzen als der Mensch. Darüber hinaus sind die genetischen Unterschiede selbst zwischen zwei Arten, die sonst eigentlich Welten trennen, tatsächlich jedoch unglaublich gering. Zum Beispiel sind uns Menschen, genetisch betrachtet, Würmer oder gar die Hefe geradezu unglaublich ähnlich.

Selbstverständlich muss das auf eine gewisse Weise sogar so sein; denn letztendlich sind alle Wesen, wir Menschen eingeschlossen, rein substantiell gesehen natürlich von gleichem Schrot und Korn.

Im Laufe der Evolution haben sie sich jedoch in fast allem, was sie als einzelne Wesen oder Arten auszeichnet, dramatisch voneinander entfernt. Wenn aber die genetischen Unterschiede zwischen den verschiedenen Lebensformen untereinander und zu uns Menschen so gering sind, dann bleibt vernünftigerweise nur der Schluss übrig, dass Gene, bzw. ihre Biochemie, nicht die einzigen Erbträger sein können. Folglich muss es neben der bislang bekannten materiellen Form, die wohl mehr für das rein Körperliche zuständig zu sein scheint, noch andere Möglichkeiten der Vererbung geben: z.B. die Übertragung von Informationen auf einer Ebene, die damit auch dem Charakter der Information selbst entspricht, d.h. auf einer immateriellen Ebene.

Auch der Mensch hat bei seinem Erscheinen im Rampenlicht der Evolution besondere körperliche Merkmale: solche, die ihn auszeichnen, von anderen Tieren fundamental unterscheiden und wohl ebenso eine Form perfekter körperlicher Spezialisierung darzustellen scheinen. Die wichtigste Neuerung dürfte die menschliche Hand sein. Besonders auch in Verbindung mit seiner neuen aufrechten Körperhaltung verleiht sie dem Menschen gegenüber allen Tieren einen guten Überblick über seine Umgebung und befähigt ihn in einzigartiger Weise zu sehr fein abgestuften manuellen Tätigkeiten. Heute ist man mehrheitlich der Ansicht, der aufrechte Gang und dieses phantastische Werkzeug "Hand" hätten die intellektuelle Entwicklung des Menschen und damit die seines Großhirns erst eingeleitet und beschleunigt.

Ich glaube jedoch, dass es in Wirklichkeit genau umgekehrt ist: Zuerst war das Gehirn komplex entwickelt und so in der Lage, die Menschwerdung, zu der auch Hand und aufrechter Gang gehörten, zu beschleunigen. Anhand der beim Säugling schon vorhandenen und dort auch von Anfang an aktiven Sprachregionen habe ich das bereits naheleggen können.

Gerade die Menschwerdung, so habe ich in meinem Buch "Das Leben", aufbauend auf derweil über 80 Jahre zurückliegende Ideen des deutschen Naturforschers *Edgar Dacqué*, belegt, scheint deutlich zu machen, dass die Evolution anders funktionieren muss:

Es hatte viele Millionen von Jahren gedauert, um beispielsweise Hufe oder Pflanzenblätter zu entwickeln, aber viel später dauerte es nur einen Bruchteil dieser Zeit, um ein so kompliziertes und phantastisch komplexes Großhirn wie das des Menschen zu schaffen sowie anatomisch und funktionell zu vervollkommnen.

Als der Mensch die Bühne des Lebens betritt, ist, anatomisch betrachtet, sein Großhirn praktisch fertig. Seit dem Beginn seiner Existenz wurde diesem Großhirn kaum noch etwas Wesentliches hinzugefügt – wenn überhaupt, wie eine heute eher wieder geringere Hirngröße sogar bezweifeln mag. Wohl schon bald existierte die volle gigantische Vielfalt neuronaler anatomischer Strukturen und ihrer Verknüpfungen. Selbst wenn die allein mikroskopisch nachvollziehbare Komplexität des menschlichen Gehirns im Laufe der letzten paar hunderttausend Jahre noch um einige Prozent gewachsen ist – im Prinzip ist seine Entwicklung im Vergleich zu dem ursprünglichen Quantensprung vom Säuger zum Menschen praktisch zum Stillstand gekommen. Trotzdem stand der Mensch mit seinem weitgehend fertigen Großhirn damals erst ganz am Anfang seiner bis heute so ungeheuer erstaunlichen Entwicklung geistiger, emotionaler und kultureller Vielfalt – im Positiven wie leider auch im Negativen.

Ohne zusätzliche, entscheidende morphologische Erneuerungen vollzieht sich beim Menschen also doch Folgendes: Bei praktisch ein- und demselben Hirntyp mit untereinander vergleichbarer Ausstattung kommt es, zunächst langsam und ganz allmählich, schließlich aber, und gerade auch in den letzten Jahrhunderten noch weiter beschleunigt, zu einem bald explosionsartigen Anstieg seiner geistigen Vielfalt – vor allem auch durch individuelle Vielfalt.

Die Vielfalt des Lebens und seiner einzelnen Formen – somit also auch die damit untrennbar verbundene geistige Vielfalt – war über hunderte von Millionen Jahren allein eine Frage der Anzahl verschiedener Gattungen. Zunächst ist jede Art eine für sich abgeschlossene Einheit und entwickelt eine artspezifische, immer jedoch kollektive Perfektion. Nun aber, erstmals bei uns Menschen, sind Vielfalt des Lebens und geistige Vielfalt etwas rein Individuelles geworden.

Das Streben nach Vielfalt des Lebens wird mit dem Auftreten des Menschen zu einem Streben nach geistiger Vielfalt und Perfektion in nur noch dieser einen Art "Mensch" und in dieser über jedes einzelne Individuum. Die Evolution hat das Pferd gewechselt!

Die enormen geistigen Unterschiede zwischen den verschiedenen einzelnen menschlichen Individuen mit ihren praktisch identischen Gehirnen sind nicht mehr mit denen von verschiedenen Individuen gleicher Tierarten vergleichbar. Zwischen der geistigen, emotionalen und kulturellen Kompetenz einzelner menschlicher Individuen liegen vielfach Welten, und diese Unterschiede nehmen ständig zu. Das muss zu dem Schluss führen, dass geistige Fähigkeiten und Einsichten, Gefühle, Kultur und noch so vieles mehr, nicht-materielle Dinge sind. Sie treten bei lebenden Wesen zunächst sehr langsam und ganz allmählich auf. Erst sehr viel später weiten sie sich dramatisch aus. Beim Menschen schließlich übernehmen sie das eigentliche Kommando und gestalten fortan sein Leben. Dieser Prozess ist unmittelbar abhängig vom Entwicklungsstand, d.h. der Reife der hierbei erforderlichen materiellen Schnittstellen, den Gehirnen aller Wesen. Das Gehirn des Menschen ist als materielle *Schnittstelle* zu dieser geistigen Informationswelt vollendet. Jede weitere Reifung erfolgt nunmehr allein rein geistig, informativ, nicht aber mehr durch Veränderung des materiellen Gehirns als die dafür notwendige Hardware.

Doch schon die meisten Tiere – vermutlich bereits alle Vögel und bestimmt alle Säuger – stehen in ständigem interaktivem Kontakt mit dem weltumspannenden geistigen Feld. Nur werden sie sich, im

Gegensatz zum Menschen, dessen noch nicht bewusst. Darauf, dass diese Kontakte aber existieren, weisen viele Experimente hin, die z.B. auch den Biologen *Rupert Sheldrake* zu der Annahme einer rein geistigen Welt im Hintergrund gebracht haben.

Allein die erstaunliche Tatsache, dass einige Tiere selbst unterschiedlicher Arten manches leichter lernen, wenn irgendwo und irgendwann zuvor diese Lerninhalte schon einmal antrainiert worden waren, brachte Sheldrake auf die These der *morphogenetischen geistigen Felder*. Zwar versuchen die meisten Hirnforscher heute mit immer aufwändigeren Methoden alle Spuren geistiger Tätigkeit *im* Gehirn selbst zu entdecken – bis heute aber ohne Erfolg.

Und er wird wohl auch ausbleiben müssen. Was immer sie bisher entdeckt haben, ist letztlich bloß *beschreibend*. Tatsächlich können sie uns lediglich sagen, dass bestimmte Regionen des Gehirns etwas mit bestimmten Funktionen und Leistungen zu tun haben. Alles was die Hirnforschung bis heute daher zu Tage gebracht hat, erlaubt also den Schluss auf *Korrelationen* und nicht mehr. Ihre Interpretationen gipfeln heute jedoch in der Ansicht mancher Hirnforscher, selbst den freien Willen des Menschen gäbe es in Wirklichkeit nicht. Das Gehirn gaukle nur einen freien Willen vor. Tatsächlich befehle es gezielte Handlungen bereits bevor man kurz später Notiz von ihnen nähme. Hat man davon erfahren, glaube man nur, sie gewollt zu haben. Solche, hier sicher etwas verkürzt wiedergegebene Ansichten, stützt der Hirnforscher auf einige Beobachtungen, die aber auch ganz anders interpretiert werden können, wenn man sich dazu Mühe gäbe. Er macht sie sich jedoch nicht, weil er sich von vornherein an einem materiellen Weltbild orientiert und andere Möglichkeiten erst gar nicht zulässt.

Die vermeintliche Willenlosigkeit des Menschen, der damit zu einem Befehlsempfänger seines Gehirns degradiert, gipfelt in der aus meiner Sicht geradezu perversen Vorstellung mancher Hirnforscher, es gäbe beim Menschen auch keinerlei Freiheit im Sinne einer subjektiven Schuldfähigkeit. Anders gesagt: Kein Mensch könne für seine Taten schuldig sein, Strafe und Sühne seien daher überflüssig. Sollte sich so eine Auffassung trotz äußerst wackeliger Grundlage in unserer Gesellschaft durchsetzen, dann wäre dies absolut fatal und wir alle wären über kurz oder lang endgültig zum Scheitern verurteilt.

Durch die heutigen, sehr aufwändigen Messungen von Aktivitäten in diversen Hirnregionen kann man jedoch durchweg nur schließen, dass sie an einer Leistung beteiligt sind, nicht aber, dass solche Leistungen in dieser Region entstehen oder gar von ihnen "befohlen" werden. Und die Tatsache, dass bereits unmittelbar vor einer bewusst vollführten Handlung elektrische Aktivitäten nachweisbar sind, deren Zeitpunkt je nach Versuchsaufbau von Probanden sogar als Moment des Wollens deklariert werden, bedeutet trotzdem lange noch nicht, dass die Entscheidung zu dieser Handlung tatsächlich auch *in* der aktiven Hirnregion, zum Beispiel dem Stirnhirn (präfrontaler Cortex), gefallen ist. Denkbar ist natürlich genauso, dass sie in diesem Moment lediglich über das maßgebliche Areal eingeleitet wurde, da geistige Interaktionen auf Basis meiner Modellvorstellungen zeitsynchron erfolgen müssen. Schließlich sind sie bloß die andere Seite von ein- und derselben Medaille. Andererseits können natürlich durchaus auch verschiedene bekannte und vielleicht schon lange automatisierte, vor allem längst eingeübte und zudem meist wenig anspruchsvolle Handlungen vom Gehirn selbst ausgelöst werden, da sie ja auf einem Lerneffekt beruhen. Sie waren dann sicher zuvor schon gewollt und standen nur in einer Art Warteschlange, so wie vielleicht ein Druckauftrag, den man an seinen Drucker über seinen Computer gegeben hat. Der Moment, in dem der gewünschte Druck dann erfolgt, wird aber vom Computer gesteuert und man sieht es erst, wenn es tatsächlich geschieht. Manch anspruchsloseren Aktionen wird man sich wohl erst dann bewusst, wenn sie schon gebahnt worden sind. Diese diversen verzwickten Möglichkeiten habe ich in früheren Büchern, vor allem auch in dem zweiten Band, "Das Leben", meiner letzten dreiteiligen Buchreihe ausführlich diskutiert.

Wie der berühmte Hirnforscher und Nobelpreisträger *John Eccles* nachwies, ist die Mikroanatomie der Hirnrinde besonders eigenartig aufgebaut. Ihre bemerkenswerte Struktur ist eigentlich recht typisch für die gerade auch von ihm zu Lebzeiten stets vehement vertretene Annahme, dass über sie Informationsübertragungen stattfinden.

Ein körperunabhängiger Geist versorgt so sein Gerät "Gehirn" und bedient sich dessen mit ihrer Hilfe.

Nur also bei bereits automatisierten und immer wiederkehrenden, angelernten oder ziemlich einfachen, berechenbaren Leistungen und Fähigkeiten dürfte die Annahme der Hirnforscher berechtigt sein, hier seien Muster im Gehirn selbst gespeichert. Das gilt auch für antrainiertes Wissen. Doch so unerklärlich komplexe Phänomene wie zum Beispiel Bewusstsein, Selbstbewusstsein, der persönliche Wille des Menschen und seine Entscheidungsfähigkeit oder sogar tiefe Gefühle wie das Phänomen großer Liebe, scheinen keineswegs nur Produkte unseres Gehirns zu sein.[63] Genauso kann die Logik nicht *im* Gehirn zu Hause sein, wie auch der deutsche Hirnforscher *Olaf Breidbach* meint. Klas äußert er sich in einem Interview dazu: *"Wir erfassen logische Beziehungen mit dem Gehirn, aber sie sind nicht sein Produkt."* [64]

Vielmehr sind gerade sie alle, wie ich meine, Ausdrucksformen eines das Gehirn für seine Zwecke perfekt nutzenden, immateriellen und grundsätzlich hirnunabhängigen Geistes. Es ist der Geist, der die Kontrolle über das besitzt, was da *mit Hilfe* des Gehirns geschieht und abläuft. Dieser Ansicht folgt z.Zt. jedoch leider nur eine Minderheit maßgeblicher Wissenschaftler.

Der klassische Dualismus ist dabei, wie bereits von mir angedeutet, nicht einmal mehr notwendig. Erreicht ein Gehirn eine bestimmte Komplexität, so nimmt es in dem damit möglichen Umfang als Sender und Empfänger – wie im Fall des simplen Radios – einfach zeitsynchron am Geist der Welt teil, der ja selbst eine symmetrische und polar gegensätzliche, reale Existenzform zur materiellen Welt ist. Je nach dem Stand seiner eigenen Entwicklung ist das Gehirn wie ein Computer mit Internetanschluss in der Lage, mit dem geistigen Feld, dem geistigen Internet, zu interagieren und einen Teil davon für sich zu nutzen, zu prägen und zu einem eigenen Intranet zu differenzieren. Ab einem gewissen Level wird man sich dieser Fähigkeiten bewusst. Zusammen mit den unermesslich vielen

---

[63] Dies hindert Forscher leider nicht daran, die Komplexität von Liebe auf unzulängliche Attribute wie z.B. "Umsorgen und Füttern von Nachkommen" zu reduzieren und dafür Programme im Gehirn auszumachen.

[64] Interview mit dem Wissenschaftsmagazin GEO, 01/2003

Informationen, die jedes Gehirn allein schon durch seine materielle Existenz von jedem einzelnen seiner Atome ständig an dieses weltumspannende Informationsnetz, das geistige Feld unserer Welt abgibt, entsteht darin ganz allmählich sein eigener, absolut unverwechselbarer persönlicher Bereich. Dieser wird dann zu einem exakten Abbild seiner selbst, seines früheren, jetzigen und auch späteren SEINs, all seiner Handlungen, seiner Worte und seines gesamten Verhaltens.

Alles und jedes wird so zu einem abgrenzbaren Teil eines dennoch zusammenhängenden Ganzen. Es wird zu einem selbständigen Intranet in einem gigantischen, die ganze Welt schaffenden, umspannenden und durchdringenden geistigen Internet.

In dem Augenblick, wo ein beliebiges Wesen zur Selbsterkenntnis fähig wird, erkennt es sich auch als eigenständige Persönlichkeit dieses Internets wieder. Genau dazu ist auf dieser Erde erstmals der Mensch in der Lage. In diesem Moment gibt es für ihn keinerlei Zweifel mehr, dass sein persönliches Intranet er selbst ist. Er ist als vollständig abgebildete, geistige Persönlichkeit ohne jeden Zweifel integer und kann sich mit allen seinen persönlichen Attributen hier wieder erkennen. Das ist der entscheidende Schlüssel für das Verständnis, den eigenen Tod zu überleben.

Sie halten das nur für einen schwachen Trost im Vergleich zu der früheren, vermeintlich ach so starken, materiellen Präsenz im Diesseits? Ganz im Gegenteil; denn wie ich bereits in einigen anderen Büchern verschiedentlich sehr plastisch erläutert habe, ist auch unsere materielle Existenz – objektiv betrachtet – in Wirklichkeit mehr Schein als Sein. Wir sehen Materie nur deshalb als so stark und fest an, weil alles, auch wir selbst, aus demselben "Material" geschaffen sind. In Wirklichkeit besteht jede Materie zu 99,999 % aus leerem Raum: Auch jeder von uns ist aus unvorstellbar vielen Atomen zusammengesetzt. Jedes einzelne davon besitzt nur wenige und klitzekleine Atombausteine, die in riesigen Abständen umeinander herumfliegen. Zwischen ihnen gibt es nur blankes Nichts – wirklich rein gar nichts!

Die Festigkeit von Materie ist also nur eine Frage der Perspektive. Dann aber kann es nicht mehr schwer sein, sich selbst als reines "Informationswesen aus Informationsteilchen" vorzustellen, die natürlich in gleicher Zahl und Zusammensetzung vorhanden sind und objektiv wohl kaum weniger ausmachen als diese winzigen Materieteilchen.

Für uns änderte sich im Prinzip überhaupt nichts. Plötzlich aber gäbe es nun eine reale Möglichkeit, die vielen Vorstellungen und manchmal auch verbürgten Sichtungen von "Geist-, Äther- und Astralkörpern", von "verklärten Personen" oder "feinstofflichen Erscheinungen" in einen neuen, verständlichen Zusammenhang zu integrieren. Naturwissenschaften und Metaphysik bekäme man endlich auf einen gemeinsamen und sehr plausiblen Nenner.

Der Mensch existiert in allen Einzelheiten seines Selbst doppelt. Hier, im "Diesseits unseres materiellen Universums", ist er eine Kombination aus Materie und Geist, wobei der Geist erst allmählich heranreift, und der Mensch sich dessen komischerweise trotz gegenteiliger Alltagserfahrung oft nicht bewusst werden will.

Stirbt irgendwann sein Körper, so fällt dieser einfach von seinem Geist ab; denn der Geist ist sein eigentlicher Kern, und als reiner Geist lebt jeder Mensch fortan unversehrt weiter – zunächst ohne den geringsten, subjektiv wahrnehmbaren Verlust. Das Jenseits ist beileibe kein anderer Ort, wohin der Geist entflieht. Das Jenseits ist nur der dem materiellen Diesseits übergeordnete, zu ihm symmetrische und polare Bereich aller Existenz in dieser Welt.

Wir alle leben daher mit unseren Verstorbenen längst unter einem "gemeinsamen Dach". Nur wenige erkennen dies. Manche wollen es auch gar nicht. Irgendwann jedoch werden es alle selbst erfahren.

Und ihrem hiesigen Tun folgt dann das Echo: Wie man heute in den Wald hineinruft, so kommt es dereinst einmal zurück.

Unser aller Echo wird für jeden sein jenseitigen Leben erst einmal als Himmel oder Hölle brandmarken. Diese jahrtausendealten Vorstellungen sind sicher *nicht nur* Erfindungen, um damit Mitmenschen zu manipulieren. Auch sind Himmel und Hölle beileibe keine *Orte* jenseitiger Existenz, wie manche Institutionen auch heute noch behaupten: Vielmehr sind sie *Zustände*. Und keiner kann sich ihrer erwehren. Jeder schafft sie sich heute schon selbst – durch sein ständiges Verhalten im Hier und Jetzt.

6. Alles hat zwei Seiten

Im Laufe der ersten fünf Kapitel versuchte ich deutlich zu machen, dass es einen durchgehenden roten Faden gibt, an dem sich auch meine Vorstellungen von der Welt, in der wir alle leben, klar orientieren. Nur wenn es mir gelingt, darin alle Beobachtungen und Phänomene zu integrieren, dürfte ich auf dem richtigen Weg sein.

Bereits für *Laotse*, den großen chinesischen Philosophen, gab es das SEIN und den SINN als zwei symmetrische und zugleich polare Realitäten unserer Welt.

Im etwas übertragenen Sinn könnten wir heute dazu durchaus auch MATERIE und GEIST sagen.[65] Aus "Sein und Sinn" entstanden etwa im 5. Jahrhundert v.Chr. die Ihnen allen bekannten beiden Grundkategorien der chinesischen Kosmologie, *Yin und Yang.*

Als zueinander symmetrisch und polar stehen Yin und Yang in ständiger Wechselwirkung und gehen ineinander über. Hierdurch sollen alle denkbaren Veränderungen im Himmel und auf der Erde bewirkt werden. In gleicher Weise sind wohl auch Himmel und Erde der Christen zu verstehen. In dieser Weise ist das "Gleichnis vom Sauerteig" zu verstehen, der alles durchdringt (Bibel, z.B. Matthäusevangelium, 13.33).

Die Mathematik gilt als objektive Wissenschaft. Einfache Gesetze mögen daher als Hilfen zur Erkenntnis herangezogen werden dürfen, wenn man wie ich ohnehin der Meinung ist, dass einfache geometrische Formen und sich daraus ableitende Zahlen, die auf den ersten vier Ordnungszahlen basieren, zu den entscheidenden, real existierenden Rahmenbedingungen unserer Welt gehören.

---

[65]Aus Laotse: Tao Te King (gesprochen: Dau de king): Übersetzt mit "Die Lehre vom Sinn (Tao) und Sein (Te)"; nach Eugen Diederichs (s. Literaturverzeichnis)

104

Also habe ich mathematische Grundlagen als Analogien bemüht, um unsere Welt plausibel herleiten zu können.[66]

Danach gibt es natürlich das Nichts, mathematisch die Null. Zwar gibt es zur Null zwei symmetrische und polare Realitäten, nämlich die Reihen der positiven und negativen natürlichen Zahlen, aber keine von beiden geht vom Nicht aus: Keine entsteht aus Nichts.

Vielmehr lässt sich für beide Realitäten eine andere, gemeinsame Herkunft darstellen. Zunächst hilft die Logik weiter: Wir alle haben gelernt, dass man aus "+1" die Wurzel ziehen kann.

Logischerweise müsste man deshalb auch aus "-1" die Wurzel ziehen können. Mathematisch ist das aber nicht darstellbar.

Der Mathematiker, dem die Logik heilig ist, erkennt das und rechnet daher mit einem imaginären Wert: Er nennt diese Zahl i, was so viel heißt wie: "Wir wissen, dass es sie geben muss, aber wir können sie nicht näher beschreiben".

Nun sagt man: Die Wurzel aus "-1" ist "i".

Betrachtet man also das Zustandekommen der Ordnungszahlen rein aus der Logik heraus, so gibt es zwei verschiedene Realitäten, die zueinander symmetrisch und zugleich polar, also von gegensätzlicher Natur sind. Sie beide entstammen zudem *nicht* aus dem Nichts, sondern aus etwas, was es zweifellos gibt und geben muss, was wir aber nicht näher definieren können.

So einfach und treffend lässt sich, wie ich glaube, die ganze Welt beschreiben. Und sie steht damit letztendlich völlig im Einklang mit den Grundsätzen aller Religionen und Mythen, wie auch mit den Vorstellungen der meisten bedeutenden Philosophen der ganzen Weltgeschichte. Das Beispiel von *Laotse* und das daraus abgeleitete *Yin und Yang*–Prinzip zeigen das noch einmal beispielhaft.

Schon die *Bibel* weist in einem der zehn Gebote darauf hin, dass man *"sich kein Bild Gottes machen soll"*. Es scheint sich hier nicht um ein echtes Verbot zu handeln, wie es uns viele Strenggläubige gerne glauben machen wollen. Vielmehr macht es deutlich, man solle es gar nicht erst versuchen, denn es geht einfach nicht.

---

[66]Vgl. meine Bücher: "Plädoyer für ein Leben nach dem Tod und eine etwas andere Sicht der Welt"; "Der Schlüssel zur Ewigkeit"; sowie meine dreiteilige Buchreihe "Eine bessere Geschichte unserer Welt" (Bd. 1, Das Universum; Bd. 2, Das Leben; Bd. 3, Der Tod)

Meine simple mathematischen Analogie zeigt dies sehr plausibel: Dort steht für "Gott" und für alles, was mit Gott in anderen Religionen vergleichbar ist, das *i*, als das kleinste Unbeschreibliche und für uns nicht Fassbare, aber dennoch zwingend Existente.

Nach meiner Auffassung besteht die ganze Welt genauso aus zwei zueinander symmetrischen und polar gegensätzlichen Realitäten, die ähnlich wie beim SINN und SEIN von Laotse, Geist und Materie, bzw. "geistige Welt" und "materielles Universum" sind.

Sowenig wie "-1" und "+1" aus der "Null", also dem Nichts entstehen, sowenig entstehen auch die beiden Realitäten unserer Welt aus dem Nichts. Der Geist ist, wie ich vermute und gut begründe, die primäre, die erste Realität, die sich aus dem Unbeschreiblichen aber doch zwingend Existenten entwickelt.

Aus ihm und mit ihm entstehen zunächst die Bausteine der Materie und nach und nach der von uns wahrgenommene Kosmos. Hier drängt sich das "Gleichnis vom Senfkorn" auf, in dem Jesus sehr treffend einerseits auf die materielle Bedeutungslosigkeit des Geistes verweist, anderseits seine fundamentale Wichtigkeit hervorhebt:[67]

"Und Jesus sprach: 'Womit sollen wir das Reich Gottes vergleichen oder in welchem Gleichnis es darstellen? Wie mit einem Senfkorn ist es, das, wenn es in die Erde gesät wird, das kleinste von allen Samenkörnern auf Erden ist. Wenn es aber gesät ist, geht es auf und wird größer als alle Kräuter und treibt große Zweige, so dass unter seinem Schatten die Vögel des Himmels wohnen können'."

Geist und Materie beeinflussen sich gegenseitig und gehen auch ineinander über, so wie es wieder das Bild von Yin und Yang schön plastisch zeigt.

Dabei helfen Schnittstellen wie z.B. das Licht oder ganz allgemein: die elektromagnetische Strahlung, und das Gehirn. Aus Geist entsteht also Materie, mit deren Hilfe wieder Geist entsteht.

Der aber ist dann aus einem ursprünglich brachliegenden geistigen Ungenutzten, dem von mir postulierten *pluripotenten* geistigen Feld (PGF), herangereift. Ein ehemals undifferenziertes geistiges Feld wird über die Materie mit ihren Schnittstellen, wie z.B. die Gehirne ihrer Organismen, in ganz unterschiedlichem Maße geprägt und

---

[67] Bibel, z.B. Markusevangelium, 04.30

allmählich, aber zugleich konsequent, weiter entwickelt. Der zuvor noch undifferenzierte Geist wird jetzt in wachsendem Maße differenziert. Materie und Geist sind dabei zwei Seiten ein und derselben Medaille.

Das Gesetz von Symmetrie und Polarität ist universell. Überall in der materiellen Welt finden wir es wieder. Vergegenwärtigen wir uns der Einfachheit halber nur das Entstehen eines Menschen. Ihn, den Menschen, gibt es in symmetrischer und polarer Form, als Mann und Frau. Rein anatomisch ist anfangs alles "weiblich" angelegt. Erst später entsteht quasi "der Mann aus der Frau" und nicht beide aus zwei verschiedenen Grundanlagen.

Symmetrie und Polarität als überall gültiges Universalgesetz stützt natürlich meine Vorstellung, dass Raum und Zeit genauso nicht in einem, wie *Albert Einstein* meinte, nur vierdimensionalen Raum-Zeit-Kontinuum vereinigt sind: Sie selbst sind auch zwei Seiten derselben Medaille.

Zeit ist primär etwas Kontinuierliches. Wäre sie es nicht, nichts in dieser Welt könnte existieren. Alles müsste in jedem Bruchteil einer Sekunde vergehen, um dann für einen weiteren Wimpernschlag wieder neu zu entstehen. Doch die Bedingungen des materiellen Universums machen es nötig, Zeit zu takten: Die physikalische, die "materielle" Zeit wird jetzt diskontinuierlich. Wir messen Zeit als Anzahl von Schlägen oder Schwingungen.

Der Raum ist auch kontinuierlich, aber für uns erst sekundär in seiner Manifestation; denn primär ist er das Produkt aller Ordnungszahlen, die ihn bilden: Zahlen sind unterscheidbar, sie sind diskontinuierlich – und sie strukturieren und takten den Raum. Doch Zahlen sind eine rein geistige Realität. So wie viele einzelne Intranets die Kontinuität des gesamten Internets nicht aufheben, so erlauben auch Zahlen einen kontinuierlichen Raum.

Licht ist eine *Schnittstelle* zwischen geistiger und materieller Welt.

Einerseits enthält es reine Informationen des SEINs. Wir kennen das aus der Computertechnologie, wo wir "Licht an" und "Licht aus" oder die Zahlen "1" und "0" für "Information" und für "Keine Information" verwenden. Wir sprechen dort von einem binären Code. So arbeitet auch die Welt, selbst wenn sie dezimal ordnet.

Andererseits ist Licht Materie; denn es ist Energie. Licht ist gequantelt, d.h. es besteht aus einzelnen Teilchen, die selbst aber keine Masse haben. Licht ist also keine "reine" Materie; denn diese zeichnet sich durch Masse aus. Licht ist praktisch sichtbare Information. "Reine" Materie entsteht aus Licht, durch Kollisionen masseloser Energieteilchen.

Materie bildet sich also keineswegs aus Nichts. Genausowenig entsteht Licht, das "Ausgangsmaterial" für Materie, aus Nichts; denn es ist ja ebenso reine Information. Somit ist Licht auch Teil der anderen, der geistigen Realität. Immer wieder finden wir zwei Seiten ein- und derselben Medaille, die kaskadenartig aufeinander aufbauen und miteinander verschachtelt sind.

Da jede Form von Materie auch eine "geistige Seite" besitzt, nämlich die schlichte Information "zu sein" – mit stets genauesten Positionsangaben – hat jede Materie einerseits nur endlichen, andererseits aber immer zugleich auch unendlichen und ewigen Bestand: Ihre materielle Seite ist stets endlich, ihre informelle und immaterielle Seite jedoch nicht.

Mein früheres Gedankenmodell von Wachstum und Vermehrung eines noch so kleinen endlichen Punktes, dem (Einheits-)Kreis, beginnt mit der geistigen, der informellen und immateriellen Seite; denn **3** Informationen bestimmen den Kreisumfang eindeutig und damit das kleinste materielle Etwas. Durch mehrfaches Spiegeln, was soviel bedeutet wie "Einhalten von Symmetrie und Polarität", entsteht zunächst eine zweidimensionale, durch weiteres Spiegeln eine vierdimensionale Unendlichkeit. *In* ihr kristallisieren sich dreidimensional endliche Objekte, d.h. materielle Körper, heraus (vgl. Kapitel 4 sowie Anhang).

Jede Materie besitzt aus dieser mehr entstehungsgeschichtlichen Sicht selbst wieder zwei Seiten ein und derselben Medaille:

Eine endliche Dreidimensionalität, die sie zu einem geschlossenen Körper macht und eine unendliche und damit zugleich ewige Vierdimensionalität, die um sie herum durch Zahlen entsteht, womit sie das "Sein" dieser Materie auf ewig kundtun – auch dann, wenn der materielle Charakter selbst nicht mehr "ist".

Zeit kann objektiv sein und ist als solche dennoch wieder relativ, wie wir seit *Einstein* wissen. In meinem Buch "Das Leben" habe ich von zirkadianen Rhythmen gesprochen. Sie finden sich zumindest bei allen Säugern und natürlich auch beim Menschen und pendeln immer um **24** Stunden.[68] Bei Ratten und Mäusen liegen sie zum Beispiel bei 24 Stunden und 16 Minuten, beim Menschen bei annähernd 25 Stunden. Dabei sind sie völlig unabhängig von Tagesrhythmen, Mondzyklen oder sonst etwas nachweisbar und meines Erachtens ein weiteres Beispiel für den Einfluss real existierender Zahlen im Hintergrund unserer Welt.

Genauso ist Zeit aber auch subjektiv. Manche Psychologen sagen, dass nach unserem Empfinden ein Menschenleben bis zum 18. oder 20. Lebensjahr ungefähr die Hälfte seiner Zeit hinter sich hat. Die einem dann noch verbleibende Zeit von vielleicht 50, 60 oder gar mehr Jahren empfindet man dagegen nicht mehr als länger.

Objektive Kriterien der Zeitmessung unter jeweils identischen Umgebungsparametern gelten also nicht unbedingt sehr viel.

Vielleicht buchen Sie im Januar ihren dreiwöchigen Jahresurlaub für August und freuen sich sehr darauf. Drei Wochen auf dem Weg dahin vergehen "unendlich" langsam. Ist der Urlaub dann einmal da, ist er auch im Nu wieder vorbei. Die Zeit verging wie im Fluge.

Ebenso gibt es eine biologische Zeit. Verschiedene Menschen altern völlig unterschiedlich. Der eine ist fünfzehn und sieht aus wie zwanzig, ein anderer ist vielleicht noch in den Vierzigern und hat schon weißes Haar. Auf mich traf, bzw. trifft, beides zu:

Mit sechzehn kam ich problemlos in Kinofilme ab 18, während ein Freund, der schon 18 war, seinen Ausweis zeigen musste. Und eine frische Teenagerbekanntschaft verließ mich, den damals erst Fünfzehnjährigen, als sie von anderen hörte, ich sei jünger als sie. Sie war 17, und ein 15jähriger Freund schien ihr natürlich undenkbar. Heute halten mich (leider) manchmal deutlich ältere Mitmenschen für ungefähr gleichaltrig. Jetzt gefällt mir nicht mehr, wovon ich früher durchaus schon mal profitierte.

Das biologische Alter sollte man vielleicht besser noch in ein "äußeres", ein "inneres oder funktionelles" sowie ein "geistiges" Alter unterteilen. Viele Menschen sind geistig und innerlich jung, obwohl sie äußerlich schon recht betagt sind – oft jünger als sogar

---

[68] $24 = 1 \cdot 2 \cdot 3 \cdot 4$

manche um Jahrzehnte Jüngere. Leider hat unsere Gesellschaft noch nicht begriffen, dass der Geist mit dem Alter wachsen kann und auch regelmäßig wächst, sofern man ihm die Gelegenheit dazu gibt und keine Krankheiten das Gehirn als wichtigen Mittler zu diesem Wachstum stören oder gar zerstören. Fälschlicherweise spricht man dann noch oft von Geisteskrankheiten, wenn man eigentlich Hirnerkrankungen meint. Im nächsten Kapitel werde ich mich mit der Reifung des Menschen durch geistiges Wachstum noch näher beschäftigen. Jeder Mensch kann bis ins höchste Alter lernen und seinen Horizont erweitern. Er sollte das auch unbedingt tun. Anderslautende Empfehlungen sind schlichtweg Unsinn. Dabei ist es überhaupt nicht schlimm, wenn manches etwas länger dauert. Vieles klappt dafür sogar umso gründlicher.

Die hier näher erläuterten zwei Seiten der Zeit ergeben sich logischerweise wieder aus der Symmetrie und Polarität von Geist und Materie als zwei Seiten derselben Medaille. Der Mensch als erstes Wesen auf dieser Erde, das sich seiner tiefgreifend selbst bewusst wird, kann objektive und subjektive Zeit messen, empfinden und bewerten. In unseren Träumen kann obendrein Zeit in allen Richtungen ganz erheblich verzerrt werden. Subjektives Empfinden und objektive Dauer unterscheiden sich also gewaltig.

Ähnlich muss auch der Zeitbegriff in einer geistigen Welt neu definiert werden. Er kann nicht mit unseren irdischen objektiven Vorstellungen vergleichbar sein. In einer rein geistigen Welt ist allein der subjektive Zeitbegriff von Bedeutung. Objektive Zeitbegriffe dürften dagegen noch viel mehr in den Hintergrund treten, als sie es für uns oft jetzt schon tun.

Als der berühmte Philosoph *Karl Popper* Mitte der siebziger Jahre des vorigen Jahrhunderts mit dem großen Hirnforscher und Nobelpreisträger *John Eccles* darüber diskutierte, ob es ein Überleben des körperlichen Todes gäbe oder gar geben müsse, wehrte sich Popper im Gegensatz zu Eccles vehement gegen diese Vorstellung. Nach seiner Ansicht schien die Aussicht auf ein ewiges Leben unerträglich.[69] Dieses Argument verblasst aber, wenn man alles aus meiner Perspektive betrachtet.

---

[69] vgl. Karl Popper und John Eccles, "Das Ich und sein Gehirn" (1982)

Überall in der Welt stoßen wir auf Symmetrie und Polarität:
Geist und Materie, Raum und Zeit, objektive und subjektive Zeitbegriffe, dreidimensional endlicher und vierdimensional unendlicher Raum – das alles und noch viel mehr sind fundamentale und existentielle Beispiele hierfür.
Auch unsere materielle Welt bietet dazu genügend Beispiele:
Ein paar davon habe ich bereits gegenübergestellt. Symmetrie und Polarität machen es notwendig, dass wir die Zahlen **10** oder **24** immer wieder als **2** · 5, bzw. **2** · 12 vorfinden. So besitzen wir eben 2 mal 5 Finger und Zehen, bzw. 2 mal 12 Knochen an dreigliedrigen Fingern und Zehen. Warum sonst haben Daumen und Großzehe wohl nur 2 Glieder und nicht 3 wie alle anderen? Ich will solche Zahlenbeispiele hier nicht wieder aufs Neue vertiefen, ich habe es ja schon an anderen Stellen zur Genüge getan – doch überall treffen wir immer auf genau diese Zahlen.
Symmetrie und Polarität sind auch essentielle Bestandteile der geistigen Welt. Während sie auf der rein materiellen Seite oder bei materiellen Pendants geistiger Grundlagen jedoch immer als "harte" symmetrische Gegensätze erscheinen, sind sie auf rein geistiger Ebene mehr Pole mit fließenden Übergängen.
Folglich kann es durchaus sogar zu krassen Widersprüchen innerhalb einer materiellen Manifestation kommen, wenn daneben auch die geistige Seite stark ausgeprägt ist. Ein typisches Beispiel hierfür sind Mann und Frau: Von seltenen, durch diverse Gendefekte bedingten Zwischenformen abgesehen, gibt es sie nur als das eine oder das andere. Sie sind zwei völlig gleichberechtigte (wenn auch nicht gleiche), symmetrische und polare Formen ein und desselben Wesens Mensch. – Leider hat sich das mit der Gleichberechtigung immer noch nicht in allen Kulturen und gesellschaftlichen Schichten herumgesprochen.
Die beiden Pole Mann und Frau sind einmal mehr zwei Seiten der materiellen Seite der Medaille Mensch. Als Menschen besitzen sie aber natürlich eine hochentwickelte geistige Seite. Und deshalb gibt es auf geistiger Ebene diese klare Polarisierung nicht mehr genauso. Vielmehr finden sich hier unzählige Übergänge, die sich dann in den verschiedensten Facetten menschlichen Verhaltens widerspiegeln.

Im Allgemeinen ist unsere Gesellschaft auch heute noch leider viel zu oft nicht reif genug, dies zu erkennen und richtig einzuschätzen. Folglich werden Menschen, die sich nicht an die materiell bedingte "Polung" ihrer Geschlechtlichkeit halten und so dem Durchschnitt oder der großen Mehrheit nicht entsprechen, überflüssigerweise häufig diskriminiert und kompromittiert.

Mir persönlich ist es zum Beispiel ein Gräuel, immer wieder über offenkundig normale sexuelle Varianten menschlicher Existenz, wozu gewiss auch die Homosexualität zählt, zu diskutieren; denn in solchen Debatten muss ja immer wieder um die Akzeptanz der hiervon betroffenen Menschen gerungen werden.

Es wäre dringend angebracht und ein Zeichen geistiger Reife, sie als vollkommen gleichwertig und selbstverständlich zu akzeptieren. Das könnte dann vielleicht endlich dazu führen, dass nicht immer wieder einige ihrer Vertreter durch besonders auffälliges und manchmal unnötig provokatives Verhalten versuchen müssten, auf ihre Besonderheit, die eigentlich gar keine ist, hinzuweisen.

Ausschließlich geistige Begriffe, wie zum Beispiel Liebe und Hass, Gut und Böse, Gerechtigkeit und Ungerechtigkeit, Schönheit und Hässlichkeit oder Harmonie und Disharmonie sind dagegen nur relativ vage als feste Pole definierbar. Schon die Pole selbst sind vielfach schwammig und nebulös. Nur das Absolute, Gott, oder wie immer wir dieses Ideal nennen möchten, das als letzter Schöpfer unsere Welt umfassend durchdringen muss, kann auch für sich absolute Liebe, Gerechtigkeit, Güte, Schönheit oder Harmonie beanspruchen. Dieses Absolute muss es allein schon deshalb geben, damit die jeweiligen Gegensätze in ihren fließenden Übergängen auch existieren können. Das gegensätzlich *Absolute* im Geiste, d.h. der Hass, die Ungerechtigkeit, das Böse, die Hässlichkeit oder Disharmonie oder kurz gesagt: der Teufel, kann dagegen nicht existieren.

Die Gründe hierfür liegen auf der Hand:

Zum einen entstehen Symmetrie und Polarität durch Entwicklung der materiellen Welt aus der geistigen heraus, womit auch sie erst in ihrer harten und absoluten Form entstehen. Die geistige Welt ist primär undifferenziert, also zunächst ohne solche Gegensätze.

Durch die materielle Welt entstehen sie, und dort werden sie auch benötigt, um mit ihrer Hilfe schließlich durch Reifung wieder zu sich selbst zu finden. Dies vollzieht sich immer deutlicher auf der Ebene des Individuellen. Das Ergebnis ist höchstmögliche und vielfältigste geistige Differenzierung. Ohne den anfänglich gezielten Aufbau von Symmetrie und Polarität wäre sie nie möglich gewesen.

Andererseits kann diese Welt nur dann überhaupt existieren, wenn das ursprünglich Absolute, gegeben durch das absolut Gute, die unbeschreibliche Güte und eine unermesslich große Liebe, das *einzig* Absolute ist. Gäbe es das gegenteilige Absolute, so hätte nichts jemals eine Chance gehabt zu *entstehen*. Ein absolut Böses schlösse nicht nur alles Positive, sondern letztlich überhaupt jede andere Existenz von vornherein aus. Nichts könnte neben einem absolut Bösen bestehen, sonst wäre es nichts absolut Böses.

Genausowenig könnten wir Kinder in die Welt setzen, wenn wir nicht auch an das Positive und die Liebe glauben würden.

Des Weiteren scheint es logisch und aufgrund aller bisherigen Beobachtungen auch so zu sein, dass jede Entwicklung in der Welt nur in einer Richtung verläuft. Im materiellen, physikalischen Universum kennen wir dies als das Streben zu immer mehr Unordnung ("positive Entropie", "Erster Hauptsatz der Thermodynamik"). Für das Geistige hieße das ein Streben nach mehr Reife und Ordnung. Materielle und geistige Entwicklung sind beide wieder selbst zueinander polar und symmetrisch.

Folglich geht die Welt als Ganzes in die Richtung zu mehr geistiger Größe, bzw. Reife und Ordnung bei gleichzeitig größerer materieller Unordnung bis hin zur Auflösung.

Pierre Teilhard de Chardin nannte diese Reife den Omegapunkt.

Ich sprach vom Aufbruch des Menschen zu Gott oder davon, dass die ganze Menschheit selbst ein Gott im Werden ist. Niemals aber könnte es einseitig diese Entwicklung hin zum absolut Guten, zu Gott geben, wenn es auch ein absolut Böses gäbe; denn zwischen zwei Absoluten[70] gäbe es immer eine sich gegenseitig aufhebende oder vernichtende Spannung, sonst wären sie nicht absolut.

---

[70]Es sei hier ausgeklammert, dass etwas "Absolutes" ein Superlativ ist, der, logisch betrachtet, ohnehin nur in der Einzahl existieren kann.

Schließlich widerspräche die Vorstellung eines absolut Bösen der Mathematik; denn diese zeigt uns auf, dass **zwei** polare und symmetrische Realitäten nur aus **einem** Unbeschreiblichen, dem *i*, entstehen. Symmetrie und Polarität – **zwei** Eigenschaften dieser Welt, entstehen aus nur **einer** *ersten* Realität.

Das Böse, der Hass oder das Teuflische folgen konsequent und zwangsläufig allein aus der Ausdehnung des Geistigen in das Materielle. Der biblische Sündenfall dürfte genau das meinen und ist damit eine *symbolische* Realität. Alles, leider auch das Böse, ist notwendig, damit sich schließlich alles zum Guten entwickelt. Wäre dem nicht so, hätte es das absolut Gute, hätte es Gott als erste Realität auch niemals zugelassen. Gut und Böse sind somit grundsätzlich nötige Bedingungen unserer Gesamtentwicklung. Die Existenz des Bösen erlaubt daher keineswegs, an Gott zu zweifeln.

Das alles bedeutet aber keineswegs, dass wir deshalb die negativen Auswüchse in unserer Gesellschaft einfach hinnehmen müssen.

Ganz im Gegenteil, es ist ein Zeichen wachsender geistiger Reife aller menschlichen Individuen und damit folglich auch jeder einzelnen menschlichen Gesellschaft, wenn konsequent und mit Härte gegen das Böse vorgegangen wird. Dabei gibt es eine klare Abstufung des Bösen: Zuvorderst stehen alle Gewalttaten, die sich vor allem gegen die körperliche, aber – mit Abstrichen – auch gegen die seelische Unversehrtheit anderer richten. In der christlichen Bibel ist *"Du sollst nicht töten"* ein heiliges Gebot. Und auch im *Koran*, der heiligen Schriften des Propheten *Mohammed* im *Islam*, heißt es: *"Das Erste, worüber am Tag der Auferstehung gerichtet wird, ist das vergossene Blut"*. Leider geraten diese Mahnungen hüben wie drüben so oft und schändlich in Vergessenheit.

Tötung und Mord sind nach meiner Auffassung grundsätzlich und zunächst unbeschadet jeder wirklichen oder nur vorgetäuschten Unzurechenbarkeit der *Täter und Mittäter*, fast immer aufs Härteste zu ahnden. Dass beispielsweise in unserem Land ein so genanntes Satanistenpärchen, das einen Menschen gequält und grausam getötet hat, kürzlich *nur* 13, bzw. 15 Jahre Gefängnis erhielt – ja die Verteidigung sogar noch auf Freispruch wegen verminderter Zurechnungsfähigkeit aufgrund eines psychiatrischen Gutachtens plädiert hatte – ist für mich unerträglich. Oder ein anderes Beispiel:

Im Jahr 2002 tötete ein 20jähriger im süddeutschen Raum das Mädchen Vanessa während des Karnevals. Maskiert als "Tod" stieg er in ihr Schlafzimmer, erschreckte es und ermordete es grausam. Bei der Verhandlung Anfang 2003 gab er die Tat zwar zu, versuchte sich aber damit herauszureden, er habe das Mädchen nicht töten, sondern nur erschrecken wollen. Weil es darob schrie, habe er sie, ohne Vorsatz, im Affekt getötet. Nur gut, dass dieser Einlass für das Urteil keine Berücksichtigung fand. Dennoch: Schließlich erhielt er lediglich 10 Jahre Gefängnis, weil man in unserem Land zwar mit 18 volljährig ist und wählen darf, aber bis 21 nur wie ein Jugendlicher bestraft wird, wenn ein Gutachter einen für unreif hält.

Genauso war es. Ich lehne jede Strafminderung in solchen wie den vorgenannten Fällen nachdrücklich strikt ab.

Grundsätzlich bin ich für Mindeststrafen von 25 Jahren Haft bei *allen* Tötungsdelikten, sofern sie nicht aus Fahrlässigkeit geschehen. In den hier zitierten Fällen, immer aber bei Mord, sollte in jedem Einzelfall darüber hinaus geprüft werden, ob nicht eher eine lebenslange Freiheitsstrafe angemessener ist, die ich hier durchweg für *Täter und Mittäter* als die einzig gerechte Strafe ansehe.

Gleichwohl halte ich die in einigen Ländern leider immer noch oft verhängte Todesstrafe schlichtweg für *falsch*. Der Tod ist keine Strafe. Allerdings ist nach meiner Auffassung die vorsätzliche Tötung eines anderen Menschen im Ausnahmefall durchaus dann gerechtfertigt, wenn damit eine von diesem provozierte unmittelbare Lebensgefahr eines unschuldigen anderen Menschen abgewendet werden kann.[71]

Erlauben Sie mir in diesem Zusammenhang noch eine weitere Kritik an der gegenwärtigen Rechtsauffassung in unserem Land:

Ich finde es geradezu skandalös, dass Obrigkeitsverletzungen, die aus oft problematischen Beweggründen wie Ideologien oder generell politischen Auffassungen resultieren, nicht selten härter bestraft werden als solche Straftaten, bei denen Menschen körperlich schwer zu Schaden kommen oder sogar ihr Leben verlieren. Auf diese und andere gesellschaftliche Probleme gedenke ich allerdings in einem späteren Buch noch gesondert und ausführlicher einzugehen.

[71] In unserer Sprache kursiert hierfür z.B. das Unwort "Finaler Rettungsschuss".

Ob sich mehr die durch das Entstehen des Materiellen bedingten fixen Aspekte von Symmetrie und Polarität manifestieren oder der schwer abgrenzbare, fließende Übergang des Geistigen, hängt besonders von der jeweiligen Einwirkzeit und dem spezifischen geistigen Entwicklungsstand ab. Je länger der zeitliche Einfluss und je höher bereits der geistige Entwicklungsstand, desto größer ist der anzunehmende Wandlungsprozess. Rein materielle Dinge, die ganz spontan entstehen, also keinem längeren zeitlichen Einfluss unterliegen, manifestieren sich folglich immer nur in der einen oder der anderen von zwei stets *möglichen*, symmetrischen und zueinander polaren Formen. Deshalb gibt es wohl auch nur Materie und nicht Antimaterie, bzw. wenn überhaupt, dann nur in unwesentlichen Mengen. Und deshalb gibt es *fast* nur optisch aktive Aminosäuren, u.s.w.

Dagegen sind geistige, emotionale, ethisch-moralische oder auch ästhetische Werte solche, die sich erst durch längere zeitliche Einflüsse entwickeln, bzw. ändern können. Bei ihnen gibt es damit immer einen Entwicklungs*prozess*. Daher dürfen wir Menschen nach wie vor und trotz aller Gefahren und Grausamkeiten in unserer Welt optimistisch und hoffnungsvoll in die Zukunft blicken. Wir dürfen mit Recht annehmen, dass sich das Böse mit der Zeit zum Guten und das Ungerechte zum Gerechten hin wandelt, u.s.w.

Dies gilt für die Menschheit als Kollektiv letztlich genauso wie für jeden Einzelnen: Da sich die Evolution beim Menschen auf jedes einzelne Individuum stützt, muss und wird das letztlich jedes Individuum erkennen, damit die ganze Menschheit davon profitiert.

Als körperliches Wesen lebt der Mensch allerdings nicht lang genug, um soweit zu gelangen. Vielleicht werden es spätere Generationen leichter haben, sollte der Reifungsprozess dann von mehr Menschen weiter fortgeschritten sein, als das heute der Fall ist. Die Erfahrung der letzten Jahrtausende scheint das, allen Ungemachs in diesen Zeiten zum Trotz, dennoch eher zu stützen; denn bei allem Leid, das so vielen Menschen täglich widerfährt, ging es trotzdem noch nie so vielen so gut wie heute. Das aber genügt nicht: Alle Menschen, auch wir, die "Ahnen der Zukunft", müssen ohne Ausnahme dahin gelangen. Nur das "erlöst" im wahrsten Sinne des Wortes die ganze Menschheit.

Um dies aber erreichen zu können, ist das Überleben des Todes durch jeden Einzelnen sogar zwingend erforderlich.

Leben und Tod sind ebenfalls zwei Seiten derselben Medaille und stehen symmetrisch und polar zueinander. Und so, wie im Laufe der Zeit jede materielle Ordnung zu mehr Unordnung strebt (positive Entropie), so entsteht im Gegenzug die andere, die spiegelbildlich-gegensätzliche Seite dieser Medaille: ein immer komplexerer, immer mehr geordneter und ständig immer höher entwickelter, stärker differenzierter Geist.

Die Welt benötigt das materielle Universum, um über dessen wachsende Unordnung zu immer größerer Ordnung eines höchstmöglich differenzierten Geistes zu gelangen.

So wie der Geist der Materie und die Unendlichkeit der Endlichkeit übergeordnet sind, so wird das Gute das Böse und die Liebe den Hass besiegen; denn eine Welt, so wie sie sich uns Menschen in ihrer überwältigenden und unbeschreiblich schönen Tragweite langsam aber sicher offenbart, kann selbst nur die Folge von unbeschreiblicher Güte und unermesslich großer Liebe sein – sonst wäre sie nicht existent.

Dann nämlich hätte das Gebot der Nicht-Schöpfung auch das Gebot der Schöpfung überwogen – so wie auch wir eben nur dann unsere Kinder in die Welt setzen können, wenn wir trotz aller Beschwernisse, die uns unser Leben und diese Welt bieten, diese Welt und unser Leben selbst doch offensichtlich lieben und auf eine optimistische Zukunft vertrauen. Ich hatte dies bereits gesagt.

Genau das lehren uns im Kern auch die Religionen, wenn wir nur wieder versuchen würden, genau hinzuschauen.

Leben und Tod sind zwei Seiten ein und derselben Medaille: Der Tod entspricht der zwangsläufigen Endlichkeit eines jeden dreidimensionalen Körpers. So wie es zu jeder Endlichkeit das polare Spiegelbild der Unendlichkeit gibt, so ist das ewige Leben das unendliche Gegenstück zum Tod. Leben allgemein ist etwas Geistiges und nicht ein Produkt irgendeines Körpers. Das Leben ist daher unendlich und ewig.

Der Tod ist nur das Schicksal endlicher Körper.

7. Geistige Reifung ohne Unterlass

Vor allem bei jungen Menschen ist der Ausspruch, "Die Reife kommt erst mit den Jahren", ziemlich unbeliebt. Doch er trifft zu.

Das Leben jedes Menschen bedeutet ständiges Lernen von Geburt an. Sicher, eine Reihe höherer Säuger, wie zum Beispiel Elefanten, Wale und vor allem natürlich verschiedene Affen, lernt *auch* so manches ihr Leben lang dazu. Doch im Vergleich zum Menschen gibt es dennoch gigantische Unterschiede, was uneingeschränkt die grundsätzliche Feststellung rechtfertigt, das Tier sei durch das "Sein", der Mensch aber durch das "Werden" gekennzeichnet.

Ein ganz entscheidendes Kriterium ist die bei jedem Menschen nachvollziehbare, völlig individuelle, ausgesprochen einzigartige und somit absolut unverwechselbare Biographie. Kein Tier – auch kein uns Menschen nah verwandter Menschenaffe – besitzt auch nur annähernd etwas Ähnliches. Das Leben eines jeden Tieres ist, grob gesagt, ziemlich austauschbar. Natürlich gilt dies nicht aus der subjektiven Sicht desjenigen Mitmenschen, der zu einem Tier eine besonders enge emotionale Beziehung aufgebaut hat. Aber dies ist hier natürlich nicht entscheidend.

Das Individuum und das Individuelle schlechthin haben bei allen Tierarten einen gegenüber dem Menschen vergleichbar äußerst geringen Stellenwert. Hier zählt allein die Gruppe, das Kollektiv – immer steht die ganze Art im Vordergrund. Diese Tatsache sowie die Evolutionslehre, nach der Mensch und Tier gemeinsame tierische Vorfahren haben, sind vor allem dafür mitverantwortlich, dass besonders in den letzten hundert Jahren die menschliche Individualität so häufig missachtet und unterdrückt wurde.

Zwar ist eine ganze Reihe höher entwickelter Säuger durchaus in der Lage, manch erstaunliche geistige Leistungen zu erbringen – und vermutlich sind sogar einige von ihnen zu differenzierten Gefühlen fähig. Wer zum Beispiel eine Elefantenkuh gesehen hat, die verzweifelt versucht, ihr totes Junges durch Hinundherrütteln zum Leben zu erwecken, es schließlich deshalb heftig auf den Boden wirft und danach noch lange Zeit regungslos neben dem toten

Körper wie in tiefer Trauer verharrt, der kann das nachvollziehen. Elefanten erkennen sogar aus einem wirren Haufen von Knochen die ihrer Artgenossen wieder und legen sie behutsam zur Seite.

Zu schnell allerdings entstehen aus solchen Fakten Legenden, die dann wieder weit über das Ziel hinausschießen: Natürlich haben Elefanten dabei kein Pietätsgefühl oder gar eine differenzierte Vorstellung vom Tod selbst, so wie wir Menschen sie besitzen. Das hat eben nichts damit zu tun, dass sie tatsächlich eine Art Trauer an den Tag legen können, weil sie merken, dass ihnen ein Gefährte oder ein Junges "abhanden" gekommen ist. Die Fähigkeit, die Knochen ihrer Artgenossen zu erkennen, dürfte wohl vor allem auf ihren schier einzigartigen Geruchssinn zurückzuführen zu sein, der allen anderen Säugern überlegen ist. Das Trennen arteigener Knochen von denen anderer Wesen scheint folglich nur instinktiv zu sein. Elefantenfriedhöfe, als womöglich "bewusst" aufgesuchte Orte zum Sterben, gehören dagegen ins Reich der Legenden.

Sicher haben auch Elefanten, um bei diesem schönen Beispiel eines intelligenten Säugers zu bleiben, Gefühle und Bewusstsein.

Doch kein einziges Tier reicht damit natürlich auch nur annähernd an den Menschen mit seinem überaus großen intellektuellen, emotionalen, sozialen und kulturellen Facettenreichtum heran.

Besonders deutlich wird das bei den beiden Grundwerten "Gut und Böse": Hier legen gerade wieder die letzten hundert Jahre ein zuvor unerreichtes Zeugnis für die Spannbreite zwischen diesen beiden Antipoden ab, etwas, wozu allein der Mensch fähig ist.

Auf weitere Beispiele brauche ich wohl nicht einzugehen; denn sehr viele davon sind uns, vor allem leider auch was das Böse betrifft, nicht nur aus Geschichtsbüchern in trauriger Erinnerung.

Im Gegensatz zu allen Spezies der ganzen Tierwelt unterscheidet sich der Mensch ganz besonders untereinander, also zwischen den einzelnen Individuen seiner eigenen Art. Die Evolution des Lebens änderte beim Menschen ihre Marschrichtung: Ab sofort findet Evolution zwischen den einzelnen Individuen nur der einen Spezies, dem Menschen, statt. Nicht mehr die ganze Art strebt nach kollektiver Perfektion und Vollkommenheit, sondern jedes einzelne Individuum selbst hat fortan diesen Weg zu gehen.

Die Evolution wechselte das Pferd, was ihr jedoch die "Arbeit" keineswegs erleichtert. Im Gegenteil, ihr Weg wird nun noch mehr und immer wieder von schweren Rückschlägen begleitet – früher genauso wie heute und vielleicht noch viel mehr in Zukunft.

Der neue Weg der Evolution ist klar umrissen und wird jetzt jedem einzelnen Menschen ganz unmittelbar zuteil. Auch ist die "neue" Evolution nun keine körperliche mehr. Das menschliche Gehirn ist schon seit Jahrtausenden fertig, und zwischen Genies und Idioten, zwischen Guten und Bösen, zwischen Liebenden und Hassenden gibt es keine relevanten anatomischen Unterschiede.

Von Tag zu Tag wird das Spielfeld der "neuen" Evolution immer größer. Erstmals überhaupt treten eben gravierende Unterschiede zwischen den einzelnen Vertretern derselben Gattung auf, und sie nehmen ständig zu. Es sind intellektuelle, emotionale, soziale und kulturelle Unterschiede, die sich nun dramatisch auseinander entwickeln. Kein einziger Mensch ist mehr mit einem anderen vergleichbar – jeder Einzelne kann völlig sicher sein, für immer ein einzigartiges und absolut unverwechselbares Unikat im ganzen Universum zu bleiben.

Genau dies ist aber erst die Folge seines "Werdens" und nicht seines "Seins". Die absolute Einzigartigkeit jeder einzelnen menschlichen Persönlichkeit *entwickelt* sich erst im Laufe seines Lebens.

Man könnte das wieder mit der positiven Entropie in der Thermodynamik vergleichen, die ebenfalls unumkehrbar zu unverwechselbaren Zuständen führt.

Seit Beginn allen Lebens strebte immer die Art als Ganzes im ziemlichen Gleichschritt ihrer Artgenossen zu größtmöglicher Perfektion. Stets stand also das Kollektiv allein im Vordergrund.

Die Menschheit dagegen kann sich als Ganzes nur über den Fortschritt eines jedes Einzelnen ganz allmählich perfektionieren. Das Kollektiv ist somit von der Entwicklung jedes Einzelnen abhängig geworden.

Das Wechseln des Pferdes bedeutet für die Evolution ein bisher unbekanntes, ja ganz erhebliches Risiko. Zugleich aber eröffnet sich ihr auch eine sonst nicht mögliche, riesige Chance. Einerseits geht die Evolution jetzt das Risiko ein, auf bereits hoher Stufe nach Milliarden von Jahren zu scheitern, weil der Mensch als ihr vermeintliches Erfolgsprodukt erstmals und als zumindest einziges irdisches Wesen in der Lage ist, ihre sämtlichen Früchte auf einen Schlag zu vernichten. Andererseits besitzt sie jetzt aber auch die einmalige Chance auf immer mehr Perfektion in einer Vielfalt von nicht abschätzbar ungeheurem und unfassbarem Ausmaß.

Die Evolution muss offenbar um Risiken und Chancen "gewusst" haben, weil sie kein reines Zufallsgeschehen sein kann und ist.

Sie hat diesen Weg "gewählt", weil die Chancen berechnet sind und wohl überwiegen. Sie wird Erfolg haben, weil sie geradezu zum Erfolg verdammt ist. Der Erfolg ist das Ziel aller Evolution.

Doch was ist ihr Ziel, der Erfolg? Nun, es kann sich dabei nicht mehr um ein körperliches Ziel handeln; denn alles Körperliche ist naturgemäß begrenzt, endlich und zählbar. Das Neue des beim Menschen erstmals ersichtlichen Paradigmenwechsels der Evolution ist wohl von einer ganz anderen Dimension: Mit dem Menschen betritt sie offenkundig das Feld des Unendlichen und Nicht-Zählbaren; denn sie produziert jetzt nicht mehr soviel körperliche, sondern vielmehr geistige Vielfalt. Körperliche Unterschiede werden zur Nebensache. Doch geistige Facetten, wie die von Gut und Böse, von Liebe und Hass, von Schönheit und Hässlichkeit, von Gerechtigkeit und Ungerechtigkeit, von Genie und Idiotie, von Harmonie und Chaos, sie alle sind in Qualität und Quantität unbegrenzt und potentiell unendlich. Jeder einzelne Mensch besitzt grundsätzlich schon in seinem körperlichen Leben die Chance, davon für sich einen größtmöglichen Teil zu erschließen.

Im Rahmen ererbter und erworbener körperlicher Umstände und Rahmenbedingungen sowie aufgrund seines späteren sozialen und kulturellen Umfelds ist es ihm überlassen, sich in diesen und anderen jetzt im Vordergrund stehenden und entscheidenden Facetten des Lebens zu bewegen.

Dabei kann er, wenn er nur will, das Positive überwiegen lassen.

Doch alle diese Facetten sind jetzt rein geistiger Natur.

Obwohl nichts davon greifbar ist und nur mittelbar der sinnlichen Erfahrung unterliegt, handelt es sich hierbei um die nunmehr alles in unserem menschlichen Leben entscheidenden Attribute und Eigenschaften. Der Mensch ist in der Lage, sie alle für sich zu erschließen, weil sie grundsätzlich als *geistige Möglichkeiten* und Ideale offenbar *real* existieren.

Schließlich ist es auch allein der menschliche Geist, der z.B. aus einem schier materiellen Chaos von Schwingungen der Luft, die ihn umgibt, eine wunderschöne Symphonie erkennen kann – nicht die Schwingungen selbst könnten sie ihm vermitteln.

Und wieder ist es allein des Menschen immaterieller Geist, der ein Sammelsurium verschiedenster Lichtfrequenzen als phantastisches Farbenspiel eines herrlichen Sonnenuntergangs deutet.

Als für einige Zeit auch materiell verkörpertes Wesen benötigt er dazu zwar bestimmte Gerätschaften, wie etwa Sinnesorgane, mit denen er mittlerweile adäquat ausgestattet ist. Ihre Ergebnisse jedoch müssen immer erst "übersetzt" und interpretiert werden: und das ist etwas rein Geistiges. In unserem materiellen Universum gibt es weder Schönheit noch Hässlichkeit. Ebensowenig gibt es Gut oder Böse, Gerechtigkeit oder Liebe.

Sie alle sind rein geistige Qualitäten, die das Leben zu *erfahren* und *entdecken* erst fähig wird, wenn es reif dafür ist. Und so wie die Evolution des Körperlichen offensichtlich schon immer zum Perfekten strebt, so muss es die Evolution des Geistes zwangsläufig auch vorhaben.

Die Evolution des Körperlichen führte zu einer Vielzahl von unterschiedlichsten Arten. Sie alle wurden allmählich zu der ihr eigenen, zweckmäßigsten und bestmöglichen Perfektion geführt. Genau dies ist das Grundprinzip darwinistischer *Selektion* – eine große Leistung, mit der *Charles Darwin* zweifelsfrei Recht hat.

Die Evolution des Geistes hat es nun nicht mehr zuvorderst mit ganzen Arten zu tun – nein, sie hat jetzt jeden Einzelnen vor sich.

Sie muss sich mit jedem individuellen Geist befassen und nicht mehr mit verschiedenen Kollektiven. Folglich stehen wir alle mitten in einer Evolution jedes einzelnen Geistes, mit dem zwangsläufigen Ziel, den Geist jedes einzelnen Menschen zu der ihm eigenen, zweckmäßigsten und bestmöglichen Perfektion zu führen.

Aus dieser Perspektive besitzt kein Körper mehr irgendeinen Stellenwert, auf den die Evolution des Geistes noch Rücksicht zu nehmen braucht – ja gar nicht darf.

Die größte Unzulänglichkeit des Körperlichen ist natürlich seine Endlichkeit, die irgendwann ausnahmslos zu seinem Tod führt.

Aus dem bisher Gesagten kann dieser Tod für die Evolution des Geistes jedoch kein Hindernis sein. Sie muss den Tod überdauern; denn sie hat mit ihm überhaupt nichts zu tun.

Der Tod tangiert nur das Endliche und damit das Körperliche.

Bei praktisch allen Tieren steht das kollektive Ganze, die Art, im Vordergrund. Das geistige Niveau jedes einzelnen Organismus derselben Art ist untereinander vergleichbar und im Vergleich zu uns Menschen schwach ausgeprägt. Selbst die dem Menschen am nächsten stehenden Säuger, die Menschenaffen (Primaten), besitzen nur ein im Vergleich relativ schwach entwickeltes Bewusstsein und Selbstbewusstsein. Durch nichts in der Welt lässt sich aus dem Geist eines Primaten der eines Menschen machen. Das geistige Niveau des Menschen ist regelrecht die Folge eines geradezu unglaublichen Quantensprungs in qualitativer und quantitativer Hinsicht.

Besonders deutlich wird das noch einmal, wenn man nicht nur die absolute Zeit, sondern die geringe Zahl der Nachkommenschaften betrachtet. Man darf wohl berechtigterweise davon ausgehen, dass sich der Mensch von vor ungefähr 10.000 Jahren in seinem ganzen geistigen Auftreten kaum von dem vor vielleicht 100.000 oder 200.000 Jahren unterschied. Hier wie da waren sie einfache Jäger und Sammler.

Seine beschleunigte geistige Entwicklung erstreckt sich demnach auf weniger als 10.000 Jahre. Bedenkt man, dass dies bis heute nur etwa 400 Generationen sind[72], dann vollzog sich die gesamte so entscheidende geistige Entwicklung des Menschen in geradezu atemberaubend kurzer Zeit.

Eindeutig parallel zu diesem unglaublich dramatischen Prozess kam es zu einer immer stärkeren Individualisierung. Die Evolution des menschlichen Geistes ist, wie bereits gesagt, zugleich also eine Evolution des individuellen menschlichen Geistes. Wenn für sie der Tod des Körperlichen keine Barriere sein kann, dann muss folglich jeder einzelne Mensch den Weg seiner eigenen geistigen Evolution

---

[72] man rechnet für eine Menschengeneration 25 Jahre.

auch als etwas über den körperlichen Tod Hinausgehendes begreifen.

Beim Tier ist es im Prinzip genauso: Der tierische Geist überdauert den körperlichen Tod natürlich auch: Er gehört jedoch zum kollektiven geistigen Ganzen seiner Art und ist sich seiner selbst nicht bewusst. Anders gesagt: Erst wer in der Lage ist, sich bereits "im Diesseits" als geistiges Wesen zu begreifen und selbst zu erkennen, wird dazu auch nach seinem körperlichen Tod fähig sein und in die Lage versetzt werden, seine eigene geistige Entwicklung weiter mit voranzutreiben.

Evolution ist für uns dann auch nicht mehr etwas, das passiv erduldet werden muss. Vielmehr wird der Mensch jetzt zu einem aktiven Teilnehmer, einem mitgestaltenden Partner der Evolution, was zu ihrer enormen Beschleunigung führen kann, soll und wird. Auch das geistige Prinzip sämtlicher Organismen, die dazu noch nicht fähig sind, bleibt natürlich ebenso erhalten, jedoch hier im Sinne eines Kollektiv- oder Artgedächtnisses.

Mit Hilfe meiner Theorie kann man ohne Mühe viele Phänomene in der Biologie erklären und andere Theorien unterstützen, die bisher noch völlig unerklärlich sind oder nicht selten sogar als absolut unwissenschaftlich kritisiert werden. Dazu zählen u.a. bestimmte Beobachtungen wie *Konvergenz* und *Mimikry* sowie die *Abstimmung des Verhaltens zwischen verschiedenen* Arten, aber sicher auch z.B. die *morphogenetischen Felder* des englischen Biologen *Rupert Sheldrake.*

Jedes einzelne menschliche Individuum wird zunächst zum Mittelpunkt seiner eigenen Evolution. Sie ist ein primär geistiger Prozess unbegrenzter unendlicher Möglichkeiten. Zugleich wird die eigene Evolution zu einer notwendigen Voraussetzung für die erfolgreiche Evolution des Ganzen, der gesamten Menschheit.

Altruismus, d.h. selbstlose Hilfe bei der erfolgreichen Evolution des Nächsten, ist somit angesagt, und das zu erkennen wird zum Zeichen geistiger Reife. Jeder Mensch muss sich dessen nur erst einmal bewusst werden.

Folglich sind alle gleichmacherischen Ideologien grundweg falsch.

Sie ergaben sich aus einer überholten materialistischen Weltsicht, die es nunmehr endlich zu überwinden gilt. Sie weiter zu betreiben ist eigentlich reaktionär. Man versündigt sich damit an der Menschheit und behindert ihre Entwicklung. Aufhalten kann man sie letztlich natürlich nicht, es sei denn, man zerstört sich selbst; denn das Individuum als Konstrukt der Evolution dringt irgendwann zu seinem Recht vor, weil es die Evolution so will. Doch bleiben dabei leider immer wieder unzählige Leben auf der Strecke. Die letzten hundert Jahre haben dies so oft und in erschreckend barbarischem Ausmaß gezeigt.

Jeder einzelne Mensch muss seine Chance haben, sich in der ihm möglichen, einzigartigen Weise selbst zu vervollkommnen.

Untrennbar verbunden ist damit aber auch die Pflicht eines jeden, seinen Nächsten dabei zu helfen, die eigenen Chancen ebenfalls wahrzunehmen. Diese individuelle Verantwortung darf keinem Menschen durch irgendwelche Institutionen eingeschränkt oder gar genommen werden. Jeder einzelne Mensch muss lernen, sich als Motor seiner eigenen, bedeutenden Evolution zu begreifen und dies seinen Nächsten zu vermitteln.

Jeder Mensch besitzt ungeahnte Chancen, die jedem Tier auf dieser Erde in auch nur entfernt ähnlicher Form verwehrt sind.

Jeder Mensch hat, damit untrennbar verbunden, genauso eine ungeheure Verantwortung – und zwar für sich sowie für das Wohl seiner Nächsten. Es muss daher Aufgabe der Gesellschaft sein, mit großer Strenge darüber zu wachen, dass *beides* wahrgenommen wird. Genau dies meint, wie ich schon früher ausführte, die Bibel mit den Begriffen *"Gottesliebe"*, *"Liebe zu sich selbst"* und *"Nächstenliebe"* – und zwar genau in dieser Reihenfolge.

Dabei steht "Gottesliebe" gerade auch für die zuvor bereits beschworene Einsicht, dass der Mensch keineswegs nur ein zufälliges Individuum in dieser Welt ist, sondern ein hoch entwickeltes, bewusstes und selbstbewusstes geistiges Wesen, das sich *"Gott nach seinem Bilde schuf"*. Diese biblische Aussage bezieht sich natürlich auf die erstmals beim Menschen auftretende, völlig neue, geistige, d.h. intellektuelle, emotionale, soziale und kulturelle Dimensionalität, die zudem jeden einzelnen Menschen auf ewig zu einem einzigartigen Unikat in dieser Welt macht.

Die "Liebe zu sich selbst" entwickelt sich mit der Erkenntnis des eigentlichen "Ich", seines Status' und seiner Aufgabe – die "Nächstenliebe" ergibt sich als zwangsläufige Konsequenz daraus.

Nur derjenige, der sich als das erkennt, was er wirklich ist, nämlich ein nicht austauschbares, geistiges und dauerhaftes, ja unsterbliches Wesen zu sein, ist auch in der Lage, die jetzt notwendige Portion an Selbstlosigkeit (Altruismus) aufzubringen, die zur gemeinsamen Verantwortungsbereitschaft für uns alle führen wird. Wir alle, die ganze Menschheit, aber auch unsere schöne Erde mit allem, was auf ihr "kreucht und fleugt", brauchen sie mehr denn je dringend, um alles vor dem drohenden Untergang zu bewahren.

Der Mensch ist von allen Wesen, die diese Erde bewohnen, bei seiner Geburt am unfertigsten. Im Gegensatz zu jungen Affen können Menschenkinder nach ihrer Entwöhnung von der Muttermilch noch jahrelang nicht selbst ihre Nahrung beschaffen und sind ohne Hilfe nicht überlebensfähig. Wie kein anderes Wesen entwickelt er sich über sehr viele Jahre, ja praktisch zwei volle Jahrzehnte, zu einem Erwachsenen, der im Vergleich zu jedem Tier in Bezug auf seine Restlebenszeit auch dann noch völlig unfertig ist. Wo einem Tier dann, wenn es erwachsen ist, kaum noch etwas Sinnvolles hinzugefügt werden kann, steht der Mensch immer noch am Anfang einer ungleich spannenderen, rein geistigen Entwicklung. Im Vergleich dazu ist sein körperlicher Werdegang kaum mehr erwähnenswert, während er beim Tier entscheidend ist.

Des Menschen geistige Entwicklung lässt sich in das Intellektuelle, das Emotionale und Seelische, das Ethisch-Moralische sowie das Kulturelle und Gesellschaftliche untergliedern. Jeder Einzelne durchläuft sie sowohl in qualitativer wie quantitativer Hinsicht vollkommen unterschiedlich.

Doch egal welche Prioritäten sie setzt oder welchen Charakter sie einnimmt – egal, ob mehr Gutes oder mehr Böses haften bleibt – immer kommt es zu einer gigantischen Zunahme rein geistiger Attribute, die mit zunehmendem Alter erkennbar auf ihren (vorläufigen) Höhepunkt zustrebt. Während der Mensch so wie jedes Tier auch im Alter jedoch körperlich an Kraft verliert, wächst sein Geist weiter – und damit potentiell auch seine Weisheit. Weisheit hat nicht unbedingt etwas mit Intelligenz zu tun!

Als Arzt stelle ich immer wieder fest, wie weise alte Menschen sind – und mögen sie vom Intellekt her noch so einfach sein. Vielmehr ist es ihr Vermögen, die Welt jetzt aus einer anderen, ja man sollte fast sagen, distanzierteren und höheren, dabei gelasseneren und großmütigeren Sicht zu betrachten und zu bewerten. Als Schlüssel zur Weisheit zeigen sie oft eine erstaunliche Toleranz, die ihnen in jungen Jahren nicht zu Eigen war. In allen Naturvölkern sind die Ältesten noch immer tonangebend. Man sucht ihre Nähe und ihren Rat. In vielen analphabetischen Gesellschaften sind sie außerdem oft ein überlebensnotwendiges Lexikon lebenslanger Erfahrungen.

Sofern nicht diverse Hirnkrankheiten das Kommunikationsgerät Gehirn beschädigen, bleibt jeder Mensch bis an sein Lebensende unbegrenzt lernfähig. Vieles mag zwar im Alter etwas langsamer und mühsamer vonstatten gehen, niemals aber ist dies ein geistiges, sondern stets ein rein körperliches Problem.

Theoretisch ist geistiges Wachstum bei jedem Menschen unbegrenzt möglich. Allein der Tod scheint seine geistige Entfaltung bremsen zu können. Doch das muss aufgrund des bisher Gesagten ein Trugschluss sein. Während der Tod dem offenkundigen Abbau des Körperlichen ein natürliches und sogar sinnvolles Ende setzt, wird, so scheint es zunächst, das lebenslange geistige Streben nach immer höherer Perfektion und Vervollkommnung durch ihn jäh und grundlos unterbrochen.

Schon aus logischen Gründen muss dies völlig absurd sein, zumal der vormals zur Verfügung stehende Körper eigentlich von vornherein nur eine nebensächliche Rolle gespielt hat, die zudem mit zunehmendem Alter immer unbedeutender wurde. Besonders auffällig ist dies bei Menschen, die der Umwelt durch ihren sehr scharfsinnigen Geist auffallen, deren Körper aber schon zeitlebens dahinsiecht, wie das Beispiel des bekannten englischen Physikers *Stephen Hawking* zeigt.

Der berühmte deutsche Dichter, Philosoph und Naturforscher *Johann Wolfgang von Goethe* greift dies in etwa auf, wenn er zu seinem Vertrauten *Johann Peter Eckermann*, selbst Schriftsteller, sagt:
"Die Überzeugung unserer Fortdauer entspringt mir aus dem Begriff der Tätigkeit; denn wenn ich bis an mein Ende wirke, so ist die Natur verpflichtet, mir eine andere Form des Daseins anzuweisen, wenn die jetzige meinen Geist nicht ferner auszuhalten vermag".[73]

---

[73] Johann P. Eckermann: "Gespräche mit Goethe", zwischen 1837-1848 erschienen.

Der körperliche Tod eines Menschen ist nicht sein geistiges Ende. Er kann es gar nicht sein. Jeder Einzelne hat es dabei in seiner eigenen Hand, sich zu seinen (noch körperlichen) "Lebzeiten" im positiven Sinne unsterblich zu machen. Jeder Einzelne muss nur erkennen, dass es in seiner Macht liegt, das ihm zur Verfügung stehende "geistige Potential" qualifiziert zu differenzieren, d.h. sich im Rahmen seiner Möglichkeiten positiv zu vervollkommnen.

Alle seine Chancen, aber auch alle seine Versäumnisse, alles Gute wie auch alles Böse, seine Güte und seine Liebe, aber auch seine Begierden, sein Hass und seine Untaten – alles, ausnahmslos alles bleibt ewig bestehen und für immer präsent, weil in dieser Welt nichts Geistiges verloren gehen kann. Menschen mögen anderen Menschen viel Freude bereitet oder sie womöglich sogar getötet haben, sie haben der Welt geholfen oder ihr sehr geschadet. Nichts davon ist vergänglich.

Dieses weltumspannende, alles umfassende und durchdringende "geistige Internet" sieht und behält alles für immer und ewig.

Irgendwann wird für jeden von uns einmal der Zeitpunkt kommen, wo er sich seines Verhaltens sehr freuen darf oder sich vielleicht unsagbar schämen muss. Keiner wird einen richten – jeder Einzelne richtet sich ausschließlich selbst – und das ist noch schlimmer. Jeder Einzelne wird immer wieder die Chance bekommen, Gutes zu tun, lieben zu lernen und Böses zu unterlassen – sowie, wo nötig, Ausgleich zu schaffen. Aber niemals wird das Neue deshalb das Vergangene vergessen machen. Das neue Gute verdrängt schließlich jedoch das alte Böse und lässt es in einem blasseren Licht erscheinen.

Wir müssen langsam lernen, dies zu erkennen, damit wir uns endlich unserer großen Verantwortung für diese Welt und ihre Evolution, deren geistiger Hoffnungsträger wir jetzt sind, gerecht werden können. Der Weg bis zu uns war ein unermesslich langer, dornenreicher und überaus steiniger Pfad gewesen. Er war voller Umwege und verlangte vielen und vielem, das uns vorausging, unsägliche Entbehrungen ab. Dieser Weg konnte nur deshalb gelingen, weil er schon immer das offenkundige Ergebnis einer für uns Menschen wohl immer unbegreiflichen und umfassenden Liebe ist: der Liebe Gottes, wie immer wir auch ihn/sie definieren wollen.

Schließlich müssen zwangsläufig alle Vorstellungen von Gott fehlschlagen. Es kann sie einfach nicht geben, sowenig wie wir, mathematisch gesprochen, die Wurzel aus "-1" ziehen können, obwohl sie logischerweise existieren muss.

Genau dies ist der Grund für das biblische Gebot, wir sollten uns kein Bild Gottes machen und der Grund, warum es im Islam überhaupt keine Darstellungen Allahs gibt – eben nicht, weil man es tatsächlich nicht dürfte, sondern weil es gar nicht geht.

Will man mit Logik und Konsequenz aus dem vorher Gesagten ein weiteres Fazit ziehen, dann doch bestimmt dieses, dass egal wer oder was Gott ist und wie immer "er+sie" beschaffen ist: "Er+Sie" muss zugleich auch etwas außerordentlich Individuelles und Persönliches sein.

8. Sexualität im Spiegel von Evolution und Geist

Im Mittelpunkt meiner Ausführungen zur Evolution allen Lebens stehen meine folgenden drei Kernthesen:

1) Neben der Evolution des Lebens selbst gibt es zugleich auch eine Evolution ihrer Evolutionsmechanismen. Nur am Anfang sind Mutationen ihr *wichtigster* Zündfunke, während die natürliche Auslese, die Selektion, ihren Wert als Steuerungsfaktor nie verliert. Kooperation und Kommunikation, genauso aber auch Instinkte, Bewusstsein und Selbstbewusstsein treten als neue selbständige Einflussfaktoren nach und nach entscheidend hinzu und steuern allmählich immer mehr das Geschehen mit. Die *ursprüngliche*, rein darwinistische Selektionstheorie bleibt davon unangetastet.

2) Als wichtigstes Element der körperlichen Evolution erweist sich schon recht bald das Entstehen und die konsequent kontinuierliche Entwicklung effektiver Kommunikationssysteme unter dem Dach

einer hierarchisch strukturierten, abwärtskompatiblen Steuerung, dem Zentralnervensystem (ZNS).

3) Die Evolution ist parallel auch ein körperunabhängiger geistiger Prozess. Das Zentralnervensystem (ZNS) wird dabei zum Mittler zwischen geistiger und körperlicher Evolution. Die Entwicklung der Arten wird in zunehmendem Maße durch ein sich mehr und mehr *emergent* differenzierendes geistiges Feld mit Hilfe permanenter interaktiver Rückkopplung entscheidend mit beeinflusst.

Zunächst gibt es bestimmte grundsätzliche, d.h. zahlengesteuerte und geometrische Entwicklungsprinzipien, nach denen sich alle Lebewesen formen. Mutationen sind zufällige Zündfunken, die zu unmittelbaren biochemischen Veränderungen am Erbgut führen.

Für geraume Zeiten sind Mutation und Selektion zur Auswahl der am besten geeigneten Organismen die wichtigsten Motoren neuer Entwicklungen. Doch schon von Anfang an gibt es – zunächst unspezifische – Einflussnahmen durch ein alles umfassendes geistiges Feld. Gezielte Informationen, z.B. über Lichtquanten oder generell elektromagnetische Strahlung, sind erst die Ursache dafür, dass komplexe Ein- und Mehrzeller überhaupt entstehen und sich zusammenrotten. Durch Information wird also totes Material zu Leben erweckt, wenn es die geeigneten Voraussetzungen erreicht hat: Ein permanenter Austausch von Information durch Interagieren mit dem geistigen Feld setzt ein.

Die biochemische Grundlage dafür, und somit für das Leben, sind komplexe dreidimensionale Strukturen – große Moleküle und ebensolche Zellen. Sie wirken als Resonanzkörper und Antennen für das "Informationsmaterial", welches gewisse Richtungen und Rahmen vorgibt, innerhalb derer nur Mutationen walten können.

Das jeweils Geeignetste überlebt. Alles, also auch jede neu "ausprobierte" Struktur, gibt ihrerseits wieder Informationen ab, die das geistige Feld speichert. Damit wird der Geist selbst – auf sehr lange Zeit "unbewusst" – allmählich immer weiter differenziert.

Nach und nach entstehen neue Arten – in immer kürzerer Zeit mit besserer Ausstattung durch effiziente Informationsrückkopplung.

Vorbestimmte Muster, ständig neue Mutationen und permanente gegenseitige Abstimmung über das ständige "feed-back" werden obendrein konsequent dadurch verbessert, dass schon recht früh umfassende Strukturen zur Kommunikation entwickelt werden.

Auch sie werden mit der Zeit immer weiter verfeinert und laufend verbessert. So entsteht ein hierarchisch streng strukturiertes, immer komplexeres Nervensystem, das Zentralnervensystem (ZNS).

Hierdurch verbessern sich allmählich Quantität und Qualität jeder Kommunikation – sowohl die zwischen den einzelnen Strukturen desselben Individuums, als auch das Niveau der Interaktionen mit dem geistigen Feld. Das ZNS wird parallel dazu zu einem immer effizienteren Mittler zwischen der geistigen Welt und allen körperlichen Wesen. Folglich wird auch die geistige Welt damit immer schneller und umfassender differenziert. Es entstehen so regelrechte Artgedächtnisse, die das Instinktverhalten bilden und dann abstimmen. Nach gigantischen Zeiträumen entsteht zunächst allmählich eine Art frühes Bewusstsein, das eine noch effizientere Rückkopplung ermöglicht. Mit dem Menschen schießt schließlich erstmals ein umfassendes Selbstbewusstsein wie Phönix aus der Asche. Mit seiner Hilfe wird der Mensch jetzt sogar zu einem wertvollen Partner und aktiven Mitgestalter der Evolution.

Das sich immer stärker differenzierende geistige Feld wird fortan personalisiert und individualisiert. Zufällige Mutationen sind zwar immer noch möglich und treten auch laufend auf, ihr Einfluss aber wird immer geringer. Das rätselhafte Phänomen der *Kongruenz* lässt sich über den Zugriff auf einen seit vielen Millionen von Jahren bestehenden Informationspool plausibel und einfach erklären.

Mit dem Aufkommen von Bewusstsein und Selbstbewusstsein werden erstmals sogar Entwicklungen eingeleitet und gestützt, die primär weder der Arterhaltung noch dem unmittelbaren Überleben dienen und nun beginnen, den bis dahin standhaften Einfluss der Selektion zu mindern. Beide sind quasi Luxusgüter, deren Sinn erst durch die Annahme einer immerwährend aktiven, kontrollierten Rückkopplung verständlich wird, wodurch sie zu neuen und wertvollen Mechanismen der Evolution avancieren.

Es ist erstaunlich, dass die Evolution offensichtlich stets bestrebt ist, alle neuen Attribute zu perfektionieren. Die Mimikry, also das Nachahmen ganz bestimmter Merkmale oder Verhaltensweisen, scheint mir hiefür ein sehr schönes Beispiel zu sein.

In der Regel dient jede Perfektionierung vor allem natürlich zuerst der Sicherung von Fortpflanzung und Arterhaltung.

Was die menschliche Sexualität betrifft, scheint die Anatomie der hierfür erforderlichen Geschlechtsorgane über diese essentiellen Ziele im Ergebnis jedoch längst deutlich hinauszugehen.

Kurz gesagt, Perfektion scheint hier ganz offensichtlich nicht mehr allein zur "reibungslosen Erfüllung natürlicher Erfordernisse" angesagt, sondern etwas völlig "Unevolutionäres" kommt ins Spiel: nämlich Lust und Vergnügen! Das ist nur dann nachvollziehbar, wenn es hierfür andere Gründe gibt, welche die Evolution dazu "anregen". Ich kann mir in diesem Zusammenhang nur eine "gezielte geistige Aufforderung" vorstellen. Religiöse Tabus, die ausgesprochen werden, weil man z.B. bestimmtes Sexualverhalten als nicht der Fortpflanzung zuträglich ablehnt, werden somit ad absurdum geführt. Im Folgenden will ich das etwas verdeutlichen.

Offenbar nur bei drei Tierarten, den Zwergschimpansen (Bonobos), den Delphinen und beim Menschen, ist Sexualität mit ziemlicher Sicherheit nicht allein auf Fortpflanzung gerichtet. Die Weibchen aller anderen Tierarten werben z.B. nur während der fruchtbaren Zeit um Sexualität oder lassen sie überhaupt zu. Allein der Mensch ist jedoch ohne jede Einschränkung durch feste Brunstzeiten potentiell immer sexuell aktiv. Ein biologischer Grund hierfür scheint wohl der versteckte Eisprung bei der Frau zu sein. Er kommt in der Tierwelt sehr selten vor, findet sich allerdings auch bei einigen Menschenaffen, interessanterweise aber nicht bei den uns am nächsten stehenden Schimpansenarten (ihr Erbgut unterscheidet sich nur um etwa 1,5 % vom Menschen).

Die Frau gehört zu den wenigen weiblichen Lebewesen, die im Großen und Ganzen *nicht* merken, wann genau ihr Eisprung erfolgt und sie fruchtbar macht. Des Menschen Sexualität kann also von daher schon nicht allein auf Fortpflanzung abzielen. Auch ist eine Frau, im Gegensatz zu fast allen weiblichen Tieren, ständig *sexuell* empfänglich.

Im Gegensatz zur Menschenäffin und allen anderen Tieren besitzt die Frau eine Klitoris, den Kitzler – ein aus "rein fortpflanzungs-technischer Sicht sonderbares Attribut", für das man wohl nur das lustvolle Erleben der Sexualität als Grund plausibel anführen kann.

Ähnliches gilt im Übrigen wohl auch für den Penis des Mannes.

Im erigierten Zustand misst seine Länge durchschnittlich 12-13cm. Bei Gorillas ist er dann aber nur 3cm und beim Orang-Utan nur 4cm lang. Das überrascht; denn diese beiden, dem Menschen eng verwandten Spezies, sind körperlich viel größer als der Mensch.

Für die Begattung ist aber die Größe des Penis genausowenig entscheidend wie für kompliziertere Stellungen, um den Koitus überhaupt ausüben zu können: Gorillas und Orang-Utans können das trotz ihres kleinen Penis sogar auf Bäumen bewerkstelligen.

Auch für einen längeren Koitus spielt die Penislänge keine Rolle: Die durchschnittliche Dauer des Geschlechtsverkehrs beträgt, wie der amerikanische Physiologe *Jared Diamond* schreibt, beim Menschen nur etwa 4 Minuten, beim Orang-Utan dagegen 15 Minuten. Es gibt also keinen triftigen physiologischen Grund.

Wie man inzwischen auch weiß, ist der verhältnismäßig lange menschliche Penis eher sogar viel weniger eine Attraktion für die Frau als für den Mann selbst. *"Frauen*, so schreibt Diamond, *berichten meist, sie würden von anderen Eigenschaften des Mannes mehr erregt, und den Anblick des Penis finden sie, wenn überhaupt, eher unattraktiv"*.

Lange beobachtete Jared Diamond Naturvölker auf Neuguinea.

Die eingeborenen Männer verwenden eine verzierte Röhre, den sog. Penisköcher. Davon besitzen sie mehrere Varianten, die sie je nach Stimmungslage anlegen. Ohne ihn fühlen sie sich nackt. Und Diamond ergänzt: *"Der Penisköcher ist eigentlich ein auffälliger, erigierter Pseudopenis, und er macht deutlich, wie die Männer (!) gern ausgestattet wären"* (Anm.: Ausrufezeichen von mir).

Mit der Klitoris und dem Penis findet man zweifellos zwei Attribute, die einerseits gar nicht, andererseits *nicht* in der vorliegenden Form und Ausstattung eine unmittelbare Bedeutung für die Fortpflanzung und damit den Erhalt der Menschheit besitzen. Genausowenig bieten sie irgendeinen direkten Überlebensvorteil. Ihr Nutzen ließe sich natürlich mittelbar erklären – zum Beispiel damit, dass Mann und Frau infolge des Lustgewinns so häufig zueinander finden, dass es zur Arterhaltung ausreicht. Das aber berührt wieder eine höhere geistige Ebene, und genau darauf will ich ja hinaus.

Ziemlich sicher kann man nun auch davon ausgehen, dass die geschlechtliche Anatomie des heutigen Menschen kaum von der unserer frühen Vorfahren abweicht. Sie hat sich wahrscheinlich also im Gleichschritt mit der Menschwerdung bereits damals genau so entwickelt, wie sie heute ist. Man muss sich also fragen, warum sich beim Menschen eine sexuelle Ausstattung entwickelte, die auf das Geistige und Bewusste abzielt und wohl von vornherein auch etwas rein Geistiges auslöst, nämlich Vergnügen bereiten soll, während bei fast allen Tieren sonst nur das unbewusst-instinktive Programm zur Fortpflanzung im Vordergrund steht?

Auch Jared Diamond artikuliert an allen rein materialistischen Theorien seine persönlichen Zweifel.

Der Mensch hat Sex offensichtlich nicht nur zur Fortpflanzung, sondern, so scheint es eben, schon seit Beginn der Menschwerdung auch zu seinem Vergnügen – und dies nach freiem zeitlichem Belieben. Dadurch unterscheidet er sich von allen Tieren. Durch die bislang anerkannten und bekannten Evolutionsmechanismen ist das jedenfalls schlichtweg nicht erklärbar.

Der Mensch baut sich sein artspezifisches kollektives geistiges Feld mit Hilfe individueller geistiger Felder auf. Als Ganzes liefert es Informationen an die jeweils körperlich manifestierten Lebewesen.

Diese Vorstellungen decken sich zumindest zum Teil mit dem "kollektiven Unbewussten" oder mit sogenannten "Archetypen", wie sie von den Psychoanalytikern *Sigmund Freud* und *Carl Gustav Jung* postuliert wurden.[74] Informationen von "allgemeinem Interesse" oder grundsätzlicher Bedeutung werden in dieses geistige Feld laufend eingespeichert und können so den artspezifischen Evolutionsablauf beeinflussen.

Noch ein weiteres ganz erstaunliches Phänomen wirft Fragen auf, das außer beim Menschen nur noch bei Grindwalen und ganz wenigen anderen, vergleichsweise *niederen* Tieren existiert:

Ich meine die Menopause, also das plötzliche und dauerhafte Ausbleiben des weiblichen Menstruationszyklus meist zwischen dem 40. und 50. Lebensjahr.

Im Gegensatz dazu bleibt der Mann ein Leben lang fruchtbar, wenn auch mit langsam abnehmender Tendenz. Normalerweise versiegt bei allen weiblichen Tieren die Fruchtbarkeit auch nur ganz

---

[74] Damit wird die Gesamtheit menschlicher Erfahrungen gemeint.

allmählich. Aus Sicht bloßer Arterhaltung wäre es eigentlich doch viel sinnvoller, wenn die Frau ebenfalls bis ins hohe Alter fortpflanzungsfähig bliebe. Natürlich lassen sich gute Gründe dafür anfügen, dass dem nicht so ist. Doch wieder ist erstaunlich: alle Merkmale scheinen dann schon dagewesen zu sein, als der Mensch auf der Plattform des Lebens erschien; denn die Evolution hat die Menopause der Frau nicht erst im Laufe von riesigen Zeiträumen durch Versuch und Irrtum entwickelt: Sie gab es wohl sofort.

Ein guter Grund für die frühe Menopause mag sicher sein, dass die Frau sich aufgrund ihrer ausreichend langen Lebenserwartung stets genügend lange um ihre Nachkommen kümmern kann, bis diese selbständig sind. Und später, als die Lebenserwartung weiter zunahm, konnte sie sich als Großmutter um ihre Enkel kümmern: Die deutschen Forscher Eckart Voland und Jan Beise von der Universität Gießen haben durch Analyse von Bevölkerungsdaten aus dem 18. und 19. Jahrhundert herausgefunden, dass Kinder, deren Oma lebte (interessanterweise aber nur die Oma mütterlicherseits), bessere Überlebenschancen zu haben schienen.

Wie Jared Diamond schreibt, kann die Frau die Anzahl der Menschen, die ihre Gene tragen, offenbar besser dadurch steigern, dass sie sich ihren potentiellen Enkelkindern und anderen Verwandten widmet, statt selbst noch ein weiteres Kind zur Welt zu bringen; denn die Geburt eines Menschenkindes ist ungleich komplizierter und gefährlicher als bei den Tieren, weil das Neugeborene im Verhältnis zu Größe und Gewicht der Mutter vor allem durch seinen Hirnschädel unverhältnismäßig groß ist. Und jede weitere Geburt gefährdet sofort die älteren Kinder, da die Mutter ja bei der Entbindung sterben könnte. Bei kaum einer Tierart gibt es ein ähnlich hohes Geburtsrisiko. Mit zunehmendem Alter der Mutter steigt natürlich auch das Gesundheits- und Sterberisiko des Kindes an. Männer haben alle diese Probleme nicht: Sie sterben nicht bei der Geburt ihrer Kinder und ziemlich selten bei der Zeugung... Und ihr Maß an Verausgabung ist im Vergleich zu dem einer Schwangerschaft wohl zu vernachlässigen...

Männer brauchen deshalb auch keine Wechseljahre.

Nun kann man natürlich wie folgt gegenhalten: Die Menopause gibt es ja nicht ausschließlich beim Menschen, genausowenig wie nur

Menschen einen großen Penis oder einen versteckten Eisprung haben. Und möglicherweise kommt ein Biologe und weist mir nach, dass es auch so etwas wie eine Klitoris bei irgendeinem Tier gibt oder gab. Doch widerspräche dies meiner Argumentation? Nein, ich glaube nicht. Vielmehr sehe ich darin eher noch weitere Hinweise für meine Thesen als Gesamtes:

Die Evolution entwickelt im Rahmen ihrer (durch geistige Informationen determinierten) Möglichkeiten frei und *emergent* ständig Neues. Nicht nur Mutationen, sondern auch wachsende geistige Kräfte spielen dabei wichtige steuernde Rollen.

Selektionsmechanismen wählen dann das "Bestpassende" aus.

Über parallel wachsende Feedback-Mechanismen entsteht eine Art immer größer werdender "geistiger Informationspool", aus dem die Evolution auf ihrem emergenten Weg nach Belieben schöpfen kann. Aber immer geschieht dies sehr zweckmäßig. Auch beim Menschen gestaltet sie seine Geschlechtsorgane und deren Funktionen wieder einmal sehr zweckmäßig. Doch das geschieht ziemlich plötzlich und wahrscheinlich alles komplett auf einmal.

Sämtliche Gründe, die nun dafür sprechen, dass es "so und nicht anders" geschah, sind geistiger Natur. Das rein Physiologische, das zur Fortpflanzung und Arterhaltung Notwendige – all das hätte die Evolution genauso durch einfache *Weiter*entwicklung dessen erreichen können, was schon die menschlichen Vorfahren, die Primaten, besaßen. Doch der Mensch ist ein ganz neues, ein *vornehmlich* geistiges Wesen – und bei ihm kommen deshalb auch geistige Gründe für seine Ausstattung zum Tragen. Dazu gehört – offenbar evolutionsbedingt – dass die Sexualität des Menschen von Anfang an etwas ist, das ihm Vergnügen bereiten soll und nicht nur der Fortpflanzung dient. Leider ist das bis heute von einer Reihe gesellschaftlicher Gruppierungen nicht erkannt worden.

Auch scheint die Evolution viel "Weitblick" zu zeigen, betrachtet man nur die plausiblen, aber wenig materialistischen Erklärungen für die weibliche Menopause.

Ein immaterielles geistiges Wirken scheint also die Gestaltung der Sexualorgane und Sexualfunktionen sinnvoll, zweckmäßig und vorausblickend zu beeinflussen. Dieses Wirken existiert, auch wenn es für uns nicht sinnlich erfahrbar ist. Mit seiner Hilfe aber können wir wunderbare sinnliche Erfahrungen sammeln – und genau das, so behaupte ich, scheint auch das eigentliche Ziel gewesen zu sein. Dann kann sogar die Menopause als ein "bewusstes" Geschenk für die Frau verstanden werden, da ihre Lebenserwartung im Vergleich zu der ihrer Vorfahren allmählich anstieg.

Wie ich meine, zeigt uns das Beispiel der menschlichen Sexualität einmal mehr sehr deutlich, dass jede vordergründig nur scheinbar materielle Evolution in Wirklichkeit selbst in ein genauso parallel dazu evolvierendes und laufend verbessertes, geistiges und offenbar intelligentes Gesamtkonzept eingebettet ist. Alles Leben entwickelt sich durch Evolution – materiell und geistig.

9. Sonderbar: Der psychogene Tod

Im letzten Kapitel habe ich am Beispiel der menschlichen Sexualität gezeigt, dass die Evolution offenbar stets dort, wo der Geist immer höhere Ebenen erklimmt, auch mehr und mehr Eigenschaften und Merkmale produziert, deren Sinn und Zweck wohl nur aus einer immateriell geistigen Perspektive vernünftig zu verstehen sind. Ganz besonders deutlich scheint mir das dort, wo die Evolution des Menschen auf pures Vergnügen abzuzielen scheint. Für besonders wertvoll halte ich in diesem Zusammenhang auch die Tatsache, dass sich alle diese Neuentwicklungen erstmals beim Menschen, dazu noch vollständig und bei seinem Auftreten sofort manifestierten.

Nie waren sie Folge eines allmählichen Entwicklungsprozesses.

Es gab also auch keine evolutionäre Testphase, wie man sie bei einer solch komplexen Zusammenstellung vielleicht vernünftigerweise hätte erwarten sollen. Nur die richtige Kombination aller dieser Merkmale macht aber das sexuelle Vergnügen schließlich auch auf Dauer perfekt.

Ein ganz anderes Beispiel für eine geistige Einflussnahme auf die Evolution scheint mir der sog. *"psychogene Tod"* zu sein.

Im Gegensatz zu allen Tieren weiß jeder Mensch, dass er einmal sterben wird. Viele, vor allem heutzutage, halten den Tod für ein endgültiges Ende. Wäre dem so, wäre er so allerdings auch das Ende eines überaus erstaunlichen, lebenslänglichen geistigen Reifungsprozesses. Sicher ist wohl, dass unsere Körper schon wenige Jahre nach dem Erreichen des Erwachsenendaseins wieder abzubauen beginnen. Sie altern also substantiell, und dieser Prozess führt zwangsläufig irgendwann natürlicherweise zum Tod. Doch diesem leicht einsichtigen Verlauf entspricht der Werdegang unserer geistigen und emotionalen Fähigkeiten keineswegs auch. Dieser ganz entscheidenden Diskrepanz, die uns Menschen von jedem Tier unterscheidet, habe ich bereits das 5. Kapitel gewidmet. Aus Sicht der hier (noch) Lebenden entspricht der Tod gewiss einer jähen und brutalen Zäsur unseres geistigen Reifungsprozesses. Ich sehe in ihm allerdings höchstens seine kurze Unterbrechung.

Längst ist den *Pathologen* bekannt, dass bei einer ganzen Reihe von Todesfällen, bei denen längere Krankheit, Unfall, Tötung oder Selbsttötung auszuschließen sind, auch sonst kein organischer Befund nachweisbar ist, der zum Tod hätte führen müssen.

In vielen Fällen nimmt man dann einen plötzlichen Herztod an, ohne dass man bei einer Leichenöffnung (Obduktion, Sektion) adäquate krankhafte Befunde am Herzen findet.

Der Physiker, Psychologe und Psychotherapeut *Gary Bruno Schmid* hat sich sehr intensiv mit solchen Fällen auseinandergesetzt.[75] *"Insbesondere..."*, so formuliert es in einem Vorwort zu *Schmids* Buch der Pathologe *Prof. Thomas Hardmeier*, *"...spielen für den Zeitpunkt des Todes ohne Zweifel psychologische Faktoren eine wichtige Rolle"*. Der sog. "psychogene Tod" scheint allein durch psychische Beeinflussung ausgelöst und schließlich wieder durch die eigene, menschliche Vorstellungskraft vollzogen zu werden. *Schmid* sieht darin das *"dramatischste Beispiel für die Macht der inneren Bilderwelt und der Sprache über das menschliche Leben"*. Und Habermeier meint: *"Der oder die Auslösemechanismen für den psychogenen Tod sind zeitlos und anthropologisch*

---

[75] G. B. Schmid, "Tod durch Vorstellungskraft" (2001), vgl. Literaturverzeichnis.

universell, sie können als archetypisch bezeichnet werden". Am Ende steht dann der simple Herzstillstand. Die amerikanischen Wissenschaftler *Phillips* und *Kwok* konnten diese Todesart mittlerweile durch eine große Studie, die sich mit über 200.000 solcher Todesfälle befasste, bestätigen, was man erst kürzlich sogar im renommierten Deutschen Ärzteblatt nachlesen konnte. [76]

Wenn Sie 'mal über einen Friedhof spazieren und sich Todesdaten auf Grabsteinen anschauen, dann wird auch Ihnen auffallen, dass zum Beispiel gar nicht selten Ehepartner oder nahe Verwandte in relativ kurzen Abständen zueinander starben. Insbesondere sieht man dies oft bei alten Partnern, die sich auch im Alter sehr nahe standen. Der Volksglaube spricht in solchen Fällen gerne von einer übernatürlichen Todesursache, hier speziell dann von dem *"Nachgezogenwerden durch vorher Verstorbene".*

Kurz aufeinander folgende Todesfälle von Personen, die, wie ich es einmal formulieren möchte, in einer gefühlsmäßig innigen Verbindung zueinander standen, findet man recht häufig.

Etwas ganz anderes sind kurz hintereinander folgende, regelrechte "Sterbeserien" von Personen, die vielleicht alle nur öffentlich exponiert waren oder einer bestimmten Berufsgattung angehörten, wie z.B. bekannte Schauspieler oder Politiker. Auch das sieht man relativ häufig. Nach einer solchen Serie ist für lange Zeit wieder Pause. Der Statistiker mag dies als nur zufällige Häufungen und mit dem Gesetz der Serie abtun. Und er wird in solchen Fällen wohl auch Recht haben.

Handelt es sich jedoch auch bloß um einen Zufall, wenn zum Beispiel innerhalb kurzer Zeit um den Tod meines Vaters am Valentinstag 1996 herum einige seiner engsten Freunde, Kegel- oder Skatpartner und frühere Mitarbeiter verstarben? Es sieht halt einfach aus wie "gemeinsam abgesprochen".

Zumindest muss man sich fragen, *"ob"*, wie es Gary Schmid formuliert, *"das Sterben seinen Ursprung nicht doch* (auch) *in einer übernatürlichen, jenseitigen, d.h. spirituellen Seinsebene haben kann?"* (Einfügen des Wortes "auch" durch mich, da Schmid selbst mehrere Möglichkeiten in diesem Zusammenhang nennt).

---

[76] Dt. Ärzteblatt, 45 (2002)

Manche Menschen sterben unmittelbar an einem ganz besonderen Jahrestag, z.B. dem Geburts- oder Todestag einer geliebten, bereits zuvor verstorbenen Person. Schmid spricht dann von einer typischen "Jahrestagreaktion". Für meine Begriffe gab es hierfür vor nicht langer Zeit zwei klassische Beispiele im britischen Königshaus: Am 7. Februar 2002 starb die Schwester von Königin Elizabeth II, Prinzessin Margret. Ihr geliebter Vater, König Georg VI, war am 6. Februar, genau 50 Jahre zuvor, gestorben. Margret starb, so hieß es offiziell, an einem Schlaganfall. Doch warum kam es just in dieser sehr engen zeitlichen Nähe zu dem für die englische Königsfamilie bedeutenden Jahrestag dazu, wahrscheinlich sogar an demselben Tag? Wie nah Prinzessin Margret ihrem Vater wohl stand, lässt sich an ihrer testamentarischen Verfügung ablesen, die die Modalitäten ihrer Bestattung betraf: Erstmals ließ sich nämlich mit Margret ein Mitglied der Royals verbrennen. Der einfache Grund für diesen Wunsch war, auch in der königlichen Gruft beigesetzt zu werden. Dort gab es nämlich nur noch Raum für einen Sarg, und dieser Platz war dereinst für die bereits 101 jährige Königinmutter vorbehalten. Margret aber wollte ihrem Vater im Tod so nah wie möglich sein und dies ging nur in einer Urne.

Ihr Begräbnis fand auf den Tag genau 50 Jahre nach dem ihres Vaters statt. Und nur wenige Wochen später war der Fall "dereinst" eingetreten: Am Ostersamstag, den 30.03.2002, starb schließlich auch die 101jährige Königinmutter. Natürlich muss man in einem so hohen Alter damit immer rechnen. Doch die jetzt enge zeitliche Nähe zum Tod ihrer Tochter kam vermutlich ebenfalls nicht von ungefähr.

In die Kategorie der sogenannten Jahrestagsreaktionen gehören auch die folgenden, vermutlich psychogenen Todesfälle aus quasi heiterem Himmel, die aus meinem eigenen Umfeld stammen:

Der Onkel einer meiner Schwager stand vor wenigen Jahren kurz vor seinem 100. Geburtstag. Es sollte ein schönes Fest werden, und er ließ es sich nicht nehmen, alle wichtigen Vorbereitungen dafür noch selbst vorzunehmen. Doch der Stress war wohl zuviel. Zwei Tage vor dem seltenen Ereignis starb er plötzlich an akutem Herzversagen. Bis dahin war er nicht ernsthaft krank gewesen.

Einen ähnlichen Fall schilderte mir eine liebe ältere Dame aus Essen. Sie und ihren Mann hatten wir vor einigen Jahren in Brasilien kennen gelernt und seither haben wir freundschaftlichen Kontakt. Am Ende des zweiten Weltkriegs war sie einige Zeit lang von einer Bäuerin im Allgäu vor alliierter Nachstellung beschützt worden, woraus sich für sie und ihre spätere Familie eine enge Freundschaft entwickelte. Als diese Bäuerin vor ein paar Jahren kurz vor ihrem 100. Geburtstag stand, fragte man sie, ob sie sich denn auf ihr seltenes Jubiläum freue? Darauf meinte sie nur lakonisch in schwäbischem Dialekt: *"Ha noi, I heb do nix davon, desch koscht mi do nua fül Geld"*.[77] Drei Monate vor ihrem 100. Geburtstag starb sie plötzlich und aus relativ guter Gesundheit heraus ohne erkennbare Ursache.

Ein ganz anderes Beispiel aus meiner näheren Umgebung handelt wohl von dem psychogenen Tod infolge von "Hoffnungslosigkeit in einer ausweg- und hilflosen Situation": Anfang letzten Jahres starb W., der Schwager eines befreundeten Kollegen mit knapp über 60 Jahren. Auch er starb plötzlich während eines Tennisspiels mitten in Afrika, wo er seit Jahren für eine Stahlbaufirma tätig war. Die typische Diagnose war Herzinfarkt. Kurz zuvor noch hatte bei ihm eine routinemäßige Herzuntersuchung nichts Krankhaftes ergeben. Sicher, etwas dieser Art ist beinahe alltäglich – was allerdings nur besagt, dass es sich lohnen dürfte, mal öfters nach den genauen Begleitumständen des Todes zu forschen. In diesem Fall scheint wohl einiges für einen psychogenen Tod sprechen:

So muss sich W. zeit seiner langjährigen Tätigkeit sehr für diese Firma, in der er angestellt war, eingesetzt haben. Bereits viele Jahre war er für sie im Ausland tätig gewesen, an wechselnden Orten in Asien und Afrika. In den letzten Monaten vor seinem Tod muss es der Firma wirtschaftlich zunehmend schlechter gegangen zu sein. Schon wurde auch über einen bevorstehenden Personalabbau gemunkelt, wobei seine eigene betriebliche Zukunft jedoch zunächst nicht gefährdet zu sein schien. Um den Jahreswechsel 2001/02 kam W. nach Deutschland. Ohne, dass es damals jemand bewusst

---

[77] Was soviel heißt wie: Aber nein, da hab' ich doch nichts von, das kostet mich doch nur viel Geld.

registriert hatte – erst nach seinem Tod war es seinen Angehörigen aufgefallen – machte W. noch eine komplette Runde von "Abschiedsbesuchen". Sie führten ihn dabei selbst dorthin, wo er zuvor schon lange, und das in einigen Fällen ganz bewusst, nicht mehr gewesen war. Mehrere Anverwandte, seine Frau, seine beiden erwachsenen Kinder, die nicht mehr zu Hause wohnten, Freunde, sein Haus in Spanien, überall ließ er sich noch einmal blicken – gerade so, als würde er das alles nie wieder sehen. Natürlich dürfte ihm selbst sein eigenartiges Zeremoniell genausowenig *bewusst* geworden sein. Wenige Tage vor seinem Tod erhielt er ein seltsames Fax. Es schien, als habe sich jemand aus dem Umfeld seiner Firma einen bösen Scherz erlaubt und ihm mitgeteilt, auch ihm würde gekündigt werden müssen. Auf Rückfrage bei seiner Firma hin wurde dies jedoch dementiert. Ob das Dementi der Wahrheit entsprach oder nur eine vorläufige Beschwichtigung war, ist mir nicht bekannt. Er selbst jedenfalls hat es nicht mehr erlebt.

In diesem Fall scheint der Verstorbene über eine längere Zeit unterbewusst und unterschwellig von Hoffnungslosigkeit und Angst gequält worden zu sein. Vermutlich fühlte er sich in einer womöglich sogar nur scheinbar ausweg- und hilflosen Situation, so dass er am Ende einen psychogenen Tod starb.

Nebenbei dazu noch Folgendes: Ungefähr fünfzehn Jahre zuvor war W.'s Vater gestorben. Auch er starb einen plötzlichen Herztod während er Tennis spielte. Kurz nach seines Vaters Tod starb dessen jüngerer Bruder. Kurz nach W.'s Tod starb nun letztes Jahr auch sein jüngerer Bruder...

Ein bekanntes Problem ist sicher auch der Heimwehtod, den zum Beispiel manch ein Soldat an der Front in den letzten Weltkriegen starb. In diese Kategorie passt auch der Volksglaube, "Einen alten Baum soll man nicht mehr verpflanzen": Nicht selten sterben alte Menschen, kurz nachdem sie im Alter einen Tapetenwechsel vornahmen. Auf diese Weise starben mindestens zwei meiner drei Großmütter[78]: Beide starben innerhalb weniger Wochen, nachdem sie aus zunächst eigenem Antrieb aus ihrer häuslichen Umgebung in

---

[78]infolge Zweitheirat einer meiner Großväter hatte ich neben den beiden leiblichen Großmüttern noch eine dritte, nicht minder lieb gewonnene Großmutter.

ein Pflegeheim wechselten. Für ihren, was den Zeitpunkt angeht, doch unerwartet plötzlichen Tod gab es keine Anzeichen, keine wirklichen körperlichen Gebrechen, die darauf im Vorfeld hätten schließen lassen. Auch bei meiner "dritten" Großmutter bin ich mir nicht sicher, ob ihr Tod nicht ebenso in diese Kategorie passt. Allerdings starb sie schon 1962 und ich war noch zu jung, um mich damals näher damit zu beschäftigen. Natürlich erinnere ich mich gut an sie. Sie wohnte übers Jahr allein in ihrer Wohnung in Berlin und besuchte uns jedes Jahr im Spätherbst für etwa drei Monate in Köln. Nach den Feiertagen flog sie zu Anfang des nächsten Jahres wieder zurück. Der Abschied von uns fiel ihr nie leicht. Vielleicht war das diesmal der Grund, sich aus dem Leben zurückzuziehen: Sie starb wenige Tage vor Weihnachten in unserem Haus.

Der psychogene Tod scheint also eine geistige Ursache zu haben.[79]

Dann stellt sich die Frage, ob es hierfür eine, wie *Gary Schmid* es nennt, *"darwinistische Perspektive"* oder wie ich es nennen möchte, einen evolutionären Grund oder Zusammenhang geben könnte?

Schmid formuliert es noch konkreter: *"Welchen Vorteil könnte der psychogene Tod für das Überleben und für die Fortpflanzung des Homo sapiens haben?"* In seiner Antwort auf diese Frage geht Schmid von der gleichen Überlegung aus, wie ich es auch schon tat:

Man darf wohl annehmen, dass der heutige Mensch dieselbe neurophysiologische und neuropsychologische Konstitution wie seine Urahnen hat, die vor etwa 10.000 Jahren als Jäger und Sammler lebten. Das ergibt etwa 400 Menschengenerationen, was eine viel zu kurze Zeit ist, um durch Mutationen tiefgreifende Veränderungen der menschlichen Konstitution zu bewerkstelligen – so, wie es der Evolutionsbiologe fordern würde.

Das heißt also, auch damals schon muss es den psychogenen Tod gegeben haben. *Schmid* folgert nun, dass der psychogene Tod früher, unter den Bedingungen der jeweiligen Sippschaft wie Autorität, Verbot, Zusammenhalt in der Gemeinschaft sowie Intuition und Vorwegnahme (Antizipation) von verschiedenen Gemeinschaftsregeln und Vorstellungen, eine Konfliktlösung darstellte.

---

[79] Ich betrachte auch das, was gemeinhin als Seele oder seelisch bezeichnet wird, als Geist oder geistig. Für mich ist die Seele der erst zum Zeitpunkt seines (körperlichen) Todes ausdifferenzierte Geist eines Menschen.

Die Befolgung der Regeln und die Unterordnung des Einzelnen ihnen gegenüber in praktisch symbiotisch abhängiger Beziehung – zum Beispiel gegenüber den Stammesältesten oder den Magiern der Gemeinschaft, z.B. durch Fernhaltung von Tabus, z.B. durch Verbleiben in der Heimat der Sippe etc. – ist nach Meinung *Schmids* für das Überleben der ganzen Spezies notwendig. Kommt es zu Störungen in diesen Symbiosen, so kann, wie *Schmid* schreibt, der "sinnstiftende menschliche Geist" sein Lebensprinzip offenbar vom Todesarchetyp abgrenzen oder schützen und zwingt sich, anstelle zu leben, unbewusst in den Tod.

Ich kann dieser Begründung *Schmids* nicht durchweg folgen, und zwar einfach deshalb, weil er die aus meiner Sicht gut belegbare Neuorientierung der Evolution missachtet, bzw. nicht (er)kennt:

Danach lässt sich, wie ich bereits erläutert habe, zeigen, dass die Evolution mit dem Auftreten des Menschen konsequent zur Individualisierung drängte. Nicht mehr also das Kollektiv steht ab sofort im Vordergrund, sondern zunehmend, und bis heute immer klarer und prägnanter, allein der einzelne Mensch, das einzelne Individuum. Genau darin liegt ja gerade der evolutionäre Vorteil des "Geistwesens Mensch", wie ich schon in früheren Kapiteln gezeigt habe. Nur durch Individualisierung schafft die Evolution auf ihrem Weg zu geistiger Perfektion eine sonst unerreichbare Vielfalt. Jedes einzelne menschliche Individuum strebt nun nach persönlicher Perfektion, während dies früher immer eine Aufgabe der ganzen kollektiven Art war. Das heißt also, beim Menschen muss folglich jeder eventuelle darwinistische (oder evolutionäre) Vorteil daran gemessen werden, welchen Vorteil er jetzt für den Einzelnen hat. Aus dieser Perspektive sind die Überlegungen *Schmids* eher ohne Belang.

Deshalb glaube ich, man muss konsequenterweise hier einen ganz anderen Schluss ziehen: Der psychogene Tod des Menschen, dessen Vorkommen wohl als gesichert angesehen werden kann, muss dem Einzelnen einen *Vorteil* bieten; denn nur dieser ist das aktuelle Ziel der "modernen" menschlichen Evolution.

Damit stellt sich die Frage, worin ein solcher Vorteil des Todes für den Einzelnen liegen soll. Mehr noch: Um den Beweggründen von

Evolution gerecht zu werden, muss es sich dabei sogar um einen Überlebensvorteil handeln! Dies aber scheint paradox zu sein:

Der Tod, das gefürchtete Ende der menschlichen Persönlichkeit, als Überlebensvorteil?

Die einzige plausible Antwort kann meines Erachtens nur die sein:

Der Tod des Menschen ist eben nicht, wie vielfach angenommen, auch tatsächlich sein persönliches Ende. Vielmehr geht das Leben eines jeden einzelnen Menschen auch nach seinem in Wahrheit nur körperlichen Tod weiter – und zwar sofort und unmittelbar!

Der psychogene Tod kann somit als Form der Konfliktlösung in einer für den Betroffenen zumindest scheinbar ausweglosen Situation welcher Ursache auch immer angesehen werden.

Er dient vor allem ihm selbst und nicht der Spezies als Ganzes und stellt im Fall einer starken psychischen Bedrohung sogar einen evolutionären Überlebensvorteil für das Individuum dar.

Aus dieser Perspektive ist der psychogene Tod ein, wie ich meine, wichtiger Hinweis für das Überleben des eigenen Todes "im Tod".

10. Im Schatten des Todes

"Ich fragte Jacob, wie es ihm ging. Ohne auch nur eine Sekunde zu zögern, sah er mich an, lächelte und sagte in freudigem Staunen: 'Ich existiere nicht!'. Wir lächelten einander an; er presste meine Hand. Sein Sohn aber trat näher und legte seine Hand Jacob auf die Schulter: 'Doch, du existierst. Du bist mein Vater.' Jacob lächelte seinen Sohn an: 'Ja, ich bin dein Vater.' 'Sie können beides. Nicht wahr, Jacob?' fügte ich hinzu. Sein Lächeln wurde nun breiter und strahlender. 'Genau!' rief er.

Der amerikanische Hospizberater *Robert Sachs*[80] führte dieses Gespräch mit seinem schwerkranken Patienten kurz vor dessen Tod. Diese wenigen Worte sind wohl typisch und bezeichnend für das, was einem Menschen im Angesicht seines Todes widerfährt, sofern ihm vergönnt (!) ist, die letzte Phase seines herannahenden Todes bewusst zu erleben. Sie meinen, es muss doch eine Strafe sein, dem eigenen, unausweichlich nahenden Tod so direkt ins Angesicht zu blicken?

Statistisch gesehen hätte es die klare Mehrheit aller Menschen wohl lieber, ohne jede Vorankündigung plötzlich, am besten im Schlaf, zu sterben. Ich glaube jedoch, dass dieser Wunsch zu kurzsichtig ist und man damit um wichtige Erfahrungen beraubt würde.

Wer schon einmal Menschen auf ihrem letzten Weg begleitet hat – am ehesten wahrscheinlich nahe Angehörige – wird sicher auch die Erfahrung gemacht haben, dass sie am Ende irgendwie "anders" waren: Ihre Persönlichkeit hat sich kurz vor ihrem Tod ziemlich deutlich verändert. Schon Tage, zumindest aber Stunden vor ihrem Tod scheinen sie *klar* zu erkennen, dass sie ihren Körper schon bald zurück lassen werden.

"Die Koffer sind gepackt", sagte Martin zu seiner Mutter wenige Stunden vor seinem Tod, der ihn mit erst 31 Jahren infolge einer fürchterlichen Krebserkrankung viel zu früh dahinraffte.

Wochen zuvor hatten er und seine Familie erfahren müssen, dass es für ihn keine Hoffnung auf ein Überleben mehr geben konnte. Die ihn behandelnden Ärzte hatten ihn aufgegeben. Als ich zufällig davon erfuhr, bat ich darum, ihn auf diesen letzten Wochen begleiten zu dürfen. So konnte ich helfen, ihm und seiner Familie durch viele Gespräche die Sicherheit zu geben, dass er keine Angst haben müsse; denn er würde nicht wirklich sterben.

Martin verschied vor 7 Jahren in dieser schließlich absolut festen Überzeugung. Für mich war er ein eindrucksvolles Beispiel dafür, dass der herannahende Tod mehr eine Art Reifeprüfung für den menschlichen Geist ist und nicht seine unmittelbar bevorstehende Vernichtung. In nur wenigen Wochen reifte er zu großer Weisheit heran. Er sah die Welt in einem neuen, ganz anderen Licht – es war

---

[80] aus: Robert Sachs, "Das Leben vollenden" (1998), s. Literaturverzeichnis.

die Sicht, die man sonst meist erst bei alten Menschen findet, getragen von großer Gelassenheit, innerer Ruhe und Festigkeit.

Als mein Vater im Januar 1996 wegen einer nach Ansicht seiner Ärzte dringend notwendigen Herzoperation in eine Kölner Klinik ging, war jeder in der Familie davon überzeugt, er würde nach ein paar Wochen gesund zurückkehren. Ein paar Jahre zuvor musste er schon einmal mehrfach unters Messer und schien dem Tod sehr nahe zu sein. Doch im Gegensatz zu damals hatte er, wie sich erst nach seinem Tod vier Wochen nach der geplanten Herzoperation herausstellte, diesmal schon vorab und minutiös alle wichtigen Angelegenheiten zum Abschluss gebracht und sorgfältig geordnet. Darüber hinaus hatte er uns allen einen mitreißenden und zutiefst erschütternden Abschiedsbrief geschrieben. Darin gab er unter anderem auch seiner mittlerweile *gewachsenen* festen Überzeugung Ausdruck, dass wir uns alle dereinst wieder sehen werden.

Am Sonntag vor der Operation kamen alle Familienmitglieder wie auf Kommando und ohne sich vorher abgesprochen zu haben ins Krankenhaus, um ihn zu besuchen. Nur selten zuvor, wenn überhaupt, hatte mein Vater in den letzten Jahren so spontan alle auf einmal bei sich zu Besuch gehabt.

Als ich ihn an diesem Tag verließ, fühlte ich noch auf dem Stationsflur ganz urplötzlich einen eiskalten Schauer über meinen Rücken laufen. *"Das war's!"* Genau diese Worte hatte ich im Sinn und zugleich war ich darüber zutiefst erschrocken. Leider habe ich diesen Gedanken genauso verdrängt wie manch anderes seltsames Zeichen die Tage zuvor. Im Nachhinein bin ich auch heute immer noch davon überzeugt, eine Reihe subtiler Hinweise missachtet zu haben, die mich vor dem Bevorstehenden warnen sollten.

Wegen einer Komplikation wurde mein Vater innerhalb weniger Stunden ein zweites Mal operiert. In den Wochen danach wurde er nur noch wenige Male wach und konnte leider nur selten mit uns, die ihn alle so oft wie möglich besuchten, wenigstens noch kurzen Kontakt aufnehmen. Weil er nicht mehr richtig aus eigenem Antrieb atmete, benötigte er die meiste Zeit einen Beatmungsschlauch. Doch auch wenn es manchmal so schien, als sei er im Koma und könne überhaupt nichts wahrnehmen – er bekam sicher alles mit, wie mir kleinste Augenbewegungen auf gezieltes Befragen des Öfteren bewiesen.

In seinem faszinierenden Buch schildert *Jean-Dominique Bauby*[81], ehemals Chefredakteur eines französischen Magazins, einige Zeit seines komatösen Zustandes bis zu seinem späteren Tod mit nur 43 Jahren. Sie haben richtig gelesen, er verfasste dieses Buch, obwohl er über ein Jahr scheinbar unbeteiligt an allem, das ihn umgab, im Krankenhaus dahinvegetierte, nachdem ihn 1995 ein Schlaganfall sämtlicher Ausdruckskräfte beraubt zu haben schien.

Erst durch aufmerksames Beobachten konnten nahe Angehörige nach langer Zeit dieses Zustandes erkennen, dass er in Wirklichkeit vollkommen bewusst alles in seiner Umgebung wahrnahm und durch schwaches Augenblinzeln schließlich sogar gezielt auf Fragen reagierte. Mit Hilfe einer *Logopädin* vereinbarte man ein Alphabet mit einer neuen Reihenfolge der Buchstaben, angepasst an die Häufigkeit ihrer Verwendung in der französischen Sprache. Einmal Augenzwinkern hieß dann: erster Buchstabe, zweimal Zwinkern: zweiter Buchstabe, u.s.w.

Mit entsprechend riesigem Aufwand und größter Geduld konnte er nun seine Gedanken schildern, die das Buch ermöglichten.

Besonders eindrucksvoll finde ich Passagen, in denen er auf das Verhalten von Schwestern und Pflegern zu sprechen kommt, die in Unkenntnis seiner voll vorhandenen Bewusstheit vieles falsch machten. So lief zum Beispiel gerade ein spannendes Fußballspiel im Fernseher, als ein Pfleger ins Zimmer kam und das Gerät einfach ausschaltete. Natürlich war der Pfleger der Meinung, sein Patient bekäme ohnehin nichts mit, und leider konnte *Bauby* sich seinerseits nicht auffallend bemerkbar machen – er konnte sich nur maßlos ärgern.

Auf ganz ähnliche Weise hatte auch ich mich mit meinem Vater ab und zu noch "unterhalten" können. An seinem letzten Geburtstag, wenige Tage vor seinem Tod, war er, obwohl immer noch intubiert[82] und daher nicht fähig zu sprechen, merklich bei vollem Bewusstsein gewesen. Allein durch Augenblinzeln gab er mir zu verstehen, dass

---

[81] J.D. Bauby, "Schmetterling und Taucherglocke", s. Literaturverzeichnis
[82] mit in der Luftröhre liegendem Beatmungsschlauch

er es wohl nicht mehr schaffen würde. Da ich mich bereits seit vielen Jahren mit dem Thema Tod befasst hatte und längst der Überzeugung war, der Tod sei nicht des Menschen persönliches Ende, befragte ich ihn auch über sein Empfinden und seine Wahrnehmungen. Jede Frage musste möglichst so abgefasst werden, dass sie mit "Ja" oder "Nein" zu beantworten war.

Mit Blinzeln und kaum merklichen Händedrücken konnten sie so, mühsam aber ziemlich eindeutig, beantwortet werden. Dabei schien es mir, dass er irgendwie Einblick in seine mögliche Zukunft hatte. Er schien sogar vor die *Wahl* gestellt zu sein: Entweder nicht mehr richtig gesund werden zu können und hilfsbedürftig bleiben zu müssen oder zu sterben und zu seinen Eltern, seinen zwei Brüdern und seinen vielen Freunden zu scheiden, die ihm im Tod bereits vorausgegangen waren. Während des "Gesprächs" wurde mir klar, dass er sich bereits für die zweite Möglichkeit entschieden hatte.

Doch ich wollte dies damals nicht akzeptieren und nahm in seiner letzten Lebenswoche noch meinen eigenen Kampf gegen das Unvermeidliche auf: So sorgte ich für eine Verlegung in eine andere Klinik und mobilisierte einen befreundeten Spezialisten, ihm doch noch zu helfen. Am Ende musste ich kapitulieren.

Tränen kullerten an jenem Geburtstag über seine Wangen, als ich ihm einen Brief und ein Bild meiner beiden Söhne vorhielt, die ihm gratulierten und den geliebten Opa anflehten, bald wieder gesund zu werden. Seine schwere Entscheidung, den wohl besseren Weg von zwei möglichen zu wählen, wurde mir später noch auf eine ganz andere Weise deutlich gemacht:

Erstmals zwei Tage vor seinem Tod wurden mir rein intuitiv ein paar Takte eines mir bis dahin – zumindest bewusstermaßen – völlig unbekannten Liedes regelrecht "zuteil", so als hätte ich sie selbst komponiert. Noch mehrmals "hörte" ich dieselben Takte in den nächsten zwei Tagen, aber sie schienen immer weit weg zu sein. Das Komische ist: Von Anfang an verband ich diese Melodie irgendwie ganz intensiv mit meinem Vater. Ich weiß nicht wie und wieso, jedenfalls schien mir keine andere Wahl.

Wie sich viel später erst herausstellte, handelte es sich dabei um die Refrainmelodie eines Songs, der just zu jener Zeit gerade neu aufgekommen war. Auch am Todestag meines Vaters "hörte" ich sie wieder. Doch diesmal empfand ich die Melodie auf einmal sehr laut, geradezu dröhnend und aufdringlich...

Auf dem Schwesterntisch der nur mit Vorhängen unterteilten Intensivstation stand ein großes Radio. Wie nicht nur ich bei meinen Besuchen damals bemerkt hatte, spielte es unentwegt den gleichen Radiosender. Das Bett meines Vaters stand in unmittelbarer Nähe. Wie spätere Nachforschungen ergaben, muss der Song, den ich bis dahin nicht gekannt hatte, von diesem Sender ziemlich genau zu der Zeit tatsächlich an seinem Todestag gespielt worden sein, als ich ihn so aufdringlich ohne Ton "gehört" hatte. Er schien bis zu mir nach Aachen durchgedrungen zu sein...

Zu jener Zeit "entschwebte" wohl der Geist meines Vaters

Ich frage mich, ob er mich mit dem Lied vielleicht auf diesen Augenblick vorbereitet und informiert hatte? Zwar lief noch eine mobile Nierenwäsche und auch die künstliche Beatmung war noch nicht abgeschaltet. Doch Lebenszeichen ließen sich nicht mehr provozieren, als ich nachmittags bei ihm war. Es war, als würde man eine längst schon tote Hülle bearbeiten. Kurze Zeit später jedenfalls wurden auch die Geräte abgeschaltet und abends offiziell sein Tod verkündet.

Am darauf folgenden Tag trafen wir uns alle wieder in Köln zur Vorbereitung der Trauerfeierlichkeiten. Ich erzählte meiner Mutter und meinen Geschwistern von dem Lied, das ich so oft in den letzten Tagen nur im Geist "gehört" hatte, und jedem summte ich es vor. Doch keiner von ihnen kannte es. Als am gleichen Abend meine jüngste Schwester mit einer Freundin telefonierte, musste sie wohl förmlich erstarrt sein: Soeben hatte sie das ihr von mir nur vorgesummte Lied wieder erkannt: Es lief in jenem Moment gerade bei ihrer Freundin im Hintergrund. Durch diesen Zufall lernten wir alle erstmals den Song *"Anywhere is"* der irischen Sängerin *"Enya"* kennen, die uns damals noch ebensowenig bekannt war.[83]

In den acht Tagen zwischen Tod und Beisetzung geschah es, dass praktisch jedes Mal, wenn ich *gerade ins Auto stieg,* um nach Köln

---

[83]Inzwischen ist Enya vor allem durch ihren Song "Only Time" berühmt geworden, der zur traurigen Hymne der barbarischen Terrorattacken auf das World Trade Center in New York am 11. September 2001 avancierte.

oder von dort zurück nach Aachen zu fahren, dieses Lied im Radio gespielt wurde und *nur dann*. Als ich einige Tage nach dem Tod meines Vaters eine CD mit diesem Lied geschenkt bekam, las ich erstmals den Text und erschauderte. Zum Schluss heißt es darin:

"I took the turn and turned to – begin a new beginning – still looking for the answer – I cannot find the finish – it's either this or that way – it's one way or the other – it should be one direction – it could be on reflection – the turn I have just taken – the turn that I was making – I might be just beginning – I might be near the end".

Viele Menschen, die einen sehr nahe stehenden Menschen verlieren, erfahren im Umfeld des nahenden Todes Sonderbares sowie eine ähnlich dramatische wie manchmal wirre Zunahme von Gefühlen, die sie häufig sogar nicht mehr ertragen können, wie *Robert Sachs* in seinem Buch schreibt. Der Tod wirf seine Schatten voraus – nicht nur bei den Betroffenen selber.

Im selben Jahr 1996, nur 7 Monate nach dem Tod meines Vaters, starb unser "Tantchen". Seit über 40 Jahren gehörte sie schon zu unserer Familie. Zuerst hatte sie meine Geschwister und mich, später dann auch meine Kinder mit großgezogen. Sie liebte uns und wir alle liebten sie sehr.

Sicher, mittlerweile war sie 86 Jahre alt und Alter wie Krankheit machten ihr zusehends zu schaffen. Doch erst der Tod meines Vaters, den sie so lange verehrt hatte, brach ihr den Lebenswillen. Oft genug bemerkte ich sie vor sich hinmurmeln, es hätte doch besser sie treffen sollen, warum nur meinen viel jüngeren Vater?

Wie schon die letzten Jahre zuvor, wollte sie auch diesmal die Herbstferien im Oktober 1996 mit meiner Familie im Allgäu verbringen.

Am vorletzten Sonntag im September 1996 fuhr ich spontan und allein zu ihr nach Hause. Sie bat mich eine Schublade zu öffnen, in der sie ihre vielen Fotos aufbewahrte. In einer mir wieder einmal ganz plötzlich bewussten und schwerlich beschreibbaren, aber sehr eigentümlichen Atmosphäre betrachteten wir uns alle ihre Bilder.

Nie zuvor hatten wir das gemacht. Zu jedem erzählte sie mir eine Geschichte und wir erinnerten uns gemeinsam an so viel zusammen Erlebtes. Dabei schilderte sie mir auch Details aus ihrer Kindheit, von ihren Eltern, ihrem Mann, den ich gut gekannt hatte, der aber schon 17 Jahre tot war. Auch sprach sie über seine Familie und über die näheren Umstände, die Jahrzehnte zuvor zur Auswanderung ihrer Nichten nach Uruguay und später nach Australien sowie von zwei ihrer drei Kinder nach Amerika führten. Sie erzählte alles so, als wäre es das letzte Mal, dass sie dazu Gelegenheit hätte. Es sollte tatsächlich das letzte Mal gewesen sein. Und in diesem Moment beschlich mich dasselbe Gefühl, das ich zuletzt Monate zuvor hatte, als ich das Krankenzimmer meines Vaters vor seiner Operation verließ.

Als ich mich später von "Tantchen" verabschiedete, setzte sie sich in ihren Ohrensessel. Ich umarmte und küsste sie. Dabei sprach ich noch kurz über den geplanten Herbsturlaub im Allgäu. Mir selbst kam es fast wie eine Beschwörung meines unerklärlich mulmigen Gefühls vor, so als könnte ich allein durch das Sprechen darüber schon Fakten schaffen.

Sie jedoch schaute mich fragend von unten aufschauend an und meinte nur: *"Wer weiß?"*. *"Wieso?"* entgegnete ich ihr und sehe mich dabei noch so vor ihr stehen. Sie zuckte nur mit den Achseln, sagte nichts, aber deutete mit ihrer linken Hand in Richtung Fußboden. Es war klar, sie selbst schien ihren baldigen Tod gefühlt zu haben.

Zwei Tage später wurde sie in ihrem Haus von einer Nachbarin, bei der sie sich sonst immer morgens meldete, an jenem Tag aber nicht, auf dem Boden liegend aufgefunden. Im Krankenhaus kam sie gegen Mittag noch einmal zu sich. Ihr Sohn Michael und meine Frau waren bei ihr und sie schien, wie man mir später sagte, sehr gelöst und geradezu freudig gestimmt. Sie bedankte sich bei beiden und lächelte. Es schien, als sähe sie Dinge, die den anderen verborgen blieben. Als ich eintraf, war sie leider schon tot.

Im Jahr 1975 starb die Mutter meines Vaters, meine geliebte Omi, mit 81 Jahren. Seit gerade erst einer Woche war sie in einem Pflegeheim in der Nähe von Köln. In den letzten Monaten litt sie an einer brutalen Altersdemenz, die schließlich leider auch zu manch grotesken Ausfällen geführt hatte.

Am Tag vor ihrem Tod waren meine Eltern zuletzt bei ihr. Ich erinnere mich gut, wie mein Vater mir später noch voller

Begeisterung erzählte, mit welcher geistigen Klarheit sie diesmal zugegen war. Sie dankte meinen Eltern für alles, was sie ihr Gutes getan hatten. Sie ließ diesen Dank auch an uns, ihre Enkel weitergeben und besprach noch einige Dinge, die sie für wichtig hielt, und die sie offensichtlich zu regeln wünschte.

Alzheimer und Demenz sind keine Geisteskrankheiten, sondern Folgen von Schäden des Gehirns. Bei ihnen sind Schleusen verstopft und Instrumente im Gehirn geschädigt, also Dinge, mit deren Hilfe der Geist über sein Gehirn mit dem Körper und überhaupt nach außen kommuniziert. Vermutlich gibt es ohnehin nur wenige echte Geisteskrankheiten. Dazu gehört wohl vor allem ein schlechter Charakter.

Ein fortgeschritten hirnkranker Mensch hat es also im letzten, entscheidenden Moment doch noch geschafft, wichtige Dinge zu regeln. Viele von Ihnen werden vermutlich ähnliche Erfahrungen gemacht haben. Wenn man wie derzeit (zu) viele Hirnforscher der Ansicht ist, der menschliche Geist sei nur ein Produkt seines Gehirns, ein sog. Epiphänomen, dann ist so etwas sowohl faktisch als auch vom Timing her ziemlich unverständlich.

Man kommt nicht umhin anzunehmen, ein hirnunabhängiger Geist habe unter Zeitdruck verzweifelt nach einem Weg in seinem komplizierten aber defekten Gerät "Gehirn" gesucht, die noch offenen Fragen und Probleme rechtzeitig zu klären.

Stellen Sie sich vor, der Motor Ihres Autos streikt nachts auf der Autobahn. Der Wagen ist ohnehin schon alt, und ein neuer ist längst bestellt. Aber Sie wollen wenigstens damit noch nach Hause kommen. Also, Sie haben ein bisschen Ahnung von der Materie und schauen im Motorraum nach. Sie erkennen, dass ihr Wagen mit ein paar Handgriffen für noch ein paar wenige Kilometer behelfsmäßig wiederhergestellt werden könnte. Vielleicht brauchen Sie ja nur einen Nylonstrumpf, um den Keilriemen notdürftig zu ersetzen. Jedenfalls bekommen sie ihr Auto so hin, dass es klappt, und Sie fahren schließlich doch noch selbst nach Hause.

Was ist geschehen? *Sie* allein haben es geschafft Ihren Wagen zu reparieren, nicht Ihr Auto hat sich selbst repariert! Vielleicht ist dieses Beispiel ein wenig zu einfach und plakativ, aber im Prinzip sicher nicht falsch. Doch zurück zu meiner Omi:

Eine Reihe merkwürdiger Umstände machten mir am Mittwoch, dem 20. August 1975, zu schaffen. Schon am Vorabend kam es reihenweise zu seltsam zufälligen Zusammentreffen, just als ich diesmal meine Großmutter besuchen wollte. So kam ich nicht in mein Auto, weil ich es mit darin vergessenem Schlüssel von außen selbst verriegelt hatte. Auch an den Zweitschlüssel war zunächst kein Drankommen. Als endlich ein anderer Wagen verfügbar war, kam ich nicht weg, da jetzt wegen eines Dachstuhlbrands im Nebenhaus gerade die Feuerwehr kam und die Straße versperrte. Schließlich, nachdem ich mit Zweitschlüssel wieder im eigenen Auto saß und mich bereits auf dem Weg zu ihr befand, streikte der Motor meines Wagens, so dass er abgeschleppt werden musste. Mir blieb nichts anders übrig, als meinen Besuch auf den nächsten Tag, den 20. August 1975, zu verschieben.

Damals absolvierte ich gerade ein Praktikum für mein Studium in einem Kölner Krankenhaus. An jenem Morgen funktionierte das erste und einzige Mal mein Radiowecker nicht, obwohl er korrekt eingestellt war. Übrigens weckt er mich heute noch zuverlässig, und dieser eine Aussetzer ist auch ein wesentlicher Grund dafür, warum ich ihn heute, 27 Jahre danach, noch immer benutze.

Natürlich verschlief ich meinen Dienst um ein paar Stunden.

Als ich irgendwann endlich ziemlich überhastet und, wie mein Vater immer gerne zu sagen pflegte, "fern der Heimat", weißgekittelt im Schwesternzimmer meiner damaligen Krankenstation eintraf, raste ich als erstes versehentlich gegen ein Tablett, auf dem, wohl sortiert, unzählige Schächtelchen mit Medikamenten lagen.

Natürlich geriet alles durcheinander und fiel auf den Boden.

In dem zu bester Frühstückszeit mit Schwestern und Ärzten ziemlich voll besetzten Raum klang es von allen Seiten schallend wie im Chor: *"Mein Gott Walter"*. Just zu jener Zeit hatte ein lustiges Lied mit diesem Titel[84] die deutschen Chartlisten erobert.

Weil ich zu spät war, musste ich an jenem Tag länger arbeiten, was mir außerordentlich schwer fiel: Ich war unkonzentriert und dachte immer wieder an meine Omi und Patentante. Obwohl es ihr tags zuvor ja ziemlich gut gegangen war und keine Lebensgefahr bestand,

---

[84] "Mein Gott Walter" ist von dem dt. Sänger und Komiker Mike Krüger

war ich intuitiv sehr besorgt und wollte sie nach meinem Dienst sofort besuchen. Kurz vor Ende meines dienstlichen Nachsitzens erhielt ich dann telefonisch die traurige Nachricht, dass meine Großmutter soeben gestorben war.

Diese wenigen unvollständigen und sehr privaten Beispiele zeigen, dass der nahende Tod eine Fülle von Veränderungen bewirken kann, sowohl beim Sterbenden selbst, als auch in seinem engstem Umfeld – und besonders offenbar bei den Menschen, die dem Sterbenden sehr nahe stehen. Die hier beschriebenen Erfahrungen sind durchweg rein geistiger Natur.

Die Gedanken und das Verhalten der Betroffenen, aber auch die gesamte Atmosphäre werden sonderbar beeinflusst. Ich gehe soweit, von ungewöhnlichen atmosphärischen Spannungen zu sprechen.

Vieles dabei geschieht wohl vollkommen unbewusst – und wie merkwürdig manches ist, fällt einem oft erst später im Rückblick auf. Anderes wiederum wird besonders von den vom nahenden Tod betroffenen Personen ganz bewusst erfahren und früh erkannt.

Wenn das tatsächliche Ende naht, scheint bei ihnen schließlich jede Angst verflogen, selbst bei denjenigen, die sich zeitlebens sehr davor gefürchtet hatten.

Keineswegs aber ist dies nur ein Zeichen von Resignation und der Fügung in ein unvermeidliches Schicksal, wie man heute gemeinhin annimmt. Vielmehr findet man praktisch bei allen Sterbenden, mit denen man bis kurz vor ihrem Tod noch sprechen kann, dass sie am Ende weder Furcht noch Schmerzen haben. Nicht selten nehmen sie helle Lichter wahr, die sich nähern, sie sehen und sprechen von und mit Personen, die schon verstorben sind oder sie erleben aufs Neue Handlungen aus längst vergangenen Zeiten. Immer aber scheint für sie alles völlig authentisch zu sein, so als fände es soeben statt. Sie danken ihren Verwandten und Mitmenschen und können die nur schwerlich zu verbergende Trauer in ihren Gesichtern meist überhaupt nicht nachvollziehen.

Sie drängen danach, noch offene Angelegenheiten zu regeln und sind meist ruhig und gefasst, ja nicht selten sogar gelöst und heiter.

Besonders erstaunlich aber finde ich, dass häufig auch das nahe Umfeld vieler Sterbender von einer ganzen Reihe zumeist subtiler atmosphärischer Ereignisse und Veränderungen mit betroffen ist.

Und dies keineswegs nur dann, wenn man den nahenden Tod aufgrund vieler Umstände hätte erwarten können.

Übrigens scheint das nicht einmal allein ein Privileg nahe stehender *Menschen* zu sein: Oft sind Haustiere die ersten, die etwas merken.

11. An der Schwelle: Nah-Todeserfahrungen

"Ich kenne einen Menschen in Christus, der vor vierzehn Jahren
— ob im Leibe, das weiß ich nicht, oder außer dem Leibe, das weiß ich nicht,
Gott weiß es —
bis zum dritten Himmel entrückt wurde. Und ich weiß, dass der betreffende Mensch
— ob im Leibe, das weiß ich nicht, oder außer dem Leibe, das weiß ich nicht,
Gott weiß es —
ins Paradies entrückt wurde und unsagbare Worte vernahm, die einem Menschen auszusprechen versagt sind." /[85]

Diese Zeilen stammen aus dem zweiten Brief des Apostels Paulus an die Korinther. Sie umschreiben wohl ein Erlebnis, dass ihn selbst bekehrte. Ursprünglich nannte er sich nämlich Saulus und war ein erbitterter Gegner und Verfolger der Christen. Durch eine Vision, das Ostererlebnis, kam es urplötzlich zur berühmten Kehrtwende seiner Persönlichkeit und seines Verhaltens.

Keiner kann heute genaueres darüber sagen, insbesondere welchen Inhalts diese Vision war. Jedoch gibt es gute Gründe dafür, anzunehmen, dass Paulus ein so genanntes Nah-Todeserlebnis, engl. eine "Near-Death-Experience" (NDE), hatte. Paulus reiht sich damit in die lange Liste derer ein, die seit Anbeginn der Menschheit durch das Erleben ähnlicher ungewöhnlicher Geschehnisse im

---

[85] Die Bibel, Neues Testament, 2. Korintherbrief, 12.2-4

Grenzbereich zwischen Leben und Tod – oder besser: zwischen irdischer Manifestation und rein geistiger Existenz – praktisch auch alle Religionen dieser Welt begründeten. Im Rahmen seiner NDE hatte Paulus eine außerkörperliche Erfahrung, engl. Out-of-Body-Experience (OBE). Zu seiner eigenen großen Verblüffung war er sich während dieses Erlebnisses seiner körperlichen Integrität völlig sicher gewesen. Zugleich aber widersprach es vollends seinem Glauben und seiner Lebenserfahrung, was ihn deshalb sehr unsicher machte. Paulus konnte seinen Zustand offenkundig nicht begreifen. Seiner großen Verwirrung wird, wie ich meine, durch Wiederholung der Formulierung – *"ob im Leibe, das weiß ich nicht, oder außer dem Leibe, das weiß ich nicht, Gott weiß es"* – Ausdruck verliehen.

Sein persönliches Erlebnis ermöglichte ihm jedenfalls einen Blick in eine paradiesische jenseitige Welt.

Zwischen einem Drittel und der Hälfte aller Menschen, die dem Tod schon einmal von der Schippe gesprungen sind, berichten von NDEs.

Seit ungefähr 30 Jahren werden sie von zahlreichen Forschern systematisch untersucht, was wir vor allem einigen doch sehr mutigen Wissenschaftlern verdanken, wie z.B. *Elisabeth Kübler-Ross, Raymond Moody, Melvin Morse* oder *Kenneth Ring*. Mutig sind sie sicher deshalb, weil sie in besonders schwierigen Zeiten den Versuch wagten, den praktisch nur noch materialistischen Vorstellungen der Naturwissenschaften zu trotzen. Mit ihren eigenen Untersuchungen machten sie deutlich, dass dieser Materialismus offenkundig falsch sein muss. Wie schon vielen anderen „Exoten" vor ihnen auch, erging es ihnen dabei ähnlich: Zunächst ignorierte man sie oder nahm sie nicht ernst. Auch heute noch werden ihre Ergebnisse, obwohl mittlerweile durch Zigtausende von sehr seriösen Einzeluntersuchungen immer wieder bestätigt, nur allzu oft bestenfalls mitleidig belächelt, nicht selten sogar richtig verspottet.

Während die einen jetzt allein in NDEs schon den Beweis für ein Überleben des Todes sehen, versuchen andere, sie als eine Art Schutzreflex des Gehirns und als versöhnliches Abschiedsgeschenk der Evolution hinzustellen: NDEs sollen uns Menschen danach die Angst vor dem endgültigen Aus unserer Existenz nehmen, in dem uns kurz vor dem Tod noch eine zumeist heile jenseitige Scheinwelt vorgegaukelt wird. Die Frage, *"warum"* die Evolution so etwas erschafft, wenn dem tatsächlich so wäre, wo es doch für das Überleben der menschlichen Art wieder völlig überflüssig ist, wird allerdings gar nicht erst gestellt.

In diesem Kapitel will ich mich zunächst weitgehend darauf beschränken, das Phänomen der Nah-Todeserlebnisse (NDEs) zu beschreiben und es allenfalls oberflächlich anzudiskutieren.

Eine tiefer gehende kritische Prüfung soll dann im zweiten Teil dieses Buches der wesentliche Inhalt der Diskussion mit meinen beiden Söhnen sein.

Bekanntermaßen ist ja der Mensch das erste Lebewesen, das sich seines eigenen „Todes" und der damit zumindest für seinen Körper unausweichlichen Konsequenz einer totalen Vernichtung bewusst wird. Folglich muss man sagen, dass der Mensch, im Gegensatz zu allen diesbezüglich vollkommen "unbeschwert" so vor sich hin lebenden Tieren, schon von vornherein das schlimmste Schicksal überhaupt erleidet. Durch die Erkenntnis seines eigenen "Todes" ist er als einziges Wesen bereits von Geburt an bestraft.

Daran würde auch das zuvor erwähnte "Abschiedsgeschenk" nichts mehr ändern können; denn es käme auf alle Fälle zu spät.

Oder ist es nicht vielmehr doch so, wie ich behaupte, dass es gerade auch ein kardinaler Aspekt der Menschwerdung seit Anbeginn ist, intuitiv zu wissen, dass der Tod kein endgültiges Ende darstellt?

Dadurch widerfährt dem Menschen unmittelbar Gerechtigkeit. Nur sträubt er sich dagegen, dieses Wissen anzunehmen, weil es nicht von ihm selbst kommt.

Vielleicht liegt in der Erkenntnis der Unausweichlichkeit des eigenen Todes auch das wahre Wesen der von der katholischen Kirche behaupteten Erbsünde. Durch die Taufe wird der Mensch davon deshalb befreit, weil er so in die christliche Gemeinschaft der *Gläubigen* eintritt. Gläubig zu sein aber heißt, das ewige Leben seiner Seele als gegeben anzunehmen. Dadurch wird er von einer allein vom Menschen durch sein Menschsein ererbten, aber eigentlich überwindbaren *Bürde* befreit. Die Erbsünde ist also weniger eine echte Sünde, als vielmehr eine Bürde. Religiöses Gedankengut ist einmal mehr als eine Hilfe für den Menschen gedacht, wenn er nur bereit ist, sie zu akzeptieren. Das aber setzt voraus, die Möglichkeit der intuitiven Erfahrung als Quelle zur Erkenntnis anzunehmen und sich für eine Art "Waffengleichheit" zwischen der Religion und den Wissenschaften, als der Welt sinnlicher Erfahrung und Quelle der Erkenntnis, zu entscheiden.

Die Philosophie als Welt des "bewussten Nachdenkens" erhielte dann den ihr eigentlich zugedachten Stellenwert wieder zurück, ein vernünftiger Mittler zwischen den beiden Antipoden Religion und Naturwissenschaften zu sein. Dies wird auch durch den folgenden Ausspruch des deutschen Dichters und Theologen *Johann Christian Friedrich Hölderlin* unterstrichen: *"O, ein König ist der Mensch, wenn er träumt - ein Bettler, wenn er nachdenkt"*.

Die Geschichte ist zwar voll von NDEs, doch in unserer Zeit werden wir noch viel häufiger fündig. Dafür gibt es eine Reihe von Gründen. Zum einen rückt die Welt immer enger zusammen, Medien verbreiten in kurzer Zeit am liebsten Sensationen — und dazu gehörten sicher lange Zeit auch NDEs. Zum anderen ist die moderne Notfallmedizin heute viel öfter in der Lage, Menschen "ins Leben zurückzuholen".

Die Betroffenen halten sich dennoch zumeist mit Erzählungen über ihre Erlebnisse vorsichtig zurück. Das ist auch meist gut so; denn schließlich müssen sie nicht selten selbst heute noch fürchten, als exotische Spinner oder geisteskranke Halluzinierer verspottet zu werden. Auf alle Fälle ist die Furcht vor Nachteilen im weiteren hiesigen Leben meistens groß und verhindert in der Regel, sich zu offenbaren. Manch eine berufliche Karriere könnte so sicher vorzeitig zum Scheitern verurteilt sein.

Die hier eingangs genannten Wissenschaftler, die sich mit NDEs schon seit Jahrzehnten beschäftigen, leben alle in den USA. Sicher ist dies ein untrügliches Zeichen für die dort spürbar größere Offenheit und Toleranz im Allgemeinen und speziell gegenüber solchen unerklärlichen Dingen. Seit langem gibt es in den USA mit der IANDS[86] eine Vereinigung, die es ermöglicht, systematisch und in großem Maßstab Datenmaterial über NDEs zu sammeln und

---

[86] IANDS = International Association for Near Death Studies (internationaler Verband für die Erforschung von Nahtodeserfahrungen). Gegründet 1981 an der Universität Connecticut durch Kenneth Ring, Bruce Greyson und John Audette. Ableger dieser Vereinigung existieren mittlerweile auch in einigen anderen Staaten.

zahlreiche, landesweit gestartete Untersuchungsprogramme zu koordinieren. Auch in unserem Land gibt es mittlerweile eine Sektion der IANDS. Ihr Vorsitzender ist der Heidelberger Psychiater *Michael Schröter-Kunhardt*, der mir dankenswerterweise zum dritten Band meiner letzten Buchreihe das Vorwort schrieb.

Kenneth Ring schätzte 1992 die Zahl der Amerikaner, die eine Nah-Todeserfahrung erlebt haben, auf acht Millionen. In Deutschland rechnet man mit etwa 3,3 Millionen "Nah-Todes-Erfahrenen".[87] Manche Schätzungen reichen noch deutlich höher.

Fast alle Forscher sind der Meinung, dass Nahtodeserfahrungen für sich als Einzelereignis zwar sehr unterschiedlich und vielfältig sind, dennoch im Kern eine Reihe von identischen, ja beinahe sogar stereotypen Merkmalen aufweisen. Damit lassen sie sich durchaus untereinander vergleichen. Darüber hinaus sind sie universell und finden sich völlig unabhängig vom Alter der Betroffenen sowie ihren kulturellen und religiösen Hintergründen.

Selbst Kinder machen grundsätzlich die gleichen Erfahrungen wie Erwachsene. Genauso gibt es Blinde und Taube, die NDEs erlebten und darin die gleichen optischen oder akustischen Erfahrungen sammeln konnten wie zu Lebzeiten gesunde Personen.

Nicht alle Erfahrungen sind dabei gleichermaßen vollständig: Viele beinhalten sogar nur einige und manchmal auch unvollständige Elemente einer kompletten "Ideal-NDE".

Ich erlaube mir an dieser Stelle eine vollständige NDE aus einem Buch von *Raimond Moody* zu zitieren, um so eine Basis für weitere Erörterungen zu haben. Sie enthält sämtliche Elemente, die typischerweise in einer NDE vorkommen können:

"Ein Mensch liegt im Sterben. Während seine körperliche Bedrängnis sich ihrem Höhepunkt nähert, hört er, wie der Arzt ihn für tot erklärt. Mit einem Mal nimmt er ein unangenehmes Geräusch wahr, ein durchdringendes Läuten oder Brummen, und zugleich hat er das Gefühl, daß er sich sehr rasch durch einen langen, dunklen Tunnel bewegt. Danach befindet er sich plötzlich außerhalb seines Körpers, jedoch in derselben Umgebung wie zuvor.

---

[87]H. Knoblauch et al., "Todesnähe: Wissenschaftliche Zugänge zu einem außergewöhnlichen Phänomen", vgl. Literaturverzeichnis

Als ob er ein Beobachter wäre, blickt er nun aus einiger Entfernung auf seinen eigenen Körper. In seinen Gefühlen zutiefst aufgewühlt, wohnt er von diesem seltsamen Beobachtungsposten aus den Wiederbelebungsversuchen bei.

Nach einiger Zeit fängt er sich und beginnt, sich immer mehr an seinen merkwürdigen Zustand zu gewöhnen. Wie er entdeckt, besitzt er noch immer einen 'Körper', der sich jedoch sowohl seiner Beschaffenheit als auch seinen Fähigkeiten nach wesentlich von dem physischen Körper, den er zurückgelassen hat, unterscheidet. Bald kommt es zu neuen Ereignissen. Andere Wesen nähern sich dem Sterbenden, um ihn zu begrüßen und ihm zu helfen.

Er erblickt die Geistwesen bereits verstorbener Verwandter und Freunde, und ein Liebe und Wärme ausstrahlendes Wesen, wie er es noch nie gesehen hat, ein Lichtwesen, erscheint vor ihm. Dieses Wesen richtet --- ohne Worte zu gebrauchen --- eine Frage an ihn, die 'ihn' dazu bewegen soll, sein Leben als Ganzes zu 'bewerten'. Es hilft ihm dabei, indem es das Panorama der wichtigsten Stationen seines Lebens in einer blitzschnellen Rückschau an ihm vorüberziehen lässt. Einmal scheint es dem Sterbenden, als ob er sich einer Art Schranke oder Grenze näherte, die offenbar die Scheidelinie zwischen dem irdischen und dem folgenden Leben darstellt. Doch ihm wird klar, daß er zur Erde zurückkehren muß, da der Zeitpunkt seines Todes noch nicht gekommen ist. Er sträubt sich dagegen; denn seine Erfahrungen mit dem jenseitigen Leben haben ihn so sehr gefangen genommen, daß er nun nicht mehr umkehren möchte. Er ist von überwältigenden Gefühlen der Freude, der Liebe und des Friedens erfüllt. Trotz seines inneren Widerstandes --- und ohne zu wissen, wie --- vereinigt er sich dennoch wieder mit seinem physischen Körper und lebt weiter.

Bei seinen späteren Versuchen, anderen Menschen von seinem Erlebnis zu berichten, trifft er auf große Schwierigkeiten. Zunächst einmal vermag er keine menschlichen Worte zu finden, mit denen sich überirdische Geschehnisse dieser Art angemessen ausdrücken ließen. Da er zudem entdeckt, daß man ihm mit Spott begegnet, gibt er es ganz auf, anderen davon zu erzählen. Dennoch hinterlässt das Erlebnis tiefe Spuren in seinem Leben; es beeinflusst namentlich die Art, wie der jeweilige Mensch dem Tod gegenübersteht und dessen Beziehungen zum Leben auffasst" (Hervorhebungen in '...' durch mich).

Nicht alles davon bestimmt jede Nah-Todeserfahrung. Es lassen sich jedoch die folgenden Phasen grundsätzlich systematisieren:

1) Das Verlassen des Körpers:

Im Augenblick seines "klinischen Todes" verlässt der Mensch den physischen Leib. Man spricht dann von einer "Entkörperlichung" oder "OBE" [88].

Solche OBEs kommen ebenso, wie andere Elemente der NDEs auch, in nicht-lebensbedrohlichen Situationen vor. Das konnte man mittlerweile sogar experimentell nachweisen. Von daher sind sie kein eindeutiges Zeichen für den bevorstehenden Tod. Im Falle einer echten NDE sind OBEs allerdings sehr typisch und regelmäßig anzutreffen. Nach wie vor gibt es für sie keine plausible wissenschaftliche Erklärung, insbesondere dann, wenn sie offenbar mit Ortswechseln einhergehen. Sie lassen sich gut überprüfen, so dass man sie zu den wichtigsten Indizien jeder NDE zählen muss.

Bei einer OBE sieht der Betroffene seinen zurückgelassenen Körper von außen, manchmal "unter der Decke schwebend". Sehr häufig kann er sogar ganz exakte und detailgetreue Angaben über seine Umgebung sowie über die ihn behandelnden Ärzte und Schwestern und deren genaues Vorgehen machen. Häufig sind sie sogar in der Lage, den exakten Wortlaut derjenigen Personen wiederzugeben, die an ihrer späteren Rettung beteiligt waren.

Besonders eindrucksvoll sind die Fälle, in denen sich der Betroffene von dem eigentlichen Ort des Geschehens weg bewegt hat. Dabei stellt er in der Regel fest, dass materielle Gegenstände, z.B. Wände oder Personen, für ihn keinerlei Hindernisse mehr darstellen. Später ist er meist in der Lage, Dinge in anderen Räumen und überhaupt fernab von seinem Körper genau zu beschreiben, was eigentlich beweist, dass er sie selbst gesehen oder davon gehört haben muss.[89] Oft will er trauernde Verwandte trösten oder beruhigen. Zum Beispiel versucht er auf Ärzte oder Pfleger einzuwirken, manchmal sogar um sie davon abzuhalten, ihn "ins Leben" zurückzuholen. Bald bemerkt er jedoch, dass diese ihn weder hören, noch sehen oder spüren können, was ihn sehr verwirrt.[90] Sämtliche

---

[88] OBE = engl.: Out-of-Body-Experience.

[89] Natürlich gäbe es auch die Möglichkeit einer Kontaktaufnahme mittels sog. ASW – Wellen, wie es animistische Parapsychologen glauben. Darüber jedoch mehr im nächsten Kapitel.

[90] Dies könnte die seltsame zweimalige Wiederholung der biblischen Passage erklären, die ich eingangs dieses Kapitels zitiert habe.

Erfahrungen, die er während seiner Exkursion macht, betrachtet er durchweg als absolut real.

Er hat keinerlei Zweifel an seiner körperlichen Integrität, d.h. er ist davon überzeugt, nach wie vor in seinem Körper zu stecken.

Dass er daneben auch seinen (materiellen) Körper sieht, verwirrt ihn und macht ihn unsicher. Er stellt fest, dass die Konsistenz seines gegenwärtigen Körpers ganz anders ist als gewohnt.

In der Esoterik hat sich aus diesem Grund dafür der Begriff der "Feinstofflichkeit" eingebürgert. Ich finde, dieser Begriff beschreibt das Phänomen wohl auch am besten.

Ein sehr berühmtes und authentisches Beispiel für eine solche Entkörperlichung stammt von dem berühmten, inzwischen verstorbenen Kapstädter Herzchirurgen *Christiaan Barnard*:

Als er einmal selbst im Krankenhaus stationär behandelt werden musste, erschien ihm eines Abends an seinem Bett eine ältere Frau. Sie schien etwas verwirrt zu sein. Er selbst konnte sie ganz genau beschreiben. Alles war für ihn völlig real. Kurze Zeit später war sie schon wieder verschwunden. Es stellte sich heraus, dass diese Frau bereits kurz vor ihrem Erscheinen an Barnards Krankenbett verstorben war. Hier hat sogar ein eher selten beschriebenes Zusammentreffen stattgefunden, bei dem der "Geistkörper" der bereits verstorbenen Frau von einem anderen, "noch lebenden" Menschen, wahrgenommen wurde.

Normalerweise ist jemand während seines Nahtoderlebnisses, also auch bei seinen OBEs, für "noch lebende" Menschen nicht zu sehen. In einigen wenigen Fällen wird eine OBE im ersten Moment von einem Gefühl der Desorientierung und manchmal auch von Angst begleitet. Dies legt sich in den meisten Fällen jedoch recht schnell.

2) Das Tunnelerlebnis:

Während die OBE anfangs nicht selten von unangenehmen Geräuschen begleitet sein kann, ändert sich auch dies meist kurz danach. Der Betroffene gleitet nach einiger Zeit, die er noch vor Ort verbringt und während der er seinen (materiellen) Körper und alles Geschehen in seiner Umgebung betrachtet, z.B. durch eine Art langen und dunklen Tunnel oder Korridor. Manchmal wird das als unangenehm empfunden. In der Regel wird dieses Gleiten als besonders schnell, ja sogar rasend schnell, beschrieben. Weiterhin kann während dieser Phasen den Betroffenen das eingangs oft wahrgenommene, unangenehme Geräusch begleiten. Nicht lange danach aber ertönen bereits schöne und harmonisch klingende Töne.

Der Betroffene fühlt sich dabei leicht, unbeschwert und regelrecht erleichtert. Er hat jetzt keinerlei Schmerzen mehr.

3) Das Licht nach dem Tunnel:

Nachdem der Betroffene durch den Tunnel oder Korridor hindurch geglitten ist, erscheint ihm in der Regel ein strahlend helles Licht, das aber niemals als unangenehm empfunden wird. Er wird davon unwiderstehlich angezogen. Beim Licht angelangt, überkommt ihn fast immer das Gefühl größter Glückseligkeit. Manchmal geben Betroffene an, das Licht selbst sei ein persönliches Wesen. Daher wird es auch als "Lichtwesen" beschrieben. Je nach kulturellem oder religiösem Hintergrund wird das Lichtwesen unterschiedlich gedeutet: Einige sehen darin Jesus oder die Gottesmutter Maria, andere die von ihnen zu Lebzeiten angebeteten Götter oder Propheten.

Immer ist das Lichtwesen die personifizierte absolute Liebe. Bei dieser Begegnung fühlen sich die meisten Betroffenen in völligem Einklang mit sich selbst und ihrer Umgebung. Sie empfinden Frieden, übergroße Freude und ein unbeschreibliches, tiefes Glück.

4) Der Empfang oder die Begrüßung:

Meist sieht der Betroffene jetzt nahe stehende und geliebte Personen, die bereits vor ihm verstorben waren. Ganz erstaunlich ist sicher, dass man in dieser Phase bereits ausnahmslos verstorbene Personen sieht, nie aber "noch" lebende. Dies wird durch alle Untersuchungen bestätigt.

Von ihnen, in der Regel Verwandte, Freunde oder Bekannte, wird er herzlich empfangen und begrüßt. Es gibt eine Reihe sehr genau recherchierter Fälle, in denen der Betroffene von Personen begrüßt wurde, die er zum Zeitpunkt seines "Nah-Todes" für noch "lebend" hielt. Erst später, nach der "Rückkehr" in seinen Körper, stellte sich dann heraus, dass diese Person sehr wohl auch zwischenzeitlich verstorben war, der Betroffene davon aber noch gar nichts wusste und gewusst haben konnte. *Elisabeth Kübler-Ross* schildert ein solches Beispiel: Zwei Freundinnen erkrankten im Kindesalter an einer schlimmen Infektion. Eines der beiden Mädchen starb schließlich daran. Das andere hatte kurze Zeit später ein Nah-Todeserlebnis und sah währenddessen die bereits verstorbene Freundin. Um ihre Heilung nicht zu gefährden, hatte man ihr vorher noch nichts vom Tod ihrer Freundin erzählt.

Sie erfuhr davon also erstmals durch ihr eigenes Nahtodeserlebnis.

Manchmal erkennt der Betroffene Personen nur dadurch wieder, weil er sie vorab schon einmal auf Bildern gesehen hatte, z.B. längst verstorbene Vorfahren, denen er in seinem bisherigen irdischen Leben nicht hatte begegnen können.

Auch kommt es vor, dass Betroffene von offenbar sehr lieben Menschen empfangen werden, die sie selbst überhaupt nicht zuordnen können. Erst nach ihrer "Rückkehr ins Leben" und beim Blättern in vielleicht verstaubten Fotoalben sind sie dann in der Lage, diese im Nachhinein als schon lange verstorbene nahe Verwandte zu identifizieren.

5) Der Panoramarückblick auf das eigene Leben:

Nach (subjektiv) relativ kurzer Zeit sieht ein Betroffener oft in Anwesenheit des "Lichtwesens" eine Art dreidimensionalen Film, der alle wichtigen Ereignisse seines bisherigen Lebens rekapituliert (Lebensfilm).

Was wirklich wichtig ist, wird dem Betroffenen erst während des Films offenbart. Nicht selten handelt es sich dabei um von ihm selbst bislang eher als nebensächlich betrachtete Dinge.

Während dieses Vorgangs ist der Betroffene selbst sowohl Akteur, als auch zugleich sein eigener Betrachter. Er sieht Szenen seines Lebens, in denen er besonders gut und hilfreich war, aber ebenso solche, in denen er sich unangebracht, falsch oder gar böse verhalten hat. Er schämt sich der schlechten Dinge und freut sich der Guten. Er allein aber ist es, der seine Handlungen selbst bewertet und zu bewerten hat. Auch sieht er nicht nur seine eigenen Taten, sondern erkennt vor allem deren Auswirkungen auf andere. Dadurch erhält er einen großen Überblick über alle Konsequenzen seines irdischen Tuns. Zu keiner Zeit hat er das Gefühl, er werde von fremder Seite, z.B. von dem anwesenden Lichtwesen, irgendwie "gerichtet". Immer richtet sich der Betroffene selbst. Dabei ist er insbesondere in der Lage, die Gefühle der anderen während seiner irdischen Handlungen so zu erleben, als wären es seine eigenen. So entgeht ihm kein Schmerz, den er anderen zu "Lebzeiten" zugefügt hat. Das ihm während seines Lebensfilms beiwohnende Lichtwesen hilft ihm mit seiner Liebe, seine Erfolge zu genießen und über seine Misserfolge hinwegzukommen. Das Ziel dieses Vorgangs scheint nicht die Bestrafung des Betroffenen, sondern seine reuevolle Einsicht zu sein, gefolgt von dem Gelöbnis zur Besserung.

<u>6) Das Gefühl einer überall überwältigenden Liebe:</u>
Jeder der Betroffenen, der zumindest einige dieser Stadien oder Phasen erlebt hat, ist tief beeindruckt von einem ihm immer und überall zuteil werdenden überwältigenden Gefühl der Liebe. Gerade auch dann, wenn man unangenehme oder gar sehr schlimme Ereignisse aus dem eigenen Lebensfilm nacherlebt, wird einem dieses Gefühl vermittelt. *Raimond Moody* schreibt dazu: *"Hast du gelernt zu lieben?, diese Frage wird fast allen Betroffenen während ihres Nahtodeserlebnisses gestellt"*. Ich selbst kann das durch eigene Erfahrung bestätigen.
Und Moody ergänzt, dass fast alle nach ihrer Rückkehr in unsere Welt sagen, dass die Liebe das Wichtigste im Leben sei.
Sie sei der entscheidende Grund, warum wir auf der Welt seien.

<u>7) Terminalphase der NDE:</u>
Nach diesem sehr einschneidenden und immer als vollkommen real empfundenen, aber meist nicht traumatischen Ereignis kommt es oft noch zu ein paar weiteren, in der Regel sehr unterschiedlich empfundenen Begebenheiten.
Sie läuten summa summarum die Endphase der NDE ein: Der Betroffene sieht vielleicht eine Art "Lichtstadt". Es kann sich dabei auch um wunderschöne und paradiesische Landschaften handeln,

wobei besonders auffällt, dass sie stets sehr farbenfroh sind. Gerade die Farbgestaltung wird besonders oft hervorgehoben und möglichst detailliert wiedergegeben. Die Betroffenen sind sich zumeist sogar darin einig, dass sie die hier wahrgenommenen Farben zuvor in ihrem Leben so schön und klar noch nie gesehen hätten.

Es fällt ihnen daher schwer, diese Bilder im ganzen Ausmaß des Erlebten zu beschreiben. Das gilt auch für die oft erwähnte Lichtstadt. Immer wieder wird hervorgehoben, dass dieses sehr helle Licht ständig vorhanden, aber niemals unangenehm sei.

Viele Betroffene erkennen reges Leben in dieser Lichtstadt. Zugleich haben sie das Gefühl, alles zu verstehen und auch alles zu wissen. Sie erkennen, dass sie selbst Teil eines unermesslich großen und harmonischen Ganzen sind, ohne es jedoch später näher beschreiben zu können. Die während ihrer Erfahrung erworbenen Erkenntnisse gehen in der Regel beim "Wiedereintritt" ins irdische Leben verloren. Es verbleibt dann nur noch das Gefühl, dieses absolute Wissen besessen zu haben.

Schon bald erreicht der Betroffene eine Art Grenze. Es kann ein Zaun sein, eine Hecke oder ein Fluss. Er sieht vielleicht, wie ihm vertraute Personen auf der anderen Seite zuwinken oder ihn gar herbeiwinken. Offenbar intuitiv "weiß" er in diesem Augenblick, dass es nach Überschreiten dieser Grenze kein Zurück mehr gibt.

8) Die Rückkehr:

Einige der Betroffenen geben später an, dass es ihnen völlig freigestellt war, diese Grenze, an der sie am Ende ihrer NDE angekommen waren, zu überschreiten und damit, wie sie es selbst sagen, wirklich und endgültig aus dem Leben zu scheiden.

Andere geben an, dass sie selbst diese Grenze zwar am liebsten passiert hätten, ein solches Vorhaben von "drüben" jedoch verhindert wurde. Wieder andere sagen aus, dass sie sogar sehr unsanft davon abgehalten wurden, sich auf die andere Seite zu begeben. Auch gibt es eine Reihe von Personen, die aufgrund ihrer Lebenssituation, z.B. zu Hause wartende kleine Kinder, selbst darum baten, wieder "ins Leben" zurückkehren zu dürfen, obwohl sie zugleich sagen, sie wären eigentlich gerne dageblieben.

Die Rückkehr selbst erfolgt in der Regel offensichtlich sehr abrupt und schnell. Der Betroffene findet sich augenblicklich in seinem Körper wieder und fühlt auch wieder dieselben Schmerzen, die vorher schon bestanden.

Für jeden Betroffenen ist sein Erlebnis außerordentlich real und mit keinem Traum vergleichbar. Nur vorsichtig versucht er manchmal, sich mit Vertrauten oder auch schon mal mit Ärzten oder Schwestern über seine Erfahrungen zu unterhalten.

Zumeist jedoch spürt er, dass man ihm nicht glaubt, das Erlebte sei real gewesen. Man verweist ihn darauf, im Koma gewesen zu sein und halluziniert zu haben. Daher zieht er es in der Regel bald vor, über seine Erfahrungen ganz zu schweigen.

9) Das eigene Leben ändert sich:

Mit der Rückkehr in den Körper ist das Nahtodeserlebnis noch keineswegs zu Ende. Im Gegenteil, und dies ist eine weitere, sehr erstaunliche und entscheidende Tatsache, praktisch immer hat es enorme Nachwirkungen. Kaum einer von den Betroffenen, der sein Erlebnis bereits anfangs erinnert[91], vergisst es jemals wieder. Für sie alle bedeutet es einen sehr tiefen Einschnitt in ihrem Leben.

Fast einhellig sind die Betroffenen später der absolut festen Überzeugung, dass sie die Schwelle des Todes betreten und ein Stück von der Welt dahinter wirklich kennen gelernt haben. Kaum einer von ihnen lässt sich diese Überzeugung durch gegenteilige Beteuerungen – von wem auch immer – ausreden. Besonders betrachtet man fortan völlig gelassen die gegenwärtigen Ansichten der Naturwissenschaften, wonach es für all diese Erlebnisse eine oder mehrere streng materialistische Erklärungen geben muss. Man steht schlichtweg darüber. Das Leben der Betroffenen nimmt nach ihrem Erlebnis fast immer eine deutliche Wendung: Vor allem werden sie viel gelassener, auch gegenüber Schicksalsschlägen.

Sie fühlen sich der Natur und anderen Menschen tiefer als je zuvor verbunden, und nicht selten werden ganze Charaktere regelrecht

---

[91]Zwischen einem Drittel und der Hälfte der Menschen, die dem Tode sehr nahe waren, können sich an ein solches Erlebnis erinnern. Auf Gründe, warum dies 50%-70% nicht tun, werde ich im Dialog diskutieren.

umgekrempelt. Aus dieser Verbundenheit heraus entwickelt sich auch ein höheres Maß an Verantwortung gegenüber allen Dingen.

Ihr Wunsch, Wissen und Weisheit zu erlangen sowie anderen zu vermitteln und auch anzuwenden, um dadurch anderen zu dienen, nimmt deutlich zu. Sie unterlassen es aber, ihre Mitmenschen aufdringlich zu missionieren. Vielmehr überlassen sie es jedem, sich ihrer eigenen neuen Lebenseinstellung aus freien Stücken anzuschließen oder nicht. Sie wissen, jeder andere wird es irgendwann auch einmal genau so erleben. Sie selbst haben keine Angst mehr vor dem dereinst ja tatsächlich einmal folgenden Tod. Sie sind davon überzeugt, nun zu wissen, wie es dann sein wird --- nämlich genau so wie sie es schon einmal erleben durften.

Sie streben nicht mehr egoistisch nach Macht, Geld oder Erfolg. Diese Attribute sind für sie deshalb keineswegs unwichtig geworden, nur, sie sehen den Weg dahin gelassener, befreiter und mit viel mehr Langmut. Sie entsagen der sonst allgegenwärtigen Ellbogen-mentalität und sehen alles mit viel mehr Liebe.

Am Ende ihrer jahrzehntelangen Forschungsarbeit, die sich dem Thema der NDEs widmete, ist sich *Elisabeth Kübler-Ross* sicher, dass der körperliche Tod nicht das Ende des Lebens eines Menschen ist. In einem Interview[92] äußerte sich Kübler-Ross im Jahre 1998 wie folgt: *"Ja, ich bleibe dabei. Es gibt keinen Tod. Der Tod ist nur ein Übergang in eine andere Frequenz und ein wunderbares Erlebnis. Das Leben ist viel schwerer als der Tod. Die Angst vor dem Tod ist unbegründet"*. Weiter sagt sie später, dass niemand allein sterbe.

Auf jeden Sterbenden warten *"drüben"* die Menschen, die ihm am nächsten standen. *"Das lässt sich erforschen. Viele Sterbende haben mir das erzählt. Das sind keine Hirngespinste. Aber die Ärzte haben Angst vor dieser Wahrheit"*.

Auch in Bezug auf die allgemeine Lebensgestaltung gibt sie Ratschläge, welche die Gelassenheit der Betroffenen wiedergeben: *"Genießt mehr das Leben, tanzt mehr, esst Schweizer Schokolade[93] und arbeitet nicht nur. In der Schweiz wurde ich nach dem Grundsatz erzogen: arbeiten,*

---

[92] Interviewpartner war der Fernsehmoderator und Buchautor Dr. Franz Alt.
[93] Frau Prof. Dr. Elisabeth Kübler-Ross ist gebürtige Schweizerin und erst nach ihrer Heirat mit einem Amerikaner in die USA ausgewandert.

arbeiten, arbeiten. Du bist nur ein wertvoller Mensch, wenn du viel arbeitest. Dies ist grundfalsch. Halb arbeiten, halb tanzen: Das ist die richtige Mischung! Ich selbst habe zuwenig getanzt und zuwenig gespielt!"
Ich finde, dies ist eine sehr wichtige und weise Erkenntnis einer großartigen Forscherin, die inzwischen alt und leider sehr krank ist und nunmehr selbst am Ende ihres irdischen Lebens steht. Ich selbst hatte noch das Vergnügen, mich mit ihr vor ein paar Jahren am Telefon zu unterhalten.

12. Rätselhafte Phänomene

Es gibt eine ganze Menge Bücher, die sich mit unerklärlichen Phänomenen befassen. Deshalb verweise ich auch zunächst auf entsprechende Literatur. Im Literaturverzeichnis dieses Buches finden Sie hierzu sicher ein paar interessante Hinweise – natürlich ohne jede Wertung; nicht alles scheint mir immer seriös zu sein.
In diesem Kapitel möchte ich deshalb exemplarisch nur solche Begebenheiten beisteuern, die aus meinem eigenen persönlichen Umfeld stammen. Die meisten davon stehen in einem engen Zusammenhang mit dem Tod einer mir sehr nahen Person.
Für die Authentizität sämtlicher der hier geschilderten Vorgänge verbürge ich mich. Selbstkritisch betrachtet heißt das natürlich nur, dass alles so war wie hier geschildert, und ich sie selbst auch bei sorgfältiger Abwägung nicht anders erklären kann.
Die *Parapsychologen* unterscheiden vor allem zwischen *Telepathie* und *Telekinese*, oft auch *Psychokinese* genannt. Unter Telepathie versteht man alle Möglichkeiten einer rein geistigen Kommunikation, unter Psycho- oder Telekinese dazu sämtliche Einflüsse des Geistes auf materielle Dinge. Für die *Animisten* unter den Parapsychologen ist der Geist traditionell an das Gehirn gebunden. Ein noch nicht genau definierter Hirnbereich, von Animisten gerne in der rechten

Hirnhälfte lokalisiert, sendet nach ihrer Auffassung *Außersinnliche Wahrnehmungs-Wellen (ASW-Wellen)*, die jemand anders erreichen sollen.

Animisten nehmen also die Existenz einer bislang unbekannten Wirkung an, die ein materielles Organ, das Gehirn, produziert.

Dabei muss zunächst offen bleiben, ob die Wirkung selbst auch etwas Materielles ist, für das Wissenschaftler nur noch keinen Nachweis entdeckt haben – so ähnlich wie man auch noch keine Schwerkraftteilchen (Gravitonen) gefunden hat, aber glaubt, sie würden existieren.

Oder handelt es sich dabei um etwas qualitativ völlig anderes, nämlich etwas Immaterielles? Gleichwie, allein das Gehirn bleibt für sie jedoch Träger der menschlichen Persönlichkeit. Im Falle des Todes geht sie daher verloren und mit ihr auch die Fähigkeit, ASW auszusenden. Sehr wohl sei auf diese Weise auch Vorausschauung möglich *(Präkognition)* und erklärbar: Solche ASW-Wellen sollen genauso gut in die Zukunft wandern und von dort Informationen zurückbringen können.

Mehr in den Hintergrund gerückt sind heutzutage die *Spiritisten*.

Traditionell glauben sie an Einflüsse aus realen, rein geistigen Bereichen, die nicht an Materie, wie z.B. an das Gehirn, gebunden sind. Spiritisten sind der Auffassung, dass Geist und Gehirn völlig verschiedene Dinge sind. Für sie bleibt der Geist eines jeden Verstorbenen daher auch nach dessen körperlichen Tod erhalten, womit er weiterhin Einfluss auf irdisches Geschehen nehmen kann.

All dem völlig entgegen steht die Ansicht heutiger Physiker und Biologen: Eine geistige oder allgemein: eine nicht-materielle Ursache für zunächst unerklärliche Erscheinungen gibt es überhaupt nicht.

Ein Teil solcher Erlebnisse sei ohnehin nicht verifizierbar. Ein weiterer Teil beruhe auf Fehlinterpretationen und viele andere sind schlichtweg eingebildet. Nicht selten handele es sich sogar um reinen Betrug, manchmal vielleicht, um anderen zu imponieren.

Zusammenhänge zwischen verbürgten, aber bislang implausiblen Phänomenen und zeitgleich stattfindenden Begebenheiten, wie z.B. Todesfällen, sind rein zufälliger Natur. Der Schweizer *Carl Gustav Jung*, ein Schüler von *Sigmund Freud*, schuf hierfür den Begriff der *Koinzidenzen*.

Letztendlich müssen sich nach Meinung der Naturwissenschaften auch bislang unerklärliche Ereignisse immer auf dem Boden des bekannten (materialistischen) Weltbilds erklären lassen können – wenn nicht sofort, dann eben später einmal.

Psychologen argumentieren dagegen gerne mit Projektionen des eigenen Unterbewussten oder mit dem Zugriff auf *Archetypen* eines kollektiven Unbewussten.[94] Mit ihren Erklärungen stehen sie, ohne dass sie es zugeben, natürlich ebenfalls im krassen Widerspruch zum heutigen materialistischen Weltbild; denn die Fundamente ihrer Theorien sind genauso völlig unbewiesen.

Nach meiner Auffassung sind sie daher den rein spiritistischen Ideen nicht überlegen. Gegenwärtig ergeben sich somit eigentlich nur die folgenden zwei alternativen Denkansätze:

Entweder man fügt sich voll und ganz dem heutigen Weltbild der Naturwissenschaften. Dann sind alle Diskussionen über Geist, Seele, Überleben des körperlichen Todes etc., sinnlos und haben derzeit keinerlei ernstzunehmende Grundlage. Hat jemand selbst vermeintlich unerklärliche Phänomene erfahren, so müssen sie in die Kategorien Träume, Einbildung, inhaltliche Fehlinterpretationen oder zufällige zeitliche Parallelität (Koinzidenz) sortiert werden. Am besten man vergisst sie, um nicht unnötig irritiert zu sein.

Oder aber man hält solche Begebenheiten im immateriell realen Sinne grundsätzlich für möglich, am besten, indem man auf die bereits historisch bekannten und heute genauso immer wieder zu Tage tretenden Grenzen der Naturwissenschaften hinweist:

Schließlich hat sich doch in der Vergangenheit regelmäßig gezeigt, dass die meisten ihrer Theorien und Weltbilder geradezu periodisch revidiert werden mussten, d.h. sie unterlagen einem ständigen inhaltlichen Wechsel oder "Turn-Over". Warum sollte das heute eigentlich anders sein?

Dann aber haben psychologische und parapsychologische Thesen den prinzipiell gleichen Stellenwert, ohne dabei zugleich schon in Beliebigkeit zu verfallen; denn sie alle beruhen auf unbewiesenen

---

[94]Die Theorie des "kollektiven Unbewussten" stammt von dem Schweizer Psychiater Carl Gustav Jung, s. Glossar. Gemeint ist damit die Gesamtheit menschlicher Erfahrungen.

Fundamenten – und bei allen spielen immaterielle Dimensionen mit, wie Geist, Seele oder Psyche, kollektives Unbewusstes, etc.

Deshalb stellt sich hier eigentlich die Frage, welche der angebotenen Thesen tatsächlich *vernünftiger* ist? Eine Entscheidung ist nach meiner Ansicht nur dann hinreichend begründet zu fällen, wenn man sie im Gesamtkontext betrachtet. Dazu muss man sich zunächst über die Grenzen einzelner Fachgebiete informieren und dann erheben. Dazu muss man zunächst versuchen, alle wirklich gesicherten Ergebnisse zusammen zu tragen, um so eine möglichst breite Erklärungsgrundlage zu erzielen. Dabei sollte man sich auch nicht scheuen, sie ohne das ständige Schielen auf rein materialistische Erklärungen der heutigen Naturwissenschaften, d.h. also ohne Scheuklappen, unter einen gemeinsamen Hut zu bringen.

Dies ist eine Grundintention aller meiner bisher zu dieser Thematik veröffentlichten Bücher. Im Ergebnis bin ich von einer geistigen Dimension, die unabhängig von jeder materiellen Manifestation in dieser Welt existiert, alles umfasst und durchdringt, überzeugt.

Mehr noch, die materielle Welt ist zwingend notwendig für den Aufbruch des Geistes zu sich selbst. Anders gesagt, ist es nach meiner Auffassung nur mit ihrer Hilfe überhaupt möglich, aus einer ehemals völlig undifferenzierten und unstrukturierten geistigen "Brachlandschaft" irgendwann einmal ein ausdifferenziertes, voll durchstrukturiertes und auf eine größtmögliche individuelle Vielfalt verteiltes, hochkomplexes geistiges Ganzes zu schaffen.

So entsteht, im Einklang mit *Pierre Teilhard de Chardin*, durch unser aller Mitwirken ein neuer "Gott". Da individuelle Vielfalt unter dieser Prämisse eine Grundbedingung, eine *conditio sine qua non* ist, sind wir geradezu ständig umgeben von selbstbewussten und individuellen "Geistwesen".

Folglich halte ich eine *spiritistische* Erklärung für die im Grundsatz vernünftigste. Allein aus dieser Argumentation heraus glaube ich mit Recht, *kausale* und nicht nur zufälligerweise parallele *(kontigente und korreale, koinzidente)* Beziehungen zwischen einem unerklärlichen Ereignis und dem in engem zeitlichen Zusammenhang eingetretenen Tod sehr nahe stehender Personen ziehen zu dürfen.

Natürlich möchte ich klarstellen, dass andere Erklärungen durchaus denkbar wären, zieht man sich auf eine andere Gesamtsicht unserer Welt zurück.

Was meine eigenen Erlebnisse betrifft, so lade ich jeden Physiker ein, mit plausiblen Erklärungsversuchen aufzuwarten, die seinem derzeitigen Weltbild entsprechen. Sollte ihre Antwort nur darin bestehen, die erwähnten Phänomene selbst anzuzweifeln oder gar abzulehnen, so weise ich solcherlei Ansinnen allerdings zurück.

Sicher bin ich kein Hellseher. Meine Familie spottet vielmehr des Öfteren, wenn ich, zum Beispiel vor häuslichen Gartenfesten, versuche, das Wetter vorherzusagen. Ihrer Meinung nach sei die Wahrscheinlichkeit, dass es ganz anders kommt als von mir prognostiziert, eher sogar viel größer. Dummerweise scheine ich oft auch dazu zu neigen, zum falschen Zeitpunkt Aktien zu kaufen. Als Hellseher würde mir das sicher nicht passieren. Gottlob ist es mir allein durch ausreichend langes Festhalten und das strikte Beachten einiger grundsätzlicher Börsenregeln zumeist gelungen, schlechtes Timing erträglich zu kompensieren. Somit geht es mir wohl ähnlich wie dem 1999 mit 93 Jahren verstorbenen, berühmten ungarischen Börsenguru *André Kostolany*: Einmal gefragt, wie er an sein Vermögen gekommen sei, antwortete er sinngemäß: 49% seiner Spekulationen brachten Verlust, aber 51% Gewinn – und die Differenz reichte halt aus.

Ohne mich selbst also für besonders medial zu halten, hatte ich dennoch häufig und spontan Momente, die nicht erklärbar sind. Auf ein paar davon werde ich in diesem Kapitel eingehen.

Ich war 13 Jahre alt, als eines frühen Morgens die Türklingel an meinem Elternhaus in Köln läutete. Ich wurde wach, stand auf und sah, wie mein Vater die Tür öffnete. Ich hörte Stimmen, konnte aber nichts verstehen. Als meine Mutter mich sah, kam sie auf mich zu und nahm mich in den Arm. Spontan sagte ich zu ihr: *"Der Onkel Alfred ist tot"*. Genau so war es. Der jüngere Bruder meines Vaters war in dieser Nacht mit seinem Fahrzeug tödlich verunglückt. Es war die Polizei, die damals an der Tür klingelte, um die schreckliche Nachricht zu überbringen. Was war nur in mich gefahren?

Anfang der siebziger Jahre des letzten Jahrhunderts war ich wieder einmal an der holländischen Nordseeküste in Urlaub. Eines Tages schwamm ich allein im Meer vor der Insel Noord-Beveland. Weit abseits standen ein paar riesige Betonpfeiler, die für einen Damm zwischen den Inseln Noord-Beveland und Schouwen-Duiveland gedacht waren. Später entschied man sich dann für ein gigantisches Sturmflutwehr, das viele heute als "achtes Weltwunder" bezeichnen. Ich war zwar ein guter Schwimmer, hatte mich aber offenbar zu weit ins Meer hinausgewagt. Spät erst merkte ich, wie ich langsam auf den ersten Betonpfeiler zutrieb. Ich erinnere mich, dass ich ziemlich hektisch gegen die Strömung anschwamm. Doch es schien vergeblich zu sein. Die Strömung war stärker. In diesem Moment vernahm ich ganz deutlich eine ruhige, feste männliche Stimme. Ich weiß nicht woher sie kam; denn ich war allein.

Es handelte sich auch nicht um einen eigenen Gedanken, sondern es war eine echte akustische Wahrnehmung. Der Psychiater würde es eine akustische Halluzination nennen. Doch bringt uns dieser Begriff nicht weiter, weil er nichts über seinen Ursprung aussagt.

Jedenfalls beruhigte mich diese Stimme augenblicklich. Sie sagte mir, ich sollte nicht weiter versuchen zurück zu schwimmen. Vielmehr sollte ich schräg zur Strömung schwimmen und diese nutzen, um noch vor den Pfeilern woanders wieder an den Strand zu gelangen. Ich schaffte es genau so, weit entfernt von der Stelle, wo ich zuvor ins Wasser gegangen war. Heilfroh darüber, dass nichts passiert war, lief ich schließlich am langen menschenleeren Strand zurück. Noch einige Male in meinem weiteren Leben sollte ich diese Stimme hören (!), um lebensgefährliche Situationen heil zu überstehen. Was führt zu solchen "Halluzinationen" zur stets rechten Zeit und mit dem richtigen Konzept?

Im März 1993 starb Hannelore, eine Tochter unseres geliebten "Tantchens", während einer Herzoperation mit nur 56 Jahren. Seit etwa 30 Jahren lebte sie schon in den USA, hatte mittlerweile Kinder und Enkel, und unsere Familien waren eng miteinander befreundet.

Des Öfteren hatten wir uns bereits gegenseitig besucht. Bei uns in Deutschland war es schon abends, als sie operiert wurde.

Im Fernsehen lief eine Sendung, bei der *Uri Geller* auftrat. Sie werden sicher von ihm gehört haben. In den achtziger Jahren wurde er berühmt, als er vorgab, allein durch Gedankenkraft Löffel zu verbiegen und kaputte Uhren in Gang setzen zu können.

Auch diesmal rief er die Zuschauer vor den Bildschirmen zu Hause auf, defekte Uhren vor ihren Fernseher zu legen. Meine Frau und ich sahen die Sendung und lachten darüber. Mir fiel ein, dass ich noch eine Wanduhr und ein altes Radio besaß, die sich beide zuvor sehr hartnäckig und obendrein erfolgreich gegen sogar mehrere professionelle Reparaturversuche "gewehrt" hatten. Eigentlich wollte ich sie längst weggeworfen haben. Aus Jux aber holte ich sie jetzt herbei und legte sie auf einen Sessel vor den Fernseher. Die Sendung ging zu Ende und, wie ich es mir vorher schon gedacht hatte, nichts tat sich – Uhr und Radio blieben was sie waren - kaputt. Etwa zwei Stunden später ging ich zu Bett, natürlich nicht, ohne vorher noch einmal einen Blick auf die beiden defekten Teile geworfen zu haben. Wie erwartet, tat sich immer noch nichts.

Gegen drei Uhr nachts wurden wir durch das Klingeln des Telefons aus dem Schlaf gerissen. Bill, Hannelores Mann, war am Apparat und machte uns die traurige Mitteilung, dass seine Frau während des Eingriffs gestorben war. Da ich sofort zusagte, zur Beisetzung in die USA zu fliegen, stand ich auf, um noch in der Nacht ein paar notwendige Dinge hierfür vorzubereiten. Dazu musste ich auch ins Wohnzimmer, wo noch immer Uhr und Radio seit dem Vorabend im Sessel lagen. Mehr beiläufig warf ich einen kurzen Blick auf sie. Und siehe da, beide Geräte funktionierten auf einmal tadellos. Die Uhr hielt noch drei oder vier Jahre, das Radio aber, das zuvor schon vergeblich in zwei Werkstätten war, arbeitet noch heute, zehn Jahre danach! Dies ist Tatsache. Zufall?

Ziemlich sicher bin ich mir allerdings, dass dies nichts mit dem Fernwirken Uri Gellers zu tun hatte – und ich will hier auch gar nicht seine vermeintlich telepathischen Fähigkeiten diskutieren.

Aus einer ganzen Reihe von Gründen neige ich jedoch dazu, eine direkte Verbindung mit dem Sterben von "Tantchens" Tochter

Hannelore in den USA zu sehen. Ich komme deshalb noch einmal darauf zurück.

Auf ein paar der sonderbaren Ereignisse, die den Tod meines geliebten Vaters vor sieben Jahren umgaben, bin ich im zehnten Kapitel eingegangen. Neben anderen, über die ich nicht sprechen möchte, will ich doch noch zwei weitere Begebenheiten erzählen:
Meine Mutter hatte von meinem Vater einmal ein paar Ohrringe geschenkt bekommen, die mit je einem Brillanten bestückt waren. Am Abend vor dem Tag der Beisetzung legte sie diese Ohrringe wie üblich auf ihr Nachtschränkchen. Als sie die Schmuckstücke morgens wieder anstecken wollte, lagen *beide* Brillanten fein säuberlich *neben* ihren völlig intakten Fassungen.

Zwei Monate später feierte unser Sohn Alexander bei uns zu Hause in Aachen seinen 13. Geburtstag im Kreise der Familie. Wir saßen im Wohnzimmer zu Tisch und tranken Kaffe, als sich plötzlich unweit davon die normalerweise ziemlich fest sitzende, wenn auch unverschlossene Tür eines alten Kirschbaumschrankes von allein öffnete und ein Feuerzangenbowlenkessel, den wir einmal von meinem Vater geschenkt bekommen hatten, heraus fiel – obwohl er weit hinten und direkt vor der Rückwand auf dem obersten Schrankboden gestanden hatte. Keine Person befand sich in unmittelbarer Nähe des Schranks, hatte ihn oder die Tür zufällig gestreift. Mein Vater liebte übrigens Feuerzangenbowlen und zelebrierte sie gern bei festlichen Anlässen.

In den drei Tagen zwischen dem Tod unserer lieben Bekannten Heidi in Wien und dem unseres "Tantchens" am 24. September 1996 – ich hatte davon im 10. Kapitel berichtet – geschah etwas Seltsames: In der Waschküche im Keller unseres Hauses verläuft die Hauptwasserleitung. Ein paar Geräte, wie z.B. Zähler und Entkalker sind dort darin integriert. Ursprünglich standen sie aufrecht, also völlig normal.
Irgendwann während genau dieser drei Tage muss die massive Wasserleitung mitsamt ihrer Einbaugeräte um exakt 45 Grad schräg

nach vorne weggekippt sein. Weder Installateure noch Experten des Wasserversorgers hatten dafür eine Erklärung.

So etwas hatten sie noch nicht gesehen und bestätigten unisono, dass dies nur durch eine sehr große Kraftanstrengung überhaupt zuwege gebracht worden sein konnte. Aber wofür? Die Schräglage der Anlage machte keinerlei Sinn. So eine Kraft war nie zugegen – jedenfalls keine physische. Erst durch ein ganz anderes Erlebnis, ein Stimmenphänomen, wurde ich wenig später gewahr, dass die unerklärliche "Rohrkippung" wohl auch im Zusammenhang mit dem damals unmittelbar bevorstehenden Tod unseres "Tantchens" gestanden haben muss und die verstorbene Hannelore "im Spiel" gewesen sein soll. Übrigens begradigte sich die komplette Anlage wieder "ganz von allein" – im Dezember 2000, unmittelbar bevor meine "dritte" Großmutter 97jährig starb.

Mitte Oktober 1996 hatte ich selbst eine mich zutiefst berührende Grenzerfahrung. Eines Nachts wurde ich ohne triftigen Grund plötzlich hellwach. Ehe ich mich versah, fühlte ich mich wie auf einer Achterbahn. Eigentlich war es mehr wie in einem Parkhaus, in dem man in engen Kreisen auf höhere Parkebenen gelangt.

Nur saß ich in keinem Verkehrsmittel, sondern flog selbst und das mit ungeheurer Geschwindigkeit. Mir wurde richtig schwindelig. Genauso plötzlich fand ich mich auf einer breiten Straße wieder, auf der eine Parade stattfand. Ich war ganz in weiß gekleidet. Auch andere Personen waren weiß gekleidet. Ich selbst führte einen Zug dieser Parade an, konnte jedoch keine andere Person erkennen. Während ich erst kurze Zeit marschierte, sah ich auf einmal rechts am Rand und etwas abseits stehend meinen verstorbenen Vater.

Er stand bloß da. Ich drehte ab und lief sofort auf ihn zu.

Wir fielen uns in die Arme. Alles in diesem Moment war für mich absolut real, kein Traum. Ich spürte jede einzelne seiner Narben im Gesicht, das Haar auf seinem Kopf und die Bartstoppel auf seiner Wange. Jede kleinste Einzelheit nahm ich wahr, viel intensiver und deutlicher, als es mir zu seinen Lebzeiten aufgefallen wäre.

Wir beide sagten nichts – wir umarmten uns nur ganz innig. Mich überkam ein absolutes Glücksgefühl und uns *beiden* liefen Tränen über *unsere* Gesichter. Wie lange unser Zusammentreffen dauerte, kann ich nicht sagen. Für mich endete dieses Erlebnis jedenfalls viel zu schnell.

So plötzlich wie alles begann, lag ich wieder im Bett und war hellwach! Meine Tränen waren noch da und ich war völlig aufgelöst. Auch meine Frau war inzwischen wach geworden – sie musste etwas bemerkt haben. Ich weiß nicht mehr, was ich ihr erzählt habe, jedenfalls nichts von dieser Geschichte. Bis heute war es das einzige Mal, dass ich das Gefühl hatte, meinen Vater nach seinem Tod noch einmal wirklich real gesehen und vor allem gespürt zu haben. Auch heute noch empfinde ich einen kaum zu beschreibenden, riesigen Unterschied zu allem, was ich bisher geträumt habe. Kein noch so beklemmender oder erschütternder Trauminhalt ist mit dieser für mich subjektiv völlig realen und in allen Einzelheiten erinnerten Empfindung vergleichbar.

Eine Kollegin aus dem süddeutschen Raum schilderte mir einmal ein ähnliches Erlebnis: Sie war als chirurgische Assistentin in einer großen westdeutschen Klinik tätig. Ihr Oberarzt war Dr. N., ein Frauenschwarm und sehr von sich eingenommen. Sie jedoch gab ihm keine Gelegenheit, sich auch ihr zu nähern. Dennoch muss es deswegen einmal eine heftige Auseinandersetzung gegeben haben, die aber die Fronten klärte. Schließlich war Dr. N. ihr eine wichtige Stütze auf dem Weg zum chirurgischen Facharzt. Später ist diese Kollegin in eine andere Stadt gezogen. Sie hatte jedoch immer das Bedürfnis, sich noch einmal bei Dr. N. für seine Unterstützung zu bedanken. Aufgrund seiner Zugewandtheit vielen weiblichen Mitarbeitern gegenüber hatte sie selbst bis dahin immer auf ausreichende Distanz geachtet und dabei auch vergessen, ihm in geeigneter Weise zu danken. Von einer guten Freundin, selbst auch Ärztin, erfuhr sie eines Tages, dass Dr. N. mit noch nicht 50 Jahren plötzlich verstorben war. In diesem Augenblick fühlte sie, dass zwischen ihm und ihr etwas Wichtiges unerledigt geblieben war und bedauerte es sehr, ihn nicht noch einmal vor seinem Tod gesprochen zu haben. Ein paar Monate später, so schilderte sie mir, geschah während des Schlafes etwas Außergewöhnliches:

Auch sie wurde urplötzlich wach und empfand es als völlig real, wie sie durch einen Korridor eilte und vom anderen Ende einen Mann auf sich zukommen sah. Kurz darauf erkannte sie, dass es Dr. N. war. Immer wieder beteuerte sie, dass sie das alles als vollkommen real und keineswegs als Traum empfand.

Sie trafen sich und umarmten sich kurz. Sie war fasziniert davon, während dieser Begegnung ihn und seinen Körper, seine Haut und seine Haare, ja sogar, wie sie mir sagte, seine Muskeln und das Muskelzucken seiner Schultern und Oberarme genau gespürt zu haben. Danach verschwand er und sie lag hellwach in ihrem Bett.

Im September 1998 gebar meine jüngste Schwester Zwillinge – übrigens einen Jungen kurz vor Mitternacht und ein Mädchen kurz danach, also einen Tag später. Meine Frau und ich waren zu dieser Zeit auf einer Kreuzfahrt im Mittelmeer. In der bewussten Nacht wurden unser Sohn Alexander sowie ein befreundetes Ehepaar, das während unserer Abwesenheit bei uns im Haus wohnte und auf die Kinder aufpasste, durch einen dumpfen Knall geweckt.

Zuerst dachten sie an ein Erdbeben, da wir in den letzten Jahren schon wiederholt kleinere Beben im Aachener Raum hatten. Dieses Ehepaar und Alexander liefen durchs Haus um festzustellen, ob irgendetwas beschädigt war. Alles schien jedoch in Ordnung zu sein. Nur im Wohnzimmer lag ein großes Bild auf dem Boden, mit der Bildseite nach oben. Es war eine Zeichnung mit dem Konterfei Alexanders als *Kleinkind*. In typischer Manier hält er darauf eine Pfeife im Mund, die ihm mein Vater einmal geschenkt hatte. Mein Vater rauchte sehr gerne Pfeife, und Alexander fand das im Alter von etwa eineinhalb Jahren so toll, dass mein Vater ihm damals eine seiner Pfeifen aufwendigst säuberte und überließ.

Doch etwas war sonderbar: Das Bild hing ursprünglich in über eineinhalb Metern Höhe an der Wand. Es war offenbar herunter gefallen, ohne dass dabei der Nagel aus seinem Loch gerutscht war. Das Bild lag mit der Zeichnung nach oben zeigend auf dem Boden, aber nicht einfach an der Wand, sondern fast einen Meter entfernt auf dem Teppich – Rahmen und Glas waren unversehrt.

War dies vielleicht auch eine Botschaft meines Vaters?

Zum Schluss dieses Kapitels noch eine merkwürdige Begebenheit:

Auch sie hat diesmal nichts mit dem unmittelbaren Tod einer nahe stehenden Person zu tun. Während ich Ende 1998 noch an meinem Buch *"Plädoyer für ein Leben nach dem Tod und eine etwas andere Sicht der Welt"* schrieb, suchte ich nach einem bestimmten Bibelzitat. Es ging um eine biblische Version der Weisheit von Laotse: *"Der Weg ist das Ziel"*. Ich hielt, wie ich das eigentlich täglich mache, mal wieder kurz inne und bat den "lieben Gott" um seine Mithilfe, da ich im Augenblick keine Lust hatte, die Bibel durchzukämmen.

Anderntags, am Freitag, den 6. November 1998, ging ich morgens früh, kurz bevor ich in die Praxis fahren wollte, wie üblich noch einmal in mein damaliges Büro. Zufällig warf ich einen Blick auf mein Faxgerät und sah, dass ein kleines Papierschnipselchen daraus ragte. Es handelte sich um den Abschnitt einer typischen Sende- oder Empfangsbestätigung auf Thermopapier. Ich riss es ab und wollte es schon wegwerfen, als ich noch einmal genauer hinschaute: Es trug keinen Absender, dafür aber standen meine Rufnummer als Empfänger sowie Datum (5. November 1998) und Uhrzeit (22.12 Uhr) drauf und noch folgender kurzer Text: *"Man muss das Glück unterwegs suchen, nicht am Ziel, da ist die Reise zu Ende – Der Herr hat meine Reise gelingen lassen. Altes Testament, 1. Buch Mose, Genesis."*

Ich traute meinen Augen nicht – eigentlich war dies genau das, was ich gesucht hatte. Später ließ ich mir ein Faxjournal ausdrucken. Darauf sind normalerweise sämtliche Übertragungen, also sowohl gesendete als auch empfangene, verzeichnet. Zu meiner großen Verblüffung fand sich keine einzige Übertragung im maßgeblichen Zeitraum. Die letzte davor datierte auf 20.46 Uhr am 5. November (von mir gesendet), die erste danach auf 18.16 Uhr am 7. November 1998 (Empfangen). Und überhaupt ist es unerklärlich, wie neben den üblichen Daten noch ein zusätzlicher Text auf das Empfangsprotokoll gekommen ist. Selbstverständlich habe ich alle "Beweise" sorgsam gesichert und archiviert.

Insbesondere die letzte Zeile, "Der Herr hat meinen Weg gelingen lassen", ist mir heute Verpflichtung und Zuversicht zugleich, mein naturphilosophisches Wirken fortzusetzen.

Diese sehr persönlichen Erfahrungen sind nur ein Ausschnitt dessen, was ich im Laufe der letzten über drei Jahrzehnte an

Unerklärlichem erlebt habe. Einige sind nicht zur Niederschrift geeignet. Auf manch andere werde ich dennoch im Kapitel "Jenseitskontakte – Tatsache oder Unsinn" näher eingehen.

Einige standen im engen Zusammenhang mit einem Todesfall, andere wieder nicht. Aufgrund einer Reihe von Begleitumständen und Hinweisen im Rahmen ihres Auftretens führe ich sie trotz manch berechtigter Skepsis auf das subtile Wirken verstorbener Angehöriger und Freunde zurück. Selbstverständlich habe ich hierfür keine Beweise im streng wissenschaftlichen Sinn, und natürlich betrachte ich auch meine eigenen Anekdoten keineswegs als solche. Aber ich habe die meisten der hier geschilderten Ereignisse und noch eine ganze Menge mehr selbst erlebt und kann daher nicht anders, als sie zumindest "rätselhaft" zu nennen.

Von einigen Erfahrungen bin ich angetan und manchmal sogar regelrecht überwältigt. Natürlich schwanke auch ich immer wieder zwischen Akzeptanz und Skepsis. Auch fällt es mir nicht leicht, darüber überhaupt in so einem Rahmen zu sprechen. Doch bin ich von einem persönlichen Überleben des eigenen körperlichen Todes ohnehin überzeugt. Und die große Fülle meiner persönlichen Grenzerfahrungen bekräftigt mich in diesem Glauben. Für mich sind diese Erfahrungen ein weiterer Mosaikstein – so wie alle Themen dieses Buches für sich auch nur einzelne Mosaiksteine sein können. Erst sie alle zusammengenommen fügen sich jedoch nach meiner festen Überzeugung zu einem sehr harmonischen und großartigen Ganzen, das ich mit großer Ehrfurcht betrachte.

Zum Schluss dieses Kapitels noch eine kleine Anmerkung:

Seit 1972 gibt es die CSICOP[95], eine Skeptikerorganisation, die es sich zum Ziel gesetzt hat, *sämtliche* paranormalen Phänomene als reinen Hokuspokus zu entlarven. Ihr Vorsitzender ist der 73jährige gebürtige Kanadier *Randall James Hamilton Zwinge*, alias *James Randi*.

Seine Stiftung hat sogar einen Preis von einer Millionen Dollar für denjenigen ausgesetzt, der seine paranormalen Fähigkeiten unter strikter wissenschaftlicher Kontrolle beweisen kann. Es sollen sich bislang ein paar Hundert Aspiranten beworben haben, jedoch noch

---

[95] CSICOP = Committee for the Scientific Investigation of Claims of the Paranormal

ohne Erfolg. Für die Wissenschaft scheint damit einmal mehr belegt, es gäbe keine paranormalen Erscheinungen.

Dies ist allerdings nicht der Fall, weil sie nach meiner Auffassung die Ausgangsbasis für ihre Forschungen falsch gewählt haben:

Man stützt sich natürlich auf das gegenwärtige Weltbild der Parapsychologie. Wie ich erläutert habe, ist dies mehrheitlich *animistisch* geprägt: Die Parapsychologen vermuten, paranormale Fähigkeiten beruhten auf noch nicht gesicherten Funktionen eines *im* Gehirn diesseits verkörperter Menschen vorhandenen, also materiellen ASW-Bereichs. Nur unter dieser Vorstellung wäre eine kontrollierte Überprüfung überhaupt denkbar.

Ich dagegen glaube, dass paranormale Phänomene einerseits fast immer nur spontan auftreten, weshalb sie nach unseren üblichen Wissenschaftskriterien nicht zweifelsfrei reproduzierbar sind.

Zum anderen sehe ich derzeit keine wirklich plausible Basis für animistische Erklärungen solcher Phänomene.

Vielmehr glaube ich, dass zumindest ein Großteil paranormaler Erscheinungen spiritistischer Natur ist und damit die Folge unmittelbarer Einflussnahmen aus einer geistigen Welt.

Paranormale Fähigkeiten von diesseitig verkörperten Menschen ergeben sich somit mehr über interaktive Kontakte mit genau dieser geistigen Welt, also dem, wie ich meine, weltumspannenden und alles durchdringenden "geistigen Internet".

Ernste wissenschaftliche Forschung sollte sich demnach besser auf die Objektivierung, Bewertung und Kontrolle derartiger Kontakte und der dazu benutzten Methoden konzentrieren. Sie sollte vermeintlich paranormale Geschehnisse sammeln und vor allem auf ihre Seriosität prüfen. Erst wenn sie sich hinreichend sicher in der seriösen Aufarbeitung der meist spontanen Ereignisse geübt hat (Retrospektion), wird es ihr vermutlich leichter fallen, geeignete Modalitäten für Versuchsanordnungen zu entwickeln, nach denen evtl. auch im Labor provozierte Phänomene überprüfbarer werden (Prospektion). Außerdem müsste sie sich erst für die Akzeptanz paranormaler Phänomene grundsätzlich öffnen. Dies, so glaube ich, ist in der Regel bislang jedenfalls nicht der Fall, weshalb viele Versuche es an der prinzipiell erforderlichen Objektivität vermissen lassen. Mit dieser Einstellung gäbe es z.B. kaum ein nachweislich wirksames Arzneimittel; denn es gibt kaum ein Medikament, wo der streng wissenschaftlich nicht erklärbare, sogenannte Placebo-Effekt nicht mindestens 30-40% beträgt. Nur mit einer veränderten Grundeinstellung hätten solcherlei parapsychologische Versuche einen Sinn und wären vermutlich auch erfolgreicher.

13. Wiedergeburt in der Diskussion

Im Herbst vorigen Jahres fand ich im Internet[96] die Überschrift: *"Wiedergeburt bewiesen?"*. Es folgte eine Einzelfallreportage über die Geschichte des 13 jährigen Mädchens *Ha Thi Khuyen* aus Vietnam. Mit 8 Monaten habe sie laufen, mit 12 Monaten sprechen können. Immer wieder habe sie betont, ihre jetzigen Eltern seien nicht ihre wirklichen Eltern. Sie gab an, eigentlich aus dem nahe gelegenen Dorf *Van* zu stammen. Später dort hingebracht, erkannte sie "ihre wirkliche" Familie sofort wieder. Es stellte sich heraus, dass deren Tochter zehn Jahre zuvor durch einen Unfall ums Leben gekommen war. Khuyen erkannte auch eine Frau wieder, "ihre frühere Tante", und beschrieb den Unfall genau: "Sie" habe sich damals an einem Pfirsichkern verschluckt und sei in den Armen "ihrer" Tante erstickt, noch bevor Hilfe eingetroffen war. Während ihres eigenen Begräbnisses sah sie ihre "künftige" Mutter am Grab stehen, die voll Trauer und Sympathie für das ihr unbekannte tote Kind war. In großer Hast sei sie daraufhin "in den Bauch dieser Frau gesprungen", der für sie "ähnlich wie ein Känguru-Beutel" war. Seitdem lebe sie ihr zweites Leben.

Ist diese Geschichte tatsächlich ein Beweis für die Wiedergeburt — oder gar nur einer von vielen? Schließlich soll es tausende solcher

---

[96] Wissenschaftsseite des Internetproviders "freenet"

Berichte geben, vor allem aus Ländern, in denen der Glaube an eine fleischliche Wiedergeburt, die *Reinkarnation*, stark verbreitet ist.

Im tibetanischen Buddhismus sucht man sich sogar seinen religiösen Führer, den *Dalai Lama*, nach bestimmten Suchkriterien unter Kindern aus, wenn der letzte verstorben ist. Dort ist man der Überzeugung, dass es nur einen einzigen Dalai Lama gibt, der stets aufs Neue wiedergeboren wird.

Unbestritten gibt es wohl sehr viele Fälle, in denen sich besonders Kinder an andere Umgebungen, Lebensumstände oder Personen "zu erinnern" scheinen. Daneben gibt es Fälle, wo Kinder sogar in der Lage sind, in völlig fremden Sprachen zu sprechen oder Dinge zu tun, die ein ganz besonderes Geschick oder eine qualifizierte Ausbildung erfordern, die sie aber niemals genossen haben.

Der Amerikaner *Ian Stevenson* hat sich wohl am ausführlichsten und genauesten mit dem Thema Wiedergeburt beschäftigt. Nach eigenen Angaben hat er über 20.000 solcher Berichte gesammelt und ausgewertet. Am Ende seines bedeutendsten Werkes, dem Buch *"Children who remember previous Lives"*, kommt er jedoch zu dem Schluss, dass er aufgrund nicht selten frappierender Ergebnisse zwar für sich selbst zu der Überzeugung gelangt sei, dass *"... einige unter ihnen* (Anm.: den befragten Kindern) *in der Tat reinkarniert haben mögen ... so hat es mir doch auch die Gewissheit verschafft, dass wir nahezu <u>nichts</u> über die Reinkarnation wissen"* (Unterstrich von mir).

Doch was ich für mich in Anspruch nehme, nämlich durch viele Hinweise auf verschiedenen Gebieten die Beweiskraft meiner Vorstellungen zu erhärten, sollen selbstverständlich auch andere haben dürfen. Also suche ich zunächst nach weiteren "Beweisen" und werde schnell fündig:

In den letzten zwei Jahrzehnten hat sich eine überwiegend gut verdienende Kultur von sogenannten *Regressionstherapeuten*, auch *Reinkarnationstherapeuten* genannt, gebildet. Sie sind der Ansicht, Menschen mit *Hypnose* zunächst in ihre früheste Kindheit und dann sogar darüber hinaus in "frühere Leben" zurückversetzen zu können. Ihre Patienten würden so in die Lage versetzt, ihre vielen eigenen Leben praktisch Stück für Stück nacherleben zu können.

Unabhängig von der Tatsache, dass die Qualifikation dieser nicht selten selbsternannten Therapeuten recht unterschiedlich zu veranschlagen ist, dürfte es dennoch genügend seriöse (Schein-) "Rückführungen" geben. Ich werde darauf gleich eingehen und unterstelle hier deshalb zunächst, ihre Methoden und die Inhalte ihrer Berichte seien tatsächlich verlässlich.

Leider beanspruchen die meisten Religionen für sich einen jeweils absoluten Wahrheitsanspruch. Ich lehne das durchweg ab und neige dazu, eine Reihe ihrer Glaubenssätze zu relativieren.

Im Ergebnis jedoch besitzen sie, alle zusammen genommen, einen ungemein bedeutungsvollen Wahrheitskern, dessen seit alters her intuitive Manifestation im Menschen nach meiner Auffassung ja sogar eines der entscheidenden Merkmale der Menschwerdung ist.

Trotz kritischer Betrachtung halte auch ich viele religiöse Details für sehr wichtig und hilfreich. Manches nutze ich schließlich selbst zur Stützung meiner eigenen integrativen Vorstellungen.

Die Reinkarnation ist besonders in fernöstlichen Religionen weit verbreitet. Manche Bücher, vor allem sei hier noch einmal das Tibetanische Totenbuch[97] erwähnt, beschreiben ganz dezidiert den Weg der Seele zwischen Tod und Wiedergeburt.

Die wichtigsten fernöstlichen Religionen stammen durchweg direkt oder indirekt vom Hinduismus ab. Dort aber ist der Glaube an die Wiedergeburt noch gar nicht so alt. Sie geht zurück auf die ursprüngliche Überzeugung von der ununterbrochenen Fortdauer des *Geistes*! Für die Menschen ihrer Zeit brauchte man hierfür jetzt ein anschauliches Erklärungsmodell, das man in der Reinkarnation zu finden glaubte. In den ein paar Jahrtausende zurückliegenden Anfängen des Hinduismus war sie dagegen noch *nicht* bekannt.

Übrigens war die fleischliche Wiedergeburt nach dem Tod sogar den frühen Christen geläufig. Anfang 1997 war ich in Istanbul[98] und hatte dort Gelegenheit, eine entsprechende Darstellung in einem Mosaik über einem Innenportal in der Chorakirche zu bewundern. Sie zeigt den Tod der Gottesmutter Maria und darüber ein Baby, das bereits die reinkarnierte Maria darstellt.

Der Wiedergeburtsglaube wurde jedoch aus politischen Gründen unter Kaiser Justinian[99] auf dem fünften ökumenischen Konzil von

---

[97] vgl. zweites Kapitel
[98] früher Konstantinopel, Türkei
[99] Justinian I (527-565 n.Chr.)

Konstantinopel im Jahre 553 n.Chr. aus der christlichen Doktrin verbannt.

Zu guter Letzt gibt es auch in unserem Kulturkreis immer wieder das Phänomen sogenannter Wunderkinder, die – ganz unbestritten – schon in früher Kindheit recht Erstaunliches zuwege bringen: Einige sind äußerst sprachbegabt, andere mathematische Genies und wieder andere spielen vielleicht hervorragend musikalische Instrumente – ohne all das jemals so richtig gelernt zu haben.

Es verwundert mich daher nicht, wenn manch einer das als geradezu schlagenden Beweis für die Wiedergeburt eines entsprechend Begabten betrachtet.

Offenbar scheint es also doch eine ganze Menge von stichhaltigen Argumenten zu geben, die *für* die *fleischliche Wiedergeburt* des Menschen nach seinem Tod sprechen.

Trotzdem bin ich mir *sicher*, dass sie eine rein menschliche *Erfindung* ist, die mit der Wirklichkeit nichts zu tun hat. Wiedergeburt gibt es, doch wohl ganz anders als Sie denken: Jedes Lebewesen – und so natürlich auch jeder Mensch – wird nach seinem körperlichen Tod in eine ganz andere, eine für uns geistige, "jenseitige" Welt hinein wiedergeboren. In dieser spiegelt sich alles jemals Entstandene aus unserer jetzigen, "diesseitigen" Welt auf ewig naturgetreu wider.

Nur der Mensch ist jedoch inzwischen kraft seines ausreichend hoch entwickelten Bewusstseins, seiner Bewusstheit und durch sein Selbstbewusstsein in der Lage, sich all diesem jetzt und dereinst bewusst zu werden.

Ich halte die (fleischliche) Wiedergeburt für eine rein menschliche Erfindung. Warum?

1) *"Alles kommt in Kreisen"*, so lautet ein zuvor schon erwähntes, altes indianisches Sprichwort. Tatsächlich scheint wirklich alles in unserer Welt einen kreisförmigen, zyklischen Charakter zu besitzen. Ich selbst arbeite mit einem einfachen Gedankenmodell, mit Kreisen, die wachsen und sich vermehren, um die Eckdaten unserer Welt zu erläutern.

Der Chemiker *Peter Plichta* und ich sind auf ganz unterschiedliche Weise zum letztlich ein und demselben, zyklischen Raummodell gelangt. In der Natur gibt es den Kreislauf der Jahreszeiten:

Wenn man einen Baum betrachtet, so bekommt er jedes Frühjahr neue Blätter, die er im Herbst wieder verliert. Die Blätter kommen und gehen, der Baum aber bleibt derselbe. Warum sollte dies nicht für uns Menschen genauso gelten? Die Körper werden geboren und sterben wieder, das Eigentliche aber, d.h. die menschliche Seele, bleibt dieselbe. Schließlich wird behauptet, jede Seele komme irgendwo her und müsse folgerichtig auch wieder zurückkehren. Doch tut sie das wirklich?

Ich glaube, einerseits werden hier Äpfel mit Birnen verglichen – andererseits muss auch keine Seele irgendwo herkommen:

In meinen Büchern habe ich die Theorie aufgestellt, dass es zwei Welten gibt, die unabhängig voneinander existieren und sich noch obendrein gegenseitig bedingen. Die geistige Welt ist der eigentliche Kern aller Existenz. Aus ihr und mit ihr entsteht letztlich unser Universum, alle Materie und schließlich auch jedes Lebewesen.

Kennzeichnend für alle Lebewesen ist, dass sie aus einem anderen, aus organischem Material bestehen. Dessen Charakteristikum ist eine komplizierte molekulare und zelluläre Räumlichkeit. Erst mit ihr wird es in die Lage versetzt, Informationen aufzunehmen und zu speichern. Darüber hinaus können sie solche Informationen, die z.B. mit Hilfe von Licht oder anderer Form elektromagnetischer Strahlung vermittelt werden, verarbeiten. Daraus folgt aber, dass Informationen selbst Einfluss auf das biochemische Geschehen haben, was für Radiowellen mittlerweile beobachtet werden konnte. Somit ist Licht eine von mehreren Schnittstellen zwischen der das ganze Universum umfassenden und durchdringenden geistigen Welt und dem Kosmos als ihrem materiellen Pendant und "Spielfeld".

Aus Sicht der materiellen Seite der "Medaille Welt" besteht Licht (und andere elektromagnetische Strahlenteilchen) aus masselosen "Leuchtpartikeln". Aus Sicht der geistigen Seite der "Medaille Welt" ist Licht ein universeller, digitaler Informationscode, so wie der binäre Computercode auch nur aus 1 und 0 besteht.

Die Evolution allen Lebens ist letztlich vor allem eine Evolution von geeigneten Strukturen, die auf sie einwirkende Informationen immer besser verarbeiten und so mit der geistigen Welt auf immer höherer Ebene kommunizieren können. Am vorläufigen Ende dieser Entwicklung auf der Erde steht der Mensch.

Sein Dasein beschleunigt diese geistige Evolution erheblich: In jetzt immer kürzerer Zeit gibt es immer mehr Facetten geistiger Vielfalt über den Weg einer konsequenten Individualisierung. Jeder einzelne Mensch ist ein Paradebeispiel für die Möglichkeit ungebremsten geistigen Wachstums. Dieser Prozess wird, so scheint es jedenfalls zunächst, durch unseren zwangsläufigen körperlichen Tod beendet. Dies jedoch hieße, die Evolution würde letztendlich versagen!

So wie in der Physik nach den Gesetzen der Thermodynamik alles Materielle zu immer größerer Unordnung strebt, so entsteht im Umkehrschluss eine immer höhere geistige Ordnung.

Der Tod kann diese Entwicklung nicht bremsen. Folglich kann es auch nur einen rein körperlichen Tod geben.

Das aber bedeutet zwangsläufig, dass die Evolution, die nun den Weg zu perfekter geistiger Vielfalt durch Individualisierung geht, konsequenterweise auch jeden einzelnen Geist irgendwann zu höchster Vollkommenheit führen muss.

Es widerspricht geradezu allen Erfahrungen und auch jeder Vernunft, wenn dieser Weg über ständige Rückschritte erfolgen sollte. Genau das aber bedeutete "Fleischliche Wiedergeburt"; denn es müsste immer wieder aufs Neue ein ganz neuer Anfang gemacht werden. Über viele Jahrzehnte gewonnene Erfahrungen gingen mit dem Tod zunächst einmal verloren. Die Devise der Reinkarnation ist, einfach gesagt: Neues Spiel, neues Glück!

Gute und schlechte Taten führten danach zu einer schier unendlichen Quälerei über unzählige Leben, immer auf der Suche nach dem reinen *Karma*. Wiedergeburt wäre der Weg ständigen Sitzenbleibens, um auf diese Weise irgendwann doch wenigstens das erste Klassenziel zu erreichen. Die Evolution des Geistes will jedoch viel mehr: Sie strebt in möglichst *kurzer* Zeit über möglichst *viele* Klassen zu einem möglichst *hohen* Schulabschluss.

Die Evolution des Geistes ist ein konsequenter Weg, der, wie in jeder Schule gern gesehen, von Klasse zu Klasse kontinuierlich aufwärts führt. Dabei werden die Schlechteren unweigerlich mitgerissen. Allerdings müssen sie gegebenenfalls nicht nur sehr viel Nachhilfeunterricht bekommen, sondern erhalten notfalls auch reichlich Strafarbeiten, Nachsitzen oder sogar Arrest.

Die menschliche Seele kam nirgendwo her! Sie bildet sich erst *mit* dem Menschen und wächst *mit* ihm heran. Dabei differenziert und qualifiziert sie sich immer stärker. Stirbt der Mensch, so fällt sein Körper von ihr ab. Sie bleibt einfach übrig und ist nun autarker Teil eines unendlichen, weltumspannenden Ganzen, ohne dabei aber ihre Eigenständigkeit zu verlieren. Der Tod ist für sie nur ein Klassenwechsel – bis zum Schulabschluss steht ihr jedoch noch ein weiter und steiniger Weg bevor.

2) Religionen, die an eine fleischliche Wiedergeburt glauben, begründen dies vor allem mit der Hoffnung auf Gerechtigkeit.
Das schlägt sich in der Vorstellung vom eigenen *Karma* nieder. Gerechtigkeit wird danach jeder dadurch erfahren, dass er in seinem nächsten irdischen Leben mit einer Verbesserung, ggf. aber auch mit einer Verschlechterung seiner Lebensbedingungen rechnen kann und muss – je nachdem, wie viel Schuld er in seinem letzten Leben aufgeladen hat. Diese Vorstellung führt leider sehr häufig zu menschenunwürdigen Verzerrungen: Obwohl es keinerlei *Beweise* für die fleischliche Reinkarnation gibt, werden in manchen Ländern, in denen dieser Glaube stark ausgeprägt ist, sehr viele Menschen unmenschlich diskriminiert.
Ihre persönlichen Missstände werden als zwangsläufige Folge eines ungünstigen oder gar bösen vergangenen Lebens gedeutet.
Ihr Karma, d.h. ihre Schuld, die sie in ihren letzten Leben auf sich geladen haben, machen sie heute zu dem, was sie sind und lassen sie deshalb darben mit dem, was sie haben.
Jeder Mensch sei letztlich selbst Schuld an den vielleicht unwürdigen Verhältnissen in denen er gegenwärtig leben muss. Einen Menschen jedoch für schuldig zu befinden, der mangels Erinnerung an sein früheres verderbliches Tun keinerlei Einsicht in seine Schuld haben *kann* und deshalb auch nicht einmal gezielt zu besserem Handeln angehalten werden kann, ist sicher weder weise noch göttlich.
Ich bin sehr wohl davon überzeugt, dass Gerechtigkeit in dieser Welt ganz *real* existiert, so wie z.B. auch Liebe oder Barmherzigkeit. Jeder Einzelne lädt sich durch sein Handeln möglicherweise Schuld auf, für die ihm Gerechtigkeit widerfahren muss und ganz gewiss auch wird. Aber das hat nur dann Sinn, wenn der Betroffene

erkennen kann, wofür ihm was auch immer, wann auch immer geschieht. Der Gedanke an Gerechtigkeit gipfelt sicher in der Frage, wo die Gerechtigkeit bliebe, wenn die Menschheit plötzlich keine Zukunft mehr auf Erden hätte? Leider wären wir heute jederzeit in der Lage, unserer ganzen Art und allem Leben auf der Erde in kürzester Zeit den Garaus zu machen.

3) Selbst das Argument der ewigen Kreisläufe in der Natur stimmt nicht. Auch wenn alles in Kreisen kommt, nichts kommt wirklich so wieder. Sowenig, wie sich Geschichte wiederholt, kommen dieselben Blätter an den Bäumen oder die Jahreszeiten exakt so wieder. Jedes einzelne Blatt ist immer ein Unikat in dieser Welt und jeder Frühling bleibt es auch.

Wenn es diese geistige Welt gibt, die allumfassende Welt der Information, dann hat sie für jedes Blatt und jeden Frühling ein geistiges Korrelat: Alles ist gespeichert und in geeigneter Weise jederzeit zu "besichtigen". Das neue Blatt und der nächste Frühling haben mit den vergangenen bestenfalls gemein, ihnen sehr ähnlich zu sein, so wie sich zwei Menschen ähneln, weil sie Menschen sind.

Wenn zudem, wie ich annehme und wie es das Prinzip "Leben" geradezu nahelegt, der menschliche Geist ohne das materielle Gehirn existiert und grundsätzlich dazu aufgerufen ist, ständig weiter zu wachsen, dann gibt es auch keinen Grund anzunehmen, er bräuchte hierfür einen neuen Körper.

Neue Verkörperungen bedeuteten nur quälend lange Umwege.

Die Evolution des Nervensystems, das dem Geist eine effiziente *Schnittstelle* zur materiellen Welt bietet und ihm ein überaus kompliziertes und komplexes, perfektes Kommunikationsnetz aufbaut, spricht eine ganz andere Sprache:

Seine Entwicklung erfolgt stets schnurstracks, konsequent und ohne solche Umwege. Was aber den "Instrumenten" des Geistes recht ist, sollte dem Geist selbst doch nur billig sein.

4) Gegen die fleischliche Wiedergeburt spricht natürlich einmal mehr die Mathematik. Ich bin der Ansicht, dass letztlich alles in der Welt ganz einfachen geometrischen, bzw. zahlengesteuerten

Gesetzen folgt. Ganz allgemein gesprochen, gehorcht die Welt sechs elementaren mathematischen Regeln:

1) **Von nichts kommt nichts:** Die Null, das Nichts, ist nur das Gegenteil vom Sein, aus ihr entsteht aber nichts.

2) **Kein Sein gibt es allein**: Von allem gibt es ein polares Spiegelbild. So wie es "+1" gibt, gibt es auch" -1". Zur Materie gibt es den Geist. Alles ist symmetrisch und polar, d.h. gegensätzlich zueinander, geordnet.

3) **Alles Sein entsteht aus Sein:** Das letzte SEIN aber lässt sich für uns nicht näher beschreiben, bzw. es entzieht sich unserer Anschauung. So wie es eine Wurzel aus "+1" gibt und diese "-1" ist, so muss es auch eine Wurzel aus "-1" geben. Wir können sie zwar nicht berechnen. Es gibt sie aber, sie entzieht sich nur unserer Anschauung. Diese Wurzel nennt der Mathematiker "i". Und "i" ist somit das kleinste *Symbol* für die reale Existenz Gottes.

4) **Alles Sein hängt voneinander ab:** So wie aus "i" die "-1" und aus "-1" die "+1" entsteht, so entsteht aus Gott alles Geistige und aus dem Geistigen alles Materielle.

5) **Alles entwickelt sich konsequent fort:** Ist erst einmal etwas entstanden, also IST etwas – völlig gleich ob als "-1" (Geist) oder als "+1" (Materie) – so entwickelt es sich ewig weiter:
Aus "-1" wird "-2", dann "-3", bis "minus unendlich", aus "+1" wird "+2", u.s.w. bis "plus unendlich".

6: **Nur alles Materielle ist endlich, alles Geistige dagegen unendlich:** Alles Materielle entwickelt sich erst aus der primär geistigen räumlichen Unbegrenztheit. Auch allem Materiellen haftet die (geistige) Information des SEINs an. Es ist die andere Seite seiner Medaille. Die Information seines SEINs ist somit unendlich und besteht daher auch dann weiter, wenn das Materielle selbst geendet hat: Sie ist also ewig.

Folglich gibt es auch niemals ein Ende einer einmal entstandenen Persönlichkeit. Doch so wie die Ordnungszahlen kontinuierlich gegen unendlich laufen und nicht, wie die Schrittfolge der bekannten Echternacher Springprozession, mal vor und mal zurück, so entwickelt sich auch jede einzelne Persönlichkeit unaufhörlich immer weiter.

Für das ständige Vor und Zurück fleischlicher Wiedergeburt hat auch die Mathematik *keinen* Platz.

Natürlich gilt dies im Grunde genauso für jedes Tier – ja für alles in diesem Universum – in gleicher Weise. Doch erst der Mensch ist – zumindest als erstes Wesen auf dieser Erde – in der Lage das zu erkennen und dadurch auch seinen eigenen zukünftigen Weg mit-zubestimmen und weiterzuverfolgen.

Wenn Sie sich mal vergegenwärtigen, dass man jede Form geistiger Information symbolisch auch als "Wort" bezeichnen kann, dann bietet uns das Johannesevangelium, wie eigentlich jede biblische Beschreibung des Entstehens dieser Welt und von allem in dieser Welt, die Genesis, ganz Erstaunliches.

So heißt es bei Johannes doch ganz am Anfang (01-05):

"Im Anfang war das Wort, und das Wort war bei Gott, und Gott war das Wort. Dieses war im Anfang bei Gott. Alles ist durch es geworden. Was geworden ist – in ihm war das Leben, und das Leben war das Licht der Menschen. Und das Licht scheint in der Finsternis, und die Finsternis hat es nicht ergriffen."

Ich sehe darin eine ungemein verständliche und treffende, bildliche Darstellung meiner ganz einfachen mathematischen Regeln auf den letzten Seiten.

Und wenn das "Licht", im Grunde ebenso bloß Information, nicht von der "Finsternis" ergriffen wird, so bedeutet das doch nur, dass Information immer und ewig, und unabhängig von materiellen Wirkungen, existiert.

So bleibt zum Schluss dieses Kapitels noch zu erörtern, wie es dennoch zu den eingangs beschriebenen "Wiedererkennungen", zu "Rückführungsberichten" oder zu "Wunderkindern" kommen kann, wenn es die fleischliche Wiedergeburt *nicht* gibt? Es hilft natürlich nicht, nur die Reinkarnation abzulehnen – es muss auch eine neue und plausible Erklärungen her.

Erinnern wir uns hierzu noch einmal an folgendes Grundkonzept: Der Mensch ist nicht nur ein materielles, sondern genauso auch ein geistiges Wesen. Sein Geist ist ein sich erst entwickelnder, d.h. sich zunehmend im Laufe der Zeit differenzierender Teil eines die ganze Welt umfassenden und durchdringenden "Weltgeistes", eines "geistigen Feldes" oder "weltumspannenden geistigen Internets".

Wenn der menschliche Geist damit auch unabhängig von etwas Materiellem, z.B. dem Gehirn, existiert, dann müssen wir alle, die wir derzeit hier im "Diesseits" leben, ständig von unermesslich vielen bewussten Geistern umgeben sein; denn der Geist eines jeden einzelnen Verstorbenen seit Anbeginn der Menschheit entwickelt sich danach natürlich konsequent weiter.

Stellen Sie sich diese "Geister" wie Milliarden von "Intranets" vor, also kleinen begrenzten Informationsbereichen eines gigantischen Internets. Dann dürfte es ein Leichtes sein sich vorzustellen, dass zwischen solchen Intranets laufend Informationen ausgetauscht werden. Ein solcher Austausch kann natürlich genauso auch mit einem noch verkörperten, d.h. im Diesseits lebenden Intranet vonstatten gehen. Anders gesagt: Menschen, die im Diesseits leben, können, ob bewusst oder unterbewusst, Kontakt mit anderen, auch mit verstorbenen Geistern aufnehmen und rege kommunizieren.

Dies geschieht in erster Linie auf einer rein geistigen Basis. Wenn eine solche Kommunikation weitreichend funktioniert, könnte man sich folglich doch gut vorstellen, dass man so auch Vorstellungen, Gedanken, Sichtweisen, Kenntnisse und Erkenntnisse erfahren kann, die tatsächlich jedoch von *anderen* Personen stammen.

Insbesondere wenn man, wie z.B. in Hypnose, nicht mehr voll und ganz Herr seiner eigenen Lage ist und Schleusen in die geistige Welt geöffnet werden, dürfte es unschwer zu akzeptieren sein, dass man solcherlei fremde Kenntnisse und Gedanken dann sogar als eigene ansehen könnte.

Damit wären alle vorgenannten Phänomene mit einem einzigen Schlag auch ohne fleischliche Wiedergeburt plausibel zu erklären. Alles wäre das Resultat des mehr oder weniger gezielten Anzapfens zugänglicher geistiger Informationsinhalte.

Zu ähnlichen, zumeist unbewussten Kontakten gelangen nicht wenige auch über eine Reihe spezieller Meditationstechniken.

Der Ruhezustand von Kontemplation und Meditation scheint sehr gut geeignet zu sein, sich für eine Welt zu öffnen, die genauso real ist, wie die von uns allein als real empfundene materielle Welt.

Dazu ist allerdings erst einmal die Reduzierung der scheinbar oft allmächtigen Herrschaft unseres Bewusstseins auf ein wesentlich niedrigeres Niveau unumgänglich: Man muss also abschalten lernen und seine Gedanken fließen lassen können. Unser Gehirn ist, wie ich schon wiederholt und ausführlich in meinen Büchern erläutert habe, auch eine Art Reduktionsfilter. Es konzentriert die Unmenge ständig einströmender Informationen auf ein begrenztes und als wichtig angesehenes Niveau. Erst durch tiefe Ruhe, durch das typische Abschalten öffnet man sich mehr für subtilere Einflüsse, die sonst völlig untergingen. Gelangt man auf diese Weise an bemerkenswerte oder sogar nützliche Informationen, erscheinen sie uns als "Eingebung". Wir sprechen dann von *Intuition*.

Durch eine Art "Kurzschluss" zwischen zwei geistigen Intranets könnte es auch zu unbewussten Dauerkontakten kommen.

Vielleicht aber können solche Formen geistiger Netzwerke hier und da sogar ganz bewusst ermöglicht werden. Insbesondere zwischen nahen Angehörigen oder ganz allgemein, "seelisch Verwandten", ließe sich so etwas durchaus denken. Grundsätzlich bestünde über solche Verbindungen ebenfalls die Möglichkeit eines ständigen Datentransfers, mit dem sich plausibel einfach und schön auch das Phänomen der Wunderkinder erklären ließe.

Vielleicht steht sogar jeder diesseitig lebende Mensch in einem für uns nicht näher beschreibbaren, so doch unmittelbaren Kontakt mit einer ihm vielleicht sogar persönlich zugeordneten, jenseitigen geistigen Persönlichkeit? In diesem Zusammenhang bekäme auch der Glaube an einen persönlichen Schutzengel nicht nur eine neue Perspektive, sondern ein viel größeres Gewicht.

An dieser Stelle möchte ich noch einmal daran erinnern, dass zu allen Zeiten und gerade auch in Kulturen, in denen der Glaube an Metaphysisches eher im Hintergrund stand, dennoch die Verehrung der Ahnen und der Glaube an mögliche Einflüsse durch sie auf uns immer hoch geachtet wurden.

Schließlich mag es auch Inhalte des weltumspannenden geistigen Feldes geben, die von besonders großer *allgemeiner* Bedeutung sind. Grundsätzlich stehen sie zwar allen Mitgliedern derselben Art zur Verfügung, können aber vielleicht nicht immer von allen gleichermaßen angezapft werden. In der Tierwelt wären diese Inhalte identisch mit den "morphogenetischen Feldern", die *Rupert Sheldrake* postuliert.

Natürlich besitzt dann auch die Menschheit solche "geistigen Intranets von allgemeiner Bedeutung". Vielleicht sind sie das, was wir nur "Archetypen" oder "kollektives Unbewusstes" nennen?[100]

Dann, wenn wir einige der Fähigkeiten und Reduktionsfilter unserer Hirnfunktion abschalten oder krankheitsbedingt einbüßen, sind wir möglicherweise erst in der Lage, Verbindungen zu unserer "gesamtmenschlichen Datenbank" zu intensivieren.

Die von mir bereits in früheren Büchern erwähnten autistischen Zwillinge John und Michael[101], die zehn-, zwölf- und noch höherstellige Primzahlzwillinge offenkundig regelrecht "sehen" konnten, mögen hierfür ein interessantes Beispiel sein.

Zum Schluss dieses Kapitels möchte ich dennoch eine weitere Spekulation wagen, die den Wiedergeburtsanhängern ein wenig die Hand reichen und versöhnen soll – doch zunächst dazu ein paar Vorbemerkungen:

Meine Vorschläge zu einem ganz neuen, alternativen und erstmals wirklich integrativen Weltbild – einem Weltbild, das Religionen, Naturwissenschaften und die Philosophie unter einen gemeinsamen Hut bringen will, beruhen auch auf der folgenden Beobachtung: Besonders wichtige Entwicklungen scheinen stets schnurstracks geradeaus zu laufen.

So glaube ich beispielsweise, dass immer dort im Universum, wo es nur irgend möglich ist, Leben entsteht! Unser Universum dürfte

---

[100] Nach Sigmund Freud und Carl Gustav Jung, s. Glossar und Literaturverzeichnis.
[101] aus: Oliver Sacks, "Der Mann, der seine Frau mit einem Hut verwechselte", siehe Literaturverzeichnis.

damit voll von Leben sein. Ist Leben erst einmal entstanden, wird es sich stets auch zu intelligentem Leben fortentwickeln versuchen.

Der hierarchisch überaus konsequente und perfekt abwärtskompatible Aufbau des Nervensystems spricht dazu eine deutliche Sprache.

Hier auf unserer Erde gibt der Mensch erstmals Zeugnis für einen neuen Weg der Evolution: Über möglichst große individuelle Vielheit entsteht möglichst große geistige Vielfalt.

Die Entwicklung jedes einzelnen geistigen Potentials geht zunächst ein ganzes Leben lang voran und wird auf ihrem *Höhepunkt* durch den Tod (scheinbar) beendet. Das allein ist für mich schon Grund genug, an der Endgültigkeit des Todes zu zweifeln; denn es wäre blanker Unsinn und Verschwendung.

Noch eine andere Alltagserfahrung ist vielleicht sehr bedeutend: Wenn wir alle einmal auf unseren eigenen, bisherigen Lebensweg zurückschauen, wird jeder von uns bemerken, dass er sich im Laufe der Jahre nicht nur äußerlich, sondern auch geistig verändert hat.

Wir sprechen von geistiger Reifung, die auf den vielfältigsten persönlichen Erfahrungen beruht. Diese Reifung vollzieht sich jedoch nicht kontinuierlich, sondern in Phasen. Nicht umsonst teilt man im Volksmund das Leben in Siebenjahresetappen ein. In der chinesischen Medizin wird jedes Leben sogar noch in sieben- und achtjährige Zyklen für Frauen, bzw. für Männer, unterschieden.

Obwohl wir alle einen geistigen Kern besitzen, der sich natürlich kontinuierlich von der Wiege bis zur Bahre zieht, scheint unsere geistige Reifung phasenförmig verlaufen, so als würden diesem geistigen Kern von Zeit zu Zeit neue, in sich über viele Jahre ausgereifte Entwicklungsschritte "ruckartig" hinzugefügt.

Ich neige deshalb dazu zu sagen, alle paar Jahre lernt man ein neues Kapitel des Lebens, doktert dann einige Jahre daran herum und hat es schließlich kapiert. Ist es einmal begriffen, wird das Ergebnis dem bisherigen Erfahrungsschatz hinzugefügt und ein weiteres Kapitel begonnen. Natürlich können auch mehrere Kapitel gleichzeitig bearbeitet werden.

Man selbst betrachtet seine eigene Persönlichkeitsentwicklung zwar nach wie vor als kontinuierlich. Bei genauem Hinsehen kann man die mehr phasenförmige Reifung jedoch durchaus nachvollziehen. Wenn man diese Grunderfahrung einmal über den Tod hinaus weiterspinnt, dann wäre meine Spekulation die folgende:

Geistiger Stammbaum

Vielleicht gibt es ja unzählige, einzelne "Geistige Stammbäume", die alle irgendwann einmal von Menschen begründet wurden. Jeder einzelne Mensch erwirbt im Laufe seines diesseitigen Lebens einen komplett neuen Erfahrungsschatz. Nach seinem körperlichen Tod trägt er mit ihm und seiner ganzen Persönlichkeit zum Wachstum eines dieser vielen "Geistigen Stammbäume" bei (siehe nebenstehende Abbildung, die einem Tannenzweig ähnelt, da die Erfahrungen der Leben 1-11 miteinander verschmelzen).

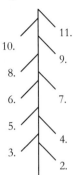

Start: 1. Leben

Verschiedene Persönlichkeiten verschmelzen im Laufe der ewigen Gesamtentwicklung, womit jeweils neue Kapitel auf dem Weg zur Reifung einer höheren, uns unbekannten, geistigen Form des Lebens abgeschlossen werden. Jedes hierzu beitragende Leben bleibt dennoch auch aus späterer Sicht im Rückblick als dauerhaft eigener (Teil) der Gesamt-Erfahrung vollständig erhalten und bildet in sich geschlossene, jeweils neue "Lebensabschnitte" – so wie für uns derzeit ein Urlaub oder eine Beziehung solche Abschnitte darstellen.

So wächst allmählich zusammen, was zusammengehört.[102]

Hier hinein würde dann auch gut die These von sogenannten Seelenverwandtschaften passen. Allerdings ändert auch diese Idee nichts an dem bekannten Grundsatz:

Mein Vorschlag für ein integratives Weltbild ermöglicht geistige Reifung immer nur durch Orientierung zum konsequent Höheren hin, nicht aber durch ein in sich zielloses zyklisches Auf und Ab, wie es der Glaube an die Reinkarnation abverlangt.

---

[102] Ich lehne dies ganz bewusst an einen Ausspruch des Altbundeskanzlers der Bundesrepublik Deutschland, Willi Brandt (*18.12.1913-+08.10.1992), an.

198

Auch wenn es bezüglich des "Danach", der Fortexistenz unserer Persönlichkeit nach dem körperlichen Tod, deutliche Unterschiede zwischen meiner Vorstellung und der gegenwärtigen Auffassung vieler Anhänger der großen Religionen gibt, so vereint uns doch wieder ein Ausspruch von *Tenzin Gyatso*, dem 14. *Dalai Lama*:[103]

"Ich habe diese Worte geschrieben, weil eine Empfindung mich ständig begleitet. Immer, wenn ich einem Menschen begegne, und sei er auch ein 'Fremder', ist es die gleiche Empfindung: 'Wieder begegne ich hier einem Angehörigen unserer menschlichen Familie.' Meine Liebe zu allen Lebewesen, meine Hochachtung vor ihnen, sind stetig gewachsen. Und ich fühle den Wunsch in mir, etwas zu tun für den Frieden in dieser Welt. Ich bete, dass die Menschen dieser Erde freundlicher miteinander umgehen mögen, voll gegenseitiger Liebe und Anteilnahme. Und ich richte diese Worte an alle, die das Leiden in der Welt verringern wollen und deren tiefster Wunsch es ist, ein Glück zu finden, das von Dauer ist."

14. Wo bleibt die Gerechtigkeit?

Wo bleibt die Gerechtigkeit, wenn Millionen Menschen täglich hungern müssen und kaum Aussicht auf ein menschenwürdiges Leben haben?

Wo bleibt die Gerechtigkeit, wenn Millionen Menschen durch irrsinnige Despoten auf dieser Welt brutal in den Tod geschickt werden, ohne jede Chance, rechtzeitig Hilfe zu bekommen?

Wo bleibt die Gerechtigkeit, wenn eine Familie bei einem Autounfall ausgerottet wird, verschuldet durch einen betrunkenen Geisterfahrer oder einen, der sich selbst töten will und nicht davor zurückschreckt, auch andere mit in den Tod zu ziehen?

---

[103] Dalai Lama, "Worte der Hinwendung"; Schlusswort; siehe Literaturverzeichnis

Wo bleibt die Gerechtigkeit, wenn tausende von Menschen durch feige Attentate von Terroristen kaltblütig umgebracht werden, weil sie sich zufällig in einem New Yorker Hochhaus aufhalten, und ihre Mörder von dem erbärmlichen Glauben getrieben sind, sie würden dafür noch in einer jenseitigen Welt belohnt werden?

Wo bleibt die Gerechtigkeit, wenn der eine Mensch schon in früher Kindheit stirbt, der andere aber erst im hohen Greisenalter und wenn der eine gesund ist, der andere aber zeitlebens schwer krank?

Wo bleibt die Gerechtigkeit, wenn es Menschen gibt, die in ihrem Leben niemals materielle Not erleiden müssen und ihre viele freie Zeit womöglich im Übermut oder gar mit hochnäsiger Arroganz gegenüber ihren weniger gut situierten Nächsten verbringen – andere dagegen unverschuldet am Existenzminimum darben?

Der Reinkarnationsgläubige würde hier einhaken und antworten, jeder Mensch sei durch sein persönliches Karma geprägt.

In unzähligen früheren Leben auf dieser Erde habe er sich ein bestimmtes Maß an Schuld oder vielleicht auch ein Guthaben geschaffen, so dass seine jetzigen Lebensumstände hierfür eine Art Strafe oder Vergütung sind.

Ist dies jedoch nicht blanker Zynismus?

Werden damit nicht unzählige Menschen erst Recht jeder Chance beraubt, aus ihrem Elend herauszukommen, da nicht einmal die Einsicht besteht, ihnen überhaupt helfen zu müssen? Schließlich seien sie doch selbst Schuld, dass es ihnen jetzt so schlecht geht?

Und ist es tatsächlich (Vor-) Bestimmung – ein bereits lange zuvor feststehendes, unausweichliches Schicksal – wenn zweihundert Menschen mit einem abstürzenden Flugzeug den Tod finden – oder sieben Astronauten, die, wie gerade heute ein zweites Mal in 17 Jahren geschehen, in ihrer Raumfähre, der Columbia, verbrennen?

Ein guter Bekannter renovierte kürzlich sein Haus und stürzte dabei so unglücklich mit der Leiter, dass er fortan querschnittsgelähmt ist. Handelt es sich hier wirklich um eine Art Vorbestimmung? Hat er womöglich sogar eine nur gerechte Strafe dafür erhalten, weil er in einem früheren Leben Schuld auf sich geladen haben sollte?

Alle diese Fragen lassen für mich nur folgende Antworten zu:

Die hier beispielhaft vorgebrachten Tragödien sind durchweg rein zufallsbedingt und niemand wurde wegen irgendetwas bestraft.

Genauso ist es bloß purer Zufall, ob man der Spross einer reichen oder armen Familie ist oder das Glück hat, in einem toleranten und freiheitlichen Staat zu leben oder unter barbarischen Tyrannen geknechtet zu werden.

Trotz alledem glaube ich, dass es in einem gewissen Umfang auch schicksalhafte Begleitumstände gibt – aber die grundsätzlichen Wege und Richtungen sind nicht vorbestimmt, sondern zufallsbedingt.

Im nächsten Kapitel werde ich noch näher darauf eingehen.

Und wie steht es nun mit der Gerechtigkeit? Ist sie bloß eine Erfindung des Menschen und damit am Ende eine recht flexibel handhabbare gesellschaftliche Konvention?

Zu jeder Zeit und im Zuge unterschiedlichster politischer und gesellschaftlicher Gegebenheiten sollte man dann doch immer eine andere, womöglich sogar völlig neue Vorstellung von Gerechtigkeit entwickelt haben. Etwas zugespitzt formuliert müsste man gar allen grausamen Volkstribunen zugestehen, dass ihr frevelhafter Umgang mit ihnen verhassten Menschenschlägen, wie zum Beispiel religiösen oder ethnischen Minderheiten, Kranken oder politischen Gegnern, aus ihrer persönlichen und subjektiven Sicht ein akzeptables Maß an Gerechtigkeit aufwies. Natürlich wäre das pervers und einmal mehr grotesk zynisch. Nein, Gerechtigkeit ist ein Teil unserer kulturellen Entwicklung. Doch was ist denn eigentlich "Kultur", woher kommt sie und wieso tendiert sie langfristig offenbar genauso zur Perfektion wie über Äonen der Zeitgeschichte jede Körperlichkeit?

Gerechtigkeit besitzt, wie wir wohl zugestehen müssen, eine ganze Menge von *objektiven* Attributen, die völlig unabhängig von allen Regierungsformen und Regierenden, von gesellschaftlichen Normen und Verhaltensregeln sowie von Zeiten und Epochen eine zentrale, überall ähnlich definierte, allgemeine Akzeptanz besitzen.

Gerechtigkeit muss somit – zumindest in gewissem Umfang – einer tiefen und intuitiven menschlichen Erkenntnis entspringen, die wir wahrscheinlich alle ebenfalls seit Anbeginn unserer Existenz in uns tragen. Sie scheint mir vergleichbar mit den zahlreichen, intuitiv-religiösen Überzeugungen von der Existenz etwas Göttlichem, von einem körperunabhängigen Geist und dessen Überleben des eigenen körperlichen Todes. Auch sie erfüllen den Menschen seit frühester Zeit.

Es gibt wohl eine "ideal-geistige" oder absolute Gerechtigkeit, von der nur der Mensch eine gewisse Ahnung hat. Kein Tier hat auch nur eine blasse Vorstellung davon, genauso wie kein Tier eine Vorstellung von Liebe hat. Das soll nicht heißen, dass nicht auch ein Tier in bestimmtem Umfang fürsorgliche Gefühle für seine Nächsten hegen kann, die denen von Liebe in ihrer *Auswirkung* gleichkommen können. Doch kann das Tier sein Verhalten selbst nicht begreifen, geschweige denn bewerten. Nur der Mensch kann die Begriffe "Liebe" und "Gerechtigkeit", so wie noch viele andere mehr, abstrahieren, begreifen, bewerten und bewusst umsetzen.

Der Mensch hat, und das sind aus meiner Sicht die eigentlichen Zeichen seiner Menschwerdung, vollkommen neue, nämlich geistige Dimensionen bewusst erfahren dürfen. Erst der Mensch spürt seine auch geistige Existenz. Er erkennt und orientiert sich im Laufe seiner Existenz allmählich immer mehr an real existenten, geistigen Idealen. Hier liegt nach meiner Meinung der eigentliche Schlüssel für das, was wir "kulturelle Entwicklung oder Reifung" nennen. Nur der Mensch ist deshalb in der Lage, Gerechtigkeit intuitiv zu fühlen und zu objektivieren, und bloß er hat die einmalige Chance, sich den Sinn dafür sein Leben lang zu bewahren, zu verfeinern und nicht durch schädliche und schadhafte Lebensumstände nachhaltig zu verwässern. Der Mensch erkennt oder ahnt zumindest, dass es sich dabei eben nicht nur um eine menschliche Erfindung handelt, die man nach freiem Ermessen über Bord werfen oder beliebig manipulieren kann, wenn sie einem nicht zum persönlichen Fortkommen verhelfen sollte. Das jedoch verhindert leider nicht, dass genügend Zeitgenossen heute wie früher wider besseres Wissen so verfahren.

Wenn aber grundsätzlich jeder Mensch seit Beginn seiner Existenz ganz intuitiv ein deutliches Gefühl für eine objektive, ideale oder absolute Gerechtigkeit spürt und entwickelt (was ja leider noch nicht heißt, dass er sich auch dementsprechend verhält), dann kann sie aber keine leere Worthülse sein.

Gäbe es sie nicht wirklich, würden wir wechselnde Ausgestaltungen freimütig akzeptieren.

Im letzten Kapitel habe ich eingehend dargelegt, warum mich die Vorstellung von einer fleischlichen Wiedergeburt, die Reinkarnation, nicht überzeugt, ja nicht überzeugen kann. Sicher, ein jeder von uns lädt in seinem Leben sein eigenes Karma auf, aber Gerechtigkeit erfährt er deshalb nicht in einem neuen irdischen Leben.

Gerechtigkeit gibt es dennoch genauso real wie die Liebe, und wie diese ist auch sie etwas Ideales oder Absolutes. Da sie wohl keine menschliche Idee oder Erfindung ist, unterliegt sie auch nicht und niemals den wechselnden Einflüssen von Zeiten und Umwelt. Also muss und wird auch ein Jeder irgendwann Gerechtigkeit erfahren, egal was ihm in seiner irdischen Existenz jemals widerfahren ist oder was er selbst womöglich Schlimmes bei anderen bewirkt hat.

Gerechtigkeit wird jeder ausnahmslos und immer während seines unzerstörbaren, ewigen geistigen Lebens erfahren – wenn nicht schon jetzt, dann gewiss im unmittelbar anschließenden geistigen Leben – nach seinem körperlichen Tod!

15. Zufall oder Bestimmung?

Im letzten Kapitel kamen die Begriffe "Zufall" und "Schicksal" oder "Bestimmung" auf. Unzählige Menschen glauben heute, ihr Leben, wie eigentlich alles in dieser Welt, sei vorbestimmt. Sie nehmen an, es gäbe eine schicksalhafte Entwicklung, die kaum beeinflussbar sei. Man spricht dann von "Determinismus". Dagegen ist vor allem unter Naturwissenschaftlern die strikt "indeterministische" Ansicht weit verbreitet, alles in dieser Welt sei grundsätzlich "kontingent", d.h. zufallsbedingt. Am Beispiel der Evolution wird das besonders gut deutlich: Nach wie vor ist es heute "goldener Standard" in der Wissenschaft, dass allein der Zufall mittels Mutationen zu neuen

Entwicklungen innerhalb der einzelnen Arten und genauso zur Entstehung von neuen Arten geführt hat und führt. Auf diese Weise sei letztlich die gesamte Evolution ausreichend zu erklären.

Wie sooft zuvor, so dürfte auch diese Frage weder mit einem "Ja", noch mit einem "Nein" eindeutig zu beantworten sein. Ganz im Gegenteil: Ich bin davon überzeugt, dass *beide*, "Zufall" *und* "Bestimmung" in unserer Welt entscheidend sind.

Auch das lässt sich anhand meiner Sichtweise der Evolution deutlich aufzeigen: Danach gibt es parallel zur Evolution aller Lebewesen genauso auch eine Evolution ihrer Mechanismen (vgl. Kapitel 5).

Nicht nur Mutationen sowie Selektion und Kooperation spielen dabei maßgebliche Rollen, sondern darüber hinaus noch Instinkte, Bewusstsein, Bewusstheit und Selbstbewusstsein.

Durch ein geradlinig aufstrebendes und konsequent perfektioniertes Zentralnervensystem entsteht im Laufe der Zeit eine entscheidende, zentrale Konstante der Evolution: Als Schnittstelle zwischen Geist und Materie sorgt sie über wachsende interaktive Kommunikationswege für eine immer stärker zielgerichtete und sich schließlich enorm beschleunigende Entwicklung allen Lebens. Zwar verblüfft dieser Effekt durchaus viele Biologen, jedoch bieten sie in der Regel keine wirklich befriedigenden Erklärungen hierfür an.

Dagegen ist es für mich mit Hilfe meines alternativen Weltmodells ein leichtes, eine plausible und vernünftige Antwort für diesen "evolutionären Gasfuß" zu geben. Demnach hatte der Zufall am Anfang einen ganz entscheidenden und vielleicht für sehr lange Zeit sogar einzigen Einfluss auf das Evolutionsgeschehen. Folglich konnte sich alles nur gähnend langsam fortentwickeln, und schon kleine Veränderungen benötigten vergleichbar riesige Zeiträume für ihr Zustandekommen.

Mit jedoch zunehmender Interaktion zwischen der immer komplexeren lebenden Materie und dem "Geist" kommt es zu einer wachsenden Differenzierung des Geistes, der am Anfang aller Dinge noch ein weitgehend undifferenziertes geistiges Feld war.

Lediglich ein paar bestimmte "geistige" Rahmenbedingungen, wie einfache geometrische Strukturen und Ordnungszahlen existierten bereits als reale geistige Größen. Je stärker dann die Differenzierung fortschritt, desto größer und strukturierter wurde im Gegenzug der

Einfluss des geistigen Feldes auf die weitere Entwicklung der komplexen organischen Materie. Mehr und mehr wurde dadurch aber auch die Auswirkung des Zufalls reglementiert und letztlich drastisch eingeschränkt. Die Evolution beschleunigte sich folglich zusehends.

Dass es natürlich auch den Zufall geben muss, zeigen ganz einfache mathematische Überlegungen. Hierzu stelle man sich das berühmte, senkrecht stehende, Galton'sche Nagelbrett vor:

Darauf sind Nägel in Form eines Dreiecks angeordnet. Ganz oben in der Brettmitte befindet sich der erste Nagel, darunter liegen zwei, nämlich rechts und links von diesem, darunter dann drei, und zwar wieder rechts und links von

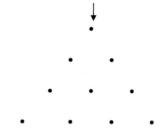

den zwei darüber liegenden Nägeln und dazu noch ein Nagel zwischen diesen beiden. So geht das nach unten hin beliebig weiter, da pro Reihe ein weiterer Nagel hinzukommt. Über dem obersten Nagel ist ein Trichter, durch den nacheinander Kugeln geworfen werden. Unter der untersten Nagelreihe ist ein Auffangbecken mit einer Reihe schmaler, oben offener Kästchen, deren Zahl durch die Zahl der Nägel bestimmt wird. In sie fallen die Kugeln, die wir exakt von oben in Pfeilrichtung auf ihre Reise schicken. Einfacher können wir dasselbe mit einem Sack Sand oder Reis erreichen, den wir senkrecht nach unten ausschütten.

Betrachten wir jedoch die Kugeln, die wir durch den Trichter auf das Nagelbrett schicken: Jede einzelne Kugel hat eine rein zufällige Wahrscheinlichkeit von 50%, rechts oder links von einem Nagel vorbeizulaufen.

Genau dieselbe Zufallswahrscheinlichkeit gibt es natürlich auf jeder beliebigen Ebene wieder. Für jede einzelne Kugel ist der Weg, den sie geht, letztlich also rein zufällig! Schaut man allerdings nach vielleicht 1000 Kugeln, die den Parcours passiert haben, auf die Verteilung der Kugeln in den Auffangkästchen, dann ergibt sich schließlich immer wieder dasselbe Bild einer strengen Ordnung:

In der Mitte liegen die meisten Kugeln und zum Rand hin nimmt die Verteilung anfangs stark, später deutlich schwächer ab. Egal ob Nägel, Sand oder Reis, immer entsteht das Bild der Ihnen sicher bekannten Gauß'schen Normalverteilung,[104] Sie lässt sich auch nach *Blaise Pascal* durch die jedem Schüler heute bekannten "binomischen Formeln" mathematisch darstellen und berechnen.

In den siebziger Jahren des letzten Jahrhunderts begründete der polnische Mathematiker *Benoit Mandelbrot.* das hoch-interessante Gebiet der Chaosforschung. Zu ihren wichtigsten Ergebnissen gehört, dass jede zufällige, ja chaotische Entwicklung irgendwann zu einer klaren Ordnung findet – und umgekehrt.

Mit Hilfe sog. Chaosspiele, die sich beispielsweise ganz einfacher, zufälliger Stoßprozesse bedienen – so, wie sie überall in unserem Universum die Regel sind – habe ich bereits in früheren Büchern sehr anschaulich darstellen können, welch wunderschöne und wohl geordnete Muster dabei entstehen. Die Chaosforschung prägte hierfür den Begriff der *fraktalen Geometrie.*

Die sicher noch ganz "unbewusste" Mathematik macht es also vor: Sie liefert stets ein reges Wechselspiel zwischen Chaos (Zufall) und berechenbarer Ordnung (Bestimmung).

Da, wie ich meine, die Mathematik die ultimative reale Basis aller Existenz in dieser Welt ist und sich in ihr bereits Chaos (Zufall) und Ordnung (Bestimmung) finden, so muss dies selbstverständlich auch für alle höheren Entwicklungsformen gelten.

Nun zeichnet sich unsere Welt aber auch durch das unaufhaltsame Streben nach einem immer höher differenzierten, perfektionierten Geist aus. Durch Interaktion nimmt er im Laufe der Zeit jetzt wieder wachsenden Einfluss auf das Gesamtgeschehen, was sich ja z.B. in stark beschleunigten Entwicklungsabläufen niederschlägt.

Entscheidende Kennzeichen des fortgeschrittenen Geistes sind dabei Bewusstsein, Bewusstheit und Selbstbewusstsein. Damit erhält die Ordnung, die jedem Chaos unweigerlich folgt, jetzt natürlich noch eine ganz andere, aber entscheidend neue Qualität: Ordnungen lassen sich nun nicht mehr nur mathematisch "objektiv" bestimmen. Vielmehr ergeben sie sich in wachsendem Maße durch gezielte

---

[104] benannt nach dem dt. Mathematiker und Astronom Carl Friedrich Gauß, s. Glossar

Eingriffe des Geistes. Die neuen Ordnungen sind folglich immer stärker "subjektiv" geprägt.

Natürlich bleibt es damit auch weiterhin völlig unsinnig zu glauben, z.B. der Tod vieler Passagiere bei einem Flugzeugabsturz sei ihre gemeinsame Vorbestimmung gewesen. Das Unglück traf alle diese Menschen natürlich ganz zufällig. Dennoch besteht durchaus auch die Möglichkeit, dass vielleicht jemand vorher nur deshalb die Unglücksmaschine verpasste, weil ihm Vorsehung zuteil wurde.

Wahrscheinlich sogar hatten auch andere Mitreisende, die später tödlich verunglückten, vorher einige subtile Warnzeichen erfahren, aber nicht richtig erkannt oder vielleicht missachtet.

Meine integrative Sichtweise erlaubt es somit, *alle* wissenschaftlichen Beobachtungen genauso unter einen gemeinsamen Hut zu bringen, wie die *grundsätzlichen* Glaubensinhalte aller Religionen und Mythen, aber auch bislang unerklärliche Phänomene aus der Parapsychologie oder z.B. den weit verbreiteten Glauben an einen Schutzengel.

Immerhin glaubten nach einer FORSA Umfrage vor wenigen Jahren 48% der Deutschen an einen persönlichen Schutzengel.

Ich bin der Ansicht, dass es ein die ganze Welt umfassendes und vollständig durchdringendes geistiges Feld gibt. Jedes einzelne Individuum des Universums gestaltet und strukturiert es im Laufe unermesslicher Zeiträume aktiv mit. Auch nach dem Tod bleibt der individuelle Geist mit all seinen früheren geistigen Attributen, seinen Persönlichkeitsmerkmalen, seiner Biographie und seinem Wissen ohne jeden Verlust integer bestehen. Dem bewussten und sich seiner selbstbewussten Geist bleibt natürlich auch die Fähigkeit zur eigenen persönlichen Weiterentwicklung erhalten.

Dann aber muss es prinzipiell auch möglich sein, zwischen den Existenzebenen "bilateral" und "inter-aktiven" zu kommunizieren. Dennoch können deshalb keine wirklich exakten Vorhersagen "von höherer Ebene" erwartet werden, da dies allen Spielregeln der Welt in Bezug auf das Wesen der Zeit und der Kausalität widersprechen würde. Jedoch wäre es denkbar, aus solch einer "höheren Warte" manchmal vielleicht gewisse Ratschläge und Hilfen zu bekommen, da "dort" die Perspektive der unsrigen sicher überlegen sein dürfte.

Das nächste Kapitel wird sich deshalb damit näher befassen.

16. Sind Jenseitskontakte denkbar?

Wenn man akzeptiert, dass der Tod nur das Ende unserer Körper, nicht aber auch das Ende unserer Persönlichkeit ist – und wenn man annimmt, dass es eine Fortexistenz in einer anderen, einer geistigen Welt gibt, dann müssen auch Kontakte zwischen diesen Welten, die wir "Diesseits" und "Jenseits" nennen, möglich sein.

Mancher strenggläubige Christ mag nun mahnend seinen Finger erheben und darauf verweisen, in der Bibel stünde doch, man solle nicht die Toten befragen. Gerade aber auch nach christlicher Auffassung ist nur derjenige wirklich tot, der es "im Geiste" ist.

Tot ist somit in erster Linie nicht der Verstorbene schlechthin, sondern vielmehr jemand, der es versäumt hat, sein (diesseitiges) Leben in Liebe zu leben.

Folglich kann die biblische Mahnung nur bedeuten, man solle sich nicht mit den durch "Bosheit Verdorbenen" abgeben. Gestützt wird diese Interpretation beispielsweise durch die folgenden, deshalb nur scheinbar widersprüchlichen Bibelstellen: So heißt es einerseits im alten Testament: *"Du sollst nicht töten"*.[105]

Andererseits findet man nur wenig später folgende Passage: *"Wer einen anderen schlägt, so dass er stirbt, soll mit dem Tod bestraft werden"*.[106]

Möglicherweise ist das letzte Zitat in manch einem christlich geprägten Staat leider sogar für die Todesstrafe mitverantwortlich.

Der scheinbare Widerspruch löst sich jedoch auf, wenn man die Begriffe "Tod", "tot" und "töten", entsprechend dem allgemeinen Sprachverständnis in zwei Auslegungen benutzt, und zwar sowohl für den "körperlichen" als auch für den "geistigen" Tod. Nur so können die beiden "benachbarten" Zitate im ihrem Zusammenhang überhaupt sinnvoll verstanden werden.

Folglich sollte man deshalb besser "übersetzen", dass derjenige des "geistigen" Todes ist, der jemand anderen "körperlich" tötet.

---

[105] Exodus III: Der Bund am Sinai; Dekalog, 20.13
[106] Exodus III: Der Bund am Sinai; Mord und Totschlag, 21.12

Wirklich "tot" ist letztlich nur der "geistig" Tote. Diese Interpretation wird erhärtet durch den Ausspruch Jesu: *"Lasset die Kinder zu mir kommen; denn Ihnen gehört das Himmelreich"*. Sowohl die "Kinder", als auch der "Himmel" werden hier wohl eher symbolisch verwandt; denn es wäre sicher ein Widerspruch im Glauben, wenn nur Kindern der Himmel offen stünde. Kinder aber sind unverbraucht, unverdorben und noch ohne schwere Schuld. Sie sind nicht "geistig tot" und haben somit eine Zukunft im "Himmel", der Dimension ewigen Lebens.

Auch Christen brauchen sich deshalb nicht zu scheuen, den Kontakt zu Verstorbenen zu suchen.

In diesem Kapitel will ich mich mit einem kurzen Überblick über verschiedene Möglichkeiten von Kontaktaufnahmen begnügen.

Ich bin mittlerweile davon überzeugt, auch selbst schon eine Reihe solcher Kontakte gehabt zu haben. Daher plane ich, zusammen mit *Horst Hansen*, Techniker in seiner eigenen Elektronikfirma im norddeutschen Delmenhorst[107], in den nächsten Jahren ein spezielles Buch zum Thema "Transkommunikation" in Angriff nehmen.

Zumeist sind solche Kontakte ganz subtiler Natur; zudem müssen sie interpretiert werden. Dies öffnet natürlich Tür und Tor für Fehler und das Einfließen eigener Wünsche und Anschauungen.

Trotz kritischer Prüfung bleiben, so meine ich, am Ende dennoch berechtigte Gründe für die Annahme, es habe sich dabei tatsächlich um Verbindungen zu Verstorbenen gehandelt. Dafür sprechen im Wesentlichen immer die spezifischen Umstände, durch die es zu solchen Kontakten kam. Ein paar seltsame und unerklärliche Fälle habe ich bereits in früheren Kapiteln geschildert. Hierbei handelte es sich allerdings bestenfalls entweder um einseitig "jenseitige" Botschaften oder um unspezifische atmosphärische Spannungen, die auf eine solche Verbindung hingedeutet haben mögen.

Ich glaube aber, dass jeder, der sich nur gezielt darum bemüht, "Jenseitskontakte" haben kann. Sofern es sie natürlich überhaupt gibt, sind sie gewiss nicht nur für Eingeweihte herstellbar.

Da ich der Überzeugung bin, dass unser "Geist" ganz zweifellos auch ohne "sein Gehirn" existiert, glaube ich auch nicht an

---

[107] Fa. Diamant - Electronic

irgendeine "trainierbare Ecke" *im* Gehirn, die solche Kontakte allein konstruiert und beherbergt. Genausowenig halte ich etwas von dem heutzutage schon kultigen "Rechtshirnmystizismus", der viele in Psychologie und Esoterik, allerdings aus sehr unterschiedlichen Blickwinkeln, in den Bann zieht.[108] Einmal mehr stimme ich *John Eccles* zu, dem vor wenigen Jahren verstorbenen Hirnforscher und Nobelpreisträger, der das Gehirn in seinen Möglichkeiten und Eigenschaften einfach für "überschätzt" hielt.

Im Folgenden möchte ich auf vier besonders charakteristische und verbreitete Kontaktformen mit Verstorbenen eingehen:

1) Erscheinungen von Personen oder Personengruppen:

Sie treten gehäuft in unmittelbarer zeitlicher Nähe zum Todeszeitpunkt eines Menschen auf. Die Physik verweist sie samt und sonders ins Reich der Fabeln: Allen, auch renommierten Wissenschaftlern, die so etwas selbst erlebt haben, werden zumeist unisono und vehement Fehlinterpretation unterstellt.

Die heutzutage in überwiegender Mehrheit animistisch orientierten Parapsychologen sehen darin vor allem Halluzinationen. Eigentlich ist dieser Begriff nur für seelisch oder geistig Kranke reserviert. Deshalb sprechen sie bei "ansonsten" gesunden Menschen von "Pseudohalluzination", die sich allerdings inhaltlich nicht von den "echten" Halluzinationen unterscheiden. Nur sagen solche Begriffe nichts über den wirklichen Hintergrund solcher Phänomene aus.

Darüber hinaus hält die Parapsychologie auch die Möglichkeit einer "zeitverschobenen Bewusstwerdung" für denkbar. So etwas kommt tatsächlich manchmal vor und viele von Ihnen werden das sicher schon erfahren haben: In parapsychologischen Experimenten hat man nämlich feststellen können, dass manchen Menschen bestimmte Ereignisse erst zeitversetzt richtig bewusst werden.

---

[108]Um nicht missverstanden zu werden: Die rechte Hirnhälfte spielt offenbar eine wichtige Rolle bei außersinnlichen Wahrnehmungen (ASW). Nur: "Eine Rolle zu spielen" heißt noch nicht, dass ASW dort lokalisiert sind und von dort gestartet werden. Wenn ASW auftreten, korreliert dies zwar mit Aktivitäten in der rechten Hirnhälfte – mehr aber auch nicht. Ihr Computer blinkt doch auch, wenn Sie etwas neu programmieren. Der Programmier sitzt aber nicht *im* Computer!

Jeder kennt das als typisches "Aha-Erlebnis". Auch wenn das im Einzelfall hier und da zutreffen mag, als generelle Antwort taugt diese Erklärung wohl nicht. Vor allem manche Details lassen berechtigterweise daran zweifeln, dass es sich bei Erscheinungen immer um eine "Halluzination im medizinischen Sinne" handelt.

Wenn beispielsweise dem Herzchirurgen *Christiaan Barnard* eine ihm unbekannte Person erschien, die nachweislich zuvor schon verstorben war, dann kann damit eine Halluzination wohl ausgeschlossen werden (vgl. 11. Kapitel). Der Animist lässt natürlich nicht locker und wird sagen, Barnard habe bereits vorher unbewusst durch Hellsehen, mit Hilfe von ihm ausgestrahlter (aber bisher völlig unbewiesener) ASW-Wellen seines (bisher noch nirgendwo gefundenen) ASW-Organs, Informationen von der in diesem Beispiel verstorbenen Frau eingeholt, die dann später in sein Bewusstsein projiziert worden seien.[109] Ich glaube das nicht!

Vereinzelt sicher auch vorkommende Märchen in betrügerischer Absicht lassen sich wohl zumeist herauspicken und eliminieren.

Echte Halluzinationen Kranker oder Pseudohalluzinationen von "ansonsten Gesunden" kann man also mit Hilfe einer exakten Analyse der Vorgänge herauspicken.

Schließlich verbleiben immer noch genügend Beispiele von Erscheinungen, für die es, so meine ich, am vernünftigsten ist, sie zu akzeptieren – so wie es die von der Erscheinung betroffene Person auch macht – nämlich als *spiritistische* Realität.

Ähnlich spiritistisch sollte man besser auch solche Phänomene akzeptieren, die manchmal Wochen, Monate oder gar Jahre nach dem Ableben einer nahe stehenden Person erfahren werden.

Animistische Deutungen scheinen mir meist viel komplizierter und wirken auf mich manchmal sogar hanebüchen. Aus der subjektiven Sicht des Animisten sind sie es natürlich nicht, weil für ihn geistige Wirkungen (auch Fernwirkungen) zwar real existieren, diese aber an das Gehirn gebunden sind und im Zuge des Todes endgültig erlöschen.

---

[109] ASW = Außersinnliche Wahrnehmung. Das Erlebnis von Prof. Barnard habe ich zuvor bereits in Kapitel 11 näher geschildert.

2) Mediumistische Kontakte, Séancen:

Hierbei erfolgt die Kontaktaufnahme zu Verstorbenen mit Hilfe bestimmter Personen, die sich selbst als mediale Persönlichkeiten oder einfach als Medien bezeichnen. Zumeist in Trance, also einer Form von Bewusstseinsverschiebung im Sinne eines "geistigen Entrücktseins", einem auch schlaf*ähnlichen* Zustand, nehmen sie Kontakt mit ihnen nahe stehenden Geistpersonen auf, die dann ihrerseits wieder Mittler auf der geistigen Ebene sein sollen.

Sitzungen mit mehreren kontaktsuchenden Personen und mit mindestens einem solchen Medium nennt man eine Séance.

Gegen Ende des 19. Jahrhunderts und noch zu Beginn des 20. Jahrhunderts waren sie weit verbreitet und gesellschaftlich sehr beliebt. Hierbei tat sich übrigens besonders der berühmte Erfinder *Thomas Alva Edison* hervor.

Allerdings gab es, wie nicht anders zu erwarten, darunter auch eine ganze Menge Unsinn, Geldmacherei und Betrug. Dennoch wäre es sicher falsch, würde man *jeden* mediumistischen Kontakt und jedes Medium von vornherein abschätzig bewerten.

Man muss wohl davon ausgehen, dass es durchaus eine ganze Reihe seriöser Medien gibt. Natürlich stellt sich erneut die Frage, inwieweit es sich dabei dann trotzdem um echte Kontakte mit verstorbenen Personen handelt oder animistische Erklärungen plausibler sind?

Dazu zählen vor allem wieder telepathische Fähigkeiten, die man dem Medium zuschreibt. Durch "Telepathie", sagt der Animist, holten sie sich von ihrem fragenden Gegenüber erst einmal *die* Informationen ein, die sie zunächst benötigten, um den Kunden von ihrer Seriosität zu überzeugen. Mit Hilfe von "Hellsehen" erwürben sie darüber hinaus Informationen von Dingen und Objekten der kontaktsuchenden Person oder des ihr nahe stehenden Verstorbenen. Durch "rückschauende Telepathie" hätten sie einen Zugang zu der verstorbenen Person hergestellt – und zwar zu einem Zeitpunkt, als diese noch lebte.

Schließlich seien sie mittels "präkognitiver Telepathie" oder "präkognitiven Hellsehens" in der Lage, in die "Zukunft" ihrer "Kunden" zu schauen und daher Einzelheiten zu erzählen.

Die Kunden würden so glauben, alles käme unmittelbar von der verstorbenen Person selbst.

Auch hier halte ich spiritistische Erklärungen für viel geeigneter als die animistischen – vorausgesetzt natürlich, die Kontakte selbst sind seriös. Wie schon gesagt, auch keine der animistischen Erklärungen ist bisher bewiesen. Immer sind es bislang reine Hypothesen, basierend auf der naturwissenschaftlich behaupteten Annahme, der menschliche Geist sei hirngebunden – wobei die Naturwissenschaften selbst animistische Hypothesen ablehnen.

Unter dieser Prämisse wäre natürlich jeder Gedanke an ein individuelles Weiterleben der menschlichen Persönlichkeit nach ihrem Tod Verschwendung.

Erst dann, wenn es berechtigte Hinweise dafür gibt, dass der menschliche Geist unabhängig von seinem materiellen Gehirn existiert, erscheinen solche animistischen Vorstellungen, wie z.B. die einer "vor- oder rückschauenden Telepathie", nur noch als komplizierte und zudem unnötige gedankliche Verrenkung.

Hinzu kommt, dass eine exakte Vorhersage von Zukunft sicher überhaupt nur in einem sehr begrenzten Umfang möglich sein kann. Dies habe ich in meinem Buch "Das Leben" bereits ausführlich erläutert.

Gerade aus streng naturwissenschaftlicher Sicht scheint mir das Glas aber eher ziemlich voll denn halbleer zu sein. Letzteres entspräche ja der 50 : 50 Chance zu Anfang jeder Argumentation über das Überleben des Todes. Anders gesagt: Nach meiner Auffassung überwiegen die Indizien für einen hirnunabhängigen Geist und eine "nachtodliche", individuelle Fortexistenz ganz eindeutig. Damit allerdings würde der bislang ebensowenig bewiesenen animistischen Erklärung der Boden unter den Füßen entzogen. Aus praktischer Sicht kann ich zum Thema "Mediumistische Kontakte" persönlich im Übrigen nichts beitragen, da ich sie bislang nicht hatte.

3) Träume und Wachträume:

Der griechische Arzt *Hippokrates* sah Träume als Informationen der Götter an und nutzte sie daher zur Diagnosefindung. Zu seinen

Behandlungen gehörte auch der Heilschlaf, den wir selbst heute noch manchmal anwenden.

Während wir heute aber davon ausgehen, der Körper sammele im Schlaf ausreichend (materielle) Abwehrkräfte und werde dadurch gestärkt, Krankheiten zu besiegen, war es für Hippokrates wichtig, dass die Patienten *gute Träume* hatten: Erschien nämlich einem Patienten ein Gott im Traum und berührte sein krankes Körperteil, so wurde es allein dadurch schon gesund.

Der immaterielle und unbewusste Traum selbst war also der eigentliche Heilsbringer. Normalerweise treten Träume während eines jeden natürlichen Schlafes mehrfach und periodisch auf.

Traumphasen zeigen bei Messung der Hirnströme sehr spezifische und besonders aktive Muster. Ein äußeres Zeichen einer solchen Traumphase sind sehr schnell zuckende Augenlider.

Man beobachtet sie auch bei Tieren, z.B. bei Hunden. Dies ist ein sicheres Zeichen dafür, dass auch viele Tiere, ja alle mehr oder minder bewusste Lebewesen, träumen.

Im Gegensatz dazu sind Wachträume bewusste oder zumindest halbbewusste Phasen, die, wie der Name schon sagt, nicht *im* Schlaf, sondern während des Wachzustands, teils vor dem Schlaf oder nach dem Aufwachen, auftreten. Sie sind ein untrügliches Zeichen für einen jetzt veränderten Bewusstseinszustand, der am besten und wirkungsvollsten zu erzielen ist, wenn man versucht, einen Zustand der inneren Leere herzustellen: völliges Nichtstun, das eigene Denken ausgeschaltet. Nichts wollen oder wünschen, vollständiges Abschalten ist angesagt. Eine Reihe ostasiatischer Meditations-übungen variieren die Wachträume zur Perfektion.

Häufig kommt es so zur Imagination, dem bildhaften bewussten Träumen. Genauso gut kann man dazu auch "Bildhaftes-sich-Vorstellen" oder "Einbildung" sagen. Fortgeschrittene Meister geben an, ihr Bewusstsein allein durch richtige Meditation verselbständigen und vom Körper lösen zu können.

Ich glaube, dass sowohl echte, unbewusste Träume, wie auch mehr oder minder bewusste Wachträume zumindest auf subtiler Ebene effektive Möglichkeiten zur Kontaktierung und Kommunikation mit Verstorbenen sein können. Das Problem liegt natürlich einmal mehr in der Beweisbarkeit. Nicht selten aber treten gerade große und großartige "Ideen oder Einfälle" während echter Träume, also im Schlaf, oder beim Wachträumen auf. Dazu gibt es sogar eine Reihe historisch verbürgter Beispiele.

Zum Wesen der "echten" Träume habe ich in meinem Buch "Das Leben" eine Erklärung angeboten: Danach ist vorstellbar, dass während des Schlafes weitreichende Reparaturarbeiten an den diversen materiellen "Empfangsgeräten" im Gehirn, den unzähligen sog. Dendronen[110] in der Hirnrinde, stattfinden. Solche Reparaturen sind zwingend notwendig, da ansonsten auch die Verbindung zwischen dem immateriellen Geist und dem materiellen Gehirn ernsthaften Schaden nehmen kann. Wie anders sollte sonst erklärt werden können, warum Menschen, denen man im Experiment über längere Zeit die Träume "stiehlt", weil man sie bei Eintritt in eine Traumphase weckt, lebensgefährdet sind?

Ich habe erläutert, man sollte sich die ungeheure Komplexität des menschlichen Geistes sehr vereinfacht als eine Art individuelles "Intranet" in einem unendlichen geistigen "Internet" vorstellen.

So ist es leicht, eine Brücke zu der Vorstellung zu schlagen, dass gerade dann, wenn dieses eigene "Intranet schläft" und nicht in *bewusster* Aktion ist, Informationen auch aus anderen Intranets dieses Internets besser oder einfacher durchdringen können.

So könnten sie sich mit den Traumbildern vermischen. In meinem Buch "Das Leben", dem zweiten Band meiner letzten Buchreihe, habe ich zwecks besserer Anschauung den Vergleich mit einem Großflughafen gewählt. Während der "Rushhour" ist man geradezu überflutet von akustischen Reizen. Kommt der Betrieb zur Ruhe, mag man Geräusche aus Nebenräumen oder vielleicht sogar aus einer anderen Abflughalle wahrnehmen können.

Sie entsprechen dann den Informationen aus anderen "geistigen Intranets", die jetzt im "eigenen Intranet" vorsichtig "anklopfen", aber "tagsüber" keine Chance hätten durchzudringen.

Ähnlich mag das auch mit den mehr oder minder bewussten Wachträumen funktionieren. Die Aufmerksamkeit für solche äußeren Einflüsse nimmt zu, weil man gelernt hat, sich durch Meditation und Kontemplation vom eigenen Gedankenwirrwarr zu

---

[110] Hier: nach oben reichende, blind endende kleine Nervenfortsätze.

befreien, ohne aber dabei die von "weiter außen kommenden" Informationen zu verschlafen. Dies passiert ja normalerweise mit unseren "echten" Träumen. Zwei vollkommen unterschiedliche Mechanismen führen so im Großen und Ganzen zur gleichen geistigen Leere – ähnlich der beruhigten Abflughalle.

In solchen Bewusstseinszuständen kann es daher zu Erfahrungen und Erlebnissen kommen, die Verstorbene betreffen. Aus rein materialistischer Sicht muss es sich dabei natürlich um einen rein diesseitigen Trauminhalt handeln. Nur, ist diese Auffassung auch vernünftig? Vielfach weisen gerade Wachträume einen recht sonderbaren Inhalt auf, was schon ein Indiz dafür sein könnte, dass vielleicht manchmal in Wachträumen wahrgenommene Personen tatsächlich Informationen zu einem "herüberspielen" wollen.

Das können z.B. lang ersehnte Lösungen für bestimmte Probleme sein. Oder es sind Ideen für zukünftiges Handeln, so dass der deutsche Begriff "Einfall" im wahrsten Sinne des Wortes, nämlich als etwas von "außen" Einfallendes, am besten passt.

Wachträume, aber auch "echte" Träume, scheinen nicht selten sogar Hinweise über Dinge zu liefern, von denen man noch gar nichts wissen kann.

Wiederholt habe ich selbst in Wachträumen die groben Umrisse möglicher späterer Ereignisse bereits vorweg genommen.

Wachträume lieferten mir auch bereits Lösungen für manch ein Problem, und sie begleiten mich nicht selten zwischendurch selbst beim Schreiben meiner Bücher. Im Laufe vieler Jahre habe ich gelernt, Wachträume manchmal zu provozieren. Manchmal mache ich sogar wichtige Entscheidungen von Einfällen aus Wachträumen mit abhängig. Oft konkretisiere ich Probleme oder Fragen und bitte um Lösungen. Im Wachtraum finde ich sie dann meist – früher zu meinem eigenen Erstaunen. Besonders verblüfft es mich immer noch, wenn ich ursprünglich eine ganz andere Ansicht hatte, als mir dann in meinen Wachträumen angeboten wurde.

Der animistische Parapsychologe wird dies bestenfalls wieder mit Telepathie und Hellsehen, vielleicht garniert mit einem Schuss Präkognition erklären --- und das ist für sie auf dem Boden der heutigen Naturwissenschaften noch die am leichtesten "hin zu biegende" Lösung, sofern man nicht alles ohnehin für Hokuspokus hält. Dafür allerdings gibt es auch keine Beweise und, wie ich Ihnen hier und auch im Verlauf meiner früheren Bücher schon erläutert habe, halte ich das heutige naturwissenschaftliche Fundament keineswegs für sehr solide, was die angebotenen Interpretationen betrifft.

4) Kinetische Vorgänge:

Unter Telekinese oder Psychokinese versteht der Parapsychologe sämtliche Einflüsse des für ihn meist hirngebundenen Geistes auf materielle Dinge. Es gibt eine Vielzahl unerklärlicher und äußerst sonderbarer Veränderungen an materiellen Gegenständen, die als womöglich psychokinetisch bedingt erklärt werden können. Im 12. Kapitel habe ich dazu ein paar eigene Erfahrungen beigesteuert.

Tritt so ein Phänomen auf, dann kann das natürlich Zufall sein. Fragwürdig wird diese These zumindest dann, wenn sich solche Zufälle häufen, weil z.B. die Situation, in der so etwas auftritt, eine ganz besondere ist – wie etwa der zeitgleiche Todesfall eines nahen Angehörigen. Der moderne Naturwissenschaftler, naturgemäß fern jeden Glaubens an solcherlei Spukphänomene, spricht dann von *Koinzidenzen*. Der Psychiater *Carl Gustav Jung* prägte in diesem Zusammenhang den Begriff der *Synchronizität*. Dabei lässt er offen, ob es Gründe für das Zusammentreffen zweier Ereignisse gibt oder ob sie nur rein zufällig nebeneinander auftreten.

Man sollte paranormale Phänomene nicht einfach ignorieren, selbst wenn bestimmte Dinge auf- oder einzutreten scheinen, was rein physikalisch gesehen nicht hätte sein können. Selbstverständlich muss man erst versuchen, Täuschungen auszuschließen. Dies mag nicht immer möglich sein, manchmal aber ist es doch gar nicht so schwer.

Die von mir selbst im Zusammenhang mit einigen Todesfällen erlebten Phänomene betrachte ich als echte PSI-Phänomene, die der Animist psychokinetisch, ich dagegen "spiritistisch kinetisch" nennen würde. Den Unterschied will ich gerne noch einmal am Phänomen des Stehenbleibens einer Uhr zum Zeitpunkt des Todes einer nahe stehenden Person erläutern. Der *Animist* würde sagen: Man hat z.B. im Schlaf den Tod dieser Person "hellgesehen".

Daraufhin hat psychische Energie des eigenen Unbewussten die Uhr zum Stehen gebracht. Der *Physiker* macht sich solch komplizierte Gedanken gar nicht erst. Er nennt das Stehenbleiben schlichtweg etwas Zufälliges, eine *Koinzidenz* mit dem Tod der anderen Person. Der *Spiritist* erkennt darin schließlich den Einfluss des Geistes des soeben Verstorbenen.

Ich meine: Wenn man feststellt, dass etwas mehrfach und nur im engen Zusammenhang mit ganz bestimmten Ereigniskategorien stattgefunden hat – sonst dagegen nie – dann ist Zufall zwar immer noch nicht auszuschließen, aber wohl eher recht unwahrscheinlich.

Die animistische These ist bislang natürlich genauso unbewiesen wie die von mir favorisierte spiritistische. Beide widersprechen allen bisherigen naturwissenschaftlichen Theorien und Erkenntnissen.

Stellt man aber fest, dass naturwissenschaftliche Interpretationen in einigen grundlegenden und entscheidenden Punkten gar nicht richtig sein können, dann bekommen beide parapsychologischen Richtungen wieder Oberwasser – aber deshalb verhilft dies natürlich nicht automatisch den Animisten zum Recht.

Vielmehr sollte auch überlegt werden, welche These *vernünftiger* zu sein scheint. Leicht gerät jetzt der Animist dann ins Hintertreffen, wenn er sich zuvor auf die naturwissenschaftlichen Grundlagen berufen hatte, die jetzt aber mit Recht in Frage gestellt wurden.

Die Deutung vieler PSI-Phänomene als "spiritistische Kinese", also als Bewegung von Materie durch einen anderen und bereits verstorbenen Geist, anstatt durch den eigenen diesseitigen, ist dann sicher *vernünftig*. Wäre dies nicht der Fall, sollte der Geist eines diesseits noch lebenden Menschen eigentlich wesentlich häufiger als bisher bekannt – und auch häufiger als gewöhnlich im Experiment reproduzierbar – zu PSI-Phänomenen in der Lage sein. Gerade was jedoch die Psychokinese betrifft, ist ein streng wissenschaftlicher Beweis für ihre Existenz durch das gezielte geistige Anstrengen Lebender bisher nicht gelungen.

Eine Sonderform unerklärlicher "Kinesen" stellen sog. Tonband-stimmenphänomene dar: Ein Pionier auf diesem Gebiet war *Friedrich Jürgenson*. Als im Jahr 1959 einmal sein Tonbandgerät versehentlich noch lief, während er im Garten Naturgeräuschen lauschte, glaubte er, beim Abhören der Bandstelle Stimmen hören zu können. Zwar waren sie recht schwach, jedoch konnte er sie deutlich verstehen. Über viele Jahre hinweg experimentierte er weiter, bis sich seine Vermutung zu bestätigen schien, es müsse sich dabei um Stimmen verstorbener Personen handeln.

Auf historische Einzelheiten will ich an dieser Stelle nicht weiter eingehen. Jedenfalls hat sich im Laufe der letzten Jahrzehnte ein regelrechter Forschungszweig entwickelt, der davon ausgeht, dass es tatsächlich möglich sei, Stimmen verstorbener Personen mittels Tonbandgeräten festzuhalten. Dazu sollte man in einem möglichst geschlossenen Raum eine oder mehrere schwache Geräuschquellen einschalten, die ein möglichst wirres Tonmaterial bieten. Daraus, so die These, könne eine verstorbene Person Worte oder gar Sätze modulieren. Für das akustische Rohmaterial eignen sich am besten verschiedene Radiogeräte, die man z.B. auf ausländische, möglichst unverständliche Sender einstellt. Mittel- und Kurzwellensender scheinen dazu besonders geeignet zu sein. Es sollte darauf geachtet werden, ein nicht zu lautes Hintergrundgeräusch zu erhalten. Auch ich habe mich seit Jahren mit dieser Methode beschäftigt. Zunächst war es reine Neugier. Im Laufe der Zeit hatte ich jedoch einige durchaus akzeptable, auf alle Fälle jedenfalls unerklärliche Erfolge, so dass ich trotz vieler eigener Zweifel weitermachte. Nach wie vor betrachte ich meine Ergebnisse sehr kritisch. Meine Erfahrungen zeigen, dass paranormale Stimmen, sofern sie bei Einspielungen überhaupt auftreten, in der Regel sehr schwer verständlich sind.

Der Tonbandstimmenforscher schreibt dies der Hypothese zu, ein Verstorbener müsse das angebotene Ausgangsmaterial erst "umformen". Natürlich muss man sich auch mit großer Geduld einhören, um brauchbare Ergebnisse zu bekommen. Aus rein wissenschaftlicher Sicht sind solche Tonbandstimmenphänomene schlichtweg Blödsinn.

Das erste, womit man gegenhält, ist die Täuschung: Tatsächlich gibt es hierfür durchaus viele Möglichkeiten. Zum Beispiel kann man infolge von Überreichweiten doch bestimmte Worte oder gar Sätze in der eigenen Sprache aufgeschnappt haben. Weil man aber bemüht war, nur ausländische und möglichst unverständliche Sender zu nutzen, deutet man sie dann als vermeintlich paranormale Stimmen fehl. Man muss versuchen, dies von vornherein durch eine geeignete Technik auszuschließen.

Eine weitere Täuschung kann auftreten, wenn man selbst etwas in fremdsprachige Aussagen hineininterpretiert, was gar nicht gesagt wurde. Eine bekannte Wissenschaftssendung des Westdeutschen Fernsehens widmete einmal eine ihrer Sendungen dem Thema "Unerklärliche Phänomene". Darin versuchte der Moderator dann allerdings, Tonbandstimmenphänomene kategorisch als Täuschung zu entlarven.[111]

Auch ein Wuppertaler Physiker zieht mit seiner Meinung, das alles sei bloß eine Sinnestäuschung, durch deutsche Volkshochschulen.

Zur besseren Anschauung ihrer Skepsis verwandten sie beide das Musikstück *"Another Brick in the Wall"* der englischen Rockgruppe *"Pink Floyd"* [112].

In einen von Kindern in englischer Sprache gesungenen Refrain interpretieren sie den deutschen Satz, "*Holt ihn unters Dach und hängt ihn auf*", hinein. Um diesen herum spinnen sie dann eine geradezu haarsträubende Geschichte. Dem ungeübten Hörer scheint das als Beweis für den Unsinn der Methode zu genügen. Tatsächlich ist es auch ein Beweis für die leichte Täuschungsmöglichkeit, mit der diese Methode zweifellos behaftet ist. Nur beweist dies eben nicht deren Unrichtigkeit. Jeder erfahrene Tonbandstimmenforscher dürfte sich derart simpel wohl nicht täuschen lassen. Natürlich kennt er diese Tücken. Sein Problem ist ein ganz anderes: Nicht jeder, der sich mit dieser Technik beschäftigt, macht es mit der dazu nötigen kritischen Distanz. Nur allzu häufig stehen (verständliche) Emotionen hinter seinen Anstrengungen etwas zu hören. Das allein schon ist Grund für gewiss viele Fehlinterpretationen, womit aber eine sicher nicht uninteressante Methode vorschnell und zu Unrecht, wie ich finde, in Verruf gebracht wird.

Die Parapsychologie räumt heute durchaus ein, dass es trotz einer Vielzahl von Täuschungen gleich welcher Ursache dennoch eine Reihe von Aussagen gibt, die sich von den Tonbandaufnahmen zweifelsfrei als paranormal herausfiltern lassen[113]. Weder passen sie

[111] "Quarks & Co.", WDR 3, Dezember 1998, mit dem Moderator Ranga Yogeshwar.
[112] Aus der Langspielplatte "The Wall" von 1979.
[113] dazu eignen sich heutzutage auch sehr gut spezielle Computerprogramme

in den Kontext der jeweiligen Radiosendung, noch können sie durch Überreichweiten entstanden sein. Außerdem geben sie in der Regel eine sinnvolle und schlüssige Antwort auf eine zuvor an einen bestimmten Verstorbenen gerichtete Frage.

Aus parapsychologischer Sicht wird dies wieder mit den bereits bekannten ASW-Thesen begründet: Der Experimentator selbst sei die Quelle der Antworten, die sich letztlich durch seine eigene "psychische Energie" auf den Tonbändern manifestieren.

Sicherlich muss man das Phänomen der "Tonbandstimmen" sehr vorsichtig behandeln. Ich glaube, mittlerweile festgestellt zu haben, dass auch hier Scharlatanerie und sogar Betrug ziemlich eng neben dem Versuch einer seriösen Forschung beieinander liegen.

Jedoch bleiben trotz diverser Täuschungen immer noch genügend ungeklärte, gut belegbare und gut reproduzierbare Aussagen übrig. Unter den vielen experimentell empfangenen Satzfetzen, die stets erst einmal hohen Hürden skeptischer Betrachtung unterworfen werden sollten, findet man in der Regel am Ende noch erstaunlich viele, die schlüssige Antworten auf vorher gestellte Fragen ergeben.

Bei der Entscheidung, ob es sich dabei nun um *spiritistisch* oder *animistisch* zu deutende Ergebnisse handelt, neige ich aus den Ihnen bereits bekannten logischen Erwägungen und aufgrund eigener Erfahrungen dazu, sie als wirkliche Äußerungen aus einer anderen, nicht-materiellen geistigen Ebene aufzufassen.

Deshalb schätze ich also die Möglichkeit gering, man selbst als Experimentator sei unbewusst, und zwar durch materielle Manifestation eigener psychischer Energie, für diese Phänomene verantwortlich. Folglich muss man zwingend davon ausgehen dürfen, dass es sich bei den verbleibenden, letztlich gut belegbaren Tonbandstimmen tatsächlich um oft sogar sinnvolle Äußerungen verstorbener Personen handelt, die man gezielt befragt und um Antworten gebeten hat. Ich glaube, nur sie wären vermutlich in der Lage, tatsächlich auch richtig zu antworten.

Deshalb meine ich, dass es offensichtlich sehr wohl eine Reihe von Begebenheiten und Erfahrungen gibt, die sich selbst bei kritischer Betrachtung am vernünftigsten als reale Kontakte mit verstorbenen Menschen erklären lassen.

17. Der Tod ist nicht das Ende

Nach meiner festen Überzeugung ist der Tod nicht zugleich auch das Ende unserer Persönlichkeit. Genauso glaube ich aber, dass die Geburt eines jeden Menschen hier auf der Erde den Beginn einer völlig neuen geistigen Entwicklung darstellt – keine Seele, kein Geist wird dabei wiedergeboren. Einmal neu entstanden, besitzt der menschliche Geist grundsätzlich kein von uns definierbares Ende – jeder Einzelne existiert nach unseren Kriterien ewig.

Nur unsere Körper enden einmal zwangsläufig – mit dem Tod gehen sie den natürlichen Weg alles Endlichen.

Seit Anbeginn jeglicher Existenz besitzt alles und jedes in dieser Welt eine geistige Spur. Im einfachsten Fall, dem von unbelebter Materie, ist es die bloße Information des Seins – vergleichbar mit der "1" im binären Computercode und im Universum vermittelt durch ein Licht- oder Strahlungsquant. Je komplexer etwas im Laufe seiner Zeit wird, desto komplexer wird auch seine geistige Spur.

Das besondere Wesen des Geistes ist eigentlich *Information*. In der Bibel meint man wohl das gleiche, wenn vom *"Wort"* die Rede ist. *"Am Anfang war das Wort und das Wort war bei Gott"*, so heißt es im christlichen Johannesevangelium. Für alles und jedes in dieser Welt gibt es ein informelles Abbild. Es besteht ewig, so dass folglich auch die ganze Welt ewig bestehen muss. Inzwischen glauben sogar einige renommierte Kosmologen wieder, dass unser Universum unendlich ist und ewig existiert. Ich stimme dem zu – jedoch aus einem anderen Grund; denn nach meiner Auffassung ist unser Universum primär ein geistiger, zahlencodierter und damit unendlicher Raum.

Auf unserer Erde haben allein wir Menschen ein sprunghaft hoch entwickeltes Bewusstsein und Selbstbewusstsein. Kein anderes Wesen ist zu derart strukturierter Selbsterkenntnis und Bewusstheit fähig. Kein Tier kommt auch nur annähernd an unser abstraktes Denk- und Vorstellungsvermögen heran, ebensowenig wie z.B. an unser potentiell phantastisch reichhaltiges, emotionales, ethisches und kulturelles Potential.

Wir Menschen sind als einzige Erdbewohner deshalb in der Lage, die vielen, geradezu unglaublichen Wunder dieser Welt wenigstens ansatzweise zu entdecken und zu bestaunen.

Die Evolution baute hunderte Millionen von Jahren an einem sehr streng hierarchisch strukturierten und dazu extrem passgenau abwärtskompatiblen Kommunikations- und Computersystem, dem Zentralnervensystem, sowie peripheren Informationsstraßen.

Dennoch ist dieses höchst komplizierte Nervensystem in seinen Einzelteilen und Funktionen letztlich einfach und klar gegliedert.

Seine zumindest vorläufige Perfektionierung erreichte es mit dem Menschen. Zu diesem Zeitpunkt war es auf der gigantischen Uhr unserer Erdgeschichte bereits wenige Sekunden vor 12 Uhr nachts.

Selbst die nur wenigen Bruchteile dieser ohnehin schon extrem kurzen Zeitspanne vom Auftreten des Menschen bis heute haben – wie nie zuvor – mit seiner Zivilisation etwas geradezu unglaublich Revolutionäres zutage gebracht. Sie brachte viel Positives und leider auch viel zu viel Negatives hervor: Alles hat eben zwei Seiten.

In letztendlich nur wenigen Jahrhunderten hat der Mensch trotz allem schier Grandioses geleistet. Alles was er schuf ist jedoch das materielle Abbild von Ideen. Ideen sind etwas Geistiges.

Die alleinige Grundlage dieser Revolution ist also der menschliche Geist. Er kennzeichnet den Wandel der Evolution in unserer Zeit; denn nur auf ihn sind die in Wahrheit dramatischen Unterschiede zwischen uns einzelnen Menschen zurückzuführen. Kein Mensch ist gleich – und keine Ideologie kann sie jemals gleich machen.

Alle Menschen unterscheiden sich, weil sie als einzelne Individuen Gegenstand eines weiteren und ungemein wichtigen Kapitels der Evolution allen Lebens sind: Sie sind das Zentrum der neuen Evolution des reinen Geistes. Geistige Vollendung kann es nur über den Weg "Gottes" geben, was gleichbedeutend ist mit dem Weg "Manitus", dem Weg "Allahs", dem Weg "Brahmans" u.s.w.

Dabei ist der göttliche Weg meist überhaupt nicht identisch mit den uns nahe gelegten oder gar dogmatisch vorgeschriebenen Wegen institutioneller Kirchen, Vereine oder Sekten.

Der göttliche Weg kann nur einzig und allein bedeuten:

Liebe "Gott" als den unbegreifbaren Schöpfer und Hintergrund dieser Welt, liebe Dich selbst und liebe Deinen Nächsten wie Dich selbst. Gib jedem Einzelnen das Recht auf Freiheit und das alleinige Recht auf freie Selbstbestimmung, so wie Du es für Dich sicher auch willst. Übe gegenüber Jedermann größtmögliche Toleranz aus; denn Du bist nicht mit Deinem Nächsten identisch und kannst daher seine Gefühle und Empfindungen nicht immer genauso nachvollziehen. Jeder Mensch ist anders und muss auch anders sein. Deshalb wache aber auch mit Strenge und notfalls mit großer Härte darüber, dass jeder Einzelne dieselben Rechte erhält und sie von keinem anderen beschnitten oder gar zerstört werden.

Der Geist evolviert heute nicht mehr nur allein zwischen zwei verschiedenen Menschen mit unterschiedlichen Geschwindigkeiten. Vielmehr entwickelt er sich selbst im Leben jedes einzelnen Menschen im Laufe seines Älterwerdens recht unterschiedlich und phasenförmig weiter.

Wenn schließlich der menschliche Körper langsam verfällt, zudem immer größerer Verschleiß zutage tritt und der Mensch sich seiner wachsenden körperlichen Unzulänglichkeit bewusst wird, nähert sich sein Geist dagegen erst seinem (vorläufigen) Höhepunkt.

Betrachten wir noch einmal im Zeitraffer diese offenkundige Baumstruktur konsequenter geistiger Entwicklung:

Sie startet mit der anfangs noch objektiven Information des SEINs eines jeden einzelnen Atoms und von zusammengesetzter, unbelebter Materie. Einen subjektiv wertenden Geist gibt es zu diesem Zeitpunkt noch lange nicht.

Erst mit dem Leben und im Leben entsteht er als gänzlich neue, zunächst noch niedere Qualität. Daraus entwickelt sich als nächstes der schon immer subjektivere artspezifische Geist.

Allmählich führt er zu bewussten Wesen, wozu auch höhere Säuger zu zählen sind.

Bewusst, nun aber auch sich selbst bewusst und in seinem Bewusstsein noch unglaublich vielschichtiger als jedes Tier reift des Geistes wahres Wesen schließlich im individuellen Geist jedes einzelnen Menschen.

Damit entstehen zwangsläufig geistige Gefälle zwischen einzelnen Menschen. Am Ende evolviert er sogar bei jedem Individuum selbst und ganz individuell verschieden durch sein ständiges Wachsen bis an dessen (körperliches) Lebensende.

Damit erlebt auch jeder Einzelne sein eigenes geistiges Gefälle als persönlichen, natürlichen Lebensweg und macht deutlich:

Der Geist ist nichts Zyklisches. Jeder Geist ist etwas konsequent und expansiv Aufstrebendes. Der Geist sucht die Individualität zur Optimierung des Ganzen in Pluralität. Kein Geist ist zerstörbar. Jeder Geist überlebt natürlich den körperlichen Tod!

18. Optimisten sind besser dran

Gewiss ist bisher niemand nach seinem Tod leibhaftig in diese Welt zurückgekehrt. Für das Überleben des körperlichen Todes gibt es natürlich somit keinen zwingenden Beweis. Genausowenig aber gibt es irgendeinen Beweis gegen diese Überzeugung. Ein Gegenbeweis wäre nach strengen wissenschaftlichen Kriterien sogar noch viel schwieriger zu erbringen; denn solange die Welt besteht, könnte man niemals die Möglichkeit völlig ausschließen, dass irgendwann doch noch mal jemand leibhaftig in diese Welt zurückkehrt, woran ich allerdings selbst auch nicht glaube.

Beweis und Gegenbeweis halten sich also aus rein logischer Sicht zunächst die Waage. Für beide Möglichkeiten bleibt eine Wahrscheinlichkeit von jeweils 50%.

Als erstes Wesen auf der Erde ist der Mensch in der Lage, sich Gedanken über seinen Tod und ein eventuelles Danach zu machen. Damit hat er die freie Wahl, sich auf Basis dieser grundsätzlich hälftigen Chance für eine optimistische Sicht, die *für* ein Überleben des eigenen Todes, oder dagegen, also pessimistisch, zu entscheiden. Im Zuge unseres Zeitgeistes entscheidet sich heute die Mehrheit zumindest der im Westen lebenden Menschen für die pessimistische Sichtweise. Infolgedessen wird trotz prinzipieller Chancengleichheit auch nur dem Optimisten die an sich für beide unerfüllbare Last aufgebürdet, seine Ansicht zu *beweisen*, während der Pessimist auch ohne beweisende Argumente seine Einstellung bloß kundtun muss; denn sie wird zumeist kritiklos akzeptiert. Man begründet das vor allem mit dem Kenntnisstand der modernen Naturwissenschaften.

In den letzten Kapiteln dieses Buches wie schon in meinen früheren Büchern habe ich versucht klar darzulegen, dass ich persönlich diese Haltung nicht teile und grundweg für falsch halte.

Dem unvoreingenommenen Betrachter stellt sich ohne eingehendere Diskussion des Pro und Contra daher eigentlich die Frage nach der *besseren* Wahl:

Soziologen haben längst feststellen können, dass Menschen, die in ihrem religiösen Glauben gleich welcher Ausgestaltung gefestigt sind – was die Überzeugung von einer Weiterexistenz über den Tod hinaus praktisch immer einschließt – deutlich gesünder sind und bessere Chancen auf ein längeres irdisches Leben besitzen. Insofern ist eine optimistische Einstellung schon die bessere Wahl.

Viele "Optimisten" halten ihre Wahl auch deshalb für die bessere, weil nur sie ihre Wünsche und Hoffnungen stillt. Das Kriterium zur optimistischen Betrachtung ist damit von subjektiver Natur.

Aber auch rein objektiv betrachtet ist die Entscheidung für den "Optimismus" die eindeutig überlegenere Wahl. Dies hat der berühmte französische Philosoph und Mathematiker *Blaise Pascal* mit Hilfe einer Wette wunderschön veranschaulicht:

Pascal, der infolge einer Nah-Todeserfahrung seinen Lebenswandel radikal änderte, ein glühender Verehrer Gottes wurde und natürlich von einem Überleben seines Todes überzeugt – also Optimist – war, bot diese Wette dem "ungläubigen Pessimisten" an. Der Pessimist hat keine Chance: Allein der Optimist kann nämlich überhaupt jemals erfahren, dass er die Wette gewonnen hat. Nur er wird jemals feststellen können, sich richtig entschieden zu haben. Gäbe es kein Leben nach dem Tod – und ich wähle hier in Anbetracht meiner eigenen Überzeugung bewusst den Konjunktiv – so würden weder der Optimist noch der Pessimist das je erfahren; denn sie wären ja beide unwiderruflich tot. Gewinnt der Optimist die Wette, wird der Pessimist dagegen seine Niederlage erkennen und sich zugleich darüber ärgern, dass er sein Leben nicht so unbeschwert hat leben können. Die mit zunehmendem Alter rein natürlich oft wachsende Angst vor dem eigenen Tod stellt für viele Menschen schon eine schwere Last dar und führt daher nicht selten zu starken Depressionen. Der Optimist aber hat dann nicht nur seine Wette gewinnen, sondern auch schon während seines Lebens bewusster, gelassener und sicher auch heiterer gelebt. Der Pessimist hat keine Chance zu gewinnen. Selbst wenn er Recht hätte, er würde es ja niemals erfahren. Der Pessimist wird obendrein zumeist erkennen müssen, dass ihm sein Leben eine Chance bot, die er nicht oder vielleicht nur sehr schlecht genutzt hat, weil sein pessimistischer Lebenswandel letztlich dazu führte, hinter den eigenen Erwartungen und denen seiner Mitmenschen zurückzubleiben; denn naturgemäß wird der Pessimist viel eher geneigt sein, in manch entscheidenden Situationen seines Lebens das eigene Wohl in den Vordergrund zu stellen. Nichts ist natürlicher. Genauso werden die Pessimisten sehr viel eher als überzeugte Optimisten zu Handlungen neigen, die ihrer Umwelt und ihren Mitmenschen sogar schaden – ja vielleicht sogar ins Verderben stürzen. Eine Bestrafung nach dem Tod bräuchte der Pessimist schließlich nicht zu fürchten.

Vielen käme es möglicherweise nur darauf an, denkbaren irdischen Strafen durch Geschicklichkeit oder gar Skrupellosigkeit rechtzeitig zu entkommen.

Auch aus Sicht der Gesellschaft muss also empfohlen werden, im hier optimistischen Sinne zu denken und zu leben.

Der Sieg des Optimisten wird damit zu einem Sieg auf ganzer Linie – und zugleich ist er der einzig mögliche Sieg!

Teil 2:

Diskussion über Nah-Todeserfahrungen

"... schließlich wusste ich etwas, nämlich, dass ich unsterblich war, unzerstörbar. Ich kann nicht verletzt werden, kann nicht verloren gehen. Wir brauchen uns nicht zu sorgen. Und dass die Welt vollkommen ist; alles, was passiert, es ist Teil eines vollkommenen Plans. Ich verstehe diesen Teil heute nicht mehr, doch ich weiß, dass er wahr ist..."
Bericht einer Frau, die bei einer Entbindung fast gestorben war, von: *IANDS* – Tagung, Charlottesville, VA/USA (1982)

"Als das Licht erschien, wusste ich zuerst nicht, was vorging. Aber dann - dann fragte es mich, es fragte mich irgendwie, ob ich bereit sei, zu sterben. Es war, als spräche ich mit einem Menschen – nur dass eben kein Mensch da war. Es war wahrhaftig das Licht, das mit mir sprach, und zwar mit einer *Stimme*."
Aus: *Raymond Moody*, "Leben nach dem Tod" (1977)

"Das, was jenseits des Todes sich ereignet, ist so unaussprechlich großartig, dass unsere Vorstellung und unser Gefühl nicht ausreichen, um es auch einigermaßen richtig aufzufassen..."
Carl Gustav Jung (1875-1961), in: Brief an Frau B. vom 11.07.1944

Noch ein weiteres Mal wähle ich in diesem Buch die Diskussion zu einer verständlicheren Vertiefung wichtiger Aspekte der im ersten Teil ausführlich erörterten Gesamtthematik.

Erneut ist das folgende Gespräch mit meinen beiden Söhnen Alexander und Martin fiktiv. Jedoch ist vieles von dem, was wir hier miteinander diskutieren, bereits so oder in ganz ähnlicher Form tatsächlich Inhalt manch gemeinsamer Gespräche gewesen.

Nah-Todeserfahrungen (NDEs) scheinen, wie die Philosophie und alle Religionen zeigen, von je her eine wesentliche Quelle intuitiver Erfahrung zu sein. Im ersten Teil bin ich vor allem beschreibend auf das Wesen dieses merkwürdigen Phänomens eingegangen. Von den Naturwissenschaften wird Nah-Todeserfahrungen allerdings keine seriöse Aussagekraft zugeschrieben. Deshalb dient der zweite Teil meines Buches ihrer ausführlichen und kontroversen inhaltlichen Erörterung.

Ist diese Diskussion überhaupt notwendig?

"Es gibt ja 'ne ganze Menge Leute, die halten sämtliche Nah-Todeserfahrungen für großen Quatsch", beginnt Alexander unser Gespräch. "Bei manchen handelt es sich bloß um Träume, andere sind Halluzinationen und allen ist am Ende gemein, dass sie mit dem Tod überhaupt nicht einmal 'was zu tun haben *müssen*. Sie scheinen sich ja sogar im Experiment und bei bester Gesundheit der Probanden provozieren lassen. Und schaut man mal näher auf ihre einzelnen Inhalte, so sind sie offenbar keineswegs so homogen, wie immer behauptet wird. Jeder träumt doch 'was anderes. In der Zeitschrift *'Die Zeit'* war darüber 'mal folgender Artikel zu lesen: *'Einmal Hölle und Zurück. Der Ostdeutsche stirbt anders als der Westdeutsche ... Die Art des Sterbens ist abhängig von Kultur und Biographie'*.[114] Also ich glaube, der ganze Komplex mit NDEs hilft uns überhaupt nicht weiter und ist schon gar kein Beweis für ein Leben nach dem Tod..."

---

[114] Urs Willmann in: "Die Zeit" 29 (1999)

"Nun mal ganz langsam", unterbreche ich hier sein Plädoyer, "das müssen wir erst 'mal alles in Ruhe sortieren und dann Stück für Stück aufarbeiten. Was du da von dir gibst, ist so pauschal, wie du das hier ausbreitest, überhaupt nicht haltbar..."

"Aber es stimmt doch", haut Martin in dieselbe Kerbe, "dass von denen, die von solchen NDEs berichten, keiner wirklich tot war?"

"Natürlich, mein Sohn, da hast du völlig Recht, wirklich tot war keiner. Von den Toten ist noch keiner zurückgekommen...", stimme ich ihm zu und murmele noch so vor mich hin, "...zumindest nicht für lange."

"Das sag mal nicht so laut", gibt Martin mir zurück, "dann legst du dich schnell mit der Kirche an – schließlich sei doch Jesus wieder leibhaftig auferstanden?"

"Nun gut", erwidere ich, "das ist Glaubenssache und das genau lasst uns hier jetzt nicht weiter vertiefen, sonst gleiten wir schon am Anfang zu weit und zu lange ab – zu Alexanders Einwürfen noch: Es stimmt tatsächlich, dass man NDEs bei Gesunden provozieren kann, dass Ähnliches natürlich in Träumen auftreten kann und dass Halluzinationen dabei vorkommen. Ebenso sind auch nicht *alle* NDE-Inhalte so homogen, und ganz sicher sind NDEs *für sich allein* genauso wenig ein *Beweis* für ein Leben nach dem Tod..."

"Na siehste", lächelt Alexander, "hab ich doch Recht. Wir können das Thema vergessen..."

"Nein, ganz und gar nicht", unterbreche ich ihn diesmal, "trotz aller deiner Unkenrufe – ich bin fest davon überzeugt, dass 'echte' NDEs sehr ernst zu nehmende Hinweise auf ein tatsächliches 'Danach' sind und den *'Beinahe-Sterbenden'*, wie es *Michael Schröter-Kunhardt* auch in seinem Vorwort zu meinem letzten Buch, "Der Tod", schreibt, *'wie ein Flugsimulator darauf vorbereitet, dass er nach seinem Tod den Körper verlassen wird'.* [115]

An anderer Stelle einer seiner Veröffentlichungen formuliert er es noch so: *'Tatsächlich verweisen die paranormalen Leistungen von Lebenden wie Sterbenden und ihr vermehrtes Auftreten im Rahmen von religiösen Erlebnissen (im Sterben) selbst bei areligiösen Menschen auf einen zeit- und*

---

[115] Michael Schröter-Kunhardt, Psychiater in Heidelberg, Vorsitzender der deutschen Sektion der IANDS (International Association of Near Death Studies) – vgl. auch Literaturverzeichnis.

raumunabhängigen und somit unsterblichen Anteil der menschlichen Psyche. Die NDEs als primär religiös-mystische Erfahrungen bereiten die Psyche somit in einem letzten über das Gehirn vermittelten Akt auf ein Weiterleben eben dieser Seele in einem religiösen Jenseits vor. Religiös-mystisches (NDE)-Erleben beruht dabei auf einer anhand der NDEs (...) nachgewiesenen biologisch angelegten Matrix, die durch keine Theorie hinwegerklärt werden kann und elementarer Bestandteil der menschlichen Psyche ist'."

"Dann musst du natürlich jetzt mal gut begründen, was dich und andere so sicher macht und die vielen Gegenargumente ausräumen", äußert auch Martin seine Zweifel.

Wann ist man tot?

"Genau", stimme ich ihm zu, "vielleicht fangen wir mal am besten mit dem Tod selbst an. Es gibt keinen exakten Todeszeitpunkt. Der Tod tritt in mehreren Phasen ein, das Sterben ist also ein Prozess. Wenn das Herz stillsteht sprechen wir vom klinischen Tod. Dann aber lebt das Gehirn noch ein paar Sekunden oder gar Minuten..."

"Eben", wirft Alexander ein, "nur in dieser Zeit können, wenn überhaupt, NDEs auftreten; denn wenn das Hirn stirbt, gehen alle Lichter endgültig aus. Dieser Autor von dem Artikel aus *'Die Zeit'* meint dazu: *'Wie das Radio nach Herausziehen des Steckers mit den letzten kriechenden Elektronen noch einen Takt von sich gibt, ist auch das biologische Wesen noch aktionsfähig, wenn das Blut in den Adern stillsteht.'* Und er bringt dann das Beispiel von der Klapperschlange, die noch eine Stunde nach der Enthauptung zu einem Beißreflex fähig sein soll."

"Möglich", brumme ich, scheinbar doch ziemlich in die Defensive gedrängt, "aber das sind Reflexe und die sind reine Automatismen. Das hat mit Geist überhaupt nichts zu tun, wie ich in meinem Buch "Das Leben" näher erläutert habe. Doch, was ich noch sagen wollte: Auch mit dem Hirntod ist der *Körper* noch nicht endgültig tot, wenn auch jetzt keine Rückkehr ins Leben mehr möglich ist. Der endgültige Tod ist nämlich durch den Hirntod jetzt unwiderruflich eingeleitet. Auch wenn es deshalb nur von theoretischem Interesse ist: Das wirkliche Ende markiert erst der biologische Tod. Er führt zu den sogenannten sicheren Todeszeichen, wie Kälte, Körperstarre und Todesflecken.

NDEs können natürlich nur dann geschildert werden, wenn die Betroffenen wieder ins Leben zurückkehren. Dennoch gibt es einige Fälle – z.B. berichtet *Raymond Moody* in seinen Büchern davon – bei denen die Betroffenen sogar dann von Nah-Todeserlebnissen berichten, wenn keine Hirnaktivitäten mehr im EEG[116] erkennbar waren – also beim so genannten Nulllinien – EEG."

"Aber wenn doch das EEG eine Nulllinie aufweist, wie soll man denn da noch 'was phantasieren?'", ist Alexander ziemlich irritiert.

"Eben", will ich ihm erklären, "das ist ein untrügliches Zeichen dafür, dass es sich hier nicht um Phantastereien – oder sagen wir besser: um Halluzinationen – handeln kann. Ich werde das später noch präzisieren. Allerdings sind NDEs bei Nulllinien im EEG, also beim Ausfall sämtlicher Hirnaktivitäten, solide dokumentiert.

Von einem außergewöhnlich interessanten Fall berichtet der amerikanische Herzchirurg *Michael B. Sabom*, ursprünglich selbst einmal völlig ungläubig in Bezug auf NTL, in seinem Buch *'Light and Death'*. Derselbe Fall wird übrigens auch in dem deutschen Film *'Jenseitsreisen'* des deutsch-französischen Fernsehsenders *'Arte'* vorgestellt.[117] An diesem nach meiner Auffassung bisher wohl besten und objektivsten Film über NDEs hat auch *Schröter-Kunhardt* entscheidend mitgewirkt. Bei der von *Sabom* erwähnten Patientin wurde eine gefährliche Gefäßaussackung, ein sog. Aneurysma, an ihrer Schädelbasis operiert. Dabei wurde ihre Körpertemperatur auf 15,6 ^{0}C heruntergefahren und absichtlich ein vollständiger Stillstand der Durchblutung herbeigeführt. Jedoch kam es plötzlich auch zu einer Nulllinie im EEG und so zu einem vollständigen Ausfall der Hirnstammaktivität."[118]

---

[116] EEG = Elektroencephalographie = Hirnstrommessung
[117] Erstsendung am 12.04.2000, 45 Minuten.
[118] Ausfall der sog. akustisch evozierten Hirnstammpotentiale

232

Sind NDEs bloß Halluzinationen?

"Na gut, aber vielleicht war es doch so, dass die Patientin beim Herunterfahren der Durchblutung erst 'mal zu wenig Sauerstoff im Blut hatte und deshalb zu halluzinieren begann", unterbricht mich Alexander.

"Auf den Sauerstoffmangel komme ich noch zurück", werfe ich sogleich ein, "zunächst 'mal allgemein zu den Halluzinationen..."

"Sag 'mal Papa, was sind das eigentlich genau, Halluzinationen?", will Martin erst wissen.

"Das sind krankhafte Sinnestäuschungen, ohne dass hierfür äußere Reize verantwortlich sind", erkläre ich ihm. "Sie kommen oft bei sog. Geisteskrankheiten *(Psychosen)*, wie z.B. bei der *Schizophrenie* vor, und – gut dass du nachfragst – auch wenn keine äußeren Reize unmittelbar mitwirken: Damit Halluzinationen auftreten, müssen die Sinnesorgane aber grundsätzlich noch intakt sein. Zwar mag deren Empfindlichkeit übersteigert oder verschoben sein, aber eben noch intakt. Deshalb gibt es bei Halluzinationen auch keine Nulllinien im EEG. Ganz im Gegenteil, hier finden sich sogar immer besonders typische Aktivitätsmuster. Außerdem weiß man, dass die NDEs von Kindern praktisch die gleichen Grundmuster aufweisen wie die von Erwachsenen. Wären NDEs wirklich nur Halluzinationen, müssten Kinder aber ganz andere Todesvisionen haben; denn sie haben einen völlig anderen Erfahrungsschatz."

"Nun haben Halluzinationen doch sehr unterschiedliche Formen, die...", will Alexander ins Detail gehen, aber ich unterbreche ihn und fahre für ihn fort:

"... die man auch bei NDEs findet, meinst Du? Ja, ein paar der Elemente von NDEs können durchaus Halluzinationen sein, manche sind es hier und da sogar bestimmt. Dennoch gibt es feine aber deutliche Unterschiede und daher eignet sich die Halluzination keineswegs für eine umfassende Erklärung der Inhalte von NDEs:

Beispielsweise gibt es akustische Halluzinationen, bekannt als das oft sehr quälende 'Stimmenhören'. Nur haben die dabei vernommenen Stimmen keinen echten Bezug zu etwas, das in demselben Moment stattfindet. Der NDEler[119] aber hört Zusammenhängendes, z.B. hört er das, was gerade um seinen Körper herum tatsächlich gesagt wird. Ein sehr lieber Patient von mir, heute ist er Mitte achtzig und nach wie vor putzmunter, ist ein alter Hase, was NDEs betrifft. Herr S. hatte zwischen 1971 und 1992 nicht weniger als sechs Herzinfarkte, wobei zwei in einen Herzstillstand mündeten. Ganz genau erinnert er sich noch an die Vorgänge bei seinem ersten Infarkt 1971, also vor jetzt über dreißig Jahren.

Er lag auf einer Intensivstation, und, wie mir seine Frau bestätigte, neun Tage im 'Koma'. Am dritten Tag hörte er, wie plötzlich jemand *'Exitus'* rief. In diesem Augenblick *'wimmerte eine Glocke'*, und er sah sich selbst – oder besser – seinen Körper auf einer Bahre liegend. Er fühlte sich *'wie ein Vogel, der in einer Nische saß und von dort alles unter sich gut beobachten konnte'*. Weiter sah er, wie ihm *'die Ärzte Stromstösse verpassten'*, und er hörte sie als *'kräftiges Wumms'*. Schon bald tauchte links neben seiner Bahre ein Tunnel auf, der in einem *'wunderschönen warmen, rot-orangefarbenen Licht'* erstrahlte. Dieses Licht *'war wohltuend und beruhigend'* und zog ihn stark an.

Er *'sollte durch den Tunnel hindurchgehen'*, wobei er *'hin- und hergerissen'* wurde. Plötzlich gingen seine Augen auf, und der Narkosearzt beugte sich über ihn und meinte, was er denn für Sachen mache und ob er nicht mehr kämpfen wolle?"

"Aber was spricht hier gegen eine Halluzination?", meldet sich Martin.

"Nun, mein lieber Sohn", gehe ich sofort auf seine Frage ein, "Herr S. konnte genau sagen, was passiert war und was er gehört hatte. Er konnte sehr genau alle Personen beschreiben, die sich um seinen sterbenden Körper bemühten. Einige davon kannte er bis dahin nicht einmal. Er hatte sein Erlebnis als *'schön und wunderbar'* empfunden und geschildert. Und selbst heute noch, nach über dreißig Jahren, sieht er es rückblickend genauso. Seither fühlt er sich *'ruhiger und zufriedener'*. Er gibt an, *'ein anderes Verhältnis zum Herrgott'* zu haben und sei zu seiner Familie *'noch inniger und herzlicher'*. Seine Eindrücke wurden sogar noch einmal verstärkt, als er während

---

[119] NDEler = der von einer Nah-Todeserfahrung (NDE) Betroffene.

seines vierten Infarktes im Jahr 1984 ein sog. Herzkammerflimmern erlitt. Dabei kam es erneut zu einer NDE:

Wieder blickte Herr S. aus einer Art Vogelperspektive auf seinen danieder liegenden Körper. Erneut sah er Ärzte und Schwestern um sein Leben kämpfen, und genauso stellte sich schon bald das ihm mittlerweile ja bekannte und wohltuende '*warm-rot-orangefarbige Licht*' ein. Weiter schilderte er diesmal: '*... war mir bewusst, dass um mein Leben hier auf Erden und jenseits dieser Welt gerungen wurde. Plötzlich hörte ich, wie jemand sagte: 'Auf Wiedersehen Herr Kussmaul'. Ich musste innerlich lachen; denn ich stellte mir eine Situation vor, wo ein Herr sich einer Dame vorstellte mit den Worten: Gestatten – Kussmaul. Viel später, nachdem ich längst erwacht war, frug ich die Schwester, ob ihr der Name Kussmaul ein Begriff sei. Sie antwortete: 'Jawohl. Dr. Kussmaul war unser Oberarzt und hat unser Haus verlassen, weil er sich anderswo verbessern konnte'.*"

"Okay, und wie steht's mit den optischen Halluzinationen?", bleibt Martin dennoch hart.

"Auch sie bieten keineswegs umfassende Erklärungen", lehne ich seinen Vorschlag grundweg ab. "Optische Halluzinationen leben nicht vom 'Sehen', sondern vom 'Gesehenwerden'.

Die Betroffenen fühlen dabei zum Beispiel Blicke auf sich gerichtet – oder Hände etwa, die aus einer Wand kommen, greifen nach ihnen. Hier kommen also zumeist noch Wahnvorstellungen hinzu.

Eine Sonderform optischer Halluzinationen sind die sog. (he-) autoskopischen Halluzinationen[120]. Diese und die außerkörperlichen Erfahrungen oder Exkursionen, kurz: OBEs[121], werden von den vielen Kritikern der NDEs zwar sehr gerne, aber nichtsdestotrotz fälschlicherweise, gleichgesetzt. Ich komme darauf aber noch einmal zurück.

Natürlich gibt es auch optische Halluzinationen, bei denen das 'aktive Sehen', z.B. das Sehen des Paradieses, im Vordergrund steht. Der NDEler aber sieht ziemlich häufig seinen Lebensfilm. Und dieser setzt sich immer aus zusammenhängenden und ganz *exakten* Bildern *seines* Lebens zusammen. Man kann das regelrecht mit Videosequenzen vergleichen."

---

[120] Lat.: "selbst betrachtend". Auch als "Doppelgängerwahn" bezeichnet.

[121] OBE = **O**ut of **B**ody **E**xperience = engl. für außerkörperliche Erfahrung

"Inzwischen soll man doch sogar NDEs experimentell provozieren können", greift Alexander wieder ein, "und Bruchstücke aus dem eigenen Leben sollen ja auch bei Epilepsien vorkommen?"

"Ja, sogar OBEs lassen sich provozieren...", stimme ich ihm zu.

"Aber dann sind NDEs und OBEs nur schlichte Hirnprodukte wie vielleicht der Geist letztlich auch – und wir bilden uns das alles vom immateriellen Geist und den geistigen Dimensionen nur ein?", hakt er unnachgiebig und zweifelnd nach.

"Nein! Ich aber will alles gerne Punkt für Punkt aufarbeiten", bin ich wieder an der Reihe, "nur bitte nicht alles auf einmal. – Also, erst noch einmal zu den optischen Halluzinationen im Allgemeinen: Beim NDEler haben sie eine sehr typische Grundstruktur, ein ganz bestimmtes Muster – ansonsten aber nicht. Lediglich die jeweiligen Inhalte variieren stark, diese Muster jedoch sind ziemlich konstant."

"Aber es lassen sich doch auch Halluzinogene, also Auslöser für Halluzinationen, bei NDEs nachweisen", sprudelt es aus Alexander wieder hervor.

"Selbst wenn, dann sind das doch nur Korrelationen, das heißt also Wechselwirkungen", und ich merke, dass noch eine ganze Menge an Überzeugungsarbeit vor mir liegt. "Eines muss man natürlich klar sehen: Solange der Betroffene nicht 'ganz' tot ist funktioniert noch sein Gehirn. Auch wenn man rein geistige Ursachen für sehr viele Einflussnahmen annimmt, ist das Gehirn, wie wir schon bei unserer Diskussion über das Thema *Geist und Gehirn* in meinem Buch "Das Leben" geklärt haben, selbstverständlich immer mitbeteiligt. Anders geht es überhaupt nicht. Die Frage ist also letztlich die, ob etwas Geistiges nicht auch ohne eine solche Verbindung zu seinem Gehirn existieren und wirken kann, selbst wenn sich dies unserer direkten Erkenntnis (leider) entzieht. Genau davon bin ich inzwischen eben restlos überzeugt. Aber: Ein noch funktionsfähiges Gehirn reagiert natürlich zwangsläufig immer mit.

Nur halte ich es für einen groben Fehler, aus dieser Mitbeteiligung eine Ausschließlichkeit zu machen: Ich meine daher: Es ist falsch zu sagen, es sei *nur* das Gehirn, was da arbeitet, und das Geistige entspringe dann aus ihm und seiner Tätigkeit – sei sein Produkt.

Deshalb ist es natürlich besonders wichtig, alle diese kritischen Gegenargumente vollständig und im Detail aufzuarbeiten.

Um nun aber wieder auf die verschiedenen Erscheinungsformen von Halluzinationen zurückzukommen: Natürlich ähneln eine Reihe von Erfahrungen bei den NDEs, insbesondere auch manche ihrer mannigfaltigen Ausgestaltungen, den Halluzinationen.

Und einige sind ja, wie ich bereits einräumte, vielleicht sogar solche. Aber NDEs weisen bestimmte, ganz typische Merkmale auf, die bei Halluzinationen eben nicht zutreffen. Ähnliches gilt auch für andere eurer kritischen Einwände; wir werden darauf noch zu sprechen kommen.

Hierzu gehört zum Beispiel auch die Tatsache, dass NDEs bei psychisch Kranken – und Halluzinationen sind per definitionem ja selbst etwas psychisch Krankes – keineswegs häufiger auftreten als bei Gesunden. Bitte erinnert euch auch daran, dass nach meiner Auffassung schon der Begriff 'Geisteskrankheit' in den meisten Fällen falsch sein dürfte.

In aller Regel liegen wohl Hirnkrankheiten vor. Sie schädigen z.B. die Übertragungsstellen, also die Synapsen. Oder die Nerven selbst und ihre Ummantelungen sind betroffen. Häufig geht es auch um die vielen, erst seit wenigen Jahren bekannten Botenstoffe, die bei den Impulsübertragungen von Nerv zu Nerv erforderlich sind. Manchmal wird davon gar nichts, mal zu wenig oder ein anders Mal zu viel von ihnen produziert.

Folglich muss es natürlich gewisse Ähnlichkeiten geben zwischen krankheitsbedingten Phänomenen und solchen, welche die direkte Folge eines universellen biologischen 'Abschiedsprogramms vom körperlichen Leben' sind.

Genau dies könnten NDEs sein: eine Art 'Simulatortraining' zur Vorbereitung des bislang 'hirngewohnten' Geistes auf sein neues, sein unkörperliches 'Danach'. Es bleibt doch schließlich erstaunlich, dass die grundsätzlichen Muster von NDEs – und ich meine wieder nicht ihre vielfältigen inhaltlichen Ausgestaltungen – keineswegs den typischen Inhalten westlicher Kultur oder der großen Religionen entsprechen. Eigentlich sollte man aber annehmen, dass gerade solch religiöse oder kulturell akzeptierte Vorstellungen beim Sterben bevorzugt berücksichtigt würden?"

Weisen NDEs doch größere kulturelle
Unterschiede auf als früher angenommen?

"Einige Kritiker meinen heute, es gäbe überhaupt keine typischen NDE-Grundmuster", hält Alexander erneut dagegen, "so sollen z.B. Chinesen niemals einen Tunnel passieren – angeblich doch eine der Kernerfahrungen – und 'Wessis' scheinen mit ihren Visionen weit überwiegend schöne Erlebnisse zu verbinden, während das Ganze für 'Ossis'[122] weitaus häufiger ziemlich traumatisch ablaufen soll. Außerdem sollen bei ihnen OBEs[123] sogar ganz unbekannt sein[124]. Kurzum, Kritiker nehmen an, dass die Erfahrungswerte auch sehr davon abzuhängen scheinen, wie viel man vielleicht bis dahin schon über solche Erlebnisse gelesen oder gehört hat?"

"Also, dass OBEs unbekannt sein sollen", verteidige ich vehement meine Überzeugungen, "widerspricht einem Argument derselben Kritiker. Mit Recht weisen sie nämlich darauf hin, OBEs ließen sich genauso durch Stimulation ganz bestimmter Hirnzentren oder durch die Einnahme mancher Psychodrogen provozieren. Warum sollten Angehörige anderer, in diesem Fall atheistischer Kulturen, auf solche Stimuli anders reagieren, wenn es sich dabei auch noch um natürliche Hirnprodukte handeln würde? Ich glaube, dass hier nur nicht genügend sorgfältig gearbeitet wurde oder grundsätzliche Ablehnung einmal mehr auch Statistiken beeinflusst.

Jede statistische Untersuchung sollte man deshalb sehr kritisch bewerten. Ohne hier irgendjemandem zu nahe treten zu wollen, gilt nicht zuletzt aus eigener, langjähriger medizinischer Erfahrung immer noch uneingeschränkt Churchills "Bon mot": *"Traue keiner Statistik, die du nicht selbst gefälscht hast"*. Mir liegt es wirklich fern, damit auch bewusste Manipulationen zu unterstellen. Vielmehr will ich damit – sehr weitgefasst – die Manipulationsmöglichkeiten verschiedener Untersuchungsverfahren karikieren. Jede Studie lässt sich, je nachdem, was man gerne als Ergebnis haben möchte, von vornherein entsprechend anlegen. Nicht umsonst glauben deshalb

---

[122]Wessis werden im Volksmund die Bewohner der früheren Bundesrepublik Deutschland, Ossis die der ehemaligen DDR genannt.
[123] OBE = Out of Body Experience = Außerkörperliche Erfahrung
[124] Hubert Knoblauch et al., "Berichte aus dem Jenseits...", s. Literaturverzeichnis

manche, dass Meinungsforscher schon mal Meinungsmacher zu sein scheinen. So bezweifle ich zum Beispiel, dass überhaupt genügend aussagekräftige Unterlagen über NDEs bei Chinesen vorliegen, weil man dort so etwas in den vergangenen 50 Jahren gar nicht ernsthaft wissenschaftlich erforschen konnte. Ganz gewiss sind OBEs ein universelles Phänomen – und wir werden sie ja noch intensiver diskutieren. Bei OBEs muss man natürlich genauso differenzieren zwischen solchen, die aufgrund ganz bestimmter Merkmale in die Kategorie echter NDE-bedingter Realitäten gehören oder mehr in den Bereich der rein halluzinativen Hirnreaktionen.

Aber lasst mich zunächst noch etwas zu Alexanders allerletztem Einwand sagen: Auch die Tatsache, dass es sowohl positive als auch negative NDEs gibt, widerspricht erst einmal einer immer wieder vorgebrachten Kritik, Nah-Todeserlebnisse seien bloß halluzinative Wunscherfüllungen. Nur weil man sich ein Leben nach dem Tod erhoffe, stelle man es sich 'unbewusst' vor – besonders in bedrohlichen Lebenssituationen – und man male es sich dann entsprechend aus. Negative NDEs passen hierzu überhaupt nicht.

Dass es tatsächlich keine wirklich homogenen Muster bei NDEs geben soll, sondern vielmehr erhebliche kulturell und religiös bedingte Unterschiede, ist einfach nicht richtig: Dieser Einwand stimmt lediglich für die individuelle Ausgestaltung von NDEs, also dem *'Wie'*. Dafür aber, *dass* solche Erlebnisse, also NDEs und OBEs, *überhaupt auftreten*, spielen weder kulturelle noch religiöse Hintergründe eine Rolle, genausowenig wie Vorabinformationen oder bestimmte, religiös geprägte Erwartungen.

Schröter-Kunhardt und andere Nahtodesforscher weisen in diesem Zusammenhang darauf hin, dass selbst Kinder unter 2 Jahren solche Erlebnisse haben. Ausnahmslos unterscheiden sie sich von denen der Erwachsenen dabei kaum. Das sollte eigentlich alle Kritiker erstaunen, da Kinder in diesem frühen Alter noch gar keine Geschichten träumen, bestenfalls kurze Sequenzen, zumeist aber nur einzelne Bilder, z.B. von Teddybären oder von ihren Eltern.

Erst im Alter von 9 bis 12 Jahren gleichen sich ihre Trauminhalte denen der Erwachsenen an. Und was positive oder negative NDE-Inhalte betrifft: Selbst nach der skeptischen *Konstanzer Studie* von *Hubert Knoblauch* und Mitarbeitern haben viele 'Ossis' positive

NDEs. Natürlich hat man vielleicht sogar den meisten 'Ossis' in 40jähriger kommunistischer DDR-Diktatur – und Vergleichbares gilt eben auch für China – jeden Glauben an 'Religion', 'Gott' oder 'ein Leben nach dem Tod' ziemlich ausgetrieben. Dann aber erstaunt es doch umso mehr, dass sie trotz allem, also entgegen den ihnen indoktrinierten Überzeugungen, überhaupt NDEs und OBEs erleben."

"Vielleicht weil es eine Art von seinem Gehirn produziertes Abschiedsprogramm ist", stichelt Alexander.

"Und wofür soll das gut sein?", frage ich zurück. "Es widerspricht doch allen Grundsätzen der Evolution, weil damit keinerlei Überlebenswert verbunden ist."

"Vielleicht ist so ein Programm dennoch ein typisches Ansinnen der Evolution, weil sie immer nach Perfektionierung trachtet", bleibt Alexander unnachgiebig, "das sind doch deine eigenen Worte, oder?"

"Dein Gedanke entspricht fast den Worten des Amerikaners *Ronald Siegel*, der, mit einer Mischung aus evolutionärer Perfektion und psychologischer Komponente, sämtliche NDEs und natürlich auch jeden Gedanken an ein Leben nach dem Tod ins Reich menschlicher Torheit verweist. Die Natur habe halt ein 'todsicheres' System konstruiert, das uns zwingt, uns selbst über den Tod zu täuschen: Die Neurochemie, all unsere Erfahrungen, unsere eigenen Bedürfnisse und verschiedene Kulturen arbeiten demnach gemeinsam mit daran, diese Täuschung abzusichern und zu verstärken. Der zentrale Aspekt seiner Überlegungen ist die innere Abwehr des eigenen Todes.

NDEs sind aber sicher keine Abwehr, sie können es gar nicht sein: Denn psychologisch ist es, wie auch ich meine, völlig unsinnig anzunehmen, dass man noch in genau die Richtung flieht, die einem eigentlich Angst macht. Wenn schon so ein Schauspiel zur inneren Beruhigung, dann eher vielleicht etwas Lustiges, oder?"

"Wieso denn", lässt Alexander nach wie vor nicht locker, "Angriff ist doch die beste Verteidigung?"

"Hier trifft es aber nicht zu", weise ich dieses Klischee zurück, "die frühe Beobachtung des drohenden eigenen Todes müsste viel mehr Angst einjagen als später der Auslöser einer NDE: Der von mir schon erwähnte amerikanische Herzspezialist *Michael Sabom* stellte fest, dass aber erst dann, wenn der Betroffene sich gerade mit dem Tod abgefunden hat und ihn nicht mehr ängstlich abwehrt, NDEs eintreten. Es würde doch keinen Sinn machen, wenn ein Mensch, der nach seelischen Kämpfen soeben erst seinen 'inneren Frieden' gefunden hat, direkt wieder in neue Angst versetzt wird.

Außerdem konnte anderweitig nachgewiesen werden, dass NDEs gerade durch angsteinflössende Erlebnisse meist sogar vorschnell *beendet* werden. Darin mag vielleicht auch eine weitere Erklärung dafür liegen, warum sich z.B. 'Ossis' oder Chinesen angeblich eher mit negativen Erfahrungen konfrontiert gesehen haben sollen: Zu den typischen NDE-Grundmustern gehören zu Anfang ja Tunnel- oder Dunkelraumerlebnisse. Oft sind sie verbunden mit akustischen Wahrnehmungen, also irgendwelchen Geräuschen, und nicht selten auch mit irrsinnig schneller Fortbewegung. Ich selbst hatte mal so eine Erfahrung gemacht (vgl. Teil 1). Zunächst sind diese Erlebnisse wohl eher beunruhigend als schön. Natürlich werden solche Muster von den Betroffenen ganz unterschiedlich inhaltlich ausgeschmückt. Es ist sicher denkbar, dass derartige Erfahrungen die Betroffenen aufgrund ihres kulturell erzwungenen Unglaubens in dieser Phase unvergleichlich mehr beunruhigt als gläubige Menschen, die in ihrem 'Herzen' zuversichtlich und viel gefasster sind.

Die jetzt rein subjektive, inhaltliche Ausschmückung desselben Grunderlebnisses, wie also z.B. "Lichterscheinung" oder "Tunnelerlebnis", gestaltet sich bei einem primär Ungläubigen dadurch sehr viel dramatischer und führt auch häufiger zu vorzeitigen Abbrüchen der NDEs. Interessant ist in diesem Zusammenhang jedoch wieder die Beobachtung, dass schließlich auch alle diejenigen, bei denen es trotz anfänglicher Negativerfahrungen dann doch *nicht* zu einem Sofortabbruch der NDE kommt, im weiteren Verlauf ihrer NDE genauso schöne und wunderbare Erfahrungen machen wie diejenigen, bei denen die negativen Erlebnisse zunächst nicht so ausgeprägt zu sein schienen. Dasselbe belegen auch historische Schilderungen von NDEs, auf die ich bereits im zweiten und dritten Kapitel des ersten Teils dieses Buches hingewiesen habe."

"Und was spricht sonst noch gegen die These, Angriff sei auch hier die beste Verteidigung", lockt mich Alexander erneut.

"Also", fahre ich fort, "es erstaunt mich doch ungemein, dass NDEs praktisch ausnahmslos ganz erhebliche Lebensveränderungen nach sich ziehen. Sie machen die Betroffenen im Allgemeinen viel hinwendungsbereiter und gefühlvoller, aber auch gelassener, was ihren Umgang mit dem Tod angeht. *Schröter-Kunhardt* unterstreicht diese Ansicht und äußert sich dazu sehr konkret, wenn er sagt, dass die *'eigentliche (archaische) Abwehr bzw. Verdrängung der belastenden Todesumstände bzw. des Todes in der Bewusstlosigkeit'* gesucht werden sollte ... *'NDEs und OBEs sind dagegen – wie Träume – Verarbeitungsversuche der eben nicht durch Bewusstlosigkeit abgewehrten, sondern in diesen beiden Erlebnisformen vielmehr bewusst gewordenen Realität'.*[125]

Anders gesagt: Aus Angst vor dem nahenden Tod müsste jeder Betroffene eigentlich in die Bewusstlosigkeit flüchten, nicht aber in die konkrete Bewusstmachung."

"Also sind NDEs nur etwas andere, sagen wir einmal, intensivere Träume?", meldet sich jetzt Martin wieder zu Wort.

"Nein mein Sohn", weise ich das zurück, "und genauso wenig sind sie komplexe Wachträume – wenn auch manche Wachträume wieder Zugang zu geistigen Dimensionen ermöglichen mögen. Zwischen beiden lassen sich zwar übereinstimmende Merkmale finden, wie z.B. ein verändertes Zeitempfinden oder ein gewisses Maß an Realitätsempfinden. Was jedoch (echte) Träume betrifft, so habe ich dafür in meinem Buch "Das Leben" ein, wie ich meine, recht plausibles Erklärungsmodell vorgeschlagen: Womöglich sind sie eine Folge von Reparaturen an den Synapsen der aufsteigenden Nervenäste in der Hirnrinde. Da diese nach meiner Auffassung 'materielle Schnittstellen' zwischen Körper und Geist sein könnten, müssen Träume und NDEs zwangsläufig Gemeinsamkeiten haben.

Nur NDEs weisen aber typische Grundmuster auf, die an ein festes Programm denken lassen. Träume sind dagegen überhaupt nicht streng strukturiert und orientieren sich inhaltlich überwiegend an ganz alltäglichen Dingen, wie Ängste, Probleme oder Hoffnungen."

---

[125] Zitiert nach M. Schmidt-Degenhard (1992), siehe Literaturverzeichnis

Universelle Grundmuster von NDEs

"Aber noch 'mal, Papa, wo siehst du eigentlich immer die gleichen Grundmuster?", scheint Martin noch nicht zufrieden.

"Nun, zweifelsfrei gibt es einige für NDEs ganz typische Elemente. Jedes dieser Elemente tritt, für sich allein genommen, nicht nur bei NDEs auf. Zusammen aber sind sie tatsächlich NDE-typisch und gehören auch immer zum 'Vollbild' einer NDE", erwidere ich. "Dazu gehören vor allem:

1) überwiegend und zumindest im weiteren Verlauf einer jeden NDE schöne und heitere Stimmungen sowie tiefe Gefühle von Liebe und Geliebtwerden.

2) das außerkörperliche Erlebnis (die OBE), bei dem man auch seinen eigenen Körper von außen aus einer gewissen Distanz, einer 'Vogelperspektive', betrachtet.

3) die Wahrnehmung von Licht und evtl. auch von Lichtwesen.

4) die Begegnungen mit anderen Wesen, bei denen es sich stets ausschließlich um bereits verstorbene Personen handelt.

5) der Ablauf eines Lebensfilms, der eben nicht nur positive Aspekte, sondern auch besonders negative Punkte aus dem abgelaufenen Leben zeigt, und der einen immer selbst zur eigenen Bewertung auffordert.

6) oft sogar dramatische, mindestens aber ungemein erstaunliche Veränderungen der Persönlichkeit eines jeden Betroffenen nach seiner Rückkehr in den Körper.

Wie gesagt, das sind typische Grundelemente oder Muster einer NDE, die dann individuell äußerst vielseitig ausgeschmückt werden. Während sich vielleicht der eine ins Paradies versetzt fühlt, landet der andere auf einer wunderschönen Wiese und der nächste in einer bezaubernden Stadt u.s.w.! Das alles sind dann zwar individuelle, aber eben rein inhaltliche Ausschmückungen, die sich stets auf der Basis gemeinsamer identischer Grundmuster ergeben."

"Warum treten denn NDEs selbst dann auf, wenn sich der Betroffene gar nicht wirklich in Todesgefahr befindet?", wechselt Martin etwas die Richtung.

"So komisch es zunächst klingen mag, aber genau das ist sogar ein Knackpunkt vieler Kritiken", freue ich mich regelrecht über diesen Einwand.

"NDEs treten nämlich in anderen, nicht todesnahen Situationen *nie vollständig* auf – es finden sich meistens nur einzelne, ab und zu auch schon mal mehrere Elemente. Das echte Vollbild einer NDE gibt es aber nur in Todesnähe! Das wollen die Kritiker natürlich nicht gerne wahrhaben, weil sie das Vollbild der NDE gar nicht für so wesentlich erachten. Ich halte das jedoch für einen großen Fehler.

Bei praktisch jeder 'echten' NDE sind ganz besonders die fast immer sehr dramatischen Auswirkungen auf die Persönlichkeit der Betroffenen hervorzuheben, selbst noch Jahre und Jahrzehnte nach diesem für sie sehr einschneidenden Erlebnis. Lediglich von einigen Intellektuellen werden sie manchmal gerne verdrängt, vermutlich weil sie nicht in ihr Weltbild passen.

Aber Intellektualität und Intelligenz sind – sogar recht häufig – keineswegs deckungsgleich. Etwas ketzerisch möchte ich am Rande bemerken, dass mir dies besonders häufig in der Politik und bei manchen Medienvertretern auffällig zu sein scheint.

Also, das NDE-Vollbild gibt es nicht außerhalb echter NDEs. Im Experiment oder auch krankheitsbedingt lassen sich nur einzelne NDE-Elemente provozieren. Der Journalist *Urs Wissmann* spöttelt nach meinem Dafürhalten daher nicht sehr zutreffend in seinem Artikel in *'Die Zeit'* (29/1999), wenn es dort heißt:: *'Der vermeintliche Blick ins Jenseits bedarf **nicht einmal** der Nähe des Todes'*, so als wäre dies allein schon ein Beweis *gegen* das eigentlich geistig-religiöse Wesen von NDEs und ihrer realen Bedeutung.

Natürlich ist der nahe Tod nicht zwingend notwendig, jedoch verschweigt *Wissmann* geflissentlich, dass sich dies eben nur auf einzelne Teile einer sonst nur bei echten NDEs vollständigen NDE-Erfahrung bezieht. Mit unangebrachter Ironie fährt er später sogar fort: *'Nicht nur wer dem Schnitter im letzten Moment ein Schnippchen geschlagen hat, erlebt eine solche Extremsituation. Genauso ist einer dran, dessen Körper unverletzt eine Schrecksekunde überdauert hat. Auch der Schamane pendelt – quasi sein Arbeitsweg – in Trance hin und zurück'.*

All das widerspricht keineswegs der Möglichkeit, dass es sich im Einzelfall um echte NDEs handelt oder gehandelt hat; denn wenn

NDEs ein biologisches Programm zur Vorbereitung auf den körperlichen Tod und den unversehrten Austritt des Geistes aus demselben sind, dann gehört neben der *realen* Todesnähe natürlich auch die *psychologische* Todesnähe als möglicher Auslöser einer NDE dazu. Wenn das Gehirn, wie ich behaupte, selbst als *Schnittstelle* zwischen Körper und Geist aufgefasst werden sollte, muss auch so ein 'Abschiedsprogramm' die berühmten zwei Seiten derselben Medaille aufweisen.

Und alle 'diesseitigen' Stimulantien oder gar Techniken, die sich zur Auslösung von einzelnen NDE-Elementen eignen, sind für sich selbst Teile oder zumindest Analoga auf der materiellen Seite des Ganzen. Anders gesagt: Da sie zur 'materiellen Seite' gehören, sind sie zunächst für die 'hirnseitige Ausführung' des biologisch verankerten und reflexartig anlaufenden Programms zuständig.

Je näher sich der NDEler aber an der Grenze zum tatsächlichen biologischen Tod befindet, desto vollständiger, ausführlicher und emotional berührender (geistige Seite der Medaille!) sind sämtliche dieser universellen Grundmuster in seiner NDE verankert, weil nun auch die andere, die geistige Seite immer mehr mitspielt."

NDEs durch Sauerstoffmangel und Delir?

"Okay", ändert Alexander die Richtung unseres Gesprächs, "lasst uns dann über einige der sonst noch diskutierten Auslöser sprechen. Also, die meisten Wissenschaftler sind der Ansicht, NDEs sind bloß die Folge von Sauerstoffmangel im Blut..."

"...die sog. *Hypoxie*, ja", fahre ich ihm ins Wort, "und andere glauben, ein Zuviel an Kohlendioxyd (CO_2), die sog. *Hyperkapnie*, sei Schuld an NDEs. Sicher verursacht beides wieder die ein oder andere Komponente von NDEs, möglicherweise auch mehrere zugleich, aber beide taugen überhaupt nicht zur allgemeinen Erklärung von NDEs, bzw. des gesamten Phänomens."

"Wieso?", ist Martin gespannt, "Sauerstoffmangel wäre doch eine sehr vernünftige Erklärung? Ein Mensch befindet sich in der Nähe seines Todes und allmählich schwinden seine 'Lebensgeister'.

Schließlich kommt es zum Atem- und Herzstillstand. Das Gehirn bekommt jetzt zuwenig Blut ab und so auch zu wenig Sauerstoff."

"Ja", schlägt Alexander in die gleiche Kerbe seines Bruders, "das Gehirn erzeugt daraufhin Halluzinationen, die so auch denen von anderen Betroffenen in Todesnähe sehr ähneln – schließlich muss bei ihnen ja ein vergleichbares biochemisches Szenario im Gehirn ablaufen."

"Wisst ihr", will ich gerade antworten, "ein weiteres typisches Charakteristikum ist, dass NDEler immer komplett schmerzfrei sind..." Ich komme nicht dazu, weiterzusprechen.

"Das kann man doch einfach erklären, schließlich produziert das Gehirn in gefährlichen Situationen schmerzstillende Substanzen, sog. Endorphine. Davon liest man heute schon in jeder Zeitung. Die sind natürlich für die Schmerzfreiheit verantwortlich."

"Das ist prinzipiell richtig", greife ich den Faden wieder auf, "aber warum werden dann Endorphine nur während 'echter' NDEs *immer* produziert und gehören da praktisch zum biologischen Programm der Todesvorbereitung, während bei experimenteller Provokation das längst nicht immer der Fall ist? Wieder treffen wir hier auf eine Korrelation, die nur im Fall einer 'echten' NDE *automatisch vollständig und perfekt* abzulaufen scheint. Beides, ein Mangel an Sauerstoff (O_2) wie auch ein Zuviel an Kohlendioxyd (CO_2) induziert sicher ganz eindeutig *einzelne Elemente* von NDEs.

Insbesondere treten dabei Halluzinationen auf, die zwar durchaus NDE-ähnlich sein können, die aber, wie ich ja schon erläutert habe, keineswegs in der Lage sind, NDE-Visionen wirklich umfassend zu erklären.

In den fünfziger Jahren hat man das Inhalieren von CO_2 als ein psychotherapeutisches Verfahren genutzt, wodurch man NDE-ähnliche Halluzinationen beobachten konnte. Ein CO_2 – Anstieg ergibt sich auch automatisch infolge eines Mangels an Sauerstoff.

Das, was dann entsteht, nennt man ein Delir. Tatsächlich gibt es auch im Delir Tunnelerlebnisse sowie das Gefühl, von Licht umgeben zu sein. Nie jedoch gibt es Anzeichen für Kontakte mit einem Lichtwesen oder für das immer sehr plastisch geschilderte Erleben eines in sich stimmigen und positive wie negative Aspekte gleichsam beinhaltenden Lebensrückblicks. Schon gar nicht entsteht im Delir ein tiefes Gefühl von Liebe und Geliebtwerden. Ebenso fehlen natürlich spätere Persönlichkeitsveränderungen gänzlich.

Menschen im Delir sind außerdem immer desorientiert und in ihrer Wahrnehmung der Umgebung erheblich beeinträchtigt.

Im Gegensatz dazu ist der NDEler durchweg äußerst präzise orientiert und kann später in aller Regel sämtliche Geschehnisse in seiner Umgebung detailgetreu wiedergeben.

Die späteren Erinnerungen der Deliranten sind dagegen meist nur sehr bruchstückhaft, die des NDElers aber sogar auf Jahrzehnte fast euphorisch genau, und nur sie weisen spirituelle Bestandteile auf.

Auch sind NDEler immer *aktive* Teilnehmer ihres Geschehens; Deliranten dagegen halluzinieren albtraumhaft und alles, was sie 'erleben', läuft ohne rechte eigene Beteiligung völlig *passiv* ab – quasi an ihnen vorbei.

Auch hier gilt einmal mehr, dass *Hypoxie* und *Hyperkapnie* NDEs nicht umfassend erklären können. Zwar spielen sie in der Regel bei realer Todesnähe, nicht aber bei bloßer Todeserwartung eine Rolle.

NDEs in einer solchen Situation lassen sich mit ihrer Hilfe also überhaupt nicht erklären.

Darüber hinaus treten NDEs aber – unbeeindruckt von den reduktionistischen Sichtweisen aller Zweifler – sogar dann auf, wenn im Blut der hiervon Betroffenen *erhöhte* Sauerstoffkonzentrationen vorliegen, obwohl sie sehr nah an der Schwelle des Todes stehen.

Darauf weisen beispielsweise auch die amerikanischen Nah-Todes-forscher *Kenneth Ring* und *Raymond Moody* hin."

"Hast du dafür Beispiele?", ist Martin noch voll konzentriert.

"Der Herzchirurg *Michael Sabom* aus Atlanta/GA hat einige solcher Fälle ausführlich dokumentiert. Zunächst war *Sabom* – wie übrigens auch ich ganz früher einmal – genauso ein Skeptiker und lehnte NDEs als möglicherweise vorprogrammierte, spirituell-religiöse Todesvorbereitungen ab. Später ließ er sich jedoch aufgrund eigener Erfahrungen eines Besseren belehren.

Es begann damit, dass *Sabom* einmal den O_2-Gehalt im Blut eines Patienten zufällig genau in dem Moment maß, als dieser ein eindrucksvolles Nah-Todeserlebnis hatte. Erstaunlicherweise war sein Sauerstoffgehalt deutlich erhöht. Auch wenn NDEs, bzw. einige ihrer Elemente, natürlich häufiger bei Sauerstoffmangelzuständen auftreten, so sind sie doch letztlich völlig unabhängig davon zu sehen.

Das bedeutet, zwischen NDEs und O_2-Mangel gibt es tatsächlich *keinen kausalen* Zusammenhang. Einmal mehr finden wir lediglich das Bild möglicher Korrelationen, also Wechselwirkungen.

Die Schweizer Autorin *Evelyn Elsaesser-Valarino* befragte dazu den Schriftsteller *Monsignore Jean Vernette*. Er ist Delegierter für Sektenfragen und für Probleme neuer religiöser Phänomene des französischen Episkopates sowie Berater des Vatikans. Sie fragte ihn, ob er einen Sauerstoffmangel, Kohlendioxidüberschuss und Halluzinationen im Allgemeinen als brauchbare Einwände gegen die Realexistenz von NDEs gelten lasse und ob sie für ihn möglicherweise sogar tatsächlich eine vernünftige Erklärung für NDEs darstellten. *Vernette* verneinte dies und führte dazu aus: *"Halluzinationen sind Projektionsformen innerer Visionen, Beruhigungen, Bedürfnisse. Nun haben die NDEs nicht den Charakter von Trugbildern, die Hoffnungen und Ängste der Sterbenden ausdrücken. Sie stellen sich dar als 'geordnete' Berichte, die eine spezifische Konsistenz und eine gewisse objektive Dichte haben"*. *Vernette* ergänzt noch, dass *NDEs* auch nur sehr selten religiös gefärbte Aspekte besitzen.[126]

Warum haben nicht alle Menschen NDEs?

"Warum macht denn nur etwa ein Drittel aller Menschen in Todesnähe NDE- Erfahrungen?", sinniert Alexander vor sich hin.

"Ich glaube, jeder macht sie, wenn er stirbt. Nur kann ich auch nicht genau sagen, warum nicht jeder davon erzählt, der klinisch tot war, aber wiederbelebt werden konnte", antworte ich ihm, "aber ich möchte dazu einige Mutmaßungen anstellen."

"Vielleicht sind es ja doch nur Träume?", hakt Martin nach.

"Nein. Ihr wisst natürlich, dass praktisch jeder Mensch sogar mehrmals in jeder Nacht träumt", beginne ich, "aber nur wenige können sich später wenigstens noch an einen seiner Träume

---

[126] E. Elsaesser-Valarino, "Erfahrungen an der Schwelle des Todes – Wissenschaftler äußern sich zur Nah-Todeserfahrung" (1995), siehe Literaturverzeichnis

erinnern. Natürlich wird jeder Mensch an der Schwelle des Todes dereinst eine NDE erleben.

Keiner kann jedoch sagen, wann exakt eine solche NDE während des eigenen Sterbeprozesses und somit in welcher tatsächlichen Todesnähe eintritt. Ich gehe davon aus, dass die meisten Menschen sie erst dann erfahren, wenn der Zeitpunkt zu einer Rückkehr ins diesseitige Leben bereits überschritten ist.

Diejenigen, die eine NDE so früh erleben, dass sie infolge ihrer Rückkehr ins hiesige Leben noch davon erzählen können, sind also wahrscheinlich einfach bloß die Minderheit. Womöglich setzten ihre NDEs als Ankündigung der eingeleiteten endgültigen Trennung zwischen Körper und Geist zu früh ein – so wie manchmal auch Wehen viel zu früh vor der eigentlichen Geburt eines Kindes einsetzen und der Geburtsprozess dann ewig lange dauert.

Wieder andere mögen tatsächlich selbst auch NDEs gehabt haben. Sie erinnern sich aber nicht mehr daran, so wie eben die meisten Träume auch nicht erinnert werden."

"Dann widersprichst du dir aber selber", geht Martin mit mir ins Gericht, "schließlich bist du doch der Meinung, NDEs sind real und keine Schäume – so wie Träume. Dann sollte man sich doch daran erinnern müssen?"

"Nicht immer zwingend", widerspreche ich hier, es gibt genügend Beispiele für reale Geschehnisse, an die man sich dennoch nicht erinnern kann. Denkt nur mal an das Schlafwandeln. Natürlich ist das etwas völlig Reales – da laufen Menschen in der Nacht durch die Gegend und bringen vielleicht sogar sich oder andere in ernste Gefahr – aber sie merken es überhaupt nicht. Erzählt man ihnen nach dem Aufwachen von ihren Ausflügen, so wissen sie nichts davon und können es nicht einmal glauben.

Ein anders Beispiel: Bei Ärzten, die im Krankenhaus häufig und sogar unter sträflicher Missachtung geltender Gesetze leider immer noch sehr lange Tag- und Nachtdienste 'am Stück' schieben müssen, kommt es natürlich schon 'mal vor, dass sie des Nachts von einer Schwester angerufen werden. Die Schwester fragt zum Beispiel, ob sie einem Patienten ein bestimmtes Medikament geben darf – sagen wir mal, gegen hohen Blutdruck oder was sie verabreichen sollen, weil ein Patient Wasser lassen will, aber nicht kann. Der vielleicht aus tiefsten Träumen hochgerissene Arzt trifft am Telefon nun auch eine absolut plausible und richtige Entscheidung; anderntags aber kann er sich an den ganzen Vorgang nicht mehr erinnern.

Das kommt wohl gar nicht so selten vor, und der Betreffende war im Augenblick seiner telefonischen Auskunft ganz bestimmt sogar vollkommen Herr der Lage. Keiner wird nun in diesem Fall bestreiten, dass das nächtliche Gespräch wirklich stattgefunden hat.

Sich nicht an ein reales Geschehen während seines Schlafes erinnern zu können, ist also kein wirkliches Argument dafür, dass es nicht stattgefunden hat. Schließlich haben viele NDEs zweifelsfrei einen traumhaften Charakter, auch wenn sie, wie ich ja bereits erläuterte, keine 'echten' Träume sind. Diese Argumente und die moderne Erkenntnis, dass eine Beteiligung der sog. Schläfenlappen des Gehirns dem Vergessen Vorschub leistet *(Schröter-Kunhardt)*, dürften weitere plausible Hinweise darauf sein, dass eine nur 'Ein-Drittel-Quote' erinnerter NDEs deshalb nicht gegen ihre Realität spricht."

Können außerkörperliche Erlebnisse NDEs beweisen?

"Eines der wichtigsten Argumente der NDE- Befürworter sind ja wohl außerkörperliche Erlebnisse der Betroffenen. Man nennt sie auch Exkursionen oder kurz: OBEs" [127], kommt Alexander nun zu einem weiteren, ganz entscheidenden Aspekt aller NDEs.

"Richtig, und das sind mit die besten 'Beweise', sofern man diesen Begriff überhaupt verwenden will", stimme ich ihm zu.

"Genau das glaube ich aber nicht", spielt er weiter den 'advocatus diaboli'. [128] Zum einen sprachst du mal von einer besonderen Form von Halluzinationen, den 'hauto-sonst-was-Halluzinationen', zum Beispiel auch nach Drogeneinnahme, und zum anderen scheint man OBEs ja sogar im Experiment selbst ohne Drogen, dafür aber durch elektrische Hirnstimulationen provozieren zu können."

"Alles ist korrekt", stimme ich ihm zu, "es kommt eben wieder auf die kleinen aber feinen Unterschiede an:

---

[127] OBE = engl.: **O**ut-of-**B**ody-Experience, zu deutsch: außerkörperliche Erfahrung
[128] lat. wörtlich: "Anwalt des Teufels". Es meint soviel wie Gegenspieler.

Um eine OBE zu haben, muss man nicht dem Tod nahe sein. Ich selbst hatte einmal eine OBE, die nichts mit Todesnähe zu tun hatte, und sie kommen bestimmt häufiger vor, als man glaubt.

Ein guter Bekannter unserer Familie glaubt weder an Gott noch an ein Leben nach dem Tod – schlichtweg an nichts, das man nicht sehen, hören oder anfassen kann. Oft haben wir miteinander darüber diskutiert. Als wir mal bei ihm und seiner Familie zu Hause eingeladen waren – Martin du warst auch dabei – hielt er während einer solchen Diskussion plötzlich inne und erzählte von einem Erlebnis aus seiner Kindheit. Bis zu diesem Gespräch hatte er es komplett verdrängt gehabt und nie jemandem erzählt, nicht einmal seiner Frau, mit der er schon lange verheiratet war – weil es, nach seinen eigenen Worten, *'zugegebenermaßen nicht ins materielle Weltbild hinein passte'*:

Also, er war etwa elf Jahre alt und saß zu Hause in der Badewanne. Plötzlich sah er aus gut einem Meter auf seinen in der Wanne sitzenden Körper hinab. Zweifellos, so schien es ihm, war er nicht mehr in diesem Körper, sondern er schwebte über ihm. Für ihn war es absolut real, als intakte Person und Persönlichkeit über der Wanne zu schweben. Für ihn saß in der Badewanne nur noch sein Körper, praktisch leblos, und dieser hatte mit ihm eigentlich nichts mehr zu tun. Jedes Detail seines Körpers konnte er erkennen und beschreiben. Alles das empfand er damals wie heute, selbst noch nach über 35 Jahren, als vollkommen real.

Um damit den ersten Teil deiner Frage zu beantworten: Dass OBEs auch ohne jede Todesnähe vorkommen, spricht nicht gegen OBEs als integraler Bestandteil wirklicher Todesnähe und auch nicht gegen OBEs als reale Trennung von Geist und Körper.

Wenn es ein Leben nach dem Tod in dem von mir angenommenen Sinn gibt, nämlich dass der Körper irgendwann einfach 'wegstirbt' und der Geist übrig bleibt, dann muss es sinnvollerweise auch biologische Mechanismen geben, die dabei in Aktion treten.

Ein entsprechendes Programm sollte ziemlich komplex sein, da es im Fall des tatsächlich eintretenden Todes sämtliche Bereiche der Persönlichkeit umfasst und sie von der anderen Seite der Medaille, dem Gehirn, trennt...

Grandioses Konzert mit tollem Orchester

...Wie ihr wisst, gibt es im Gehirn keine wirklich relevanten biochemischen Spuren für unsere Emotionen, Erfahrungen oder Bewusstseins- und Gedächtnisinhalte. Natürlich wird eine Reihe dessen, was wir im Laufe des Lebens 'hirnmäßig' erfassen, (auch) im Gehirn verarbeitet und gespeichert. Darüber habe ich ja einiges in meinem Buch 'Das Leben' geschrieben.

Das alles scheint mehr rein physikalisch zu erfolgen – und alles, was wirklich wichtig ist, wird im Falle der endgültigen Trennung von Körper und Geist regelrecht ausgeräumt. Es muss ja 'mitgenommen' werden. Dabei muss ziemlich kräftig in die 'Tasten des Gehirns' gegriffen werden, so dass folglich die vielfältigsten Muster für den Betroffenen sicht- und hörbar werden. Das könnte zum Beispiel erklären, warum bei einigen Experimenten vergleichbar ähnliche Elemente wie bei 'echten' NDEs beobachtet werden können. Immer jedoch werden im Labor nur Teilleistungen provoziert und die sind meist noch von anderer Qualität, z.B. im Detail unvollständig."

"Du meinst also, die 'echte NDE' ist wie ein tolles Konzert", beginnt Martin einen sehr schönen Vergleich zu konstruieren. "Eine Menge Musiker spielt auf vielen verschiedenen Instrumenten eine komplette Symphonie perfekt..."

"...und gezielte experimentelle Provokationen mit was auch immer bedeuten nur, dass einige wenige Musiker spielen, und die vielleicht auch nur ein einziges Instrument. Und obendrein weist die jetzt entstehende Symphonie noch gewaltige Lücken auf oder ist nicht so melodisch und harmonisch, als wenn das komplette Orchester spielen würde...", ergänzt ihn Alexander. Mir scheint es, sie beide hatten soeben ein richtiges 'Aha-Erlebnis'.

"Phantastisch", jubele ich und bin ganz 'aus dem Häuschen'.

Ich beeile mich hinzuzufügen: "Und das ganze Orchester spielt nur dann wirklich schön, wenn auch der passende Dirigent da ist. Der fehlt natürlich, wenn man 'zur Unzeit' nur einzelne Musiker zum Spielen quält...

Das Gehirn, die Schnittstelle zum Geist

Träume und Halluzinationen wird man nun aus einer etwas anderen Sicht angehen müssen: Bei ihnen handelt es sich um eigenständige, 'echte' Leistungen der *Schnittstelle* 'Gehirn': Als Mittler zwischen Körper und Geist ist das Gehirn für die Verarbeitung und die Speicherung von Erfahrungen genauso zuständig wie dafür, von allem sozusagen 'informative Kopien' (Backups) anzulegen und grundsätzlich wichtige Dinge richtig zu kanalisieren und geeignet (z.B. in Richtung Geist) 'passieren' zu lassen. Im Zusammenhang mit NDEs spielen einige Zentren dann vor allem deshalb, weil sie selbst sonst auch einen großen Anteil an allem Emotionalen haben, offenbar eine entscheidende Rolle.

Dazu zählt z.B. wohl das 'limbische System', das u.a. verschiedene Hirnregionen von ganz unterschiedlicher hierarchischer Stellung miteinander verbindet. Daneben gehören dazu die sogenannten Schläfen- oder Temporallappen und ganz besonders das Stirnhirn, das möglicherweise sogar das entscheidende *Portal* für eine Reihe gezielter willentlicher Einflussnahmen des Geistes auf *sein* Gehirn darstellt.

Wir Menschen haben jetzt einmal mehr ein Verständnisproblem. Im modernen Computerzeitalter können wir zwar mittlerweile durchaus etwas mit dem Begriff *'Schnittstelle'* anfangen, viele von uns jedoch bisher nur in der Einzahl; denn *eine* Schnittstelle reicht meist aus, wenn man z.B. über ein Modem mit dem Internet kommuniziert.

Der Geist und *sein* Gehirn sind aber über unzählige *Schnittstellen*, quasi breitbasig, ständig miteinander verbunden. Diese liegen über die Hirnrinde verstreut und müssen tagaus tagein eine ungeheure Vielzahl von Aufgaben wahrnehmen. Träume, die vielleicht infolge von Reparaturen an einigen dieser zahlreichen und komplizierten *Schnittstellen* auftreten, können, müssen aber nicht immer auch gleichzeitig Kontakte zum 'geistigen Internet' herstellen. In der Regel werden sie zunächst einmal Bilder aus dem 'hirneigenen' Gedächtnisspeicher wiedergeben.

Möglicherweise werden diese Szenen durch solche aus dem damit unmittelbar verbundenen, eigenen 'geistigen Intranet' ergänzt."

"Du meinst also, Träume haben meistens Inhalte, die auf dem 'eigenen Mist', ich meine *im* Gehirn gewachsen sind", versucht Martin, meine Rede einfach, prägnant und noch verständlicher wiederzugeben, wobei Alexander sofort hinzufügt:

"Und manchmal schielen sie dabei auch in 'Nachbars Garten', d.h. auf den Geist?".

"Genau – ich bin von Euch begeistert", fahre ich fort, "und ähnlich verhält es sich vermutlich mit Halluzinationen. Auch sie muss man von zwei Seiten betrachten: Einerseits definieren wir sie völlig zu Recht als eine im Allgemeinen krankhaft bedingte Sinnestäuschung. In der Regel sind es also echte Täuschungen, denen bestimmte Krankheiten zugrunde liegen – und zwar Krankheiten des Gehirns, nicht aber Geisteskrankheiten. Oft liegen ihnen Fehler in der Datenübertragung an den Synapsen zugrunde, also den unzähligen Übertragungsstellen zwischen einzelnen Nerven. Dementsprechend können wir sie durch Gabe bestimmter Stoffe, seien es sog. Glückshormone, Rauschmittel und viele andere Substanzen, auslösen. Aber auch hier dürfte gelten: Die Tragweite und 'geistig-emotionale Tiefe' von Halluzinationen lässt sich von außen überhaupt nicht richtig abschätzen. Die meisten von ihnen werden wohl mit solchen Bildern und deren Kombinationen einhergehen, die unserem Gehirn selbst und seinen Speichern entnommen sind.

Manche der Bilder gehen jetzt womöglich einen Schritt weiter und gründen zusätzlich auf Inhalten des allein uns 'gehörenden', persönlichen, nun aber bereits rein 'geistigen Intranets'. Sie sind dann zwar schon aus einer anderen, nämlich geistigen Welt, aber, wie Martin es nannte, immer noch 'auf dem eigenen Mist gewachsen', weil sie allein aus dem persönlichen Intranet projiziert werden. Wieder andere Bilder besitzen schließlich Elemente, die über den 'eigenen Mist' hinausgehen, weil sich in ihnen auch Szenen und Inhalte aus einer über den persönlichen geistigen Bereich hinausgehenden Welt spiegeln.

Sie entstehen dann durch rein geistige Verbindungen mit, wie es Alexander so schön formulierte, 'Nachbars Garten'.

Somit muss der Begriff der Halluzination viel weiter gefasst werden und ist nicht zwangsläufig und immer etwas Krankhaftes.

254

Vielleicht sollten wir deshalb besser unterscheiden zwischen 'echten Halluzinationen' und *'halluzinoiden Realitäten'*." [129]

"Das heißt, es gibt verschiedene OBEs – echte und halbechte?", bringt es Martin auf den Punkt.

"Ja, einmal das und zum anderen gibt es eben auch selbständige OBEs und solche, die wieder Teil eines komplexen Programms sind", bejahe ich.

"Und als Teil eines solchen komplexen, 'kombinierten Hirn-Geist-Programms' gehören sie zur NDE, die so auf die Abnabelung des Geistes vorbereitet?", ergänzt Alexander.

"Genau so kann man das wohl ziemlich treffend formulieren", kommentiere ich seine Frage. "Geist und Körper trennen sich – und dies wird für jeden Betroffenen umso deutlicher und auch realer wahrgenommen, je näher sein Tod tatsächlich rückt.

Tritt der körperliche Tod schließlich ein, bleibt der Geist endgültig getrennt, weil nur er immer weiter existiert. Der Körper stirbt einfach weg, und der Geist bleibt übrig."

OBEs: Echte Exkursionen oder Doppelgängerwahn?

"Was hat es dann mit diesen 'Hauto-dingsbums-Halluzinationen' auf sich?", wiederholt Alexander eine frühere Frage.

"Du meinst (he-)autoskopische Halluzinationen", verbessere ich ihn.[130] "Man kann auch einfach Doppelgängerwahn sagen.

Dabei handelt es sich um ein von den 'echten' Exkursionen oder eben OBEs grundverschiedenes Phänomen, das wieder krankhaft ist. Bei dem hiervon Betroffenen wird sein Körperbild in das eigene Gesichtsfeld projiziert. Sie 'sehen' sich selbst so, wie sie auch jede andere Person sehen, also spiegelbildlich agierend. Bei einer 'echten" OBE agiert man aus seiner neuen Position, die außerhalb des 'ehemaligen' Körpers liegt. Die Betroffenen befinden sich in der

---

[129] Der Begriff einer "halluzinoiden Realität" ist eine Neuschöpfung von mir und steht für Halluziniertes mit realem Erfahrungscharakter, d.h. Halluzinationsähnlichem. Dieser Begriff macht natürlich nur dann Sinn, wenn es eine außerkörperliche, rein geistige Erfahrungswelt gibt. Davon bin ich überzeugt.
[130] griech.: autoskopisch = selbst betrachtend

Regel zunächst an einer Art Aussichtspunkt außerhalb ihres physischen Körpers. Aus dieser Vogelperspektive betrachten sie ihn dann. Bei OBEs bleibt nun also der physische Körper zurück. Nach wie vor ist er aber kompakt, nicht transparent.

Unser Freund, der sich plötzlich von oben in der Badewanne sitzen sah, hatte ziemlich sicher eine 'echte' OBE.

Die Aufmerksamkeit bei einer 'echten' OBE geht also immer vom 'geistigen Körper' aus. Der physische Körper ist in diesem Moment nur noch eine Art leere oder besser, *inaktive* Hülle – zwar kompakt, aber eben ohne Leben.

Bei der halluzinierten Entkörperlichung dagegen geht weiterhin alle Aufmerksamkeit vom physischen Körper aus. Während also bei der 'echten' OBE der 'echte' Körper regungslos zurückbleibt, ahmt der nur spiegelbildlich halluzinierte (Zweit-)Körper sogar die eigenen Bewegungen nach. Solche Phänomene kommen manchmal, aber keineswegs immer, ebenso bei Migräneattacken sowie bei sog. Temporallappen-Epilepsien und bei Schlaganfällen vor."

"Auch 'echte' OBEs?", fragt Martin nach.

"Ja, sowohl als auch", bejahe ich seine Frage. "Man kann sie sogar künstlich hervorrufen, wenn man ganz bestimmte Hirnbereiche, die Schläfen- oder Temporallappen der Hirnrinde stimuliert.

Das machen einige Hirnforscher, weil sie damit glauben, den entscheidenden 'Beweis' dafür antreten zu können, NDEs seien – wie übrigens auch religiöse Grundstimmungen, die dabei genauso provoziert werden können – bloß 'nette Abschiedsgeschenke' unsers Gehirns.

Im kanadischen Ort *Sudbury* steht dem Neuropsychologen *Michael Persinger* eigens hierfür ein komplett ausgerüstetes Hirnlabor zur Verfügung. Wie andere Forscher auch, stimuliert er die Gehirne von Freiwilligen mit Hilfe Dutzender von Hirnelektroden. Auf diese Weise erzeugt er auch NDE-ähnliche Bilder und sogar OBEs."

"Hat er dann nicht doch Recht mit seinen materialistischen Ansichten?", verfällt Alexander wieder in alten Skeptizismus.

"Nein", bleibe ich kompromisslos, "seine Schlussfolgerungen sind einfach falsch: Zum einen haben nicht alle Epileptiker und alle Probanden, denen man die Schläfenlappen stimulierte, OBEs oder religiöse, NDE-ähnliche Erlebnisse. Im Gegenteil, vor allem Temporallappen-Epileptiker haben weitaus häufiger Angstgefühle.

Selbstverständlich gibt es ebenso Gemeinsamkeiten, die es natürlich auch geben muss, wenn meine *Schnittstellentheorie* richtig ist; denn bestimmte Hirnbereiche wirken ja zwangsläufig bei den NDEs mit und müssen es auch tun. Nur kann diese Mitarbeit weder die 'echte' NDE in ihrer Ganzheit, noch ihren wichtigsten Bestandteil, nämlich die 'echte' OBE, umfassend erklären.

Neben den Schläfenlappen in der Großhirnrinde wird noch eine andere, sehr wichtige Struktur für NDEs verantwortlich gemacht: Ich meine das *limbische System*, das einige verschiedene Hirnregionen unterschiedlicher hierarchischer Stellung miteinander verbindet.

Jedoch nicht nur die bei Stimulation von außen weitaus häufigeren Angstgefühle sprechen dagegen. Stimulierte oder krankhafte, d.h. epileptisch bedingte OBEs, gehen *immer* zugleich mit Störungen der Bewegung, sog. motorischen Automatismen, einher und auch die Körperwahrnehmung der Betroffenen ist oft erheblich *gestört*.

Patienten mit 'echten' OBEs haben *niemals* Schmerzen, andere dagegen sehr wohl. Auch haben 'echte' OBE-Patienten *niemals* Krämpfe, sie haben keinen Schwindel und ergießen sich nicht in abrupten Gefühlsausbrüchen *(Schröter-Kunhardt)*.

Ganz besonders wichtig aber ist die Tatsache, dass 'echte' OBE-Betroffene in keinster Weise in ihrer geistigen Leistungsfähigkeit eingeschränkt sind: Im Gegenteil, sie sind immer in geistiger Top-Form und strotzen geradezu vor Bewusstsein und Aufmerksamkeit. Bei NDElern erbringen Geist und Gehirn Höchstleistungen!

Im Fall 'echter' OBEs lassen sich einige Dinge nachweisen, die, wenn man sie nicht über die sehr viel komplizierteren ASW-Theorien der Parapsychologen erklären will, ganz eindeutig wirklich geschehen sein müssen. So sind die Betroffenen 'echter' OBEs nachweislich an verschiedenen Orten gewesen. Sie haben des Öfteren Abläufe und Situationen beschreiben können, die nicht einmal in der Nähe ihres Krankenzimmers oder Unfallortes geschahen. Der zu Unrecht beißend spöttelnde *"Die Zeit"* -Autor *Urs Willmann* meint dazu: *"Die* (Anm. von mir: *amerikanische) Fernsehsendung 'Aktie X' pflegt solche Episoden mit der Erinnerungssequenz an einen roten Schuh auf dem Krankenhausdach, an wehende Laken auf dem darunterliegenden Balkon oder an die Personen im Nebenraum anzureichern: als 'Beweis', dass die außerkörperliche Erfahrung stattgefunden haben muss".*[131] Der Autor wird der Sache deshalb nicht gerecht, weil er es gar nicht will. Solche Anekdoten und Ereignisse mögen zwar hier und da durchaus besonders publikumswirksam für Film, Funk und Fernsehen aufbereitet sein – deshalb sind sie aber nicht zwangsläufig falsch. Viele sind einwandfrei nachweisbar. Der Herzchirurg *Michael Sabom* hat beispielsweise 32 Exkursionserlebnisse, also OBEs, von Patienten untersucht, die wiederbelebt wurden. Er verglich alsdann ihre Schilderungen über die bei ihnen durchgeführten Maßnahmen mit den, wie er es selbst nennt, *'fundierten Vermutungen'*, die eine Kontrollgruppe von 25 medizinisch bewanderten Patienten zu solchen Reanimationen zusammenstellten. *Sabom* konnte dabei nachweisen, dass 23 der 25 Mitglieder der nur vorgebildeten Kontrollgruppe sogar schwerwiegende Fehler bei der exakten Beschreibung der Reanimationsmaßnahmen machten. Alle 'OBE-Rückkehrer' beschrieben dagegen sämtliche Wiederbelebungen ausnahmslos fehlerfrei und vollständig. Im südenglischen *South-hampton General Hospital* läuft z.Zt. eine kontrollierte Studie über NDEs im Rahmen kardiologischer Zwischenfälle. Zweifler, wie der Schotte *Chris Freeman* vom *Royal Hospital Edinburg*, meinen, die von den Betroffenen geschilderten NDEs mögen damit zu erklären sein, dass man schließlich nicht nachweisen könne, sie seien tatsächlich in der Phase 'tiefster geistiger Umnachtung' aufgetreten, sondern vielleicht während der nachfolgenden körperlichen Erholungsphase. Dagegen sprechen natürlich NDEs bei Null-Linien EEGs und solche NDEs, wo Patienten gerade ihre Wiederbelebung in allen Einzelheiten detailgetreu und richtig wiedergeben.

In wiederum anderen Fällen 'echter' OBEs aufgrund von NDEs konnten nachweislich sogar *Blinde* ihre Umgebung detailliert und in allen Einzelheiten, ja sogar farblich absolut korrekt, beschreiben. Niemals sonst wären sie dazu in der Lage gewesen."

"Ich habe gelesen, die Licht- und Tunnelphänomene würden durch die Sehrinde im Gehirn ausgelöst?", hakt Alexander wieder nach.

---

[131] "Die Zeit" (29/1999), "Einmal Hölle und zurück"

"Ja", entgegne ich, "meine Gegenargumente blieben jedoch dieselben, wären sie tatsächlich unmittelbar dafür verantwortlich. Nur, diese Bobachtung hat einen Haken: Entfernt man nämlich die *Schläfenlappen*, so gibt es auch keine experimentell erzeugten Licht- und Tunnelphänomene mehr – weder dann, wenn man die Sehrinde stimuliert, noch dann, wenn man mit Drogen arbeitet, wie z.B. mit LSD[132]. Sonst würde das immer klappen, jetzt aber nicht mehr."

"Aber dann sind Licht- und Tunnelphänomene Hirnprodukte, und man kann sie aus dem 'geistigen' NDE-Schema streichen?", wirft Martin ein.

"Wieso denn?", frage ich zurück. "Du kannst sie nach Entfernung der Schläfenlappen nur nicht mehr im Labor provozieren. Das heißt aber doch nicht, dass sie deshalb von den Schläfenlappen *produziert* würden. Diese Areale haben eben nur etwas mit ihnen zu tun. Ich schätze, dass sie halt maßgeblich daran *beteiligt* sind, diese Erlebnisse richtig zu 'kanalisieren'."

NDEs durch Psychodrogen?

"Papa, du hast mir das Stichwort schon gegeben", ändert Alexander wieder die Richtung unseres Gesprächs. "LSD, eine Droge, ist auch in der Lage, viele dieser Erlebnisse zu provozieren. Andere Stoffe können das offenbar genauso. Kann darin nicht der Schlüssel liegen für eine vom Gehirn produzierte NDE?"

"Nein", antworte ich knapp; denn mittlerweile bin ich längst nicht mehr in der Defensive. "Ich glaube, wir können alle diese Drogen im Grunde genommen in einen Topf werfen – egal, ob es sich dabei um bestimmte Medikamente handelt, wie z.B. Überträgersubstanzen an den Synapsen, um Rauschmittel[133] und sog. Glücksstoffe[134], oder auch um Schlaf- und Narkosemittel. Sie alle sind zweifellos in der

---

[132]LSD = d-Lysergsäure-diäthylamid-tartrat. Ein halbsynthetisches Rauschmittel (Halluzinogen), das zeitweilige Gehirnstörungen mit Halluzinationen hervorruft.

[133]Vor allem Haschisch (Cannabis = indischer Hanf); wird aus dem Harz der ind. Hanfpflanze gewonnen. Die mexikanische Hanf-Variante ist Marihuana.

[134]Besonders "in" sind z.Zt. körpereigene Halluzinogene, wie die "Anandamide", sozusagen ein körpereigenes Haschisch. Übersetzt heißt Anandamid nämlich "innere Glückseligkeit".

Lage, NDE-ähnliche Erlebnisse, bzw. immer wieder nur Teile davon, hervorzurufen. Die Patienten, die in Todesnähe echte NDEs hatten, standen jedoch fast nie unter dem Einfluss solcher Stoffe.

NDEs und Drogen können, müssen sich also nicht bedingen.

Nun könnte man ja einwerfen, dieses Argument gelte nicht für endogen produzierte Substanzen, also körpereigene Stoffe, wie z.B. diese 'Glückshormone': Sie würden eben auch in Todesnähe immer gebildet und wären damit verantwortlich für NDEs. Viele suchen deshalb gerade in ihnen den Schlüssel zu einer plausiblen und umfassenden Erklärung für NDEs.

Nur, auch für sie gilt: alle, auch endogene Halluzinogene, *können* zwar im Prinzip durchaus NDE-ähnliche Effekte hervorrufen, jedoch geschieht dies *tatsächlich* nur selten. Dagegen kommt es bei 'echten' NDEs immer ganz selektiv zu den euch bekannten, NDE-typischen Erlebnissen.

Bei Verabreichung von Halluzinogenen dominieren aber stets die psychotischen, also die krankhaften Wirkungen *(Schröter-Kunhardt)*. Außerdem erkennt der Betroffene immer, dass seine Exkursionen nur Ausflüge in eine Scheinwelt sind. Er ist sich immer bewusst, dass seine Erlebnisse *nicht* real sind. Deshalb spricht man überhaupt besser auch von 'Pseudohalluzinationen'.

Eine Ausnahme davon stellt lediglich die sogenannte 'echte' Depersonalisation[135] dar, im Volksmund auch 'Horrortrip' genannt. Auf dem ersten Blick könnte man sie mit OBEs verwechseln. Doch sagt der Name 'Horrortrip' eigentlich schon ziemlich alles: Ein solches Erlebnis ist emotional immer enorm negativ beladen und, im Gegensatz zu 'echten' OBEs, von Störungen der Körperintegrität und des Körpergefühls gekennzeichnet. Derjenige, der eine 'echte' OBE hat, erlebt sein 'Ich' ja außerhalb des 'echten' Körpers und dazu noch völlig intakt und integer. Solcherlei drogenbedingte Entfremdungen mögen ja vielleicht sogar manch negative NDE (?) erklären, aber auch sie können sicher keine umfassende Erklärung für das Phänomen von NDEs und OBEs bieten.

Zudem gibt es Depersonalisationen überhaupt nicht bei Kindern, wohl aber haben Kinder, wie ihr wisst, NDEs. Am Ende solcher

---

[135] "Entkörperlichung", bzw. "Körperentfremdung"

Rauschtrips ist schließlich alles wie weggeblasen, sofern man nicht obendrein sogar noch in ein richtig tiefes, möglicherweise sogar anhaltend depressives Loch fällt.

Dagegen erfährt der 'echte' NDEler – zumindest um so mehr, je länger seine NDE andauert und je näher er dem Tod tatsächlich ist – ein zutiefst erfüllendes, befriedigendes und aus seiner Sicht absolut *reales* Erlebnis, das er im Allgemeinen sein Leben lang nicht mehr vergisst, und welches dazu seine Persönlichkeit später noch ganz nachhaltig verändert."

Psychologische Erklärungsversuche

"Besonders viele Skeptiker kann man unter den Psychologen finden", kommt Martin nun auf einen anderen Aspekt zu sprechen, "warum eigentlich gerade bei ihnen?"

"Lasst mich mal wieder etwas ketzerisch sein", hole ich ein wenig aus. "In der Psychologie baut man viel auf alten materialistischen Fundamenten – und besonders 'gerne' dort, wo eigentlich gar keine sind. Daran sind ihre 'alten Kämpen' schuld, z.B. *Sigmund Freud*. Schnell hat man auf diese Weise ganze Modell- 'Städte' gezaubert – in Wirklichkeit sind es jedoch nur Haufen von Kartenhäusern."

"Jetzt bis du aber ziemlich böse", greift mich etwas Alexander an, "an ihren Vorstellungen muss doch 'was dran sein?"

"Okay, ich gehe vielleicht ein bisschen weit, aber ich will damit nur manche ihrer zentralen Thesen relativieren", beschwichtige ich ihn. "Tatsächlich kann ich einige ihrer Lehrgebäude überhaupt nicht nachvollziehen. Meiner Ansicht nach sind eine Reihe ihrer Theorien eigentlich immer noch 'Nur-Thesen'. Das heißt, man spricht ihnen einen viel größeren Wahrheitscharakter zu, als sie wohl haben dürften. Im späteren Umgang damit geht diese, in Wirklichkeit sehr wackelige Basis, dann leider völlig unter. Nicht selten nimmt man solche Thesen dann noch zur Beweisführung, was viele Probleme wieder nur größer macht, als sie ohnehin schon sind.

Deshalb verglich ich sie eben gehässig mit Kartenhausstädten. Was nun NDEs betrifft, so sollen es, nach psychologischer Auffassung, mal 'Wunschbilder' sein, mal sind es 'Archetypen eines kollektiven

Unbewussten' und ein weiteres mal 'Rückerinnerungen in früheste Kindheitsstadien'. Darüber hinaus hält man dafür noch eine 'psychodynamische Erklärung' bereit und die Parapsychologen philosophieren über möglicherweise vom menschlichen Gehirn *produzierte* ASW-Wellen eines (natürlich) noch nicht gefundenen ASW-Organs, das sie *in* der rechten Hirnhälfte vermuten.[136]
Wie ihr seht, sind sie zumindest ziemlich umtriebig."
"Höre ich da ein wenig Zynismus heraus?", lächelt Alexander.
"Ein klitzekleines bisschen...", antworte ich, sichtlich ertappt.
"Zu den 'Wunschbildern' hast du ja schon am Anfang unserer Diskussion 'was gesagt", greift Martin wieder ein, "oder möchtest du noch 'was hinzufügen?"
"Ja, zum Beispiel was die Begegnung mit Verstorbenen angeht", fange ich an, "einige Psychologen halten dies für eine 'infantile Wunscherfüllung'. Dass auch areligiöse Menschen NDEs hätten, denen ja jeder Gedanke an ein Leben nach dem Tod fehlen sollte, wird damit begründet, sie würden in ihrem tiefsten Innern trotz ihrer nach außen getragenen Abneigung dagegen dennoch religiöse Tendenzen besitzen, die sie nur verdrängten.
Wären NDEs aber bloß Wunschbilder, so gäbe es bestimmt keine negativen NDEs. Auch der Lebensrückblick, den viele NDEler ganz real erleben, zeigt ja immer positive wie negative Lebensmomente nebeneinander. Auch schlimme Taten und Gedanken werden sogar intensiv nacherlebt, und ihre Auswirkungen werden jetzt komplett mitgefühlt. Es ist, wie ich meine, völlig unsinnig anzunehmen, reines Wunschdenken würde solch negative Situationen zulassen.
Außerdem machten Wunschbilder vielleicht Sinn, wenn z.B. ein Mensch schwerkrank ist und er bewusst erlebt, wie er mit großen Schritten auf den Tod zusteuert. Doch sehr viele NDEs werden gerade von Menschen berichtet, die ganz plötzlich, z.B. bei Unfällen, fast zu Tode gekommen wären. In diesen Fällen hätten die Betroffenen gar keine Zeit mehr für Wünsche gehabt.
Einen in meinen Augen glasklaren Dämpfer für diese These versetzen *Elisabeth Kübler-Ross*, *Raymond Moody*, *Kenneth Ring* und andere, die enorm viele NDEs gesammelt und ausgewertet haben:

---

[136] ASW = Außersinnliche Wahrnehmung

Befragt man gesunde wie kranke kleine Kinder, *wen* sie sich denn an ihrer Seite wünschten, so antworten z.B. nach *Kübler-Ross* 99% aller Kinder, sie wären am liebsten mit Mutter und/oder Vater zusammen. Auch wenn diese Umfrage in den USA durchgeführt wurde – in anderen Ländern der Erde dürfte das Ergebnis kaum anders ausfallen. Wären nun NDEs von schwerkranken Kindern bloße Wunschbilder, so hätte man für sie sicher ein ähnliches Ergebnis erwarten müssen. Doch die Wirklichkeit ist ganz anders.

Elisabeth Kübler-Ross schreibt dazu: '*... nicht eines von all diesen Kindern (...) sagte darüber aus, dass es bei seinem Scheintoderlebnis seine Mutter oder seinen Vater gesehen hätte, da diese ja noch lebten*".

Für andere Aspekte einer NDE haben Psychologen dann so fragwürdige Erklärungen wie: 'Begegnung mit Dämonen als Konfrontation mit ihren triebhaften Es-Anteilen', oder etwa 'Ausgleich unerfüllter Defizite'. Damit übrigens sollen die fast ausnahmslos von sehr tiefen Gefühlen begleiteten und lebenslang anhaltenden Persönlichkeitsveränderungen ausreichend erklärt werden können." [137]

"Du kannst damit wohl nicht viel anfangen?", sieht Martin meine harschen Zweifel im Gesicht geschrieben.

"Genau", antworte ich ihm sogar ratlos, "ich glaube, hier kann nur einmal mehr etwas nicht wahr sein, das nach Meinung vieler nicht wahr sein darf."

"Wie meinst du das?", fragt Alexander nach.

"Nun, viele versuchen auf Biegen und Brechen jede Metaphysik aus dieser Welt herauszudiskutieren", beantworte ich ihm seine Frage, "und sie merken dabei überhaupt nicht, dass sie damit nicht nur immer wieder gegen wohl uralte Menschheitserfahrungen, die es seit Anbeginn menschlicher Existenz gibt, sondern auch gegen jede Intuition, gegen alle Religionen – ja eigentlich sogar gegen alle Menschen und letztlich auch gegen ihr eigenes innerstes Selbst – ankämpfen. Am Ende sind sie selbst vermutlich die Frustriertesten überhaupt, weil sie dem Pessimismus unterliegen. Erinnert ihr euch an die Wette des großen Franzosen *Blaise Pascal*, mit der ich mich im

---

[137]zitiert nach Michael Schröter-Kunhardt von Ehrenwald, 1981, Gabbard und Twemlow, 1984. In Knoblauch, H. et al, "Todesnähe..." (1999), vgl. Literaturverzeichnis.

18. Kapitel von Teil 1 befasst habe? Hätte der Pessimist, also der, dem ein Überleben des eigenen Todes fremd ist, Recht – was ich voller Überzeugung bezweifle – er würde es niemals erfahren. Darauf zu wetten, ist deshalb schlichtweg Blödsinn!
Allein dieses Quäntchen Logik würde mich mein Leben lang schon vom Lager der Pessimisten fernhalten."
"Aber das reicht als Argument natürlich nicht, du wirst noch ein wenig auch auf solche psychologischen Theorien eingehen müssen", mahnt Alexander.
"Okay, dann mal weiter", raffe ich mich wieder auf. "Also, nach der sog. 'psychodynamischen Erklärung' soll sich ein Mensch von allen Gedanken an seine Zukunft 'fernhalten', wenn er merkt, dass er vom Tod unmittelbar bedroht ist und keine Möglichkeit mehr sieht, dagegen anzukämpfen.
Automatisch soll er sich dann seiner Vergangenheit zuwenden. Nur indem er sich passiv verhalte, könne er sein eigenes Schicksal schließlich annehmen. Damit versetzt er sich selbst dann in einen Zustand von Freude und macht sich seine eigene Lage erträglich."
"Ist doch schön, vielleicht geht mir das mal in der Schule auch so, wenn ich eine Klausur schreiben muss und ich nicht weiß, was ich schreiben soll", amüsiert sich Martin.
"Ich wünsche es dir", gehe ich nur am Rande darauf ein. "Auf diese Vorstellung angesprochen hat der renommierte Psychologe und Erforscher von Nah-Todeserlebnissen, der Amerikaner *Kenneth Ring*, das unmissverständlich knapp mit *'Unsinn'* kommentiert.[138]
Kenneth Ring ergänzt, dass alle pyschodynamischen Erklärungen 'unzureichend' und nicht einmal als Teilerklärungen brauchbar seien. Darüber hinaus würden sie alles sehr *'verzerren'*. Wie ich dies auch schon für andere Deutungen von NDEs angeführt habe, so klammern sämtliche psychodynamischen Erklärungen ebenfalls alle die Teile von NDEs vorausschauend aus, die ihr nicht ins Bild passen. Dazu gehört vor allem natürlich der Lebensfilm, der, wie ich euch schon sagte, ja keineswegs nur angenehme Dinge des Lebens beleuchtet.

---

[138] In einem Interview mit Evelyn Elsaesser-Valarino, s. Literaturverzeichnis.

Zu ergänzen ist, dass in diesem Lebensfilm manchmal sogar Szenen vorkommen, die auf gewisse *mögliche* Entwicklungen und Situationen in der eigenen Zukunft hinweisen. Für den hiervon Betroffenen dürfte zu diesem Zeitpunkt sicher bereits feststehen, dass 'seine Zeit zu sterben noch nicht gekommen' ist, und er ins 'diesseitige Leben' zurückkehren muss. Mit dieser 'Vorschau' werden ihm nämlich häufig solche Perspektiven gezeigt, die ihn emotional zu der von ihm noch soeben meist strikt abgelehnten Rückkehr bewegen sollen – zum Beispiel, wie es seiner Familie ohne ihn ergehen *könnte*.

Allein die Tatsache, dass sich viele vehement gegen eine Rückkehr in den eigenen Körper wehren, spricht natürlich schon dagegen, dass sie eine NDE halluzinieren sollen, weil sie vor dem Tod flüchten und sich dann dem eigenen Lebensverlauf in einer Rückschau zuwenden. Dies würde einfach keinen Sinn machen.

Schröter-Kunhardt wendet sich dagegen, dass Psychoanalytiker den aus einer NDE ableitbaren *'Wunsch'* oder sogar *'Trieb nach Unsterblichkeit'* als *'Leugnung des Todes'* bezeichnen. Beispielhaft meint er dazu, dann müsste man auch *'die Sehnsucht nach Liebe eine Leugnung der Lieblosigkeit nennen'*.

Er hat natürlich Recht, wenn er weiter sagt, es wäre *'da doch viel sinnvoller und dem menschlichen Wesen näher, Lieblosigkeit als Verdrängung der Liebe bzw. der Liebesfähigkeit zu bezeichnen''*.

"Und was hat es mit den Archetypen auf sich?", erinnert mich Martin daran, dass noch weitere psychologische Vorstellungen zu diskutieren seien.

"Unter *Archetypen* versteht man vorgeformte ursprüngliche Muster oder Bilder...", beginne ich mit meiner Antwort, "...die nach den Vorstellungen des Schweizer Tiefenpsychologen *Carl Gustav Jung* wie Steinchen eines riesigen Mosaiks zu verstehen sind. Richtig zusammengesetzt ergeben sie das sog. *'kollektive Unbewusste'*.

Die Mosaiksteinchen wiederum entsprechen den unzähligen einzelnen Informationen und schöpferischen Erfahrungen, die die ganze Menschheit im Laufe ihrer Geschichte gesammelt hat und weiter sammelt. Sie alle liegen in einem unbekannten, aber *realen* immateriellen Speicher vor, zu dem generell jedermann Zugriff hat..."

"Das ist doch so ähnlich, wie du auch sagst", unterbricht mich Alexander, "also eine Art geistige Welt."

"Insoweit stimmen Jung und ich sicher überein", gebe ich zu, "und er liegt damit praktisch auch auf einer Linie mit *Karl Popper*, dem österreichischen Philosophen, den ich schon des Öfteren in meinen Büchern erwähnt habe. Ebenso wie Popper, so vermeidet auch Jung den aber aus meiner Sicht letztlich ganz entscheidenden Schritt hin zu einer geistigen Welt, die auch die Informationen alles Seins voll und ganz beinhaltet und dort selbst Platz für subjektives Erleben lässt.

Für sie ist der menschliche Geist selbst nicht ewig existent, sondern nur, ganz 'anonym', alle seine Erfahrungen und Ideen. Damit glauben sie natürlich auch nicht an ein Leben nach dem Tod, was sich nahtlos in den ihren damaligen Zeitgeist einreiht. *Jungs* Speicher ist vielleicht vergleichbar mit der aus der indischen Philosophie übernommenen *Akasha-Chronik*. Alles, was nicht dem eigenen Erlebniskreis unmittelbar zugeordnet werden kann, z.B. ein Traum sonderbaren rituellen oder religiösen Inhalts, kann nach *Jung* ein Archetyp sein. Die Jungianer, Nachfolger des Schweizer Psychiaters, sehen jetzt auch in NDEs Zugriffe auf das kollektive Unbewusste, indem sich darin Archetypen spiegeln.

Jung selbst hat sich dann später, aufgrund eines eigenen Nah-Todeserlebnisses im Jahr 1944, noch eines anderen besonnen.

Dies zeigt z.B. der Brief, aus dem ich schon für die erste Seite dieser Diskussion zitiert habe. Ich will aus Jungs Brief an dieser Stelle noch ein wenig weiter zitieren: '... *Früher oder später werden alle Toten zu dem, was wir auch sind. Um dieses Wesen wissen wir aber in dieser Wirklichkeit wenig oder nichts, und was werden wir jenseits des Todes noch von der Erde wissen? Die Auflösung unserer zeitbedingten Form in der Ewigkeit ist kein Verlust an Sinn. Vielmehr lernt der Finger seine Zugehörigkeit zur Hand zu erkennen*'.

Einer der Pioniere von NDEs, der Amerikaner *Moody*, weist darauf hin, dass die Jung'sche Theorie der Projektion eines 'kollektiven Unbewussten' schon deshalb NDEs nicht erklären könne, weil sie OBEs nicht erklären könne. OBEs sind aber ein ganz wesentlicher Bestandteil aller NDEs. Und jede Theorie, die in diesem Punkt versagt, ist für *Moody* schlichtweg '*wertlos*'."

Was ist mit parapsychologischen Erklärungen?

"Was bleibt noch übrig?", fragt Martin in die Runde.

"Ich weiß", setzt Alexander nach, "wir müssen noch über die Vorstellungen der Parapsychologen sprechen."

"Gut", gebe ich ihm Recht, "ich will kurz auf sie eingehen. Zunächst noch 'mal ein paar wiederholende Vorbemerkungen:

Die Parapsychologie übt sich in der Erforschung sogenannter PSI-Phänomene, also zwar durchaus belegbarer, jedoch wissenschaftlich unerklärlicher Begebenheiten. Früher gehörte die Mehrzahl der Parapsychologen zu den *Spiritisten*, die paranormale Phänomene auf die besondere Mitwirkung geistiger Existenzen, z.B. auf die der Seelen Verstorbener, zurückführen. Mehrheitlich anderer Ansicht sind heute die *Animisten*. Sie nehmen zunächst alle bislang bekannten naturwissenschaftlichen Lehren als gegebene Erkenntnisse an. Natürlich gehen sie nun davon aus, dass diese in Zukunft noch weiter ausbaufähig sein müssen, um so irgendwann einmal plausible, aber letztlich rein 'neu-physikalische' Erklärungen paranormaler Begebenheiten zulassen zu können.

Für alle PSI-Phänomene machen sie eine bislang noch nicht nachgewiesene Fähigkeit des für sie an das Gehirn gebundenen Geistes verantwortlich. Irgendwo in jedem Gehirn müsse es eine Produktionsstätte sogenannter *ASW-Wellen* geben. ASW bedeutet außersinnliche Wahrnehmung. Den dafür zuständigen, aber noch nicht entdeckten Ort im Gehirn nennen sie ASW-Organ.

Die animistische Mehrheit der Parapsychologen unterscheidet drei wichtige Formen von ASW:

1) die Telepathie, bei der subjektive Informationen von anderen Personen auch über große Entfernungen eingeholt oder ihnen gesendet werden können. Telepathie heißt auch Gedankenlesen.

2) die Psychokinese, auch Telekinese genannt. Darunter versteht man die unmittelbare Beeinflussung der Umgebung oder diverser materieller Abläufe durch bloße (hirngebundene) Gedankenkraft, wobei auch Gegenstände transportiert werden können.

3) das Hellsehen, worunter man das Einholen von objektiven Informationen über materielle Dinge versteht, selbst wenn diese sich in undurchsichtigen Behältern befinden.

ASW-Wellen, ausgesendet vom ASW-Organ des Gehirns, nehmen, so der animistisch denkende Parapsychologe, mit Hilfe der zur Verfügung stehenden drei genannten Möglichkeiten Informationen aus ihrer Umgebung auf. Der hirngebundene Geist setzt daraus dann das entsprechende PSI-Erlebnis zusammen.

Ein Beispiel: Ein Mensch erzählt, er habe während einer NDE eine OBE gehabt. Er sagt, er könne beschreiben, wie die zu ihm eilende Krankenschwester aussah und gekleidet war oder was der Doktor bei seinen Wiederbelebungsversuchen so alles gesagt hat. Weiter gibt er an, er habe dies alles aus einer Vogelperspektive genau sehen können. Als Geistwesen sei er zwischendurch 'mal durch Wände in den Nebenraum gegangen und habe dort im Fernsehen eines anderen Kranken gesehen, wie der Torwart bei einem Fußballspiel einen Foulelfmeter gehalten hat. Weiter erzählt er, dieser andere Kranke sei daraufhin so stark vor Freude im Bett herumgehüpft, dass er am Ende aus dem Bett fiel und mit einem Knochenbruch behandelt werden musste.

Der Spiritist würde jetzt sagen, okay, der Betroffene hat eine 'echte' OBE gehabt, d.h. sein Geist habe sich vom Körper getrennt und alles tatsächlich so erlebt wie von ihm beschrieben.

Der Animist argumentiert dagegen ganz anders: Der 'fast Tote' habe – vielleicht ja sogar trotz Nulllinie im EEG und leblos auf einer Bahre dahindämmernd – *telepathischen* Kontakt mit dem Arzt aufgenommen und dessen Gedanken und Worte 'angezapft'.

Durch *Hellsehen* habe er das Aussehen der Krankenschwester z.B. mit allen Einzelheiten über ihre Kleidung 'erfahren'. Mit Hilfe von ASW-Wellen habe er sich aus der Vogelperspektive selbst sehen können. Auf diese Weise sei es ihm auch möglich gewesen, einen 'Blick' in das andere Krankenzimmer zu werfen, um dort, wieder durch *Hellsehen*, das Fußballspiel im Fernsehen zu verfolgen.

Schließlich formt er aus seinen Eindrücken die Vorstellung, er habe wirklich eine solche Exkursion gehabt. Tatsächlich aber ist er nur einer Sinnestäuschung aufgesessen. Den dafür zuständigen 'siebten' Sinn vermittelt ihm sein (noch unentdecktes) ASW-Organ. –

Für diese Vorstellungen gibt es bislang jedoch keine Beweise."

"Für deine aber auch nicht", schaut mich Martin irgendwie seltsam fasziniert an.

Vergleichende Diskussion meiner Vorstellungen

"Das ist richtig, nur glaube ich, meine Vorstellungen sind plausibler und vernünftiger. Dies versuche ich damit zu untermauern, dass ich sie immer in einem alternativen Gesamtzusammenhang betrachte und Gemeinsamkeiten suche. Analysiert man alle hier beteiligten Wissenschaften, mit denen ich mich nicht zuletzt auch in den drei Bänden meiner letzten Buchreihe auseinandergesetzt habe, und setzt ihre Ergebnisse in einen fachübergreifenden, gemeinsamen Kontext, dann scheinen mir meine Überzeugungen viel wahrscheinlicher und obendrein eben auch vernünftiger.

Ich möchte mich hier aber auch klar von den Spiritisten abgrenzen: Für sie sind Geist und Körper zwei völlig verschiedene, praktisch autonome Lebensformen. Der Geist könne in einen Körper ein und aus diesem – spätestens mit dessen Tod – wieder auskehren.

"Der Tod versetzt uns wieder in den Zustand der Ruhe, in dem wir uns befanden, ehe wir geboren wurden. Bedauert jemand die Gestorbenen, so muss er auch die Ungeborenen bedauern", das schrieb einst der römische Philosoph *Lucius Seneca.*

Dagegen ist für mich der Geist in gewisser Weise schon *auch* ein Produkt jeder körperlichen Entwicklung: Jeder Geist nimmt also erst mit dem Entstehen eines Körpers seinen Anfang. Das liegt, so meine ich, an der grundsätzlichen Fähigkeit *lebender* Körper, mit einem die ganze Welt umfassenden und alles durchdringenden geistigen Feld zu kommunizieren, bzw. besser: zu interagieren.

Erst durch die ständigen Interaktionen zwischen den lebenden körperlichen Existenzen und diesem geistigen Feld entwickelt und differenziert sich allmählich ein persönlicher Geist.

Jeder einzelne Geist wird so ein für sich abgegrenzter Teil eines weltumfassenden und alles durchdringenden geistigen Internets. Jeder einzelne Geist ist ein selbständiger Teil des großen Ganzen.

Der differenzierte einzelne Geist ist am ehesten vergleichbar mit dem heute bekannten Intranet. Da das geistige Feld als sich immer stärker differenzierende Informationswelt unendlich groß ist, liegt dort alles wesentlich komplexer, ja durch und durch plastisch in höchstmöglicher Perfektion vor. Alles ist subjektiv erfahrbar.

Jeder menschliche Geist besitzt in diesem 'Jenseits' nicht nur alle Attribute seiner früheren, 'im Diesseits lebenden' Persönlichkeit, sondern auch alle Informationen seiner früheren Körperlichkeit – quasi durch alle Schichten und Fasern hindurch.

Dies nenne ich dann einen ausdifferenzierten Teil des Ganzen.

Hier liegt meines Erachtens der Schlüssel für das intuitiv religiöse Wissen, alles gehöre zusammen und sei selbst ein sinnvoller Teil eines höheren Ganzen, u.s.w.

Zwar hat der Geist – objektiv betrachtet – nicht die geringste Spur von materiellem Dasein, jedoch ist dies – genauso objektiv betrachtet – damit kaum weniger als das, was schon das Materielle selbst ausmacht. Darauf habe ich ebenfalls bereits in meinen früheren Büchern immer wieder hingewiesen:

Denn alle Materie setzt sich aus einzelnen Atomen zusammen. Jedes Atom für sich ist wiederum nur ein klitzekleines, 'scheinbares Klümpchen', das wir hochtrabend 'Masse' nennen. In Wirklichkeit ist es jedoch mehr ein vergleichsweise kilometergroßes Feld größter Leere: Zum Beispiel besteht der Kern des Wasserstoffatoms, dem Vater (oder der Mutter) aller Atome, nur aus einem Proton und seine Hülle nur aus einem Elektron. Und selbst diese beiden Kernstückchen sind letztlich bloß "eingefrorene Energie" (nach *Albert Einstein*), also etwas grundsätzlich Flüchtiges.

Denkt man sich das Proton nun etwa kirschkerngroß, dann ist das Elektron nur Bruchteile eines Millimeters groß und fliegt um seinen Kern in einem Abstand von gut einem Kilometer. Und zwischen diesem Hauch von Nichts ist ansonsten tatsächlich nur Nichts. Materie ist in Wirklichkeit zu 99,99% absolute Leere! Trotzdem halten wir sie für eine feste, schwer durchdringbare Substanz (und wir *erfahren* es ja so auch tagtäglich).

Für uns, die wir aus genau denselben Bausteinen aufgebaut sind, kann es natürlich gar nicht anders sein. Aber in Wahrheit ist selbst jede Masse bloß Schein!"

"Würdest du dann sagen, Materie ist nicht realer als die OBE, die ein NDEler erlebt?", sinniert Alexander.

"Ich würde es anders formulieren", antworte ich und denke dabei langsam zugleich an das Ende unserer Diskussion, "Materie ist *genauso* real wie die OBE, die ein NDEler erlebt, und *genauso* real, wie seine ganze NDE ist.

Als 'echtes' Erlebnis bereiten sie uns im Fall der Todesnähe auf unser eigenes Überleben des Todes vor und sind, je nach zeitlichem Abstand vom endgültigen Tod, bereits der erste Abschnitt dieses Überlebens in einer geistigen Welt."

"Das ist eigentlich ein schönes Schlusswort", meint Martin und auch Alexander und ich nicken uns an.

Teil 3:

Niemand stirbt endgültig – Nachwort

"Den Tod fürchten, Ihr Männer, ist nichts anderes,
als sich weise dünken und es doch nicht sein;
denn es heißt, sich ein Wissen einzubilden,
das man nicht hat."
Sokrates ($69-399 v.Chr.) in: Platon, Verteidigungsrede des Sokrates

"Nachdenken über den Tod und Unbeständigkeit führt auch dazu,
dass wir uns nicht ausschließlich mit oberflächlichen Dingen befassen,
die sich nur um dieses Leben drehen.
Der Tod kommt bestimmt.
Tenzin Gyatso, der XIV. Dalai Lama (*1935)

"Der individuelle menschliche Geist lebt nach unseren hiesigen
Daseinsbegriffen ewig. Seine Existenz ist eine einzige, unermesslich
lange Schulzeit. Zu seinen Aufgaben gehören das Lernen von Liebe,
Güte und das Verstehen des Ganzen. ... Der in unseren Augen
physische Tod bedeutet nur das Ende der Grundschule. Es liegt in des
Geistes Hand, auf eine höhere Schule zu wechseln."
Von mir: Auszug aus einem Nachruf zum Tod meines Vaters (1996)

In Presseberichten über meine Arbeiten wurde schon mal geäußert, ich könne ein Überleben des körperlichen Todes beweisen.

Natürlich kann ich das nicht. Keiner könnte es, genausowenig wie keiner in der Lage ist zu beweisen, mit dem Tod sei alles aus!

Es ist jedoch ein Zeichen unserer Zeit, dass nur demjenigen, der sich durch Intuition, durch eigene Erfahrungen, religiös motiviert oder nach gründlicher Prüfung aller Argumente *für* den Glauben an das Überleben des eigenen körperlichen Todes entscheidet, dafür die Last des Beweises auferlegt und ein solcher erwartet wird.

Das zentrale Thema meiner letzten fünf Bücher ist der Tod.

Schon seit langem bin ich davon überzeugt, dass der menschliche Geist das, was wir den Tod nennen, mit allen denkbaren Attributen und Informationen von seinem Körper, seiner Persönlichkeit, seiner unermesslichen Gedanken- und Gefühlswelt absolut integer und vollkommen bewusst überlebt und damit nach unseren diesseitigen Vorstellungen ewig weiterlebt.

Natürlich steht meine These damit im krassen Widerspruch zu den Lehren unserer modernen Naturwissenschaften.

Deshalb hielt ich es zunächst für erforderlich, sehr weit auszuholen und die derzeit maßgeblichen naturwissenschaftlichen Vorstellungen über "Gott und die Welt" einer kritischen Prüfung zu unterziehen.

Bereits vor langer Zeit wurde mir klar, dass eine Vielzahl heutiger Lehrmeinungen keineswegs auf wirklichen Erkenntnissen beruht, sondern sehr häufig infolge von Interpretationen tatsächlicher Beobachtungen und Messungen stark subjektiv eingefärbt ist.

Interpretationen sind aber immer auch Meinungen. Zu jeder These ist daher genauso eine plausible Gegenthese möglich.

Insofern sind alle gängigen Lehrmeinungen und Weltmodelle stets ein Produkt aus Wissensstand, Glauben und Zeitgeist der beteiligten Forscher und der Forschung.

Jede neue naturwissenschaftliche Theorie muss selbstverständlich mit den laufenden Beobachtungen harmonieren. Nur sollten sie aber auch *fachübergreifend* zusammenpassen; denn ganz gewiss ist unsere Welt aus einem Guss.

Sämtliche Phänomene und Gesetzmäßigkeiten dieser Welt müssen deshalb immer denselben Prinzipien folgen und gehorchen.

Aus dieser Perspektive, so scheint es mir, kann unsere Welt nicht so sein, wie sie von vielen heute, und wie ich meine, bereits allzu vorschnell und gerne sogar abschließend beschrieben wird.

Selbst in ganz entscheidenden, ja geradezu fundamentalen Punkten dürfte unsere Welt eher ganz anders sein, als es derzeit mehrheitlich angenommen und so erfolgreich publikumswirksam über alle modernen Medien verbreitet wird.

Es scheint, dass uns zunächst die Mathematik mit ganz einfacher Geometrie sowie mit der unendlichen Folge der Ordnungszahlen und ihrer Kehrwerte den richtigen Weg weist. Auch später noch, bei allen weiteren Überlegungen, bleibt sie eine überall erkennbare, wertvolle Orientierungshilfe.

Mathematik ist ganz offensichtlich ein entscheidender Schlüssel zur Wahrheit. Mit ihr gelangt man schnell zu der sicheren Erkenntnis, dass *nichts* in der Welt aus dem NICHTS entstehen konnte, sondern sich alles, was "IST", aus dem für uns völlig Unbeschreiblichen, das wir hier "GOTT" nennen, entwickeln musste.

Genauso ist es die Mathematik, die nahe legt, dass es ohne jeden Zweifel eine allumfassende geistige Welt geben muss, der von Anfang an alles das angehört, was unser Universum und jede Evolution, nach offenbar festen Regeln und in sehr engen Grenzen, dezent im Hintergrund steuert. Und nicht nur das, die Mathematik selbst ist ein wesentliches Steuerelement.

Aus dieser allumfassenden geistigen Welt und zugleich mit ihr entsteht unser materielles Universum, die Welt alles Körperlichen, der auch wir Menschen in gleicher Weise angehören.

Alles, was dieser materielle Kosmos im Laufe seiner Existenz über schier unermessliche Zeiträume hervorbringt, dient schließlich dazu, zu einer immer größeren geistigen Vielfalt und darüber hinaus zu einer immer höheren geistigen Differenzierung zu gelangen. Durch quantitatives und qualitatives Wachstum will und soll der irgendwann 'mal "frühkindliche" Geist schließlich "erwachsen" werden und zu sich selbst zurückkehren: Als er dereinst dazu loszog, war er noch "nackt", vergleichbar mit einem Samenkorn. Sein Ziel ist es, sich über maximale Vielfalt und jeweils größtmögliche

Perfektion überall zu vervollkommnen. Es scheint, als entstünde mit allem Leben dieser Welt ein "neuer Gott".

Nur einige wenige Grundregeln bestimmen jedes Weiterkommen, allen voran das *"Gesetz von Symmetrie und Polarität"*:

Es manifestiert sich in der Schöpfung von Materie aus Geist. Damit teilt sich die Welt in zwei reale, symmetrische, zugleich aber auch gegensätzliche Existenzebenen, wovon die eine die andere bedingt: Alles Materielle entsteht aus Geist und kehrt irgendwann zum Geist zurück. Die nach meiner Auffassung schönste und treffendste Darstellung für diese sich gegenseitig bedingende Symmetrie und Polarität, findet sich im "Yin und Yang-Symbol" der chinesischen Philosophie.

Wo immer sich Materie bildet, gilt dieses Gesetz. Alles Materielle in der Welt hat also noch eine zweite, eine geistige Seite. Sie entspricht der simplen Information des "SEINs", und jedes noch so kleine Atom besitzt und verbreitet sie. Folglich ergibt sich für komplexe Materie auch ein komplexes Informationsmuster ihrer Existenz.

Zu seiner rein materiellen, inneren Seite hin, ist jeder "Körper" zwar theoretisch unendlich teilbar, aber eben nur auf einem begrenzten Raum. Dem entspricht in der Mathematik die unendliche Folge der Kehrwerte aller Ordnungszahlen zwischen 1 und Null.

Zu seiner geistigen, äußeren Seite hin, "strahlt" jeder beliebige materielle "Körper" sein spezifisches Informationsmuster ab:

Dabei dehnt es sich unendlich und unbegrenzt in Ewigkeit aus. Dieser Tatsache trägt die unendliche und unbegrenzte Folge aller Ordnungszahlen Rechnung.

Die äußere Hülle eines jeden dreidimensionalen endlichen Körpers in dieser Welt ist somit eine *Schnittstelle* zwischen seinem materiellen Inneren und dem geistigen Äußeren seiner Existenz.

Diese universale Dreiheit habe ich das *"Universalgesetz der dreifachen Einheit"* genannt.[139]

Aus dem Vorhergesagten ergibt sich folgende, ganz entscheidende Schlussfolgerung:

---

[139] Erstmals in meinem Buch: "Plädoyer für ein Leben nach dem Tod und eine etwas andere Sicht der Welt (1999), siehe Literaturverzeichnis.

Das von uns wahrgenommene materielle Universum ist geradezu voll von *Schnittstellen*, die zwischen den jeweils materiellen und geistigen Seiten jeder Existenz liegen. Sie besitzen damit alle selbst Aspekte beider Seiten, womit sie in wachsendem Maße zwischen den beiden Seiten vermitteln können.

Die kleinste geometrische Figur ist der Kreis. Völlig egal, wie klein wir uns einen Punkt denken, solange er nur endlich ist, handelt es sich immer um einen Kreis.

Die Mathematiker früherer Jahrtausende verzweifelten fast daran, dass jeder Kreis geometrisch zwar eindeutig endlich ist, nicht aber, wenn wir ihn arithmetisch, also in Zahlen darstellen: Dann nämlich offenbart sich in ihm ein unendliches Mysterium, die Zahl π. /[140]

Nicht mit allen Computern der Welt und in alle Ewigkeit würden wir es schaffen, das Geheimnis dieser unendlichen Zahl zu lösen: Sie besitzt keine Gesetzmäßigkeit. Einige Milliarden Stellen hinter dem Komma hat man schon berechnet. Doch es bleibt ein müßiges Unterfangen derer, die den Charakter unserer Welt nicht erkennen wollen – oder pure Lust am Frust haben.

Der Kreis ist die geometrische *Schnittstelle* zwischen den beiden Welten "Geist und Materie". Über die Spiegelung von Flächen entsteht mit seiner Hilfe die Kugel als kleinster endlicher Körper.[141]

Eine weitere *Schnittstelle* findet sich in der Arithmetik, der Welt der Zahlen, die ihrerseits wieder symmetrisch und polar zur Geometrie ist: Es handelt sich um die Zahl "1".

Einerseits ist sie reine Information: Eine "1" sagt, dass etwas "IST". Sie ist die Information alles "SEINs". Ihr kosmisches Pendant ist das "Quant" oder "Photon", die kleinste materielle, aber masselose Realität unseres Universums.

Die "1" steht am Anfang der unendlichen Folge aller Ordnungszahlen (1, 2, 3, ... ∞) und am Ende der unendlichen Folge ihrer Kehrwerte (1/1, 1/2, 1/3, ... 1/∞ u.s.w.).

So steht sie zwischen der Unendlichkeit auf dem begrenzten Raum zwischen "1" und "0" einerseits sowie der Unendlichkeit in der Unbegrenztheit nach außen (1 bis ∞) andererseits.

---

[140] Gesprochen "pi", wird sie wird als Kreiszahl bezeichnet. Sie beträgt 3,1415929....! Sie ist, allen Zweiflern zum Trotz, unendlich lang.
[141] vgl. Anhang: "Auf den Punkt gebracht"

Das materielle Pendant der Zahl "1" ist also das "Quant" oder "Photon" als kleinstes Energieteilchen. Licht besteht aus Photonen.

Damit ist das Licht eine weitere *Schnittstelle*: Das Photon besitzt keine Masse und ist somit auch reine Information des "SEINs".

Folglich ist es primär Ausdruck der geistigen Welt. Andererseits ist es als "Energiepünktchen" auch die "kleinste Einheit" von Materie.

Die geistige Welt ist genauso real wie die materielle Welt, von der viele fälschlicherweise heutzutage annehmen, es gäbe nur sie.

Geistige Welt und materieller Kosmos sind nur zwei Teile eines gemeinsamen Ganzen, und trotzdem sind sie so verschieden.

Sie sind zueinander symmetrisch und polar zugleich, also nicht bloß Spiegelbild, sondern auch Gegensatz.

Eine neue, höhere *Schnittstelle* ist das "Leben".

Nicht organische Substanzen sind bereits Leben, sie sind nur dessen materielle Seite. Leben entsteht erst aus der Fähigkeit komplexer dreidimensionaler Körper, d.h. den organischen Molekülen und ihrer Verbindungen, in ständigem Kontakt mit der Welt des Geistes, der unendlichen Informationswelt zu stehen und mit ihr zu kommunizieren. Heute würden wir sagen, lebende Wesen leben, weil sie immer "online" sind. Neben magnetischen Elementen, die als Antennen wirken können und damit der Informationsaufnahme dienen, ist es wohl auch ihr dreidimensionaler Aufbau, der organische Moleküle und diverse Organstrukturen zu erstklassigen Resonanzkörpern und Speicher für (Licht-)Informationen macht.

Doch nur "nacktes" Leben hervorzubringen ist der Evolution, als der Marschrichtung des Geistes, keineswegs genug.

Der Geist selbst will und muss ständig lernen – er muss sich weiter entwickeln – er muss wachsen und gedeihen.

Seine programmierten Ziele sind größtmögliche Vielfalt sowie ein Höchstmaß an Differenzierung und Perfektion.

Natürlich werden dazu immer bessere Geräte benötigt. Schon bald reicht es nicht mehr aus, nur ständig "online" zu sein. Allmählich sollen sie auch seine Benutzer befähigen, die Evolution aktiv mitzugestalten. Für lange Zeit geschieht das zunächst unbewusst.

Größtmöglicher Erfolg kann ihr aber erst beschieden sein, wenn die Benutzer irgendwann die Wege und Ziele der Evolution erkennen:

Bewusstsein und Selbstbewusstsein machen dies später möglich. Ohne sie wäre die Evolution letztlich zum Scheitern verurteilt.

Auf der materiellen Seite entsteht dazu – bei uns hier auf der Erde – ein immer komplexeres und hierarchisch streng strukturiertes Nervensystem. Seine gegenwärtige Krone ist das menschliche Gehirn: Es ist von einer bislang unvergleichlichen Perfektion.

Der Mensch besitzt damit die Chance, Partner der Evolution zu werden und ihr damit aktiv und bewusst zu helfen, ihre Aufgaben schneller und vollkommener zu bewältigen und in ferner Zeit zum erwarteten Erfolg zu führen.

Bis der Mensch allerdings die Reife hat, das zu erkennen, ist, wie sich leider immer wieder zeigt, ein langer und sehr steiniger Weg.

Noch dornenreicher wird dieser Weg jetzt dadurch, dass der Mensch nicht mehr als kollektive Art gemeinsam reift, sondern jedes einzelne Individuum selbst verantwortlich ist. Dies führt innerhalb der Spezies Mensch zu einem einzigartigen Evolutionsgefälle, was zugleich ein ungeheures Risiko für die weitere Gesamtentwicklung entstehen lässt.

Doch die Evolution hat keine andere Wahl. Die von ihr ersehnte und konsequent angestrebte Perfektion lässt gar nicht anderes zu. Nur zusammen, ohne jede Ausnahme, muss alles dereinst einmal ans Ziel kommen. Dann aber muss selbst dieses höchste Risiko dennoch ein kalkuliertes Risiko sein, sonst wäre es nicht.

Das allein schon berechtigt, wie ich meine, trotz aller Probleme zu großem Optimismus für unsere Zukunft.

Das menschliche Gehirn ist somit die bislang jüngste *Schnittselle* zwischen Geist und Materie. Mit ihm werden geistige Vielfalt und geistiges Wachstum in höchstmöglicher Perfektion angesteuert.

Doch es gibt noch eine ganz andere, uralte *Schnittstelle* zwischen Materie und Geist: Sie ist der "Tod"!

Einerseits beendet er abrupt die zwar theoretisch unendliche, aber zeitlich sehr eng begrenzte Entwicklung des Geistes – jedoch nur auf seiner materiellen Seite.

Denn als *Schnittstelle* öffnet er andererseits direkt und unmittelbar dem Geist die Tür zu seiner eigentlichen Welt. Der Tod führt uns alle auf die Seite des reinen Geistes, auf der unendliche Vielfalt und unbegrenztes Wachstum in Ewigkeit möglich werden.

Der Tod ist zwar ein Ende, aber nicht das Ende des Menschen, sondern nur das seines Körpers. Als eine von vielen *Schnittstellen* begrenzt er nur das Materielle, sonst nichts.

Alles, was uns Menschen als einen überaus gigantischen Komplex vielfältigster Informationen ausmacht, bleibt uns auch nach dem Tod voll und ganz erhalten.

Dazu gehören sämtliche Informationen über unseren Körper zu allen Zeiten seiner Existenz genauso, wie die unseres bewussten Geistes, unserer großen Gefühle, unserer Gedanken und aller Taten – ja unserer gesamten Persönlichkeit. Nichts davon geht jemals verloren; denn

Wer stirbt, ist nicht tot!

Anhang

1) aus: Kapitel 8, Monolog, "Auf den Punkt gebracht, in "Eine bessere Geschichte unserer Welt, Bd. 1: Das Universum":

1.1) Der Anfang:

Wir beginnen mit dem kleinsten realen, endlichen Punkt, einem *Kreis* (K1). Er selbst wird letztendlich allein durch *drei* (auch reale, aber rein geistige Informations-) Punkte eindeutig bestimmt. Der Kreis als einfachste geometrische Figur lässt sich *theoretisch* (oder rein *numerisch*) unendlich nach innen strukturieren (teilen). In M1 hat er seinen Mittelpunkt. Sein Radius sei eine (beliebige) Einheit, z.B. einfach 1 (Einheitskreis).

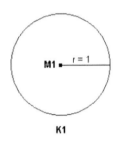

1.2) Erste Ausdehnung:

Auf dem Kreisbogen von K1 liegt an irgendeiner beliebigen Stelle der Mittelpunkt (M11) für einen neuen, zweiten Kreis (K11). Dieser ist nur ein Hilfskreis bei der symmetrischen Kreisverdoppelung und ist nicht eigenständig gedacht.

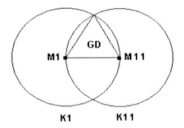

Der Abstand zwischen M1 und M11 entspricht dem Kreisradius mit der Einheit "1" und es entsteht so um M11 der Kreis K11.

Über die Verbindung zwischen den beiden Kreismittelpunkten sowie durch die Schnittpunkte des Kreises K11 auf dem Kreisbogen von K1 entstehen nun automatisch, nämlich durch Verbindung dieser Punkte, *gleichseitige Dreiecke (GD)*. Auch sie sind vollkommene geometrische Formen und strukturieren die Kreise nach *innen*. Gleichseitige Dreiecke ergeben sich also zwangsläufig und unterteilen einen geschlossenen Raum nach innen. Auch diese Teilung lässt sich *theoretisch (geistig)* wieder unendlich fortsetzen, wobei eine unendliche Folge immer kleinerer Dreiecke entstünde, auf eben einer zwischen Null und 1 begrenzten Größe. Das ist natürlich rein hypothetisch; denn eine unendliche Menge endlicher Dinge kann es nicht geben. Dagegen lässt sich die dieser Teilung zugrunde liegende Zahlenreihe natürlich unendlich fortsetzen; denn Zahlen sind etwas immateriell Geistiges.

1.3) Die erste Verdoppelung:

Mit dem zweiten eigenständigen in einer Linie, Kreis (K2), hervorgegangen aus einer symmetrischen Verdoppelung, also in nach wie vor "eindimensionaler" (besser: einachsiger) Anordnung, entsteht nun eine völlig neue, zugleich eben *symmetrische* und *polare* Existenz;

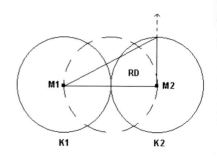

denn dieser neue Kreis (Punkt) verlängert ja die Linie "r", weil er praktisch in Opposition zum ersten Kreis steht, also sein Spiegelbild ist. Nach dem Auftreten dieser ersten neuen, d.h. eigenständigen Existenz kann nun auch begonnen werden, eine neue, symmetrische und polare Dimension zu erschließen. Sie verläuft demgemäß *optimalerweise* senkrecht zum Mittelpunkt M2. Diese Linie schneidet den neuen Kreis K2 und ermöglicht die Bildung einer neuen geschlossenen Figur zwischen dem Mittelpunkt des ersten Kreises (M1), dem Mittelpunkt dieses zweiten, eigenständigen Kreises (M2) sowie eben diesem Schnittpunkt der Senkrechten auf M2. Damit entsteht ein *rechtwinkliges Dreieck*, das erste seiner Art.

1.4) Der Goldene Schnitt:

Durch den Schnittpunkt des von M1 ausgehenden (längeren) Hypotenusen-Teils mit dem Kreis K2 ergibt sich nun ein neuer Radius für einen größeren Kreis (GK1).

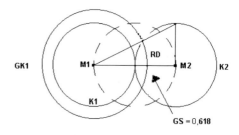

Nach der "Vermehrung" kann jetzt auch ein geordnetes *"Wachstum"* starten, das natürlich wieder allein durch vorgegebene Maße eindeutig bestimmt ist. Dieser größere Kreis (GK1) schneidet die Gerade zwischen den beiden Mittelpunkten M1 und M2 im Verhältnis des *Goldenen Schnitts (GS)*. Nach nur wenigen Schritten der Entwicklung von der Einheit zur Vielheit ergibt sich somit bereits *automatisch* die so wichtige Ziffernfolge **6-1-8**. Die weitere Vermehrung der größeren Kreise vollzieht sich von da ab in gleicher Weise und nach genau den gleichen alles orientierenden Regeln.

1.5) Die Zweite Dimension - das gleichschenklige Dreieck - Kreis 3:

Durch Öffnung in die zweite Dimension in der Vielheit (die Fläche) nach Entstehung eines zunächst weiteren Hilfskreises, (K21) und dann des dritten (eigenständigen) Kreises (K3) senkrecht zur Ausgangslinie, lassen sich die Mittelpunkte der drei eigenständigen Kreise, also M1, M2 und M3, zu einem *gleichschenkligen Dreieck (GSD)* verbinden. Alle vollkommenen Dreiecksformen sind jetzt entstanden.

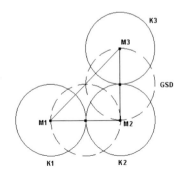

1.6) Die vollkommene "ausgedehnte" Vielheit: Das Quadrat:

In der zweiten Dimension in der Vielheit (der Fläche) kommt es zur ersten echten Vervollkommnung. Sie entsteht dadurch, dass das gleichschenklige Dreieck über seine Hypotenuse gespiegelt wird und folglich mit Entwicklung des Kreises K4 ein Quadrat entsteht.

Das Quadrat ist die dem Kreis entsprechende erste und nächstgrößere, vollkommene Einheit in der Vielheit. Es wird durch die vier Kreise eindeutig bestimmt und ist also das Ergebnis der Vermehrung vom Einheitskreis zum Viereck.

Geometrisch falsch, aber als reine Analogie recht plastisch, habe ich den Einheitskreis früher auch schon mal als "Eineck" bezeichnet.

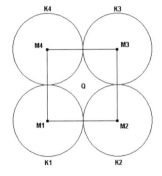

1.7. Zwischen Vielheit und Einheit: 2-7-3:

Das Quadrat ist die erste vollkommene Form in der Vielheit, die den Ausgangskreis, die Einheit, umschließt und zugleich enthält. Dabei gilt, dass sich die Quadratfläche zur Fläche des Ausgangskreises nun wie 1,273 zu 1 verhält. *Stelzner* nennt die Zahl **273** treffend das *"Maß der Gefangenheit im Quadratischen"*.

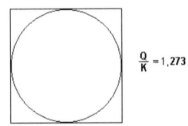

$$\frac{Q}{K} = 1,273$$

1.8. Die 24er Ordnung für jede vollkommene Ebene in der Vielheit:

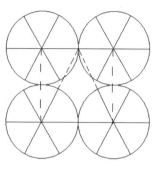

Das Quadrat als die jetzt vollkommenste Figur in dieser nach außen hin neu erschlossenen Zweidimensionalität in der Vielheit wird durch die vier Kreise bestimmt. Jeder Kreis ergibt durch innere Strukturierung, automatisch über 6 mal dem Kreisradius, **6** gleichseitige Dreiecke, so dass mit der neuen Vielheit insgesamt **24** solcher Dreiecke entstehen. Dies scheint mir der geometrisch belegbare Grund für den zyklischen **24**er-Rhythmus zu sein, so wie er für jede sich nach *außen* hin ausbreitende Ordnung charakteristisch ist. Hier liegt wohl auch der Grund für unsere bis heute gültige und sehr nützliche Zeiteinteilung durch die *Babylonier.*

2) aus Kapitel 5, Monolog, "Drei Musketiere", in "Eine bessere Geschichte unserer Welt, Bd. 1: Das Universum":

Kapitel 1) dieses Anhang zeigt: Über die Ordnungszahlen 1 bis 4 ergaben sich bereits nach wenigen Schritten die Zahlenfolgen **6-1-8** als Maß des "Goldenen Schnitts" und damit für "Optimale Verwirklichungen" sowie **2-7-3** als Maß maximaler Ausdehnung in unserem Universum.

Unmittelbar ergeben sich aus den vier Ordnungszahlen aber auch die Zahlen **10**, **24** und **81**, die ich die "Drei Musketiere" genannt habe:

Es gilt ja: $\qquad\qquad\qquad\qquad\qquad 1 + 2 + 3 + 4 = 10.$

Genauso gilt: $\qquad\qquad\qquad\qquad\quad 1 \cdot 2 \cdot 3 \cdot 4 = 24.$

Aus den ersten vier Ordnungszahlen ergeben sich somit die beiden ersten "Musketiere", einmal durch Addition, zum anderen durch Multiplikation.

Aber, wie steht es um die Zahl **81**, und welche besondere Bedeutung soll sie in dieser Welt besitzen?

Nun, gleich zur mathematischen Antwort:

Es gilt nämlich: $\qquad\qquad\qquad\qquad\quad 1^2 \cdot 3^4 = 81.$

Auch hier werden die ersten **vier** Ordnungszahlen kombiniert und dies, genau wie schon bei Ermittlung der **24**, unter Einführung einer nächsthöheren Rechenart.

Operiert man allein mit der Potenzierung, so ergibt sich wieder die Ausgangszahl **1**, d.h. es gilt:

$1^{2 \cdot 3 \cdot 4} = 1.$

Die Zahlen **10** und **24** beschreiben in genau dieser Reihenfolge rein ideelle, d.h. rein geistige oder immaterielle Grundlagen unseres Universums: Die **10** macht klar, in welchem Zählsystem alles funktioniert. Alle Rechensysteme sind zwar grundsätzlich gleichberechtigt, doch eines offensichtlich natürlich bevorzugt. Es ist die erste und unterste Stufe aller Entscheidung, nämlich für die Basis, auf der die Zahlen wirken und steuern sollen. Mathematisch ergibt sich das kleinste Musketier daher auch über die niedrigste Rechenoperation, die Addition.

Wenn klar ist *wie* die Mathematik in unserer Welt wirken soll, dann wird auf der nächsthöheren Ebene zu steuern sein, *wie* sich die Welt ausdehnt. Es wird auch eine Frage des Raums sein müssen, *in dem* später unser materielles Universum existiert.

Nun wird also eine Entscheidung dafür fällig, *wie*, in Zahl und Form, alles angeordnet und ausgedehnt sein soll.

Das augenscheinliche Ergebnis ist die "Kreisform". Sie wird über die Zahl **24** bestimmt und gesteuert (vgl. nächstes Kapitel). Mathematisch entsteht sie über den nächsthöheren Rechenschritt, die Multiplikation der ersten vier Zahlen. Auch dieser Rechenschritt ist noch genauso "homogen", weil ihr Ergebnis nach wie vor etwas Immaterielles ist: die rein geistige Information für Anordnung und Ausdehnung aller Prozesse und Verläufe.

Doch die dritte Zahl, die **81**, beschäftigt sich erstmals unmittelbar mit dem Materiellen. Sie bestimmt die maximale mengenmäßige Ausdehnung, also Anzahl und Verteilung der wichtigsten Güter *innerhalb* des *bereits ausgedehnten* Raumes. Und hier nun geschieht etwas ungemein Wichtiges: zwar ergibt sich auch die **81** wieder aus den ersten vier Zahlen, aber nun erstmals mit Hilfe von zwei verschiedenen Rechenoperationen. Dabei steht die Zahl 3^4, die natürlich selbst schon **81** ergibt, für die maximale Anzahl des rein Materiellen. Aber, konsequenterweise ist jetzt der Faktor 1^2 ein Zeichen dafür, dass alles Materielle in Wahrheit aus zwei völlig verschiedenen Anteilen besteht, wovon einer allerdings nur allzu leicht übersehen werden kann und wird, weil er selbst nichts Materielles mehr darstellt. Die 1^2 erbringt aus einer rein mathematischen Überlegung heraus den Nachweis, dass jedes materielle Etwas zugleich auch etwas "an sich hat", was zwar "unsichtbar" zu sein scheint, aber nichtsdestotrotz zwingend dazugehört: nämlich die bloße Information *"zu sein"* – oder anders ausgedrückt, die Information der *eigenen Existenz*. Alles Materielle teilt sich also auch dadurch mit, dass ihm das *"Sein"* untrennbar anhaftet. Die *Mathematik* ist es, die uns diese Vorstellung eindeutig nahelegt. Dabei ist diese Information des *Seins* etwas rein Ideelles und Immaterielles, d.h. rein Geistiges.

Die Mathematik ermöglicht hier also den *Beweis* für den universalen, ganz subtilen Dualismus zwischen der geistigen Information allen Seins und seiner materiellen Seite. Und das rein rechnerisch mögliche Weglassen der 1^2 zwecks Herleitung der Zahl 81 zeigt im Übertragenen auch, dass Geist und Materie keine Verbindung haben, die den *physikalischen Erhaltungsgesetzen der Thermodynamik* Rechnung tragen muss! Alle Materie dieser Welt in Wahrheit besitzt zugleich ein informelles *und* materielles Sein. Und nun wird klar, dass jede Ausdehnung, jede Formation und jeder Aufbau materiellen Seins zwangsläufig gleichzeitig eine Geistige ist. Und als solche, als auch geistige und nicht nur allein materielle Grundlage, ist genauso alles Materielle von ewiger Natur.

3) aus Kapitel 6, Monolog, "Über Primzahlen", in "Eine bessere Geschichte unserer Welt, Bd. 1: Das Universum":

Abb. von Martin: In einer durch die Zahl 24 bestimmten Kreisordnung lassen sich alle Primzahlen entlang der hier eingezeichneten 8 Strahlen ablesen. Sie bilden rein optisch ein Malteser- oder Johanniterkreuz. Es stellt sich sicher auch die Frage, ob der so häufigen Verwendung dieser Kreuzform, bzw. von Kreuzen ganz allgemein, nicht bereits das intuitive Wissen um die mathematischen Grundlagen dieser Welt zugrunde liegt?

Abb. von Martin: Durch eine konzentrische Schalenordnung über die Zahl 24 entsteht bei 1 Uhr ein auswärts gerichteter Strahl, auf dem sich vor allem die Quadrate oder Produkte aller denkbaren Primzahlen, beginnend mit 1^2, 5^2, 7^2 u.s.w. und der Formel "6n±1" folgend, befinden. Zwischen den Schalen benachbarter Primzahlzwillinge liegen Schalen mit einfachen Primzahlen, deren wachsende Zahl der Folge aller *geraden* Zahlen entspricht.

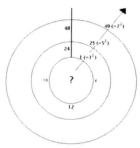

Aber auch zwischen jeweils zwei Schalen mit den Quadraten oder Produkten ein und desselben Primzahlzwillings, also z.B. 5^2 und 7^2 oder 23^2 und 25^2, liegen in wachsender Zahl (da abnehmende Zahl von Primzahlzwillingen!) Schalen mit einfachen Primzahlen. Sie bilden dann die Folge aller Ordnungszahlen, beginnend mit zweimal der Null. Diesen Zahlenstrahl hat *Plichta* "Primstrahl" getauft. Damit wird es auch sinnvoll, die 1 auf der inneren Schale dieses Strahls als 1^2 zu schreiben. In das Zentrum des Kreises habe ich ein Fragezeichen gesetzt, da über den Ursprung aller Dinge an anderer Stelle gesprochen wurde.

4) aus Kapitel 5, Monolog, "Die 81 und der genetische Code", in "Eine bessere Geschichte unserer Welt, Bd. 2: Das Leben":

Abbildung **"Code-Sonne"** von Alexander: Mit Hilfe von **vier** organischen Basen, die stets zu **dritt** als sog. Nukleotid-Tripletts angeordnet sind, lassen sich über den genetischen Code sämtliche **20** Aminosäuren (AS), die in biologischen Körpern zu Eiweißen (Proteinen) zusammengesetzt werden, codieren. Dabei können mehrere Tripletts auch ein und dieselbe AS bestimmen. So werden beispielsweise 9 AS durch je 2 Tripletts gebunden.

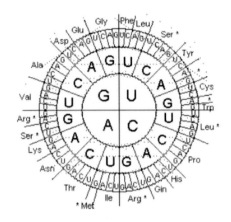

Insgesamt lassen sich so **84** Codepositionen darstellen. Drei davon bilden aber sog. Nonsenstripletts, d.h. für sie gibt es keine Aminosäure und sie beenden immer einen Synthesevorgang. Damit verbleiben genau **81** (= 3^4) exakte Codepositionen. Davon ist ein Code immer das sog. Startcodon (AUG). Auch das Erbgut arbeitet aufgrund der exponierten Stellung der "Startform" AUG mit der Zahl **81** in der Form „80+1" (analog zu 80 stabilen und natürlich vorkommenden Elementen, zuzüglich einer exponierten Startform, dem Wasserstoff). So wie von diesen 80 chemischen Elementen wieder genau 20 sog. *Rein*formen existieren, so lassen sich über 80 Codepositionen exakt 20 *Alpha*-Aminosäuren codieren.

Geht man von meiner Annahme aus, der genetische Code arbeite mit Hilfe von 81 exakten Positionsangaben, dann könnten einzelne Mutationen dem Ablesevorgang, der schließlich zur Produktion von Eiweißen führt (Protein-Biosynthese) nicht mehr soviel "Böses" anhaben. Während der Eiweißsynthese würden falsche Basen-Positionen auffallen und von den Reparaturkräften des Körpers ausgebügelt werden können. Dies entspräche der alltäglichen Beobachtung, dass Mutationen ständig auftreten, die meisten offensichtlich zu großen Schäden führen (z.B. Krebs), der Organismus aber zumeist mit ihnen fertig wird. Er erkennt sie, wie ich annehme, weil sie eine "falsche Nummer" tragen! Mit zunehmendem Alter eines jeden Organismus wird die Fähigkeit, diese Fehler zu erkennen und auszumerzen, schlechter, weshalb immer häufiger Krebserkrankungen auftreten.

Aber auch für die Evolution hat meine Theorie gewaltige Konsequenzen: Mutationen werden als Motor der Evolution allmählich schlichtweg degradiert (nicht aber deshalb auch ausgerottet). Während zu Beginn der Evolution allen Lebens Mutationen noch eine entscheidende Rolle (mit-) spielen mögen, kommt es im Laufe der Evolution im Rahmen einer sie begleitenden Evolution ihrer Evolutionsmechanismen zum Aufbau anderer und zunehmend zielgerichteter, bzw. bewusster Mittel, die gesamte Entwicklung zu beeinflussen.

5) aus Kapitel 3, Monolog, "Merkwürdige Naturkonstanten", in "Eine bessere Geschichte unserer Welt, Bd. 2: Das Leben":

Für **drei**dimensionale, also endliche geschlossene Räume und Körper sind in unserer Welt natürlich besonders die ersten **drei** Ordnungszahlen maßgebend. Die räumliche **Vier**dimensionalität des unendlichen Weltraums bringt nun die Zahl **4** ins Spiel. Die Addition der ersten **vier** Zahlen führt zur Zahl **10**. Es dürfte kaum ein Zufall sein, dass wir in dieser Welt das **Dezimal**system als Rechensystem bevorzugen. Durch Multiplikation der ersten **vier** Ordnungszahlen bekommen wir die Zahl **24**, und eine *sinnvolle* Kombination aus Multiplikation und Potenzierung dieser **vier** Werte führt uns zur Zahl **81**.

Sie und die beiden Zahlenfolgen **618** und **273** sind entscheidende Kennzahlen in unserem Universum, wie ich in allen meinen letzten Büchern an sehr zahlreichen Beispielen ausführlich erläutert habe.

Schaut man sich mit ihrer Hilfe mal die wichtigsten der sog. Naturkonstanten an, so ergibt sich Erstaunliches: Naturkonstanten sind unveränderliche physikalische Größen, die sich experimentell ergeben haben und die in der Wissenschaft besondere Eckwerte für die Existenz aller Dinge in dem uns bekannten, materiellen Universum beschreiben. Ein erklärtes Ziel aller Naturwissenschaftler ist natürlich, diese Zahlenwerte miteinander sinnvoll zu verknüpfen, d.h. für sie eine gemeinsame, übergreifende Theorie zu entwickeln. Bislang ist dies allerdings nicht gelungen und auch meine hierzu folgenden Vorschläge scheinen natürlich, zumindest auf den ersten Blick, etwas weit hergeholt zu sein. Zugegebenermaßen sind sie recht spekulativ.

Dennoch glaube ich, dass es sich hier um einen durchaus legitimen Versuch handelt, meine vereinigende Hypothese, die konsequent auf zahlentheoretischen Überlegungen aufbaut, zu untermauern.

Jede dieser Naturkonstanten schwankt nur ganz geringfügig um ihren Messwert – allenfalls um wenige Prozent. Wären sie nicht so stabil wie sie offenbar sind – und das ist unter allen beteiligten Wissenschaftlern ganz unbestritten – dann gäbe es unser Universum nicht – weder Atome, noch feste Materie, noch Galaxien, Planetensysteme und Planeten – und natürlich auch keinerlei Leben.

Eine ganz wichtige Naturkonstante ist die **Lichtgeschwindigkeit c**.
Ihr Messwert beträgt $2,99792458 \cdot 10^8$ m/s, d.h. fast 300.000 Stundenkilometer. Vermutlich aber steht, wie auch ich annehme, tatsächlich ja die Ordnungszahl **3** hinter diesem Messwert und ist so die eigentlich maßgebliche, orientierende "geistige" Maßzahl[142].
Im Dezimalsystem ergibt sich über die **3** durch Multiplikation mit einem Vielfachen von 10 (also 10^n, wobei n dann alle ganzen Zahlen durchläuft) je nach gewählter dezimaler Maßeinheit (also m/s oder km/h) die obere Grenze für den o.a. tatsächlichen Messwert.
Man erkennt, dass die in unserer materiellen Welt tatsächlich gemessenen Werte ihre "geistigen", d.h. "zahlenvermittelten Orientierungen" immer ein wenig umspielen und nie so ganz genau treffen. An dieser Stelle fällt mir spontan der so schön passende Dialog zur Geometrie aus *Peter Höeg*'s Thriller *"Fräulein Smillas Gespür für Schnee"* ein, in dem darauf hingewiesen wird, dass es in unserer Welt ein Ideal geben muss, das unerkannt im Hintergrund existiert und als Orientierung dient, in seiner materiellen Manifestation aber niemals so ganz verwirklicht wird.[143]
Die Lichtgeschwindigkeit ist eine Konstante, die das ihr offensichtlich zugrunde liegende "Ideal", gegeben durch ein dezimales Vielfaches der Ordnungszahl **3**, "so eben" streift. (Die Abweichung des tatsächlichen Messwertes von der Zahl 3 beträgt nur **0,069%**). Für das Licht, das ja nicht aus dem Zusammenwirken zweier Körper hervorgeht, sondern vielmehr mit der Raumausdehnung zusammenhängt, gilt das Produkt aus $3 \cdot 10^n$.

Wirkungen von einander abhängigen räumlichen Körpern werden dagegen durch den Kehrwert bestimmt.
Anstatt $3 \cdot 10^n$ gilt hier der Faktor $1 : (3 \cdot 10^n)$ oder $1/3 \cdot 10^{-n}$.
Gravitation oder Anziehungskraft wirkt zwischen mindestens **zwei** räumlichen Körpern. Aufgrund meiner zahlentheoretischen Überlegungen lässt sich somit das Produkt aus der Zahl **2** und dem o.a. Kehrwert bilden, d.h.: $2 \cdot (1/3 \cdot 10^{-n})$ oder $2/3 \cdot 10^{-n}$. Dies ist aber auch **6,6666...** $\cdot 10^{-n}$.
Gravitation hat demnach die gleiche, an der Zahl **3** orientierte Geschwindigkeit.

---

[142] Dies wurde erstmals von *Plichta* dargestellt und wurde im Rahmen meiner früheren Bücher dankbar aufgegriffen und ausführlich erläutert.
[143] Der genaue Dialog ist in "Eine bessere Geschichte unserer Welt, Band 1, Das Universum", Monolog, Kapitel 14, wiedergegeben.

Die tatsächlich neben der Lichtgeschwindigkeit bedeutendste Konstante in unserem Universum ist die **Gravitationskonstante**. Sie besitzt den Messwert **G = 6,67259 · 10^{-19}** (Nm^2/kg^2), was eine Abweichung von lediglich **0,088%** zum o.a. Rechenwert bedeutet.

Mit einem ähnlichen Faktor kann auch das sog. **Planck'sche Wirkungsquantum** oder Planck-Konstante (h) aufwarten. Es steht für das konstante Maß einer <u>kleinsten Wirkung</u> zwischen **zwei** Körpern in unserem Universum und es ist **h= 6,626075 · 10^{-34}** (J·s).[144] Die Abweichung beträgt hier nur **0,61%** zu 2/3 · 10^{-n}, dem o.a. Kehrwert.

Die **beiden** wichtigsten Kernteilchen "Proton" und "Elektron" sind als polar zueinander aufzufassen. Im Wasserstoffatom, dem mit Abstand wichtigsten und am weitesten verbreiteten Atom im ganzen Universum, gibt es nur diese beiden. Und sie stellen, nicht nur was ihre entgegengesetzten Ladungen, sondern auch ihre Größenunterschiede angeht, wahrlich zwei extreme Gegensätze dar. Das schlägt sich vor allem auch im Verhältnis ihrer Massen zueinander nieder. Dieser sog. **Massenquotient** ist ebenfalls eine Naturkonstante und beträgt: **1836,152701**.

Ist es nicht verblüffend, dass nun wieder einmal der oben erwähnte Faktor **2/3 · 10^n** (wobei hier n=1 ist), multipliziert mit dem Kennwert für die maximale Ausdehnung, d.h. mit **273**, zu einem annähernd gleichen Ergebnis kommt?

Es gilt: **2/3 · 10^1 · 273 = 1820,9**. Die Abweichung beträgt aufgerundet nur **0,84%**.

Eine wichtige Naturkonstante ist auch die **Elementarladung**.

Sie sollte bestimmt eine *optimale* Größe sein. Dafür, so habe ich gezeigt, hält der von mir postulierte mathematische Bauplan unserer Welt den "Goldenen Schnitt" mit der Nachkommafolge **618**, also das Verhältnis **1,618 : 1**, bereit.

Der tatsächlich gemessene Wert für die Elementarladung beträgt **1,60217733 · 10^{-19}** (C) /[145]. Die Abweichung beträgt nur **0,99%**.

Und schließlich noch etwas zur sog. *Feinstruktur*konstanten α, die auf atomarer Ebene die grenzwertigen Abstände zwischen **zwei** kleinsten materiellen Bausteinen bestimmt.

Hätte sie einen anderen Wert als **1 : 137,0359895** (± etwas!), dann könnten sich die Atome nicht auf die gewohnte Weise zu Molekülen verbinden. Statt z.B. Wasser, Metalle, Steine und Sand hätten wir es mit einem Atombrei zu

---

[144] Auch J = Joule ist eine dezimale Einheit für Energie. Es gilt 1J = 1Nm (Newtonmeter) = 10 kgm^2/s^2

[145] C = Coulomb = As = Ampèresekunde, was ein dezimales Maß für die Elektrizitätsmenge ist.

tun. So müsste sie auch etwas mit der Zahlenfolge für die Grenzen der Ausdehnung, also der Zahl **273** zu tun haben.

Dafür könnten wir das Verhältnis **2 : 273** schreiben, womit man nach einfacher Kürzung auf **1 : 136,5** käme, was nur eine Abweichung von **0,39%** vom tatsächlichen Messwert ausmacht.

Fazit der Geschichte:
Bei all den hier genannten sehr wichtigen Naturkonstanten scheinen einmal mehr die ersten **drei** Ordnungszahlen, also **1, 2** und **3**, dazu über die nächste Zahl, die **4**, durch Addition das Dezimale, d.h. die **10**, und schließlich die Eckwerte für Maximales und Optimales, d.h. die Zahlenfolgen **273** und **618**, im Spiel zu sein. Keine einzige Abweichung zwischen Rechenwert und den bekannten Messwerten für die erwähnten Naturkonstanten ist größer als 1% – zumeist liegen sie sogar erheblich darunter.

6) Beispiele für das Vorkommen der Zahlenfolgen 273 und 618 (Goldener Schnitt) im Dezimalsystem (Basis 10 = 1+2+3+4):

- Absoluter Nullpunkt in Grad Celsius	-273
- Gay-Lussac (Volumenminderung pro Grad C um):	1/273
- Radius des Mondes in Erdradien	0,273
- Mondbeschleunigung auf Erdbahn in cm/s^2	0,273
- Siderischer Monat: Mondumlauf um Erde, in Tagen	27,3
- Kehrwert der Tage pro Jahr (Umlaufzeit Erde um Sonne)	273
- Synodische Sonnenrotation in Tagen	27,3
- Schwerebeschleunigung auf der Sonne in m/s^2	273
- Schwangerschaftsdauer beim Menschen, im Mittel, in Tagen	273
- Temperatur der Hintergrundstrahlung im All in Kelvin	2,73
- Quotient aus Sauerstoff und Stickstoff in der Luft	0,273
- Anordnung von Blütenblättern oder Tannenzapfen ergibt	1,618
- Abstände Spiralwindung im Schneckenhaus	1,618
- Abstände Spiralwindung bei Galaxien	1,618
- Abstandsverhältnisse Planeten im Sonnensystem (Titus-Bode)	1,618
- Umlaufzeiten der Planeten im Sonnensystem zueinander	1,618
- Verhältnis Armlänge zu Schulterbreite beim Menschen	1,618
- Verhältnis der Länge von Fingergliedern zueinander	1,618
- Verhältnis vollkommene Quint zur Quart (Johannes Kepler)	1,618

Glossar

Adenauer, Konrad (*05.01.1876 - +19.04.1967); erster Bundeskanzler der Bundesrepublik Deutschland von 1949-1963. Oberbürgermeister von Köln 1917-1933 sowie 1948.

Akasha-Chronik, aus dem Sanskrit: akasha = Raum, Äther; bezeichnet eine Art Weltgedächtnis, in dem alles jemals Existierende verzeichnet sein soll.

Albertus Magnus (Albert der Große), ursprüngl. Graf Albrecht von Bollstädt (ca. *1193 - +15.11.1280 in Köln). Dominikaner, Bischof, Theologe, Philosoph und Naturforscher. Nach ihm ist die Kölner Universität, an der er lehrte, benannt. Von der kath. Kirche heilig gesprochen..

Alexander der Große (*356 - +13.06.323 v.Chr.), König von Makedonien (336-323 v.Chr.), Welteroberer von eigenen Gnaden, "König von Asien" nach dem Tod des Perserkönigs Dareios (331 v.Chr.)

Altruismus, von lat.: alter = der Andere; meint Selbstlosigkeit oder Uneigennützigkeit.

Animismus, von lat. anima = die Seele: Glaube an die Beseeltheit der Natur; Letztlich baut er auf der Überzeugung von Aristoteles auf, wonach die Seele sterblich sei und nur ein davon zu trennender Geist, allerdings nicht so sehr individuell, den Tod des Menschen überlebe. Der Animismus ist in der Parapsychologie eine Richtung, wonach PSI-Phänomene als Erscheinungen der Seele oder des Unbewussten aufzufassen sind. Obwohl dieser Begriff in der neueren Parapsychologie nicht mehr benutzt wird, wende ich ihn weiter für die nicht-spiritistische Richtung zwecks besserer Unterscheidung an.

Apokryohen = verborgene Überlieferungen

Archetypen, von griech.: arche = Anfang, Ursprung, und typos = Muster, Gestalt, Vorbild.

Aristarch(os) von Samos (etwa *310 - +230 v.Chr.), War bereits erster Begründer eines heliozentrischen Weltbildes.

Aristoteles (*384 - +322 v.Chr.). Sein Vater war Leibarzt des makedonischen Königs Amyntas.

Arithmetik ist ein Teil der Mathematik: Lehre von den Zahlen und dem Rechnen mit den Zahlen.

Astronomie = Lehre von der Erforschung der Sterne und des Weltraums.

Atom von griech.: atomos = unteilbar, ungeschnitten. Gemeint sind die kleinsten Materieteilchen der →Elemente, welche noch die Eigenschaften der jeweiligen Elemente aufweisen. Sie sind auf chemischem Weg nicht teilbar.

Augustinus, Aurelius (*13.11.354 - +28.08.430 n.Chr.), war ein lateinischer Kirchenvater und Kirchenlehrer.

Autismus ist eine krankhafte extreme Kontaktunfähigkeit.

Babylonische Astronomie: sie geht bis in das 3. Jahrtausend v.Chr. zurück. Ihren Höhepunkt erreichte sie etwa um 500-600 v.Chr., ihren Abschluss im letzten Jahrhundert vor Christus. Ihre astronomischen Daten waren so genau, daß Abweichungen zu den heute mit modernsten Techniken ermittelten Daten oft nur äußerst gering sind und möglicherweise nur auf Veränderungen der tatsächlichen Gegebenheiten in der damaligen Zeit zurückzuführen sind!

Bardo Thödol oder "Bar do thos grol" heißt wörtlich: Befreiung durch Hören im Zwischenzustand. Tibetanischer Name für das tibetan. Totenbuch.

Barnard, Christiaan (*08.11.1922 - +02.09.2001); führte am 03.12.1967 im "Groote-Schuur-Hospital" in Kapstadt/Südafrika die erste erfolgreiche Herztransplantation mit einem menschlichen Herzen durch.

Baryonen sind reine Teilchen, die per definitionem aus drei sog. Valenzquarks bestehen. Es genügt in diesem Zusammenhang einfach zur Kenntnis zu nehmen, dass hier eine standardisierte Teilchengröße zwecks besserer Vergleichbarkeit gewählt worden ist. Es konnte nun experimentell bestätigt werden, dass die Baryonenzahl in einem abgeschlossenen System bei allen heute bekannten Wechselwirkungen erhalten bleibt, sich also nicht ändert! Um nun die These des Urknalls weiter aufrechterhalten zu können, musste man die Behauptung einführen, dass unmittelbar nach dem Urknall diese Baryonenzahl nicht erhalten bleibt; denn es gibt zu jedem Baryon (=Materie) ein Antibaryon (=Antimaterie)! Nach landläufiger Annahme sollte sich Materie und Antimaterie gegenseitige vollständig auslöschen. Dann aber sollen aus unerklärlichen Gründen nun etwas mehr Materie-Baryonen vorhanden gewesen sein, als Antimaterie-Baryonen, so dass ein Universum entsprechend der Urknalltheorie überhaupt entstehen konnte! Möglicherweise, so meine Annahme, ist aber schon die gegenwärtige Vorstellung von Antimaterie falsch!

Bender, Hans (*05.02.1907 - +07.05.1991); dt. Psychologe. Erster Lehrstuhlinhaber des ersten Lehrstuhls für →Parapsychologie in Deutschland an der Universität Freiburg/Breisgau.

Berkeley, George (*12.03.1684 - +23.01.1753), engl. Philosoph und Bischof.

Billroth, Theodor (*26.04.1829 - +06.02.1894); dt. Chirurg

Bohr, Niels (*07.10.1885 - +18.11.1962); dän. Physiker; bekannt durch sein Atommodell, welches quantentheoretische Prinzipien auf →*Rutherfords* Schalenmodell anwandte. Entwickelte 1927 sein Komplementaritätsprinzip, wonach Licht und alle EMS sowohl Teilchen- als auch Wellenaspekte besitzen.

de Broglie, Louis-Victor, Duc (*15.08.1892 - +19.03.1987); franz. Physiker; Nobelpreis 1929.

Bruno, Giordano (*1548 - +17.02.1600), ital. Astronom und Philosoph. Von der kath. Inquisition 1592 verhaftet und auf dem Scheiterhaufen verbrannt.

Buddha, (*543 v.Chr. - +483 v.Chr.); eigentl. Siddharta Gautama, Sanskrit: = der Erleuchtete. Begründer des *Buddhismus*.

Cäsar, Gajus Julius, (*13.07.100 v.Chr. - +15.03.44 v.Chr.); röm. Staatsmann und Feldherr, 45 v.Chr. zum Diktator auf Lebenszeit gewählt. Führte den Julianischen Kalender ein, ermordet von Brutus und Cassius.

Cavendish, Henry (*10.10.1731 - +24.02.1810). Engl. Naturforscher. Er entdeckte das chemische Element Wasserstoff im Jahre 1776. Er nannte Wasserstoff zunächst "brennbare Luft".

Celsius, Anders (*27.11.1701 - +25.04.1744), schwedischer Astronom.

Chromosom, von griech.: chroma = Farbe, und soma = Körper; faden- oder schleifenförmige Struktur im Zellkern von Pflanzen, Tieren und Menschen, auf der die Gene liegen. Besteht aus DNS oder RNS.

Cicero, Marcus Tulius, (*03.01.106 v.Chr. - +07.12.43 v.Chr.), röm. Redner und Staatsmann. Ermordet auf Veranlassung des röm. Kaisers Mark Anton ein Jahr nach der Ermordung Caesars. Erhalten sind 58 Reden und philosoph. Schriften.

COBE-Satellit: = Cosmic Background Explorer, der seit 1989 in der Erdumlaufbahn weilt. Er konnte die bisher genaueste Messung der kosmischen Hintergrundstrahlung, mit etwas mehr als 2,73 K, im Jahre 1992 vornehmen. Die ebenfalls festgestellten, äußerst geringen Temperaturschwankungen (Ripples) von etwa einem Dreißigmillionstel Grad werden als Bestätigung der "Urknalltheorie" *interpretiert.*

Cocteau, Jean (*05.07.1889 - + 11.10.1963); frz. Schriftsteller und Filmregisseur.

Computertomographie (CT): computergesteuerte Röntgenschichtuntersuchung.

Cookie, (engl.= Keks), Markierungen, d.h. kleine Dateien, durch die der zentrale Computer, der Server, feststellen kann, ob ein Benutzer schon einmal da gewesen ist. Dadurch erleichtern *Cookies* die Identifizierung der Internet-Surfer und verhindern wiederholtes Anmelden.

Correns, Carl (*19.09.1864 - +14.02.1933); dt. Botaniker.

Crick, Francis Harry Compton (*08.06.1916); engl. Vererbungsforscher.

Cusanus, Nikolaus: eigentlich → Nikolaus Krebs, genannt Nikolaus von Kues.

Dacqué, Edgar (*08.07.1878 - +14.09.1945); dt. Paläontologe, Naturforscher und Naturphilosoph.

Dalai Lama, geboren 1935 als Tenzin Gyatso. 14. Oberhaupt der buddhistischen "Gelben Kirche" in Tibet, dem Lamaismus (seit 8.Jhd.). 1989 Friedensnobelpreis.

Dante, Alighieri (*Mai 1265 - +14.09.1321); ital. Dichter; vor allem berühmt durch sein Weltgedicht "La Divina Commedia" (1307-1321).

Darwin, Charles Robert (*12.02.1809 - +19.04.1882); engl. Naturforscher. Begründer der Evolutionstheorie, nach der alles Leben sich aus Vorstufen durch natürliche Auslese ableitet.

Demokrit (*460 - +371 v.Chr.), griech. Philosoph und Naturforscher.

Descartes, René (*31.03.1596 - +11.02.1650); frz. Philosoph, Mathematiker und Naturforscher.

Deskriptiv: von lat.: describere = beschreiben, schildern, abschreiben; gemeint: beschreibend.

Desoxyribo- und Ribonukleinsäure (DNS, bzw. RNS); Grundbausteine des Erbgutes. Sie bestehen immer aus 3 Teilen: einem Phosphorsäuremolekül, einem Fünffach-Zucker, der Pentose, und einer organischen Base. Von den Basen gibt es 4, nämlich Adenin, Cytosin, Guanin und Thymin. Lediglich bei der RNS kommt *anstatt* Thymin das Uracil vor. Die Basen sind der für die Codierung wichtige Bestandteil von DNS oder RNS.
Räumlich strukturiertes Riesenmolekül. Träger der für den Aufbau jedweden Lebens notwendigen Gene. Spezialformen: m-RNS von engl.: messenger RNA. Messenger = Bote; außerdem t-RNS, von engl. Transfer RNA, also Transport - RNS.

Determinismus: von lat. determinare = bestimmen, begrenzen. Lehre, daß alles in der Welt im voraus eindeutig und unausweichlich festgelegt ist. Es gibt verschiedene Varianten: Ausgehend von einem "radikalen →Indeterminismus", wonach es eine unbeschränkte, totale Willensfreiheit gibt, über einen "gemäßigten Indeterminismus", der die relative Willensfreiheit verteidigt, aber erkennt, daß diese mehr oder weniger stark beeinflusst wird durch verschiedene, manchmal sogar völlig unbeeinflussbare und somit das Geschehen zwingend nötigende Faktoren, bis hin zu einem "radikalen Determinismus": danach gibt es überhaupt keine Willensfreiheit, alles ist vollständig und ohne jede Möglichkeit einer Beeinflussung vorbestimmt.

Diskontinuierlich, Gegenteil von kontinuierlich. Unterbrochen, abgehackt.

Dissipative Strukturen: von *Ilya* →*Prigogine* entwickelte Theorie, wonach sich durch Energiezufuhr große Zahlen von organischen Molekülen plötzlich von einem ungeordneten in einen geordneten Zustand umschlagen, in dem sie sich als Ganzes kooperativ verhalten. Bricht die Energieversorgung allerdings ab, fallen sie wieder in ihren ungeordneten Zustand zurück.

Dogmatismus: von griech.: dogma = Grundsatz; Strenges Festhalten an einer Lehrmeinung; unkritisches, von starrer Lehre abhängiges Denken.

Doppler, Christian (*29.11.1803 - +17.03.1853); österr. Mathematiker und Physiker.

de Duillier, Nicolas Fatio (*1164 – +1753); Schweizer Mathematiker, Physiker und Astronom.

Eccles, John C. (*27.01.1903 - +02.05.1997), australischer Philosoph und Arzt; Hirnforscher; Nobelpreisträger 1963 über die Funktion von Synapsen (Schaltstellen) im Gehirn.

Eckermann, Johann Peter (*21.09.1792 - +03.12.1854); dt. Schriftsteller; gab 1837-48 seine "Gespräche mit Goethe" heraus.

Eckhart, (Meister Eckhart, *ca. 1200 - +30.04.1328); Dominikaner, bedeutendster dt. Mystiker. Von ihm stammen die ersten philosophischen Schriften in deutscher Sprache.

Eddington, Sir Arthur Stanley (*28.12.1882 - +22.11.1944); englischer Mathematiker und Astrophysiker.

Edison, Thomas Alva (*11.02.1847 - +18.10.1931); amerik. Ingenieur und Erfinder, z.B. Grammophon, Glühbirne, elektr. Generator, Elektroakku, Betongussverfahren; besaß über 1000 Patente.

Einstein, Albert (*14.03.1879 - +18.04.1955); dt. Physiker, Nobelpreisträger; Entdecker der Relativität von Zeit und Raum. Einstein konnte mit Hilfe seiner Gleichung beweisen, daß jede Masse bei Erreichen der Lichtgeschwindigkeit ins Unendliche anwachsen würde. Gleichzeitig führte die sog. Lorentz'sche Längenkontraktion (1899) zu einer Verkleinerung jedes Objektes ins Unendliche.

Elektronen: ihre Existenz als Teilchen mit einer sehr geringen Masse ($0,9109389 \cdot 10^{-27}$ g) wurde 1897 von dem engl. Physiker →Joseph J. Thomson (*18.12.1856 - +30.08.1940) bewiesen.

Elektroencephalographie (EEG) = Hirnstrommessung.

Elemente sind Reinstoffe, die sich auf chemischem Weg nicht mehr weiter zersetzen lassen.

Emanation, von lat.: emanare = herausfließen, entspringen.

Emergenz: von lat.: emergere = hervorbringen; Auftauchen, bzw. Entwicklung einer neuen Seinsstufe aus einer anderen, mit höherer Qualität.

Empirie: von lat.: empirice, = auf Erfahrung begründete Heilkunst; allgemein: Erfahrungswissenschaft.

Empirismus: von griech.: empeiria = Erfahrung, Kenntnis, Übung; auf Erfahrung beruhend.

Engels, Friedrich (*28.11.1820 - +05.08.1895); deutscher Marxist und Gönner von →Karl Marx

Entität, von lat.: ens, entis = das Ding, das Seiende; seiende Wesenheit.

Enzyme: von griech.: en = in, und zymos = Sauerteig; Eiweiße, also sehr komplexe vielkettige, sogenannte Makromoleküle, die Bau- und Stoffwechselvorgänge überhaupt ermöglichen und erleichtern, bzw. beschleunigen.

Epilepsie = Fallsucht; eine Hirnerkrankung mit sehr verschiedenen Bildern, bei denen u.a. plötzliche, anfallsartige Ausfälle vorkommen.

Epiphänomen = Begleiterscheinung

Erkenntnistheorie = Lehre von der Bewusstmachung der Wirklichkeiten, ihrer Bedingungen und Grenze.

Esoterik: von griechisch: esoteros = innerer, innerhalb; bezeichnet eine Art Geheimlehre oder Geheimwissenschaft. Heute mehr Sammelbegriff für alles nicht wissenschaftlich Erwiesene, auch Übersinnliche etc.

Ethik = Lehre vom sittlich Guten und Bösen.

Euklid (um 300 v.Chr.), griech. Mathematiker. Schrieb ein Lehrbuch der gesamten damaligen Mathematik. Nach ihm ist die klassische Geometrie des dreidimensionalen Raumes (euklidische Geometrie) benannt.

Feuerbach, Ludwig Andreas (*28.07.1804 - +13.09.1872); dt. Philosoph und Theologe;

Freud, Sigmund (*06.05.1856 - +23.09.1939); Österr. Neurologe und Psychiater; Begründer der Psychoanalyse.

Gabriel: einer der höchsten Engel Gottes nach christlicher Auffassung.

Galilei, Galileo (*15.02.1564 - +08.01.1642); ital. Astronom, Mathematiker und Physiker.

Galton, Sir Francis (*16.02.1822 - +17.01.1911); engl. Naturforscher und Anthropologe; Kriminalist.

Gauß, Carl Friedrich (*30.04.1777 - +23.02.1855), dt. Mathematiker und Astronom.

Geller, Margaret Joan (*1947), amerik. Astronomin; Galaxien sind wie die Gewebe eines Schwamms im Universum verteilt. Zwischen diesen grenzen herrscht fast absolute Leere.

Gellert, Christian Fürchtegott (*04.07.1715 - +13.12.1769); dt. Dichter.

Gen ist ein Begriff für die kleinste wirksame Einheit des Erbgutes. Ein Gen kann aus mehreren →Nukleotiden bestehen, die somit für die Entstehung eines oder mehrerer Eiweiße zuständig sind, die ein Merkmal ergeben.

Geometrie = Teil der Mathematik, der sich mit den Körpern und Flächen befasst.

Gluon, hypothetisches Quant, welches im Sinne eines Klebers die starke Wechselwirkung zwischen Kernteilchen vermitteln soll.

Gnostiker, bereits späthellenistische, dann christliche Gruppierungen, die das Heil des Einzelnen von der Erkenntnis Gottes und der erlebten Einsicht in das göttliche Geheimnis abhängig machten. Später auch vom Christentum abgeleitete Sekten, die sich durch die Aufnahme anderer religiöser Elemente sowie mystischer Spekulationen über den Gegensatz von Gott und der Materie von christlichen Auffassungen entfernten.

Goethe, Johann Wolfgang (*28.08.1749 - +22.03.1832); deutscher Dichter, Philosoph und Naturforscher; seit 1782 geadelt: "von Goethe".

Graviton, hypothetisches Quant, welches die Schwerkraft (Gravitation) vermitteln soll.

Gregor der Große, (* vor 540 - +12.03.604); Kirchenlehrer; Erster Mönchspapst.

Gurwitsch, Alexander Gawrilowitsch (*1874 - +1954); russ. Arzt und Biologe; versuchte den biologischen Formbildungsprozess (Morphogenese) aufzuklären. Entdeckte die "mitogenetische" Strahlung.

Haeckel, Ernst (*16.02.1834 - +19.08.1919); dt. Zoologe; Monist, Materialist und Darwinist.

Hawking, Stephen (*08.01.1942); engl. Physiker und Kosmologe; Zur Zeit Inhaber des Physik - Lehrstuhls von → *Isaac Newton*. Wurde mit dem Sachbuch: *"Eine kurze Geschichte der Zeit"* berühmt. Vertreter einer materialistischen Auffassung der Welt.

Heraklit (ca. *544 - +483 v. Chr.); griech. Philosoph.

Hertz, Heinrich (*22.02.1857 - +01.01.1894); dt. Physiker. Nach ihm ist die Einheit *Hz* für die Frequenz benannt. Bestätigte die von Maxwell gemachten Voraussagen über die Wesensgleichheit der langen elektromagnetischen Wellen (Radiowellen) mit den Lichtwellen.

Herzkammerflimmern: dabei "wurscheln" alle Herzzellen unkoordiniert für sich, so daß es nicht mehr zu einer wirksamen Herzleistung kommt, d.h. es wird nicht mehr genügend Blut in den Blutkreislauf ausgeworfen. Das Herzkammerflimmern ist damit ein sogenannter "hämodynamischer Herzstillstand". Ohne sofortige und geeignete Wiederbelebungsmaßnahmen ist der Patient damit praktisch (klinisch) tot!

Hildegard von Bingen (*1098 - +17.09.1179); Benediktiner-Äbtissin; bedeutende Mystikern, Visionen des "lebendigen Lichts".

Hintergrundstrahlung (HGS): Sie ist eine aus allen Himmelsrichtungen fast vollkommen gleichmäßig nachweisbare Mikrowellen-Wärmestrahlung des Kosmos. Ihre durch den Satelliten → COBE nachweisbaren Schwankungen sind außerordentlich gering und betragen nur etwa ein Dreißigmillionstel Grad.

Hippokrates (*460 - +377 v.Chr.); griech. Arzt. Nach ihm ist der ärztliche Eid benannt.

Hölderlin, Johann Christian Friedrich (*20.03.1770 - +07.06.1843); dt. Theologe und Dichter.

Homer, (ca. 8. Jhd. v.Chr.); berühmtester griech. Dichter, wobei allerdings nicht sicher ist, ob er wirklich gelebt hat oder die ihm zugeordneten Dichtungen in Wirklichkeit von mehreren Autoren geschrieben wurden, die alle unter dem "Sammelnamen" Homer laufen.

Hoyle, Sir Fred (*24.06.1915), engl. Astrophysiker und Kosmologe, auch Autor von Science-Fiction Romanen.

Hubble, Edwin Powell (*20.11.1889 - +28.09.1953); nach ihm ist das Hubble-Weltraumteleskop benannt, welches seit Anfang der neunziger Jahre zur Erforschung des Weltraums von den USA im All ist. Hubble entdeckte, daß ferne Nebel im All in Wirklichkeit Galaxien sind. Die sog. Rotlichtverschiebung brachte ihn auf die Idee eines expandierenden Universums. Expansion entsprechend folgender Formel: Fluchtgeschwindigkeit = H mal Entfernung, wobei H = Hubblekonstante. Je größer also die Entfernung der Galaxien voneinander, desto schneller sollen sie sein.

Hume, David (*07.05.1711 - +25.08.1776); schott. Philosoph und Historiker;

Huygens, Christiaan (*14.04.1629 - +08.06.1695); niederl. Mathematiker und Physiker.

Hyperkapnie = erhöhter Spiegel von Kohlendioxyd im Blut.

Hypoxie = Sauerstoffmangel im Blut und in den Organen.

IANDS = International Association for Near Death Studies (internationaler Verband für die Erforschung von Nahtodeserfahrungen). Gegründet 1981 an der Universität Connecticut durch Kenneth Ring, Bruce Greyson und John Audette. Einige Jahre später wurden auch in Australien und einigen europäischen Ländern nationale Ableger dieses Forschungszentrums eingerichtet.

Ideologie, von griech.: idea = Aussehen, Gestalt; logos = das Wort, die Lehre; legein = sagen, sprechen, erklären. Damit ist die Gesamtheit der Auffassungen einer Gruppe in der Gesellschaft, bzw. eine politische Theorie gemeint.

Imaginäre Zahl "i": Negative Zahlen sind nur Spiegelbilder der positiven Zahlen. Also muß man auch aus negativen Zahlen die Wurzel ziehen können. Es gibt aber keine negative Zahl, die mit sich selbst multipliziert, wieder eine negative Zahl ergibt. Daher setzt man hierfür "i". Die $\sqrt{(-4)}$ ist somit 2i.

Instinkt: Von lat.: instinctus = Antrieb, Eingebung. In der Biologie ist mit Instinkt ein "angeborener" Trieb zu bestimmten Verhaltensweisen gemeint.

Intelligenzquotient: Den Durchschnittswert in der Bevölkerung hat man mit 100 festgelegt. 60 gilt als schwachsinnig.

Internet, virtuelles, erdumspannendes Datennetz.

Interpretation, von lat.: interpretari = den Vermittler machen, erklären, deuten.

Intranet, Teil des Internets, den nur Berechtigte mittels Passwörter benutzen können.

Intuition, von lat.: intueri = genau hinschauen, anschauen (vor allem auch im geistigen Sinne); meint das unmittelbare Erkennen von Vorgängen oder Zusammenhängen vom Gefühl her, sogenannte Eingebung.

Irrationale Zahlen: Zahlen mit einem unendlichen, aber nicht periodischen Bruch. Errechnet aus einer →*rationalen Zahl*, z.B. $\sqrt{2}$.

Islam bedeutet soviel wie "Unterwerfung unter Gott". Islam und Moslem, bzw. islamistisch und moslemisch sind praktisch Synonyme.

Isotropie = von griech.: "isos" = gleich, und "tropos" = Richtung: in allen Richtungen gleich und ohne Bevorzugung verteilt.

James, William (*11.01.1842 - +26.08.1910); amerik. Philosoph, Anatom und Psychologe; Hauptbegründer des →Pragmatismus; betonte den Wert der schöpferischen Persönlichkeit und die pluralistische Vielfalt der Wirklichkeit.

Jesus, nach christlicher Auffassung Gottes Sohn, wurde nach neueren Erkenntnissen entweder im Jahr 4 v.Chr. oder 7 v.Chr. geboren.

Jüngster Tag, Synonym: "Ende aller Tage"; Der Tag, an dem die Welt in ihrer jetzigen Form nach christlicher und islamischer Auffassung dramatisch endet.

Jürgenson, Friedrich (*08.02.1903 - +15.12.1987); ukrain.-dt. Musiker, Maler und Schriftsteller.

Jung, Carl Gustav (*26.07.1875 - +06.06.1961); Schweizer Psychiater, Psychotherapeut. Schüler von →*Freud.*

Kant, Immanuel (*22.04.1724 - +12.02.1804); deutscher Mathematiker und Philosoph. Lebte sein ganzes Leben in Königsberg und Umgebung. War Professor für Logik an der Universität Königsberg, früher: Ostpreußen.

Kausal, von lat.: causa = der Grund, die Ursache.

Kelvin: Dezimale (!) Temperatureinheit, Abk.: "K"; nach dem engl. Physiker Sir William →Thomson, dem Lord Kelvin of Largs.

Kepler, Johannes (*27.12.1571 - +15.11.1630); dt. Theologe, Mathematiker und Astronom. Von ihm sind die drei Kepler'schen Gesetze.

von Klinger, Friedrich Maximilian (*17.02.1752 - +09.03.1831); dt. Dichter; später russ. Offizier; Jugendfreund Goethes.

Kohärenz = von lat.: cohaerere = zusammenhängend; es handelt sich hier um einen geordneten Zustand durch sich dauerhaft überlagerndes (interferentes) Licht.

Koinzidenz, von lat.: cum = mit, und incidere = in etwas geraten, sich ereignen. Koinzidenz meint das Zusammentreffen zweier Ereignisse oder Vorgänge.

Konfuzius (*551 v.Chr. - +479 v.Chr.); auch Kung-fu-tse oder Konfutse geschrieben; chin. Philosoph und geistiger Begründer der chinesischen Unterwürfigkeit unter den Staat

Kontemplation: von lat. contemplatio = Anschauung, Beobachtung; erkennendes Betrachten.

Kontingent: von lat.: contingens = berührend; gemeint ist zufällig; möglich, aber nicht notwendig.

Konvergenz, von lat.: convergere = sich hinneigen; meint das gegenseitige Annähern von Arten oder Eigenschaften.

Kopernikus, Nikolaus (*19.02.1473 - +24.05.1543); dt. Arzt, Jurist und Astronom; übernahm von →*Aristarch von Samos* das heliozentrische Weltbild, wonach die Planeten Kreisbahnen um eine exzentrische Sonne ausführten.

Koran oder Qur-an; arabisch = Lesung; Offenbarungen des Mohammed, in 114 Suren (Kapitel) eingeteilt, nach Länge sortiert.

Korrelation, von lat.: cor (cum) = mit, zusammen und relatus (von referre) = hingewendet. Es bedeutet: Etwas steht in Wechselwirkung mit etwas anderem.

Kosmos: von griech.: kosmos = Weltordnung, das wohlgeordnete Weltall; gemeint ist unser Universum im "Kleinsten", dem mikroskopischen, sog. Mikrokosmos sowie im "Großen", den Planeten, Sternen und Galaxien = Makrokosmos. Unter *Kosmologie* versteht man die Wissenschaft vom Weltall. Dies ist ein Teilbereich der Physik und der Astronomie.

Kostolany, André (*09.02.1906 - +14.09.1999); Ungar. Geschäftsmann, Schriftsteller und berühmter Börsenguru.

Kronecker, Leopold (*07.12.1823 - +29.12.1891); Polnisch-Deutscher Mathematiker. Grundlegende Arbeiten auf dem Gebiet der Algebra und der Zahlentheorie.

Kübler-Ross, Elisabeth (*08.07.1926 - +24.08.2004); Schweizer Ärztin und Psychiaterin; Erforschung von Nahtodeserlebnissen.

Lamarck, Jean-Baptiste de Monet, Chevalier de, (*01.08.1744 - +18.12.1829); franz. Naturforscher. Begründer der Abstammungslehre, dem Lamarckismus.

Laotse (*604 v.Chr. nach chin. Tradition; Ende des 7. Jh. v.Chr. gesichert). Chin. Philosoph. Archivar am kaiserlichen Hof in Loyang (heutige Provinz Honan). Von ihm stammt das 5000 chin. Schriftzeichen umfassende Buch vom "Sinn" (vielleicht auch besser, von den "unsichtbaren geistigen Regeln der Welt") und vom "Leben" (→ Tao-Te-King).

Laplace, Pierre Simon de L. (*28.03.1749 - +05.03.1827); frz. Mathematiker und Astronom;

LASER = "light amplification by stimulated emission of radiation". Beim technischen Laser wird sehr starkes und intensives, gebündeltes Licht erzeugt, welches kohärent und von definierter Frequenz ist.

Le Sage, Georges Louis (*1724 - +1803); Schweizer Mathematiker und Physiker.

Leibniz, Gottfried Wilhelm (*01.07.1646 - +14.11.1716); dt. Philosoph und Naturforscher.

Leukipp von Milet (Mitte 5. Jhd. v.Chr.); griech. Philosoph und Mitbegründer des *Atomismus.*

Licht, oder besser: sog. weißes Licht lässt sich durch Prismen in Farben zerlegen. Spektralfarbe ist dann ein Licht von einer bestimmten Wellenlänge. Spektrallinie ist das Maximum im Spektrum einer dargestellten Größe.

Limbisches System, paarige Zwischenhirnstrukturen, die Großhirn und darunter liegende Hirnteile verbinden und u.a. eine Art Türsteherfunktionen mit Sortierfunktion für emotionale und Gedächtnisinhalte ausüben.

Locke, John (*29.08.1632 - +28.10.1704); engl. Philosoph, Politiker und Pädagoge.

Logik = Lehre des folgerichtigen Denkens und vom Wesen der Begriffe.

Lorentz, Hendrik (*18.07.1853 - +04.02.1928); niederl. Physiker. Von ihm stammt die Längenkontraktion bei schnellen Objekten (unendlich bei Lichtgeschwindigkeit).

LSD = d-Lysergsäure-diäthylamid-tartrat. LSD ist ein Halbsynthetisches Halluzinogen, kann symptomatische Psychosen, und damit Halluzinationen auslösen.

Lukrez, Titus Lucretius Carus (* ca. 97 v.Chr. - + 55 v.Chr.); röm. Dichter. Schrieb z.B. das epische Gedicht "Über die Natur der Dinge" (De rerum natura), eine Darstellung des Weltbildes, um die Menschheit von der Furcht vor dem Tod und den Göttern zu erlösen.

Magnetresonanztomographie (MRT), auch *Kernspintomographie* genannt. Bei diesem Verfahren wird die Erholungszeit von Wasserstoffprotonen gemessen, die sich in einem magnetischen Feld ausrichten und die zwischendurch mit Hilfe eines Hochfrequenzimpulses abgelenkt wurden. Dadurch kann man sowohl anatomische, als auch funktionelle Veränderungen im Gehirn untersuchen.

Maimonides Moses (Rabbi Mose ben Maimon, *30.03.1135 - +13.12.1204); jüd. Arzt, Philosoph und Theologe. Systematisierte den Talmud.

Makrostruktur = grobe Anatomie; grober Aufbau der Strukturen. Das Gegenteil davon ist die Mikrostruktur.

Mandelbrot, Benoit (*20.11.1924); poln. Mathematiker; der Begriff der →*fraktalen Geometrie* wurde von ihm im Jahre 1975 als Bezeichnung für das Phänomen der "Selbstähnlichkeit" eingeführt.

Marx, Karl Heinrich (*05.05.1818 - +14.03.1883); Begründer des "wissenschaftlichen Marxismus.

Mendel, Gregor (*22.07.1822 - +06.01.1884); dt. Naturforscher, Botaniker, Mönch und Prior der Augustinereremiten.

Messias: von lat.: mittere = schicken, senden; Der Gesandte; hier: der von Gott gesandte. Synonym für →Jesus Christus.

Metaphysik: griech.: "nach der Physik"; von →*Aristoteles* zunächst zeitlich gemeint, weil damit eine seiner Werke gemeint war, die nach seinen physikalischen Schriften folgte! Metaphysik bezeichnet heute vor allem einen Teil der theoretischen Philosophie, welcher sich mit ihren Zentralfragen, wie z.B. Struktur, Sinn und Grund des Wirklichen, des Seins etc., befasst.

Michelson, Albert Abraham (*19.12.1852 - +09.05.1931); amerik. Marineoffizier und Physiker.

Mimikry, von griech.: mimikos = nachahmend; bezeichnet die Nachahmung bestimmter anderer Tiere zumeist zur Abwehr.

Mohammed (ca. *570 n.Chr. - +08.06.632 n.Chr.). arab. Prophet. Begründer des Islam.

Molekül ist die kleinste Einheit einer chemischen Verbindung, die noch deren chemische Eigenschaften besitzt.

Monade: von griech.: monados = Einheit; monos = einzig, allein. Nach →*Leibniz* kleinste, seelische und allem innewohnende, unteilbare Einheit des Universums.

Monod, Jacques (*09.02.1910 - +31.05.1976); frz. Physiologe. Nobelpreis für Medizin 1965.

Morley, Edward Williams (*1838 - +1923); Chemiker, kam als Physiker zu Weltruhm.

Morphologisch, von griech.: morphos = Gestalt; gemeint ist gestaltsmäßig, auch lat.: anatomisch

Mose , (ca. 13. Jhd. v.Chr.); hebräisch Moscheh, lateinisch Moses; Wichtige Gestalt des alten Testamentes; Mittlerposition zwischen Gott und Mensch.

Mutation: von lat.: mutare = verändern; Spontan auftretende Änderungen in der Erbsubstanz.

Mysterion: von griech.: myein, griech. einweihen. Gemeint ist ein "Geheimnis"; eine Grundform religiösen, unmittelbaren Erlebens von Gott oder einer Transzendenz.

Naturphilosophie = Auseinandersetzung mit den Erfahrungen aus den Naturwissenschaften.

Newton, Isaac (*4.01.1643 - +31.03.1727). engl. Physiker; Professor und Lehrstuhlinhaber in Cambridge, Präsident der Royal Society (1704-1727). Im Jahre 1705 geadelt ('Sir'). Begraben in der Londoner Westminster Abbey. Nach ihm ist die Einheit "1 Newton" benannt, für die Beschleunigung eines Körpers der Masse 1 kg (1000 g) aus der Ruhe auf die Geschwindigkeit 1 m/s.

Nikolaus Krebs (*1401 - +11.08.1464), Sohn eines Fischers aus Kues an der Mosel, späterer Bischof von Brixen; genannt Nikolaus →*Cusanus*. Theologe, Philosoph und Naturforscher.

Null: von lat.: nulla figura = kein Zeichen.

OBE = engl.: Out of Body Experience; also ein Synonym für "Entkörperlichung", "Exkursion" oder "Ausleibigkeitsphänomen".

Panta rhei, griech.: alles fließt. Dieser Ausspruch stammt von dem griech. Philosophen →Heraklit (ca. 544-483 v.Chr.)

Pantheismus = Lehre, dass Gott *überall* in der Natur sei.

Paracelsus (*10.12.1493 - +24.09.1541); eigentlicher Name: Theophrastus Bombastus von Hohenheim; dt. Arzt und Naturphilosoph. Er behandelte den Menschen als körperlich - seelische Einheit.

Paranoia = Verfolgungswahn.

Parapsychologie ist ein Teilgebiet der Psychologie (von griech.: para = neben, daneben); sie befasst sich mit den außersinnlichen (okkulten) Erscheinungen. Der erste Lehrstuhl für Parapsychologie entstand in Freibug/Brcisgau. Der erste Lehrstuhlinhaber war Prof. Dr. Hans →Bender; dt. Psychologe.

Pascal, Blaise (*19.06.1623 - +19.08.1662); frz. Philosoph und Mathematiker. In der "Logik des Verstandes" wird die Vernunft als unzulänglich dargestellt. Die letzten Fragen können nur subjektiv befriedigend, durch gläubige Gotteserfahrung ("Logik des Herzens") gelöst werden.

Penzias, Arno A. (*26.04.1933) ; dt. Physiker; entdeckte zufällig 1965 zusammen mit dem amerik. Physiker → Robert W. Wilson die Mikrowellen-Hintergrundstrahlung, als sie auf der Suche nach Störfaktoren in den Funkverbindungen mit Satelliten waren. Nobelpreis 1978.

Philosophia, griechisch, bestehend aus: philos = Freund, und sophia = Weisheit.

Physik = Lehre von den Gesetzmäßigkeiten der unbelebten Materie.

Pi: Die Kreiszahl π entspricht dem Verhältnis des Kreisumfangs zum Kreisdurchmesser und ist eine transzendente Zahl.

Planck, Max Karl Ernst Ludwig (*23.04.1858 - +04.10.1947); dt. Physiker; Theorie, daß Energie nicht kontinuierlich, sondern in "kleinsten Portionen", sog. Quanten ausgestrahlt wird.

Platon (ca. *427 - +347 v.Chr.); Schüler von Sokrates, griechischer Philosoph und Denker.

Plotin(os) (205-270 n.Chr.); griech. Philosoph. Gründung einer Philosophenschule in Rom.

Pluripotent: von lat.: plures = mehr, von größerer Anzahl; potere oder posse = können, mächtig sein, wirken; also: vielseitig wirksam.

Popp, Fritz Albert ; deutscher Physiker. Eindeutige Belege für Lichtcodierung in biologischen Materialien, z.B. Zellen, z.B. DNS.

Popper, Sir Karl Raimund (*28.07.1902 - +17.091994); österr. Philosoph und Psychologe.

Positronenemissionstomographie (PET): Elektromagnetisches Abtastverfahren mit dem z.B. lokale Veränderungen der Hirndurchblutung gemessen werden können, so daß Hirnreaktionen exakt bestimmt werden können..

Pragmatismus, von griech.: pragmateia = Beschäftigung mit einer Sache; eifriges Streben. Man bezeichnet damit die Lehre, nach der das Handeln durch seinen praktischen Nutzen bestimmt ist.

Prigogine, Ilya (*25.01.1917); belg. Physikochemiker russ. Herkunft; Theorie der →*dissipativen* Strukturen. Nobelpreis für Chemie1977.

Ptolemäus, Claudius (ca. *100 - +170 n.Chr.), lebte in Alexandria; griech. Geograph, Mathematiker und Astronom. Danach ist die Erde der Mittelpunkt von Sonne, Mond und Planeten, die sich in sog. Epizyklen um die Erde bewegen.

Pulsar, Überrest eines Sterns, der periodisch Radiowellen abstrahlt. 1967 entdeckt.

Pythagoras (ca. *580 - ca. +496 v.Chr.), griech. Philosoph und Mathematiker. Die Pythagoräer erkannten, daß $\sqrt{2}$ bei der Diagonalenberechnung eines Quadrats keine Zahl im üblichen Sinn ergibt. Satz des Pythagoras: Summe der Quadrate der beiden Katheten in einem rechtwinkligen Dreieck entspricht dem Quadrat der Hypotenuse. *Ganze* Zahlen, die diese Bedingungen erfüllen, heißen pythagoräische Zahlen. 3 ,4 und 5, und damit deren Quadrate 9+ 16 = 25, sind die ersten pythagoräischen Zahlen.

Rationale Zahlen: von lat. ratio = die Vernunft. Unter rationalen Zahlen versteht man alle ganzen positiven (= natürliche Zahlen, Teilmenge der rationalen Zahlen) und negativen

Zahlen, die Null sowie alle Zahlen, die sich durch einen endlichen oder einen unendlichen, aber periodischen Dezimalbruch darstellen lassen.

Rubin, Vera (*1928), entdeckte 1954, dass Galaxien im All nicht gleichmäßig verteilt sind.

Quant war der ursprünglich von *Max* → *Planck* als "Wirkungsquantum" eingeführte Begriff, der heute zumeist den kleinsten Wert darstellt, um den sich eine "kleinste" oder "gequantelte" physikalische Größe, z.B. der Energie oder des Drehimpulses verändern kann. Der Energieunterschied zwischen zwei Zuständen wird oft von einem Teilchen übernommen (oder beigesteuert), welches man auch als Quant bezeichnet. Kleinstes "Teilchen" des Lichts, bzw. der elektromagnetischen Strahlung ist das Photon.

Quasare: sog. quasistellare Objekte, bzw. Radioquellen, also sternähnliche Objekte; möglicherweise *verendete* Galaxien.

Ranke, Leopold von (*21.12.1795 - +23.05.1886); dt. Historiker; Prof. an der Univ. Berlin, Berater verschiedener Könige und Kaiser.

Reanimation, von lat. re = zurück; anima = die Seele; gemeint ist Wiederbelebung.

Reduktionismus: ist eine Variante des →*Monismus*, bei der die ganze Verschiedenheit des Wesens der Elemente grundsätzlich bestritten wird, und alles nur auf eine einzige Seinsform zurückgeführt wird.

Regressiv, von lat.: regressus = Rückschritt; gemeint ist mit regressiv: zurückbildend.

Regressionstherapeuten versuchen mit Hypnosetechniken Menschen zunächst in frühe Kindheitssituationen zurückzuversetzen. Manche glauben, damit ließe sich ein Mensch darüber hinaus auch in "frühere Leben" zurückversetzen.

Religion, von lat.: religare = zurückführen, zurückbinden; oder von religere = wieder durchwandern, durchgehen, oder von religio = rücksichtvolle, gewissenhafte Beachtung; Glaube an eine oder mehrere überirdische Mächte sowie deren Kult.

Religionsphilosophie = Untersuchung der Religionen im Vergleich zu anderen philosophischen Disziplinen.

Resonanz, von lat.: resonare = widerhallen, zurückschallen.

Rezessiv, Gegenteil von → *dominant.*

Rilke, Rainer Maria (*04.12.1875 - +29.12.1926); tschech./dt. Schriftsteller

Sacks, Oliver (*1933); engl. Arzt, Neurologe und Neuropsychologe; Professor für Klinische Neurologie am Albert Einstein College of Medicine in New York.

Schizophrenie, kommt aus dem griech. und bedeutet gespaltene Seele. Es handelt sich um ein krankhaftes Neben- und Miteinander von gesunden und krankhaften Empfindungen.

Scholastik, von lat.: schola = schule, bzw. scholasticus = Schüler, kommend. Bezeichnung für die kirchliche Theologie und Philosophieschule des Mittelalters.

Seneca, Lucius Annäus (*um 4 v.Chr. - +65 n.Chr.); römischer Philosoph

Sheldrake, Rupert (*1946), engl. Biologe.

Singularität: physikalisch ein unendlicher Punkt, an dem die gültigen Gesetze der Physik nicht gelten.

Sokrates (*469 - +399 v.Chr.); griech. Philosoph, der wegen angeblicher Gottlosigkeit und Verführung der Jugend zum Tod durch den Schierlingsbecher (Pilzgift) verurteilt wurde.

Spinoza, Baruch de (24.11.1632-21.02.1677), niederl. Mathematiker und Philosoph.

Steiner, Rudolf (*27.02.1861 - +30.03.1925); Kroat. Schriftsteller. Begründer der Anthroposophie (1912), der Lehre v. d. wissenschaftl. Erforschung d. geistigen Welt.

Stoiker = Menschen von einer unerschütterlichen Gelassenheit. Ausgehend von der sog."stoa (poikile)", griech. "bunte Säulenhalle", handelt es sich um eine philosophische Richtung, die um 300 v.Chr. gegründet wurde. Alles Reale und das ist materiell, ist von Gott, der Urkraft durchströmt.

Strindberg, Johann August (*22.01.1849 - +14.12.1912); schwed. Dichter.

Stringent, von lat.: stringere = zusammenziehen, abschnüren; gemeint ist schlüssig, zwingend.

strings, von Kosmologen postulierte submikroskopische (unter 10^{-27}m), materiefreie, aber mit enormer Energie gefüllte "gummiartig bandförmige" Gebilde, die das Weltall nach dem vermeintlichen Urknall fadenförmig durchzogen und als eine Art Urkeime für die Bildung von Galaxien dienten. Damit soll die kettenförmige Aneinanderreihung der Galaxien inmitten riesiger materiefreier Räume erklärt werden.

Suttapitaka (Sanskrit, dt. übersetzt: "Korb der Lehrreden"), eine von drei Sammlungen des "Tripitaka" (dt.: "Dreikorb"), buddhistische Schrift.

Symbiose, von griech.: sym = zusammen, und bios = Leben; Zusammenleben von Organismen zum beiderseitigen Nutzen.

Synchronizität: Dieser Begriff wurde durch →*Carl Gustav Jung* in Zusammenarbeit mit dem Physiker →*Wolfgang Pauli* geprägt. Er bezeichnet die *sinnvolle* Koinzidenz eines objektiven physikalischen Vorgangs mit einem inneren psychischen Ereignis. Dabei bleibt offen, ob dieses gleichzeitige Zusammentreffen nicht auch kausaler Natur sein kann, d.h., daß ein Ereignis, also zB. das objektive Geschehen, das andere Ereignis also das psychische Ereignis sogar ausgelöst hat. Dies wäre allerdings über den Begriff *Synchronizität* hinausgehend und wird als Möglichkeit von der Wissenschaft bestritten. Kritiker erklären allerdings bereits die zufällige Koinzidenz synchronistischer Ereignisse mit einer selektiven Wahrnehmung. Dagegen spricht aber überzeugend eine jahrtausendealte Überlieferung und natürlich die dem Menschen eigene persönliche Erfahrung. Ein synchronistisches Ereignis macht den Menschen, der es erlebt, jedenfalls zumeist außerordentlich ergriffen.

Talmud, von hebräisch "Lernen, Lehre", bezeichnet die kodifizierte jüdische Traditionssammlung aus dem 3. – 6. Jahrhundert.

Tantrismus bezeichnet eine von Indien ausgehende religiöse Strömung, benannt nach den Tantras, den heiligen Büchern der Shaktas. Diese wiederum sind die Verehrer der Shakti, welches die weibliche Potenz der Schöpfung ist.

Tao-te-king, auch Daodejing (gesprochen Dau-De-Ging)bezeichnet das Buch (=King) vom "Sinn" (=Tao, vielleicht besser übersetzt, von den "unsichtbaren geistigen Regeln der Welt") und dem "Leben" (=Te). Es stammt von → Laotse.

Teilhard de Chardin, Pierre (*01.05.1881 - +10.04.1955); frz. Anthropologe und Philosoph, Geologe, Paläontologe.

Teilchenzoo: Heutiger Ausdruck für die Vielzahl zumeist instabiler oder nur hypothetischer kleinster Teilchen, die man den Teilchen der Atomkerne oder auch nur Kräften oder Wirkungen allgemein zuzuordnen zu müssen meint.

Teleologie = Lehre von der Zielgerichtetheit und Zweckbestimmtheit. Wurde von dem deutschen Philosophen Christian Wolff (1679-1754) im Jahre 1728 eingeführt.

Theognis, (6. Jhd. v.Chr.); griech. Dichter, vermutlich aus Megara.

Thomas von Aquin (*1225 - +07.03.1274); dt. Dominikaner, Theologe und Kirchenlehrer; von kath. Kirche heilig gesprochen.

Thomson, Sir Joseph John (*18.12.1856 - +30.08.1940); bewies u.a. die Existenz der →Elektronen als Masseteilchen.

Thomson, Sir William (*26.061824 - +17.12.1907); seit 1892 zum Lord →*Kelvin* of Largs geadelt! Mitbegründer der Thermodynamik.

Todeszeichen: im Unterschied zum "klinischen" Tod kann erst dann vom "endgültigen" Tod gesprochen werden, wenn "sichere" Todeszeichen vorhanden sind: dazu zählen Leichenstarre, Totenflecke und beginnende Fäulniszeichen. Als notwendiges *unsicheres* Todeszeichen für die Kennzeichnung als "klinisch tot" gilt die Null-Linie im →EEG.

Trance: von lat.: transire = hinüber gehen, sich verwandeln: Schlafähnlicher Zustand des Entrücktseins.

Transzendent: von lat.: transcendere = überschreiten: übersinnlich; die Grenzen des sinnlich wahrnehmbaren überschreitend und sich jenseits dieser Grenzen befindend. Gegenteil von: immanent (innerweltlich). *Transzendente Zahlen* können nicht durch eine algebraische Gleichung mit einem rationalen Koeffizienten dargestellt werden, z.B. Euler'sche Zahl, z.B. π..

Upanischad, im Sanskrit "das Sich-in-der-Nähe-Niedersetzen" (bei einem Lehrer). Bezeichnung einer Gruppe heiliger Offenbarungstexte des Hinduismus mit philosophisch-mystischem Inhalt.

Vedische Religion, die im Veda (=Sanskrit: "Wissen"), der aus vier Sammlungen bestehenden ältesten Schriften indischer Literatur (Rigveda, Samaveda, Yajurveda und Atharveda) greifbaren mythisch-religiösen Anschauungen indoarischer Einwanderer des indischen Subkontinents im zweiten Jt. v.Chr.; Mit in Indien vorhandenen Einflüssen vermischte sich die vedische Religion zum →Hinduismus.

Vergil, eigentl. Publius Vergilius Marco (*15.10.70 - +21.09.19 v.Chr.); röm. Dichter, z.B. Äneis; ''Vater des Abendlandes''.

Vries, Jan, de (*11.02.1890 - +23.07.1964); niederl. Botaniker.

Wagner, Richard (*22.05.1813 - +13.02.1883); dt. Komponist

Wasser (chem. Formel H_2O) besteht zu 99,85% aus dem Reinmolekül H_2O mit nur 1 Proton. Im "Wassergemisch" finden sich daneben zu etwa 0,15% auch die Isotope Deuterium (1 Proton + 1 Neutron) und Tritium (1 Proton + 2 Neutronen).

Watson, James Dewey (*26.04.1928); amerik. Biologe, Biochemiker:

Weismann, August (*17.01.1834 - +05.11.1914); dt. Zoologe, Neodarwinist.

Wiles, Andrew (* 1953 in Cambridge); engl. Mathematiker

Wilson, Robert W. (*08.06.1936); amerik. Physiker; entdeckte zufällig 1965 zusammen mit dem dt. Physiker → Arno A. Penzias die Mikrowellen - Hintergrundstrahlung, als sie auf der Suche nach Störfaktoren in den Funkverbindungen mit Satelliten waren. Nobelpreis 1978.

Zarathustra (ca. *600 - ca. +533 v. Chr.); altiran. Religionsstifter

Zenon von Elea (um 460 v.Chr.); griech. Philosoph, zitiert bei Aristoteles.

Literaturverzeichnis

Adams, G., "Grundfragen der Naturwissenschaft" (1979)

Altea, R., „Sag Ihnen, daß ich lebe", Goldmann (1995)

D'Aquili, E.G., A.B. Newberg, "The Mystical Mind: Probing the Biology of Religious Experience", Augsburg Fortress Publishers (1999)

Araoz, D.L., "Selbsthypnose – Kreative Imagination in Beruf und Alltag", Econ (1992)

Bache, Ch. M., „Das Buch von der Wiedergeburt --- Das Gesetz der ewigen Wiederkehr - alles über Reinkarnation aus der Sicht der modernen Wissenschaft", Scherz (1993)

Bagemihl, B., "Biological exuberance: animal homosexuality and natural diversity", St. Martin's Press (1999)

Bambaren, S., "Der träumende Delphin", Piper (1999)

Barbour, J., "The End of Time", Oxford Univ. Press (2000)

Barnett, S.A., Instinkt und Intelligenz, Fischer (1972)

Bauby, J.D., „Schmetterling und Taucherglocke", dtv (1998)

Berger, K., „Ist mit dem Tod alles aus ?", Quell (1997)

Bischof, M., „Biophotonen --- Das Licht in unseren Zellen", Zweitausendeins (1995)

Breuer, R., „Immer Ärger mit dem Urknall", rororo (1996)

Brocher, T., „Stufen des Lebens", Kreuz, Stuttgart

Cerminaria, G., „Erregende Zeugnisse von --- Karma und Wiedergeburt", Bauer - Verlag, Freiburg (1963), Nachdruck, Knaur (1983)

Clément, C., "Theos Reise – Roman über die Religionen der Welt", Hanser (1998)

Conze, E., "Buddhist Scriptures", Harmondsworth/Great Britain (1959)

Coward, H., „Das Leben nach dem Tod in den Weltreligionen", Herder (1998)

Cox-Chapman, M., „Begegnungen im Himmel --- Beweise für ein Leben nach dem Tod", Ullstein (1997)

Cumont, F., "After Life in Roman Paganism", New Haven (1922)

Dacqué, E.: „Vermächtnis der Urzeit. Grundprobleme der Erdgeschichte". Aus dem Nachlass hrsg. von M. Schröter (1948)

Dalei Lama, "Worte der Hinwendung", Herder (1993)

Dam, W.C. van, „Tote sterben nicht --- Erfahrungsberichte zwischen Leben und Tod", Weltbild (1995)

Damman, E., „Erkenntnisse jenseits von Zeit und Raum --- Die Wende im naturwissenschaftlichen Denken", Knaur (1990)

Davidson, J., „Am Anfang ist der Geist - die Geburt von Materie und Leben aus dem schöpferischen Geist", Scherz (1994)

Davies, P., „Gott und die moderne Physik", C. Bertelsmann (1986)

Davies, P., „Die Unsterblichkeit der Zeit --- Die moderne Physik zwischen Rationalität und Gott", Scherz (1995)

Descartes, R., „Philosophische Schriften - in einem Band", Meiner (1996)

Diamond, J., "Warum macht Sex Spaß? Die Evolution der menschlichen Sexualität", Bertelsmann (1998)

Diederichs, E., „Laotse - Tao te king - Das Buch vom Sinn und Leben", Diederichs (1972)

Ditfurth, H. von, „Wir sind nicht nur von dieser Welt", dtv (1985)

Diverse Autoren, "Forschung im 21. Jahrhundert", Spektrum der Wissenschaft Spezial (2000)

Diverse Autoren, "Gravitation – Urkraft des Kosmos", Sterne und Weltraum, Spezial 6 (2001)

Diverse Autoren, "Schöpfung ohne Ende – Die Geburt des Kosmos", Sterne und Weltraum, Spezial 2 (2002)

Diverse Autoren, "Die Evolution des Menschen", Spektrum der Wissenschaft, Dossier (2002)

Doucet, F.W., „Die Toten leben unter uns --- Forschungsobjekt Jenseits", Ariston (1987)

Dürr, H.-P., "Physik und Transzendenz", Scherz (1989)

Dürr, H.-P., W. Ch. Zimmerli, „Geist und Natur --- Über den Widerspruch zwischen naturwissenschaftlicher Erkenntnis und philosophischer Welterfahrung", Scherz (1991)

Durant, W., "Kulturgeschichte der Menschheit", Ullstein (1982)

Eady, B., „Licht am Ende des Lebens - Bericht einer außergewöhnlichen Nah - Todeserfahrung", Knaur (1994)

Eccles, J. C., „Die Evolution des Gehirns --- die Erschaffung des Selbst", Piper (1989)

Eccles, J.C., „Gehirn und Seele. Erkenntnisse der Neurophysiologie", Piper (1991)

Eccles, J. C., „Wie das Selbst sein Gehirn steuert", Piper (1994)

Eddington, A, „Wissenschaft und Mystizismus", aus: „Das Weltbild der Physik und ein Versuch seiner philosophischen Deutung", F. Vieweg & Sohn (1935)

Einstein, A., L. Infeld, „Die Evolution der Physik", Weltbild (1991)

Elsaesser Valarino, E., „Erfahrungen an der Schwelle des Todes --- Wissenschaftler äußern sich zur Nahtodeserfahrung" Ariston (1995)

Erben, H.K., „Die Entwicklung der Lebewesen", Piper (1988)

Ernst, H., „Die Weisheit des Körpers - Kräfte der Selbstheilung", Piper (1993)

Ewald, G., „Die Physik und das Jenseits --- Spurensuche zwischen Philosophie und Naturwissenschaft", Pattloch (1998)

Federmann, R., H. Schreiber, „Botschaft aus dem Jenseits - Zeugnisse des Okkulten", Pawlak (1992)

Ferris, T., „Das intelligente Universum --- Über die Grenzen des Verstandes", Byblos (1992)

Findlay, A., „Beweise für ein Leben nach dem Tod", Bauer (1983)

Ford, A., „Bericht vom Leben nach dem Tode", Scherz (1994)

Fox, S., „Wie Engel uns lieben - Wahre Begebenheiten mit Schutzengeln", Knaur (1997)

Fox, M., R. Sheldrake, "Engel – Die kosmische Intelligenz", Bechtermünz (2001)

Franz, V., "Geschichte der Organismen", Jena (1924)

Ghyka, M., "The Geometry of Art and Life", Dover/New York (1977)

Goldberg, Ph., „Die Kraft der Intuition", Scherz (1988)

Guggenheim, B., J. Guggenheim, „Trost aus dem Jenseits", Scherz (1997)

Gurwitsch, A.G., „Über den Begriff des embryonalen Feldes". Wilhelm Roux' Archiv für Entwicklungsmechanik der Organismen. Bd. 51 (1922)

Haug, M., E.W. West, "The book of Arda Viraf", Bombay/London (1872)

Hawking, St.W., "Eine kurze Geschichte der Zeit – Die Suche nach der Urkraft des Universums", Rowohlt (1988)

Hawking, St.W., "Anfang oder Ende?", Heyne (1994)

Hayward, J.W., „Die Erforschung der Innenwelt", Scherz (1990)

Heilige Schrift (Die Bibel): Die Heilige Schrift des Alten und Neuen Bundes, Herder (1965)

Heilige Schrift: die vierundzwanzig Bücher der Heiligen Schrift, übersetzt von L. Zunz, Goldschmidt (1995)

Heilige Schrift (Die Bibel): Elberfelder Bibel, revidierte Fassung, Brockhaus (1996)

Heimpel, H., Th. Heuss, B. Reiffenberg, „Die großen Deutschen", Ullstein (1983)

Hengge, P., „Es steht in der Bibel", Verlag Wissenschaft und Politik (1994)

Herbig, J., „Im Anfang war das Wort", Hanser (1985)

Hermann, U., „Knaurs etymologisches Lexikon", Droemer Knaur (1983)

Hermann, U., et al., „Das deutsche Wörterbuch", Knaur (1985)

Herneck, F., „Einstein und sein Weltbild", Buchverlag Der Morgen (1976)

Högl, St., "Die religiöse Dimension der Nah-Todeserfahrungen", Magisterarbeit an der Philosoph. Fakultät der Univ. Regensburg (1996)

Hoffmann, B., „Einsteins Ideen", Spektrum (1997)

Hooper, J., D. Teresi, „Das Drei-Pfund—Universum --- Das Gehirn als Zentrum des Denkens und Fühlens", Econ (1988)

Horneck, G., C. Baumstark-Khan, "Astrobiology, The Quest for the Conditions of Life", Springer (2001)

Hornung, E., „Geist der Pharaonenzeit", Artemis (1989)

Hornung, E., „Die Nachfahrt der Sonne --- Eine altägyptische Beschreibung des Jenseits", Artemis (1991)

Huber, G., „Das Fortleben nach dem Tode", Origo (1996)

Ikeda, D., „Das Rätsel des Lebens - eine buddhistische Antwort", Herbig (1994)

Jakoby, B., "Auch Du lebst ewig – Die Ergebnisse der modernen Sterbeforschung", Langen Müller (2000)

Jürgenson, F., „Sprechfunk mit Verstorbenen --- Praktische Kontaktherstellung mit dem Jenseits", Goldmann (1981)

Jung, C.G., „Briefe, Erster Band 1906-1945", Walter (1972)

Jung, C.G., A. Jaffé, „Erinnerungen, Träume, Gedanken von C.G. Jung", Walter (1976)

Kahan, G., „Einsteins Relativitätstheorie --- zum leichten Verständnis für jedermann", Dumont (1987)

Kleesattel, W., "Überleben in Eis, Wüste und Tiefsee: wie Tiere Extreme meistern", Wissenschaftliche Buchgesellschaft (1999)

Klimkeit, H.J., "Der iranische Auferstehungsglaube. Tod und Jenseits im Glauben der Völker", Harrassowitz (1978)

Knoblauch, H., "Berichte aus dem Jenseits. Mythos und Realität der Nahtod-Erfahrung", Herder/Spektrum (1999)

Knoblauch, H., H.G. Soeffner, I. Schmied und B. Schnettler, "Todesnähe. Interdisziplinäre Zugänge zu einem außergewöhnlichen Phänomen", Universitätsverlag Konstanz 1999

Kübler - Ross, E., „Über den Tod und das Leben danach", Silberschnur (1994)

Kübler - Ross, E., „Sterben lernen - Leben lernen --- Fragen und Antworten", Silberschnur (1995)

Kübler - Ross, E., „Das Rad des Lebens - Autobiographie", Delphi bei Droemer Knaur (1997)

Küng, H., „Ewiges Leben?", Piper (1982)

Laack, W. van, "Plädoyer für ein Leben nach dem Tod und eine etwas andere Sicht der Welt", van Laack GmbH, Aachen, Buchverlag (1999) und Libri, Hamburg (2000)

Laack, W. van, "Der Schlüssel zur Ewigkeit", van Laack GmbH, Aachen, Buchverlag (1999) und Libri, Hamburg (2000)

Laack, W. van, "Key to Eternity", ISBN 3-8311-0344-5, Libri, Hamburg (2000)

Laack, W. van, "Eine bessere Geschichte unserer Welt, Bd. 1, Das Universum", ISBN 3-8311-0345-3, Libri, Hamburg (2000)

Laack, W. van, "A Better History of Our World, Vol. 1, The Universe", ISBN 3-8311-1490-0, Libri, Hamburg (2001)

Laack, W. van, "Eine bessere Geschichte unserer Welt, Bd. 2, Das Leben", ISBN 3-8311-2114-1, Libri, Hamburg (2001)

Laack, W. van, "A Better History of Our World, Vol. 2, Life", ISBN 3-8311-2597-X, Libri, Hamburg (2002)

Laack, W. van, "Eine bessere Geschichte unserer Welt, Bd. 3, Der Tod", ISBN 3-8311-3581-9, Libri, Hamburg (2002)

Laack, W. van, "A Better History of Our World, Vol. 3, Death", ISBN 3-936624-01-1, Libri, Hamburg (2003)

Laudert-Ruhm, G., „Jesus von Nazareth, Das gesicherte Basiswissen", Kreuz (1996)

LeCron, L.M., "Fremdhypnose – Selbsthypnose", Ariston (1993)

Löbsack, Th., „Versuch und Irrtum --- Der Mensch: Fehlschlag der Natur", Bertelsmann (1974)

Löw, R., „Die neuen Gottesbeweise", Pattloch (1994)

Lomborg, B., "The Sceptical Enviromentalist", Cambridge Press (2001)

Lurija, A.R., „Einführung in die Neuropsychologie", rororo (1992)

Lüth, P., "Der Mensch ist kein Zufall", Deutsche Verlags-Anstalt (1983)

Mann, A.T., „Das Wissen über Reinkarnation", Zweitausendeins (1997)

Margenau, H., „The Miracle of Existence", Ox Bow, Woodbrisge CT (1984)

Matthiesen, E., „Das persönliche Überleben des Todes", de Gruyter (1987)

Meckelburg, E., „Hyperwelt --- Erfahrungen mit dem Jenseits", Langen-Müller (1995)

Meckelburg, E., "Wir alle sind unsterblich", Langen Müller (2000)

Méric, E., A. Ysabeau, „Seele ohne Grenzen: Übernatürliche Phänomene und der menschliche Körper als Indikator der Persönlichkeit", Gondrom (1997)

Mielke, Th.R.P., "Coelln – Stadt, Dom, Fluss", Schneekluth (2000)

Miller, S.L., H.C. Urey, „Organic compound synthesis on the primitive earth", In: Science, 130 (1959)

Miller, S., „Nach dem Tod --- Stationen einer Reise", Deuticke (1998)

Moody, R.A., „Leben nach dem Tod", Rowohlt (1977)

Moody, R.A., „Nachgedanken über das Leben nach dem Tod", Rowohlt (1979)

Moody, R.A., „Das Licht von drüben --- Neue Fragen und Antworten", Rowohlt (1989)

Moody, R.A., P. Perry, „Blick hinter den Spiegel --- Botschaften aus der anderen Welt", Goldmann (1994)

Moody, R.A., P. Perry, „Leben vor dem Leben", Rowohlt (1997)

Morse, M., „Zum Licht. Was wir von Kindern lernen können, die dem Tod nahe waren", Goldmann (1994)

Morse, M., P. Perry, „Verwandelt vom Licht. Über die transformierende Wirkung von Nahtodeserfahrungen", Knaur (1994)

Newberg, A., V. Rause, "Why God won't go away: Brain Science and the Biology of Belief", (2001)

Nuland, Sh. B., „Wie wir sterben - Ein Ende in Würde ?", Knaur (1994)

Oesterreich, K.T., „Der Okkultismus im modernen Weltbild", Dresden (1921)

Otto. M., "Worte wie Spuren – Weisheit der Indianer", Herder (1985)

Ozols, J.,. "Über die Jenseitsvorstellungen des vorgeschichtlichen Menschen". in: Tod und Jenseits im Glauben der Völker. Hg. Hans-Joachim Klimkeit. Harassowitz (1978)

Papst, W., „Der Götterbaum", Herbig (1994)

Passian, R., "Das Jenseits – reine Glaubenssache?", Weber-Verlag (2000)

Patch, H.R., "The Other World"

Platon, Sämtliche Werke, Bd. 3: "Phaidon, Politeia". Deutsch von F. Schleiermacher. Rowohlts Klassiker der Literatur und der Wissenschaft Nr.27, Rowohlt

Plichta, P., „Gottes geheime Formel --- Die Entschlüsselung des Welträtsels und der Primzahlcode", Langen-Müller (1995)

Popper, K.R., J.C. Eccles, „Das Ich und sein Gehirn", Piper (1982)

Popper, K.R., „Objektive Erkenntnis --- ein evolutionärer Entwurf", Hoffmann und Campe (1993)

Popper, K.R., „Alles Leben ist Problemlösen --- Über Erkenntnis, Geschichte und Politik", Piper (1994)

Prigogine, I., Vom Sein zum Werden", Piper (1982)

Prigogine, I., I. Stengers, „Dialog mit der Natur. Neue Wege naturwissenschaftlichen Denkens", Piper (1993)

Prigogine, I., I. Stengers, „Das Paradox der Zeit --- Zeit, Chaos und Quanten", Piper (1993)

Pschyrembel, W., „Klinisches Wörterbuch", de Gruyter (1977)

Radhakrishnan, "The Principal Upanishads", London (1953)

Reichholf, J.H., „Das Rätsel der Menschwerdung --- Die Entstehung des Menschen im Wechselspiel mit der Natur", DVA (1990)

Ricken, F., „Lexikon der Erkenntnistheorie und Metaphysik", C.H. Beck (1984)

Ring, K., „Den Tod erfahren - das Leben gewinnen --- Erkenntnisse und Erfahrungen von Menschen, die an der Schwelle zum Tod gestanden und überlebt haben", Scherz (1984)

Riordan, M., D.N. Schramm, „Die Schatten der Schöpfung --- Dunkle Materie und die Struktur des Universums", Spektrum (1991)

Ross, D., „The work of Aristotle; Select fragments. ", Clarendon Press, Oxford (1952)

Rüber, G., "Kleine gesammelte Geschichten aus Köln", Engelhorn-Verlag.

Ruppert, H.J., „Okkultismus --- Geisterwelt oder neuer Weltgeist ?", Edition Coprint (1990)

Ryzl, M., „Das große Handbuch der Parapsychologie", 3 Bände., Ariston (1978)

Ryzl, M., „Der Tod ist nicht das Ende --- Von der Unsterblichkeit geistiger Energie", Ariston (1981)

Sabom, M.B., „Erinnerungen an den Tod. Eine medizinische Untersuchung", Goldmann 11741

Sabom, M., "Light and Death", Zondervan Publishing House (1998)

Sachs, R., "Das Leben vollenden", Zweitausendeins (2000)

Sacks, O., „Der Mann, der seine Frau mit einem Hut verwechselte", Rowohlt (1990)

Sahm, P.R., G.P.J. Thiele, "Der Mensch im Kosmos", Verlag Facultas (1998)

Sahm, P.R., G.P.J. Thiele, "Der Mensch im Kosmos II", Shaker Verlag (2000)

Sandvoss, E.R., "Geschichte der Philosophie – Bd. 1 u. 2", dtv (1989)

Schäfer, H., „Brücke zwischen Diesseits und Jenseits --- Theorie und Praxis der Transkommunikation", Bauer (1989)

Schiebler, W., „Der Tod, die Brücke zu neuem Leben --- Beweise für ein persönliches Fortleben nach dem Tod. Der Bericht eines Physikers." Silberschnur (1991)

Schmid, G.B., "Tod durch Vorstellungskraft – Das Geheimnis psychogener Todesfälle", Bechtermünz Verlag (2001)

Schmidt-Degenhard, M., "Die oneiroide Erlebnisform: Zur Problemgeschichte und Psychopathologie des Erlebens fiktiver Wirklichkeiten" (1992)

Schröter-Kunhardt, M., "Das Jenseits in uns", Psychologie heute, Heft 6 (1993)

Schröter-Kunhardt, M., "Erfahrungen Sterbender während des klinischen Todes", in "Sterben und Tod in der Medizin", Wiss. Verlagsgesellschaft (1996)

Schröter-Kunhardt, M., "Nah-Todeserfahrungen aus psychiatrisch-neurologischer Sicht", In: "Todesnähe- Wissenschaftliche Zugänge zu außergewöhnlichen Phänomenen", Univ.-Verlag, Konstanz (1999)

Scholem, G.G., "Die jüdische Mystik in ihren Hauptströmungen" (1967)

Schweitzer, A., "Kultur und Ethik", Beck (1981)

Senkowski, R., "Transkommunikation", Zeitschrift für Psychobiophysik und interdimensionale Kommunikationssysteme, Fischer-Verlag, Frankfurt

Sheldrake, R., „Das Gedächtnis der Natur --- Das Geheimnis der Entstehung der Formen in der Natur", Scherz (1992)

Sheldrake, R., „Wunder und Geheimnis des Übersinnlichen --- Sieben Phänomene, die das Denken revolutionieren", Weltbild (1996)

Siegel, R.K., "The Psychology of Life after Death", in American Psychologist 35 (1980)

Singh, K., „Mysterium des Todes", Edition Naam (1996)

Singh, S., "Fermats letzter Satz", dtv (2000)

Spirik, H.J., H.R. Loos, „Nachrichten aus dem Jenseits --- Erforschung paranormaler Tonbandstimmen", Ennsthaler (1996)

Spitzer, M., "Lernen – Gehirnforschung und die Schule des Lebens", Spektrum (2002)

Sprenger, W., „Der Tag, an dem mein Tod starb", Nie/Nie/Sagen (1995)

Stevenson, I, „Wiedergeburt - Kinder erinnern sich an frühere Erdenleben", Zweitausendeins (1992)

Stratenwerth, I., Th. Bock, „Stimmen hören -- Botschaften aus der inneren Welt", Kabel (1998)

Teilhard de Chardin, P., „Der Mensch im Kosmos", C.H. Beck (1981)

Terhart, F., „Das Geheimnis der Eingeweihten --- Was spirituelle Persönlichkeiten uns erschließen", Ariston (1996)

Time-Life-Bücher, „Fernöstliche Weisheiten", Time-Life (1991)

Wapnick, K., „Einführung in > Ein Kurs in Wundern < --- Betrachtungen über einen anderen Weg zum inneren Frieden", Greuthof (1993)

Wiesendanger, H., „Wiedergeburt - Herausforderung für das westliche Denken", Fischer (1991)

Wilder-Smith, A.E., „Die Naturwissenschaften kennen keine Evolution. Experimentelle und theoretische Einwände gegen die Evolutionstheorie" (1978)

Wolf, F.A., „Körper, Geist und neue Physik", Scherz (1989)

Wolpert, L., "Regisseure des Lebens – Das Drehbuch der Embryonalentwicklung", Spektrum Akadem. Verlag (1993)

Woltersdorf, H.W., „Denn der Geist ist`s, der den Körper baut --- Die Irrlehren des wissenschaftlichen Materialismus", Langen-Müller (1991)

Zahrint, H., „Jesus aus Nazareth --- Ein Leben", Piper (1987)

Zahrint, H., „Das Leben Gottes - aus einer unendlichen Geschichte", Piper (1997)

Zaleski, C., "Nah-Todeserlebnisse und Jenseitsvisionen", Insel (1995)

Zimmer, C., "Parasitus Rex", Umschau/Braus (2001)

Dr. med. Walter van Laack

1. Naturphilosophische Bücher in Deutsch:

Plädoyer für ein Leben nach dem Tod und eine etwas andere Sicht der Welt

ISBN 3-9805239-2-6, Erste Auflage (1999), 448 S., **Festeinband** (HC), 28,50 €
und als Taschenbuch (SC), 17,80 €
ISBN 3-89811-818-5; Zweite, überarbeitete Auflage (2000),
448 S., SC, 22,90 €

Der Schlüssel zur Ewigkeit

ISBN 3-9805239-4-2, Erste Auflage (1999/2000), **Festeinband**, 24,80 €,
ISBN 3-9805239-5-0, als Taschenbuch (SC), 15,80 €
ISBN 3-89811-819-3, Zweite, überarbeitete Auflage (2000),
288 S., SC, 17,80 €

Eine bessere Geschichte unserer Welt
Band 1, "Das Universum"
ISBN 3-8311-0345-3, Taschenbuch (SC), 196 S. (2000), 15,80 €
Band 2, "Das Leben"
ISBN 3-8311-2114-1, Taschenbuch (SC), 248 S., (2001), 17,80 €
Band 3, "Der Tod"
ISBN 3-8311-3581-9, Taschenbuch (SC), 276 S., (2002), 19,80 €

2. Naturphilosophische Bücher in Englisch:

Key to Eternity

ISBN 3-8311-0344-5, Softcover (SC), 256 p. (2000), 17,80 €

A Better History of Our World
Vol. 1, "The Universe"
ISBN 3-8311-1490-0, Softcover (SC), 188 p. (2001), 15,80 €
Vol. 2, "Life"
ISBN 3-8311-2597-X, Softcover (SC), 236 p. (2002), 17,80 €
Vol. 3, "Death"
ISBN 3-936624-01-1, Softcover (SC), 19,80 €, available in 2003

3. Ausblick auf weitere Bücher:

He who dies is not dead

ISBN 3-936624-03-8, Softcover (SC), 24,80 €
voraussichtlicher Erscheinungstermin: im Laufe 2005

Mit Logik die Welt begreifen

ISBN 3-936624-04-6, Festeinband (HC),
voraussichtlicher Erscheinungstermin: im Laufe 2005

Mit Vernunft die Welt verbessern

ISBN 3-936624-05-4, Festeinband (HC),
voraussichtlicher Erscheinungstermin: Ende 2006, Anfang 2007

Die Bücher im Internet:
www.van-Laack.de
www.Leseproben-im-Internet.de
Email: webmaster@van-Laack.de